U0917337

云 南 专 史 丛 书

云南省社会科学院历史研究所 编

云南专史丛书

岑毓英治滇研究

梁初阳 著

云南出版集团
云南人民出版社

图书在版编目（CIP）数据

岑毓英治滇研究 / 梁初阳著；云南省社会科学院历史研究所编. -- 昆明：云南人民出版社, 2018.2

（云南专史丛书）

ISBN 978-7-222-16410-9

Ⅰ. ①岑… Ⅱ. ①梁… ②云… Ⅲ. ①地方政府－行政管理－研究－云南－清代 Ⅳ. ①D691.22

中国版本图书馆CIP数据核字(2017)第200373号

出 品 人 赵石定
责任编辑 郭木玉 王 昱 任建红
封面设计 张力山
责任校对 任建红 王铭敏
责任印制 代隆参

书 名	**岑毓英治滇研究**
作 者	梁初阳 著
出 版	云南出版集团 云南人民出版社
发 行	云南人民出版社
社 址	昆明市环城西路609号
邮 编	650034
网 址	www.ynpph.com.cn
E-mail	ynrms@sina.com
开 本	787 × 1092 1/16
印 张	26.75
字 数	320千
版 次	2018 年2月第1版第1次印刷
印 刷	昆明卓林包装印刷有限公司
书 号	ISBN 978-7-222-16410-9
定 价	80.00元

云南人民出版社公众微信号

序

对于此刻的我们来说，过去就是历史。然而，我们却不能反过来说，历史仅仅就是过去。因为现实的存在，一般都有着或长或短、或隐或显的历史。历史既属于过去，又属于现在，或许还能延伸到未来。它似乎能穿越时空：通过能够承载和传递信息的各种方式，通过鲜活的记忆、生动的影音、枯燥的文献，乃至尘封的文物和细微的痕迹，或者通过经验的积累、知识的传播和文明的传承。

于是，人们常常回顾过去，理解历史。期望通过理解历史部分达成对现实的理解，以减少、消解现实与未来发展中面临的种种不确定性。人们或许还以自己的理解为基础，对历史、历史与现实做出阐释，与别人分享自己的理解。而在理解与阐释中，人们已自觉不自觉地进行文化的传播和文明的传承，有意无意地为现在、为将来的发展，做着或许有益的准备和铺垫。

历史延绵不绝，每天都在添加新的内容，对历史的理解与阐释，同样持续而日新；历史内涵丰富、复杂而多样，对历史的理解与阐释，更不免各不相同，仁智互见。于是，人们尝试以专业化的方式，加深对历史的理解，强化对历史的阐释。而历史理解、历史阐释的专业化，又与文化自觉、文化自信互为表里，并在与文化自觉、文化自信以及跨文化交流的相互作用中，培育形成了历史学，不断丰富、完善和发展着历史学。

诚然，不同时期、不同条件下，人们对历史、对历史学的热情不可能、也没必要特别炽热。现实的紧迫、匆忙、奔波与疲惫，不会给我们留下太多怀旧的闲暇，还不免加速着我们对过去的遗忘。倒是社会的重大变化与发展，特别是文化自觉的唤醒与跨文化交流的拓展，易于引起人们对过去的回顾，使人们关注历史。于是，理解和阐释历史，更多地与增强文化自信、增进跨文化交流，与理解、认识乃至改变现实的期望，相互交织在了一起。远的姑且不说，在20世纪的中国史上，新文化运动中人们关注历史、反思历史，30年代中国社会史论战渐入高潮，50年代系统编纂中国通史的同时，开展了规模浩大的少数民族社会历史大调查……

在系统编纂中国通史、全面开展中国少数民族社会历史调查的背景下，云南省历史研究所的前身——云南少数民族社会历史调查研究所于1956年正式成立。1980年又以历史研究所等研究机构为基础，建立了云南省社会科学院。当然，院内也设了历史研究所。56年来，从云南地方史料的搜集整理、摘抄出版，到揭示云南历史发展特点及其与中国历史发展的整体性；从云南少数民族社会历史调查，到各民族史志和《云南少数民族》的编写；从研究中国云南与周边国家关系的历史与现状，到探讨全球化进程中的云南对外开放；从探究人类在云贵高原的起源、梳理古代云南历史发展的脉络，到阐述近现代中华民族复兴进程中的边疆发展；从参编《云南各族古代史略》到出版《云南近代史》，到编纂6卷本《云南通史》……在文化自觉与文化交流曲折发展的进程中，云南省历史研究所、云南省社会科学院的区域史、地方史、专门史研究，沿着系统化、专业化、专题性的方向，逐步纵深推进。

自然、生态、民族、社会、文化及其相互关系的多样性，与历史本身多样性的叠加，进一步丰富了云南区域史、地方史的内涵。以往的区域史、地方史、专门史研究，业已揭开了立足云南历史多样性开展专题研究的新篇章，揭示了继续推进专门史研究的广阔空间；也为理解云南历史、现状，探索云南的发展，做出了贡献。而日益提升的文化自觉，逐步增强的文化自信，不断扩大的跨文化交流，特别是边疆民族地区科学发展与中华民族伟大复兴的紧密依存，及其与信息化、全球化之间的多边互动，也已初步昭示了云南专史研究的广阔前景。于是，在云南省社会科学院的

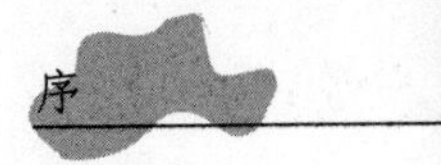

“十二五”规划中，把“历史文献整理与重大历史课题研究”列为未来五年将进一步深化、拓展的重点研究领域。我们主要依托历史研究所、文献研究所，在丰富而多样的区域史、地方史领域，力所能及地为专业化、专题性的历史研究、文献整理搭建一个平台，编辑出版“云南专史丛书”。

云南省社会科学院历史、文献研究所将秉承专业化、专题性的宗旨，立足云南历史发展的多样性，立足历史学对差异性、多样性的理解与包容，从整体史观、全球史观的角度，以前沿性、创新性的史学著作为重点，兼顾各种史料及中外文献的搜集、整理、翻译，综合确定选题，编为专书，逐年出版。希望通过一段时期的积累，形成一个新的、和而不同的专史系列。并希望借助历史本身的连续性，为现在及将来的文明传承、跨文化交流与文化创新，为社会的科学发展做一些力所能及的准备和铺垫。

诚然，这是我们的初衷，也仅仅是我们良好的愿望。沿着这个方向能走出多远，当然需要乐于参与这项工作的全体作者、编者齐心努力，更需要得到社会各界和学界同仁的支持、帮助和赐教。我们真诚地希望能得到大家的关心支持和批评指正，共同为史学研究的深化与拓展，为文化的繁荣和发展，为云南的科学发展，做一些有益的工作。

王文成

2012年1月20日

目录

CONTENTS

绪论

第一节　岑毓英与近代云南

一、近代以来云南的内外形势

云南省位于中国西南地区，其东面和北面与我国的广西、贵州、四川、西藏四省区接壤，南面和西面分别与越南、老挝、缅甸三国毗邻，边境线长达4060公里，为中国西南边疆的重要组成部分。云南自古以来是我国通向南亚、东南亚及与欧洲各国家地区的陆上交通要道，为古南方“丝绸之路”必经区域。近代以来，英、法等西方列强在南亚、东南亚积极扩张殖民势力，他们将云南视为进入中国内地的重要跳板，云南又成为保障国家安全稳定的西南门户，因此在近代历史上云南省的稳定与否，是关系整个国家安危的重大事件。19世纪下半期，云南地方社会发展进入一个较为动荡的历史时期，表现为社会矛盾十分尖锐，内忧外患不断，短短数十年间先后发生咸同军兴[①]、马嘉理事件、浪穹教案、中法战争、中法勘分滇越疆界、滇缅边界危机等重大历史事件，这些事件不仅对云南近代历史发展产生深远影响，其中一些重大历史事件如马嘉理事件和中法战争等，还改变了中国近代历史的发展进程。岑毓英主政云南，正处于这一段历史发展的关键时期，上述的重大历史事件都与岑毓英有着直接或间接的关系，因此对岑毓英治滇历史深入研究，对我们认识近代云南及中国西南边疆的历史发展有重要帮助。

---

① 清咸同年间云南地方社会出现战争动乱，当时官方和民间文献中对这段历史的记录有 “滇变”“汉回互斗”“滇祸”等名称，1950年后大陆地区多称这段历史为“回民起义”或“杜文秀起义”，台湾学者王树槐则称之为“咸同云南回民事变”，然而这些名称显然都难以概括此时期云南地方社会的复杂特点。就当时云南社会情况而言，有各族人民反清斗争，以滇西杜文秀政权为代表；有宣布效忠清廷而割据一方地方武装，如临安府的梁士美及江川县的张中孚；还有据地戕官目无法纪的练勇，以杀害陕西巡抚邓尔恒的何有保及其养子林自清为代表。这些武装性质各异，诉求不同，很难用一个名称来恰当概括。笔者认为此时期云南地方社会较突出的特点是社会动荡战乱，当时的一些文献里称为“咸同军兴”，相对而言较为全面概括了此时期社会历史特点，故本文采用“咸同军兴”指称这一段历史。不过由于“咸同军兴”一词所指比较宽泛，所以当涉及某一群体或具体历史事件时，笔者还会用“反清武装”“割据势力” “民变”“抗清斗争”等名称加以区别。

本研究将从国家治理的研究角度出发，探讨岑毓英治滇及近代以来云南社会发展的历史进程。就19世纪下半期中国西南的国内及国际形势而言，清政府在云南的经营，至少在地方统治、边防建设及如何应对南亚东南亚国际新秩序等三方面面临严峻的挑战。

首先，清政府在云南的统治出现危机。在清统治的中后期，由于内地移民大量进入等原因，云南省内人口有较大增长，而地方经济的重要支柱产业矿业和农业却日趋衰落，使云南社会经济压力增大，社会矛盾日趋尖锐，再加上统治阶级日益腐朽，不能有效管控社会风险，最终引发系列民变，这其中包含云南各民族反抗晚清腐朽统治的斗争，还有在云南各地割据称雄的武装势力，清军及站在统治阶级一方的云南地方势力则对之进行镇压，在反抗与镇压的过程中，云南地方社会秩序遭到严重破坏，社会经济遭到沉重打击，时人描述当时云南地方情况说："方咸同间，滇疆糜烂，西南数千里霾曀不见天日者，积十有余稔。"①人民生活十分痛苦。

其次，边防建设面临巨大挑战。自16世纪起，云南周边的国际环境也发生巨大的变化，历史上在亚洲东部曾长期存在一个以中国为主导的国际体系，有学者将其称为"华夷秩序"，其中东南亚一直是中国历代王朝重点经营区域，通过海上丝绸之路和南方丝绸之路，中国的中央政权与此区域的政权长期保持密切联系，一起构建起中国传统的宗藩体系。然而随着西方殖民列强的逐步崛起，16世纪起葡萄牙和西班牙分别占据马六甲及菲律宾，17世纪荷兰人在整个印度尼西亚群岛建立起殖民统治，中国多年苦心经营的"华夷秩序"外围开始崩塌。18世纪至19世纪，英法列强在南亚东南亚积极扩张殖民势力，光绪十一年（1885年）法国通过中法战争彻底吞并越南，同年英国通过第三次英缅战争将缅甸完全控制，"华夷秩序"被近代西方列强主导的条约体系取代。越南和缅甸是中国的传统藩属国，按中国传统的"守在四夷"的观点，藩属国有护卫宗主国的义务，因此直到越南、缅甸沦亡之时，云南实际上并没有建立起现代意义上的国防体系，当越南、缅甸沦为法英列强的殖民地时，云南地方人士不由惊呼：

① （清）赵藩编：《岑襄勤公年谱》卷1，光绪己亥年（1899年）刻本，第2页。

“越南遂亡，而滇之南防危……缅甸遂亡，而滇之西防危。”[①]此时的云南可谓是“藩篱尽失，堂奥洞开”，成为西方列强向中国扩张殖民势力的滩头阵地，中国西南的边疆危机一时空前严峻。

最后，19世纪下半期的云南，还面临着南亚东南亚国际新秩序的挑战。当越南、缅甸沦为法英的殖民地后，在此区域原有的宗藩体制实质上被近代西方世界所主导的条约体系取代，清政府与英、法列强就云南的划界、设关、通商等事务进行谈判并签订条约，云南与周边国家地区开始建立起新型的外交关系，是今天中国与西南周边国家地区国际关系的雏形。在这种新型关系建立的过程中如何维护国家领土主权及地方利益，也是清政府必须认真面对的一个重要问题。

二、岑毓英在近代云南的经营

当中国西南边疆面临巨大的危机和挑战时，大清帝国的江山已是风雨飘摇。云南各地爆发系列民变的同时，声势浩大的太平天国运动也正在中国东南地区进行得如火如荼，清王朝“时亟腹心，未遑边务”[②]，为维持自身的统治而无暇他顾，对于远在西南的云南省，自然是心有余而力不足。除了云南省内局势动荡之外，此时期清政府在云南省周边地区的统治也是危机四伏，东边贵州苗民及白莲教的教军、号军抗清斗争风起云涌，北边四川李永和、蓝朝鼎反清斗争震动西南，还有太平天国翼王石达开的西征，也给川滇黔等省造成巨大的军事压力，在这样一种危急形势下，清廷派往云南的文武大员多畏葸规避，多年后岑毓英回忆当时云南的情形时仍不免感慨：“想当日滇事垂危，凡智巧之士所深避而不肯为者。”[③]困

① 赵式铭：《光复起源篇》，载周钟岳总纂《云南光复纪要》，云南文史研究馆、云南省社会科学院文献研究室，1991年，第6页。

② （清）岑毓英撰，黄振南、白耀天标点：《岑毓英集》，广西民族出版社2005年版，第17页。关于太平天国运动为清廷心腹之患的说法，始见于咸丰十年（1860年）十二月奕䜣、文祥、桂良上的《通筹夷务全局酌拟章程六条折》，其中分析了列强之国的特点，认为太平天国和捻军是心腹之患，英、俄是肢体之患，应以灭内患为先，然后对付俄国和英国。（中国史学会主编：《第二次鸦片战争》第5册，上海人民出版社1978年版，第340—346页。）

③ （清）岑毓英撰，黄振南、白耀天标点：《岑毓英集》，广西民族出版社2005年版，第207页。

守云南的官员根本无力掌控局势，致使地方上各路势力迅速崛起，据地戕官，相互攻伐，云南地方的形势益发不可收拾。

在这样一个时代背景下，岑毓英于咸丰六年（1856年）率领武装进入云南，在一片混乱之中异军突起，他通过实际行动证明自己对清王朝的忠诚，在清政府的支持下镇压各路反清武装并消除地方上的割据势力，最终恢复了清政府在云南的统治。号称“两代帝师”的翁同龢对岑毓英咸同年间在云南的经营评价甚高：“自公治军，历十八年，大小数百战，终始不贷洋款，不借川、楚兵力，攻牢保危，卒举边方已溃之地还之朝廷。最公位烈，声雄一时，孰与高下？”[①]清政府也将岑毓英视为股肱之臣，任命其为云南巡抚兼署云贵总督，将治理中国西南边疆的重任交给他。岑毓英为恢复晚清政府在云南的腐朽统治，残酷镇压各族人民的反清斗争，自有其不可推卸的历史罪责；但他恢复了云南的社会秩序，使云南各族人民得以重享太平之乐，一定程度上符合广大民众的根本利益；当英法列强在云南周边积极扩张殖民势力范围，中国西南边疆形势危急，岑毓英维护边疆稳定的行动，还具有重要的战略意义。这其中不无矛盾之处，对此问题的研究，我们一定要坚持应用马克思主义辩证唯物史观，实事求是地考察和分析。当云南省内局势逐步稳定，身膺疆寄的岑毓英开始在中国西南地区施展自己的政治抱负，在振兴文教、恢复生产、发展经济、改革弊政等方面积极努力。

就在岑毓英为云南地方社会的恢复和发展而努力时，中国西南周边的国际形势已发生巨大变化。英帝国在控制住下缅甸后，开始将殖民势力的触角通过上缅甸延伸至滇西边境地区。光绪元年（1875年），英印殖民政府命陆军上校柏郎组建一支探路队，准备深入中缅边境地区探察，并派翻译马嘉理作为探路队的向导。此时缅甸逐步沦为英国殖民地的事实已引起云南人民的高度警惕，因而对英国殖民势力的入侵采取坚决抵抗的态度。马嘉理带领武装“探路队”闯入云南，不听劝阻，被当地人民打死于滇西边境地区。英帝国主义借马嘉理事件大肆要挟，迫使清政府签订丧权辱国的不平等条约，岑毓英也因此被迫去职，此事件更坚定其抵抗西方殖民势力入侵的决心。

---

① （清）岑毓英撰，黄振南、白耀天标点：《岑毓英集》，广西民族出版社2005年版，第15页。

光绪八年（1882年），随着法国殖民主义势力在越南北圻不断扩张，中国西南边疆危机日益严峻，清政府又将时任福建巡抚并负责筹办台湾海防的岑毓英调回中国西南，再督云贵。面对中国西南日益严重的边疆危机，岑毓英沉着冷静应对，他通过和辑土司、招抚边民等措施保障边疆地区的稳定。此时期岑毓英还妥善处理“浪穹教案”，使法国殖民主义者无机可乘，在化解潜在政治危机的同时，还很好地保护了云南地方反抗西方殖民势力入侵的广大民众。光绪十年（1884年），法国殖民政府的军队深入越南北圻，并准备将其侵略势力延伸至中国西南地区，云南的边疆危机空前加剧。面对日益危急的边疆形势，岑毓英向清廷主动请缨，慨然统兵出关，入越抗法，最终力挫强敌扬威域外，达到其个人事业的巅峰。战后岑毓英还参与中法勘分滇越边界的工作，为维护国家的领土主权而努力。而临安开广道的设立，对近代以来云南的边防和外交有重要影响。为应对英国吞并缅甸后滇缅边境地区出现的边防危机，岑毓英还积极展开滇西边防建设工作，通过增派驻军、组织民众保卫家园、设立镇边直隶厅等措施，有效阻遏英国侵略势力对滇西边境地区的渗透。岑毓英一生在西南边疆苦心经营，为最大限度地化解中国西南边疆危机做出自己的贡献。

通过以上论述我们可以了解到，云南在近代历史上发生的一系列重大历史事件，其影响绝不仅限于云南一省，对近代中国及南亚东南亚的历史发展也有深远影响，其中的经验得失值得后人认真研究和总结。岑毓英从咸丰六年（1856年）带勇入云南，至光绪十五年（1889年）卒于云贵总督任上，中间除短暂回籍丁继母忧及抚黔、闽外，一生在中国西南边疆苦心经营近三十载，“与滇事相终始”[①]，19世纪下半期发生在云南的重大历史事件，皆与其有紧密联系，其中一些重大历史事件还是在其主导下进行的，因此岑毓英可以说是研究这段历史发展之至关重要者。

正是由于岑毓英如此重要的历史地位，近年来学术界对此历史人物及其治滇事迹多有关注，并取得诸多研究成果。然而仍有不免有许多的疑问：咸同军兴时期云南究竟是怎样一种社会情况？岑毓英是以怎样一种身份进入云南？他如何能在中国西南如此混乱的局势中迅速崛起？咸同军兴

① 赵尔巽等撰：《清史稿》，中华书局1977年版，第12138页。

之后“滇疆糜烂”，岑毓英采取什么样的措施振作士气，凝聚人心？又采取什么样的措施恢复和发展地方经济？岑毓英在边境土司地区采取什么样的治理措施？有何重要影响？中法战争爆发时，云南距咸同军兴仅过去十年，地方社会尚未从战乱中完全恢复元气，地方军民不仅能够护边守土，还可以进入越南抗击法国殖民主义者，原因何在？中法战争中参战的各路清军，以滇军的武器装备最为窳陋，给养最为困难，台湾、广西的清军在反法斗争中都曾遭到挫折，滇军在与法军的对阵中却能够立于不败之地，并通过宣光之围和临洮大捷挫败强大的法国军队，扬威域外，原因又是什么？在中法战争滇军如何塑造自己的军魂，并成为活跃于近现代历史舞台上的一支重要力量？中法战争后两国勘分滇越边界，岑毓英有怎样的贡献？岑毓英设临开广道对近代中国西南边防、外交有何影响？岑毓英经营裸黑山和设置镇边直隶厅对滇西边疆的巩固发展有何积极的影响？岑毓英与云南早期现代化的起步有何关系？岑毓英为何会被清王朝称为滇边长城？如何评价岑毓英在近代中国西南地区的地位和作用？这些都是当前学术界关于岑毓英及云南近代历史研究中有待进一步探讨的问题。

三、本专题的研究意义

本文拟从国家治理的研究视角出发，着重考察岑毓英主政云南期间地方治理和边疆建设的历史。岑毓英治理云南的事迹主要包括恢复地方社会秩序、振兴文教、发展生产及恢复经济等，边疆建设则主要包括如何保障边境地区的稳定及建设稳固的边防，而这些研究都主要以岑毓英这一历史人物的事迹为线索展开。历史学家冯尔康在论述人物研究在历史研究中的作用和价值时说：“把个人放到时代社会中考察，既可以阐明个人的历史地位，还可以揭示那个社会的发展状况。这就是从一个人看一个时代，这是进行历史研究的目的之一，也是一种研究方法。”[①]对岑毓英治滇历史进行深入探讨，将对以下几个领域的研究有积极推动作用：

1. 有利于推进岑毓英这一历史人物的研究

岑毓英作为晚清云南的主政者，其在云南省的经营，可谓“涉事多

① 冯尔康：《雍正传·序言》，人民出版社1985年版，第1—2页。

多，涉人泛泛，举措适与不适，事关大局”①。可以毫不夸张地说，19世纪下半期的云南地方治理的方针政策、经营举措及相关人物事件等，大凡有一定影响者，无不与岑毓英有着或多或少的关系，其中的一些重大历史事件，如咸同军兴、马嘉理事件、中法战争越南西线战事及滇越划界等等，岑毓英还起过主导性的作用。因此，我们对近代云南、中国西南边疆及东南亚历史进行研究，岑毓英都是一个绕不开的重要人物。此外，岑毓英还是一个富有争议的历史人物，他在云南的经营，既有镇压各族人民反抗晚清腐朽统治之过，也有恢复云南地方社会秩序之功，并在维护国家统一和主权完整方面有贡献，对其在云南经营的历史应进行实事求是的研究。岑毓英在云南的经营，处在一个波谲云诡的时代，而岑毓英本身又是一个面目复杂的政治人物，就其一生的事迹而言，功过是非相羼杂，同时代者对岑毓英的记录评述，因身处的立场不同，或一味歌功颂德，或执意攻击诋毁，使后人对岑毓英的了解不免有扑朔迷离之感，给我们正确认识和评价岑毓英这一历史人物增加了许多难度。在20世纪50年代以后很长的一段时期里，关于岑毓英人物研究“在‘以阶级斗争为纲’和极‘左’思想横流的环境下，学者们不敢轻易涉猎这个领域”②。对其评价也呈一边倒的趋势，认为咸同军兴时期他在云南经营的历史，主要是维护晚清政府的腐朽统治，因此岑毓英是残酷镇压人民反清斗争的刽子手，号称“屠伯”③，是应当严厉批判的反动人物。对于发生于云南近代历史上的重大事件考察，如中法战争和滇越划界等，研究者也多强调为“各族人民的英勇斗争的结果”，对岑毓英及其领导的滇军在近代中国西南边疆建设中的贡献，则避而不谈或含混带过。改革开放以来，随着解放思想等主张的提出，近40年来学界对岑毓英的研究有了长足进步，对岑毓英的评价也趋于多元和正面，其中有一种观点认为岑毓英在云南的经营能够“明瞻大局，

① （清）岑毓英撰，黄振南、白耀天标点：《岑毓英集·前言》，广西民族出版社2005年版，第1页。

② 刘启强：《岑毓英研究概况浅述》，载《红河学院学报》2006年第1期。

③ 《云南近代史》编写组：《云南近代史》，云南人民出版社1993年版，第65页。屠伯，多指喜好杀人的严酷官吏或惯于屠杀生灵的人。《汉书·酷吏传·严延年》：“冬月，传属县囚，会论府上，流血数里，河南号曰‘屠伯’”。颜师古注曰：“言延年杀人如屠儿之杀六畜。伯，长也。”另唐刘知几《史通·浮词》曰：“夫以编名酷吏，列号屠伯。”

奋战前沿，出生入死，团结群众，激励部属，历经数载，终于使久已分崩离析的云南归于一统，使久罹战乱之苦的云南人民得以一享太平之乐，同时也阻遏了英、法殖民主义者的无餍之望”[①]。这为我们认识岑毓英这一历史人物提供了一个新的视角。目前对岑毓英这一历史人物的研究虽已取得一些成绩，但“研究成果不甚丰硕，这与其在中国近代史上的地位极不相称”[②]。迄今为止国内外尚无研究岑毓英的专著和论文集，便是很好的证明。因此对岑毓英这一历史人物的研究，仍有进一步探讨之必要。鉴于岑毓英这一历史人物的重要影响及研究之不足，我们应当对岑毓英治滇的历史深入探讨，由于云南地处中国西南边疆的特殊地理区位，岑毓英在云南的经营包括地方治理和边防建设，对岑毓英边疆治理的思想及采取的措施深入研究，并进一步考察这些思想及措施对云南近代历史发展产生怎样的重要影响，对于我们清楚认识近代云南地方社会历史发展进程，将会有重要的帮助。只有对云南地方社会的近代历史发展有一个全面清晰的认识，我们才有可能对处于这个时代中的历史人物岑毓英进行正确的认识和评价。

2. 有利于推进云南近代历史研究

岑毓英是对云南近代历史发展进程有深远影响的历史人物，对岑毓英深入研究，无疑是我们探寻云南近代历史的重要切入点。岑毓英主政时期，云南地方社会除由动乱趋于稳定以外，还开始了近代化[③]的历程，重要的历史事件有军工和采矿业引入机器生产、地方政府为发展矿冶业招商引资、滇军开始普遍装备先进武器并引入现代作战理念、架设有线电报、

① （清）岑毓英撰，黄振南、白耀天标点：《岑毓英集·前言》，广西民族出版社2005年版，第3页。

② 刘启强：《岑毓英研究概况浅述》，载《红河学院学报》2006年第1期。

③ 本书所言的云南近代化，是指云南由传统中央集权下的农业社会向现代社会过渡的过程，其主要特征为初步资本主义化和工业化。近代化问题近年来颇受学界重视，然而在具体研究中存在诸多分歧，学者们对于中国近代化这一基本概念的理解都有所不同，“一派人认为，近代化就是资本主义化。另一派人则不同意这种看法，他们认为近代化不能脱离中国的实际，不改变半殖民地的社会地位，不解决帝国主义在中国的压迫和掠夺，近代化就‘化’不起来，而只能是半殖民地的‘近代化’。近代中国人民为争取民族的独立和国家的主权而进行的反帝反封建的斗争，不仅是中国近代化的应有之义，而且直接为中国实现近代化提供了前提条件”。（白寿彝总主编，周远廉、龚书铎主编：《中国通史》第十一卷上册，上海人民出版社2015年版，第97页。）

中法勘分滇越疆界、成立负责地方边防外交事务的机构临安开广道、开关通商等等。这些史实说明岑毓英主政时期，云南由传统中央集权统治下的农业社会向近代社会过渡，资本主义工商业初露端倪。这些重要的历史事件都与岑毓英有密切联系，我们对其治滇的历史深入考察，将有助于我们清楚认识近代云南社会历史的发展演变过程。如何看待岑毓英治滇在云南历史发展中的地位和作用？如果我们将观察的时段略做拓展，就会发现一些比较有意思的现象：元至元十一年（1274年），云南建立行省制度，大大加强了云南边疆与内地的联系；洪武元年（1368年）朱元璋称帝，明朝取代元朝在中国的统治，然而云南仍在元朝梁王的控制之下，直到洪武十四年（1381年）傅友德、蓝玉、沐英等将领率领明军攻入云南，梁王自杀，云南才正式归入明王朝的版图；顺治元年（1644年）清朝定都北京，明朝灭亡，云南仍处在大西军及南明政权的统治之下，直至顺治十六年（1659年）吴三桂率领清军入滇，永历帝逃亡缅甸，云南才正式成为清王朝版图的一部分。这些历史似乎告诉人们这样一个事实，僻处西南一隅的云南，往往容易成为旧王朝势力最后的堡垒。然而在岑毓英主政时期的云南，内外部形势都发生了巨大的变化，随着法英吞并越南和缅甸，云南由遥远的边疆转变为关系国家安危的西南门户，外部形势的变化也导致云南社会内部发生改变，比较显著的是云南人民的思想态度开始发生改变，高度关心民族和自身的命运，以前所未有的热诚参与到国家和地方事务当中。中法战争爆发后，战争涉及之处，虽然云南省的经济远较两广福建等省落后，滇军的武器装备在参战清军当中也比较简陋，但云南军民不仅能够守土护边，还能够在岑毓英的率领下进入越南抗击法军，最终力挫强敌扬威域外，表现出极强的反帝斗志和极高的爱国热情。云南人民如此积极地参与到国家事务当中，这在以往的历史记录中是没有见到过的。光绪十五年（1889年）岑毓英去世，他对云南的统治虽已结束，但云南地方历史的发展仍按此方向前进：22年后，1911年10月10日武昌起义爆发，30日云南军民发动“重九起义”响应，为辛亥革命推翻帝制做出贡献；26年后，1915年12月12日袁世凯复辟帝制，25日云南军民率先宣布独立，反对复辟帝制，护国首义及再造共和成为云南人民引以为豪的光荣历史；48年后，1937年7月7日震惊中外的卢沟桥事件爆发，中华民族进入全面抗战阶段，当年8月云南省主席龙云代表云南军民主动请缨，滇军将士奔赴抗日前线，在一系列重要战役中奋勇抗击倭寇，其中台儿庄血战中重挫日军精锐更使滇军名动天下，云南还成为中华民族坚持抗战的坚强大后方，西南联大的建立保存了中华民族的文化教育精华，滇西抗战成为中华民族抗战重要的组成部分；61年后，云南和平解放，中国共产党和人民政府非常重视云南边疆地区的民族问题，在少数民族地区推行民主改革、民族区域自治及民族识别等工作。今天的云南是全国世居民族最多、特有民族最多、跨境民族最多、民族自治地方最多、实行民族区域自治的民族最多的省份，也是民族团结进步边疆繁荣稳定的示范区，当今在世界范围内民族宗教矛盾纷争不断，“云南现象”和“云南经验”已引起人们高度关注并开始深入研究。当我们在一个较长时段观察云南的社会变迁时，便会发现岑毓英主政前后云南地方社会的发展特征有明显差异，可知此时期是云南由传统向现代社会过渡的关键转型期，岑毓英治滇与近代云南社会历史的发展演变有何关系？对此问题进行研究，不仅有利于我们清晰认识近代以来云南地方社会历史的发展轨迹，还可为我们探寻云南历史的发展规律及认识今天云南社会的现状提供有益借鉴。

3. 有利于推进近代中国西南边疆研究

云南是中国西南边疆的重要组成部分，其独特的地理区位和地形构造，对中国及东南亚的历史发展有重要影响，正如杨斌在其著作《季风之北，彩云之南： 云南的形成（公元前二世纪—公元二十世纪）》中所评论的那样：我们今天看到的云南省，实际上是全球互动及中国王朝卓有成效的边疆经营结果，然而长期以来东西方学者对于云南的关注，多是从内地王朝的视角出发，仅是把云南作为中国西南边疆的一部分来进行研究，较少关注到云南在历史发展进程当中对中国内地及东南亚各国家地区所产生的重要影响。①云南从元朝正式建立行省制度以后，中央派到地方的官员，由于云南特殊的地理区位，治滇工作中有很大一部分是治边，包括维护边疆地区的稳定和建设巩固的边防。在岑毓英治滇以前，云南的边疆安

① Yang Bin, Between Wind and Clouds: The Making of Yunnan (Second Century BCE-Twentieth Century CE) , New York: Columbia University, 2009, pp.1-2.

全虽然在某一时期也会遇到威胁和挑战，但由于中国西南周边没有出现过足以和中国抗衡的政治和军事力量，这些威胁和挑战也只是局部性的。中央王朝对于边疆问题的解决多居于主动地位，采取的方式也比较机动灵活，有时是宽容退让息事宁人，如清雍正时期对越南侵占云南开化府领土事件的处理，有时也会以武力征讨以清除威胁，如明朝的三征麓川及清朝的乾隆征缅。到咸丰六年（1856年）岑毓英带领武装进入云南时，中国的国内外形势都发生了深刻变化。这一年英法联合发动第二次鸦片战争，迫使清政府签订不平等的《天津条约》和《北京条约》，从中国攫取了大量权益，其侵略势力也沿长江逐步深入到中国内陆地区。随着殖民列强在华势力范围不断扩大，他们将眼光投向了位于中国西南的云南省，英国多次从其控制下的缅甸派出探路队进入云南考察，目的是想控制云南后，将英帝国的殖民地印度与英国在华的势力范围长江连接起来，英国学者H.R.戴维斯将其考察云南的著作命名为《云南：联结印度和扬子江的链环》(Yunnan: The Link Between the India and Yangtze River)，将英帝国主义者的企图暴露无遗。法国在逐步控制越南南部及柬埔寨后，也在积极探寻进入云南省的通道，同治五年（1866年），由特拉格来和安邺率领的“探险队”对湄公河及其上游澜沧江进行探察，在发现澜沧江不具备通航的条件后，法国殖民主义者又另寻他途；同治十年（1871年），法国商人堵布益以帮助云南省政府代购军火为由，对红河航运及滇东南情况进行侦察，终于发现红河是从越南进入云南的便捷通道。法国殖民主义者对云南的积极探查，源于其在远东地区开拓殖民地的野心，也就是后来建立的法属印度支那联邦，范围大致包括今天越南、老挝、柬埔寨三国及中国广东省的广州湾及高州府、雷州府部分地区（今广东省湛江市及附近区域）。法国殖民主义者在殖民扩张的过程中，将我国与之相邻的云南、广西及广东等省也视为其势力范围，其中云南省因南接越、老，北连两广而具有特别重要的战略地位，成为法国入侵的重点目标。在此过程中法国的天主教传教士充当起殖民扩张的急先锋，引起了边疆各族人民的强烈不满，纷纷自发组织抵抗，广西的西林教案及云南的浪穹教案便在这样一种背景下发生。英法列强向中国西南扩张势力的方案不同，却都将扩张的关键放在云南，这并不是一种巧合，充分说明云南作为西南门户在维系国家安危中的重要地位。鸦片战争以后，帝国列强环伺于大清帝国周围，虎视眈眈，其欲逐逐，逼迫清政府割地赔款，并进一步在中国划分势力范围，将中华民族推到了生死存亡的边缘。在此背景下，英法列强对中国西南地区的扩张，在中国西南边疆形成空前严峻的危机，岑毓英在中国西南边疆的经营所面临的挑战可以说是前所未有，但他能积极应对，采取与前人不同的治边策略化解边疆危机，是今天边疆研究中应给予高度关注的重点。

由于历史原因，研究者对岑毓英在云南边疆治理及边防建设中的贡献关注不够，近年来此研究领域虽取得一些成果，但还缺乏全面的梳理和深入的探讨。岑毓英在近代云南边疆经营过程中，主要在维护边疆稳定、建设稳固边防及中法勘分滇越边界等三方面有重要贡献。在边疆稳定方面，中法战争爆发前，滇南临安府属的纳楼土司由于职位继承问题引起族人争斗，导致地区形势动荡，岑毓英将纳楼土司分为四土舍，使土司家族中的不同利益群体各得其所，保障了滇南边疆的稳定；当缅甸沦亡，滇西边疆形势危急，岑毓英加快政府在顺宁府属裸黑山区的经营步伐，清除地方割据势力，进一步加强清政府对地方的控制。在边防建设方面，当中法战争结束后法军入侵开化府时，岑毓英相信民心可用，积极支持当地苗民首领项从周等人领导边民进行抗击法军的斗争，迫使法军放弃入侵我领土的行动；当英军吞并缅甸后，其势力进逼我滇西边疆，岑毓英在滇西组织人民齐团自卫，对稳定我滇西边疆起到积极作用，而镇边直隶厅的设立，进一步加强了中国政府在此地区政治和军事力量的存在，有效遏制了英殖民势力对我滇西边境地区的渗透；而强大的滇军，则是近代云南边防巩固最为关键的因素。在中法勘分滇越边界方面，从文献记录来看，历史上滇越之间虽曾以山峰、河流及关隘等作为分界标志，但没有明确规定边界线的走向，中外疆域划分主要是依据一些模糊的习惯线。当法国吞并越南之后，滇越间才正式开始勘分边界，在勘界过程中岑毓英力保战略要地不失，努力构建滇南的边防优势，最终滇越划界基本按这一主张进行，岑毓英建设边防的思想对滇越边界的划定有重要影响，与今天云南边疆面貌的形成发展有重要关联。为应对云南周边国际形势新变化，岑毓英还筹备成立新的外交边防机构临安开广道。总之，岑毓英治滇期间面对西方列强掀起的殖民浪潮，他坚定沉着地在云南边疆经营，保障了云南边境地区的稳定及边防的巩固，为维护国家的主权和领土不被侵犯做出了自己的贡献。

4. 有利于推进晚清督抚在边疆省份治理的研究

近代以来，列强的不断入侵及一系列不平等条约的签订，不仅严重损害中国的国家主权，还对清王朝的中央集权统治造成严重威胁，而波澜壮阔的太平天国运动则将清帝国的统治基础动摇，由于此时期维持清王朝统治的绿营和八旗武装已日趋腐朽，清廷在内政外交等相关问题的处理上不得不依仗地方督抚大员。在应对内外危机的过程中，地方督抚逐步取得原来由清廷控制的军事、财政等权力，这一变化对中国近代历史的发展影响深远，改变了清王朝中央与地方的权力结构和关系，地方督抚在清廷决策中发挥了更为重要的影响，另一方面督抚与地方布政、按察两司的相互制约向上下级隶属关系转变，督抚迅速发展成为权重一方的地方势力，形成晚清“内轻外重”的政治局面。地方督抚中部分成员积极推行自上而下的维新变革，如洋务运动、预备立宪等，对促进近代中国社会的转型起到重要作用；督抚同时还是地方改革的主持者，推动了各省经济、文化教育事业的发展，成为中国各地方近代化事业中一支不可忽视的力量；此外以岑毓英为代表的边疆省份督抚，在近代边疆治理和边防建设上扮演着极为重要的角色，其思想、举措及影响等是相关领域的研究重点。正是由于督抚在中国近代历史发展中的重要作用，近年来学术界对晚清督抚的研究较为重视，研究主要集中于关于督抚制度及代表人物的研究，已取得不少成果，大体可分为两类，“其一，这些研究从多种侧面展现了督抚在晚清社会转型中的角色与形象。……其二，这些研究通过认真地分析，充分肯定了督抚在晚清一系列改革中的作用”[①]。但对以岑毓英为代表的督抚在边疆省份治理方面的研究，则较少关注到。事实上，在岑毓英担任云南巡抚及云贵总督期间，除支持地方改革及推动地方经济、文化教育事业的发展外，还得应对发生于中国西南边疆的一系列重大事件及由此引起的危机和挑战，由此可知边疆省份的督抚的职责与内地督抚有很大区别，晚清督抚在边疆治理中的经验得失，对今天我边疆地区的建设

① 刘伟：《晚清督抚政治——中央与地方关系研究》，湖北教育出版社2003年版，第5—6页。

发展仍有非常重要的参考价值，因此对岑毓英的云南边疆经营历史进行深入探讨，不仅可以补充目前关于督抚边疆治理研究之不足，对晚清督抚研究亦有丰富充实的作用。

岑毓英这一历史人物无疑是一个时代的产物，当云南地方形势危急之时，清政府由于当时国内及国际形势所限，对云南地方的治理及边疆的建设可谓有心无力，而岑毓英能慷慨为之，他应形势的需要挺身而出，勇于承担时代赋予的重任，通过努力奋斗后交出了自己的答卷，其中的功过得失值得后人研究总结。本书对岑毓英治滇历史进行研究，是想将岑毓英这一历史人物放到其所属的时代背景之下，对其治滇主张、采取措施及影响深入考察，以达到正确认识和评价岑毓英这一历史人物之目的；同时又以岑毓英这一重要历史人物为切入口，考察近代以来云南及中国西南边疆的历史发展演变过程。通过本研究不仅力图“从一个时代看一个人”，还希望能“从一个人看一个时代”。实践这样一项任务，笔者面临着巨大的挑战：首先是关于如何正确认识和评价岑毓英这一历史人物的问题，岑毓英是一个较为复杂的政治人物，其经营云南和治理边疆的事迹至今仍存在许多争议，笔者认为对岑毓英及其事迹的评价，不应该在一些细枝末节的问题上争论纠缠，而应当以是否符合中华民族的根本利益和是否有利于统一多民族国家的发展作为评价标准。其次是如何认识近代以来云南及中国西南边疆发展演变历程。19世纪下半期，云南地方社会正处于激烈的社会转型期，中国西南边疆也面临着诸多危机和挑战，如何通过纷乱复杂的历史现象去探寻近代云南及中国西南边疆的发展轨迹？笔者认为应在尽可能占有相关资料的基础之上，对这段历史的真相进行实事求是的研究，而不是先入为主地基于某种“理论”和“思想”来考察和评论这段历史，“尽管现代史学理论已经证明了再现历史之不可能，但求真毕竟是治史者不灭的梦境”①。

① 茅海建：《天朝的崩溃——鸦片战争再研究·前言》，生活·读书·新知三联书店2005年第二版，第3页。

第二节　岑毓英研究史料目录概说

岑毓英与曾国藩、李鸿章、左宗棠等晚清重臣一样，是活跃在中国近代历史舞台上举足轻重的人物，被时人誉为“中兴名臣”“边防重镇”，其事迹倍受人们关注。岑毓英经营云南和治理边疆的官方文献，主要集中于《钦定平定云南回匪方略》[①]和《岑襄勤公奏稿》两部集子中，是研究岑毓英政事最为重要的一手资料。两部集子都是在岑毓英去世以后才整理出版，其中《平定云南回匪方略》为清政府整理出版，带有官方性质，而《岑襄勤公奏稿》由其后人整理出版，属于私人性质。此外关于岑毓英较为重要的研究资料还有近年出版的《岑毓英档》，是岑毓英写给僚属、亲友、族人的私人信函，为中国社科院近代史所图书馆馆藏资料。岑毓英60寿辰时，云南学者赵藩记录其生平重要事迹，并请名家绘图，编成《岑襄勤公勋德介福图》，这部书中内容应得到岑毓英本人的认可，故有一定的参考价值。岑毓英去世后，清廷即命国史馆为其立传。关于岑毓英的个人传记，《清史列传》《清史稿》《新纂云南通志》及当代编修的《西林县志》等几部书中均有收录，内容可供参考。此外还有其后人、僚属及学者在其去世后撰写的行状、年谱、悼文及墓志铭等，亦有重要的参考价值。岑毓英治理云南和建设边疆的事迹，在云南地方史志也有所收录，重要者有光绪《云南通志》、光绪《续云南通志稿》和民国时期编撰的《新纂云南通志》，其中《新纂云南通志》记录不少岑毓英在云南经营的史实，还收录一些与岑毓英相关的文献资料，其中有一部分内容仅见于《新纂云南通志》中，具有较高的参考价值，应引起研究者的重视。此外岑毓英任过职的贵州、福建、台湾及其家乡广西等省区，亦将其事迹收录于相关史志档案中。

---

① 此处所用的匪字，当然是清王朝站在统治阶级立场上的偏见，如实引用是为了保存资料的原貌，正如著名历史学家白寿彝先生所言：“因为要保留资料底真相，使其便利于研究，对于统治阶级诬蔑回民的记载和词句，如称回民为匪、在回字左边加反犬旁等等，就不能不照旧印出来。”（白寿彝主编：《回民起义·题记》一，神州国光社1952年版，第2页。）

岑毓英的研究资料总体来说比较丰富，但相关的整理研究工作有待进一步深入，笔者在此谨参照方国瑜先生考校云南地方史料的方法，以史料目录概说的体例，对岑毓英研究相关史料的版本、参考价值、整理及流传情况进行简要述评。

一、《岑襄勤公奏稿》

为岑毓英生前上给清廷奏疏汇编。由岑氏后人搜集整理，岑毓英之子岑春蓂任湖北督粮道时于光绪二十三年（1897年）在武昌刻印，故称为武昌督粮官署刻本，又称岑春蓂刻本。全书共31卷，首1卷收录全书目录和岑毓英去世时清廷所颁的上谕、祭文、传记、碑文及僚友的奏疏、碑铭等，名为《岑襄勤公遗集》；后30卷按时间顺序收录岑毓英自同治元年（1862年）五月至光绪十五年（1889年）五月间上给清廷的奏折，有部分是与同僚合奏，共计折、片671篇①，名为《岑襄勤公奏稿》。因一书有两名，故人们无论称遗集还是奏稿，俱指此书。《岑襄勤公奏稿》内容涉及晚清云南咸同军兴、马嘉理事件、浪穹教案、中法战争、滇越勘界等重大历史事件，这些事件对云南乃至中国近代历史进程都产生了重大历史影响，为研究这段历史的第一手重要资料，此书在中国近代史、边疆史、民族史、中外关系史以及滇、黔、闽、台地方史等研究领域，均有重要参考价值。同时奏稿内容还反映了岑毓英处理这些事件的思想主张，因此也是研究岑毓英这个重要历史人物不可缺少的重要史料。然而“目前学术界对《岑襄勤公奏稿》作为重要的历史文献而加以引用者甚夥，从文献学的角度对其进行研究，探讨其资料来源，评定其价值和不足，并进而加以整理之基础工作则鲜”②，所以不能够清楚认识到《岑襄勤公奏稿》中史料存在的问题。

晚清中国西南地区的局势动荡不安，岑毓英的边疆经营之路也充满了艰难曲折，其情形正如赵藩在《岑襄勤公年谱》序言中所说：“或迅厉潜移而隐患以消；或审敌蓄威而便宜是守；或心迹几难自明而久乃大白；

① 黄盛陆等标点：《岑毓英奏稿·前言》，广西人民出版社1989年版，第7页。

② 梁初阳：《〈岑襄勤公奏稿〉入越抗法史实补证（1883.9—1884.10）》，载《西南古籍研究》，云南大学出版社2010年版，第194页。

或措施不求共谅而徐无异词。”[①]正是由于岑毓英在中国西南边疆经营的事迹牵涉面广，其间的关系又错综复杂，岑毓英后人整理编辑《岑襄勤公奏稿》时，或为尊者讳，或为避恩怨，将奏稿中一些重要内容删削，使得某些史实的真相被隐藏起来。此外由于编辑整理者的粗疏等原因，《岑襄勤公奏稿》中还漏收了不少折片。笔者将《岑襄勤公年谱》中记录的折片名称与《岑襄勤公奏稿》的目录比对，统计出《岑襄勤公奏稿》漏收的折片多达472篇，另有《岑襄勤公奏稿》中收录而《岑襄勤公年谱》中未收录的折片20篇。笔者将《岑襄勤公年谱》和《岑襄勤公奏稿》两书的折片数目相加，可知岑毓英生前上奏清廷奏折的多达1143篇，则《岑襄勤公奏稿》编纂过程中删削的折片已超过总数的五分之二，这或许可以解释为什么《岑襄勤公年谱》中说岑毓英奏稿“其存者为批谕奏疏六十卷”[②]而后来面世者仅为30卷。

关于《岑襄勤公奏稿》删改或遗漏折片之具体情况，可举几例说明：中法战争期间，岑毓英奉命率领滇军准备再次入越参战，此时他入越抗法的思想一度动摇，于光绪十年（1884年）七月上奏清廷，请求辞去云贵总督职务，并提出愿率滇军远赴上海吴淞口抗击法国军队，这种临阵脱逃行为，当然为清政府所拒绝，后岑毓英率领滇军入越作战，最终力挫强敌，扬威域外，达到个人事业的巅峰，整理者在编辑《岑襄勤公奏稿》时，为维护岑毓英的尊严，将奏折及圣旨中相关的内容删除，使此事件得以隐藏；此外中法战争期间，清廷委派唐景崧到云南联合刘永福黑旗军抗法，岑毓英上奏清廷，认为唐景崧的主张不可取，刘永福黑旗军不足恃[③]，拒绝其入滇，唐景崧被迫改道由广东进入越南，后经过努力成功招徕刘永福黑旗军，人们对唐景崧此举评价甚高，后来整理者为避恩怨，没有将相关的折片编入《岑襄勤公奏稿》中；还有岑毓英为曾保举自己的云南巡抚徐之铭上“已故革职巡抚徐之铭恳恩开复处分并给恤典”片，为其开脱罪责，由于徐之铭在云南巡抚任内经营不善且行事荒诞，在当时朝野士大夫

① （清）赵藩编：《岑襄勤公年谱》卷1，光绪己亥年（1899年）刻本，第2页。

② （清）赵藩编：《岑襄勤公年谱》卷10，光绪己亥年（1899年）刻本，第11页。

③ 郭廷以、王聿均主编：《中法越南交涉档》，（台湾）“中央研究院”近代史研究所1962年版，第530页。

眼中“行同败类”，清廷拒绝此要求，岑毓英后人为撇清二人的关系而未收录此片；再如滇军将领覃修纲被人参劾，岑毓英以查无实据为由上奏力保，覃修纲与岑毓英同为广西西林县人，是滇军中粤勇的代表，为岑毓英心腹，由于这层关系，整理者为维护覃修纲的名誉，亦未将相关的折片收入《岑襄勤公奏稿》中。除整理者对《岑襄勤公奏稿》中相关史实进行删改外，当事人如唐景崧等亦采取回避的态度，再加上相关文献对一些问题的记载含糊其辞，遂使得事情的真相变得扑朔迷离。中国历史上有为尊者讳的传统，在相关的资料文献中曲笔回护，本是常见的事情，但治史者不察，则难免致误。《岑襄勤公奏稿》在编辑过程中，遗漏重要内容的情况也不少见，如光绪十年（1884年）底，岑毓英曾上过《云贵总督岑毓英、云南巡抚张凯嵩奏为滇省钱粮减成限满，体察情形，征收尚难复额，分别荒熟、实应征应缓数目》一折——岑毓英治滇之一大特点，就是为恢复咸同军兴后凋敝的云南地方经济不遗余力，同治十三年（1874年），他奏请清廷，请以10年为限，减免云南地方部分钱粮，至光绪十年（1884年）满10年之期，岑毓英再次奏请清廷，请以10年为限，再次减免云南地方部分钱粮，可知此道奏折的内容承上启下，有重要的研究参考价值，如缺失则不能完整反映岑毓英治滇思想中与民休息的主张，却被奏稿编辑者遗漏，实为憾事！再如岑毓英经营滇南边防，曾对三猛十洲地方详加勘查，并缮写地名清单上报清廷，此重要内容亦被奏稿的编辑者遗漏，这些遗漏的内容将在本文论述过程中补出，在此不再重复。

通过与《岑襄勤公年谱》的内容比较，我们发现《岑襄勤公奏稿》中还有大量折片不知编纂者出于何种考虑而没有收录，具体原因有待考证，这批折片按内容大致可分为以下几类：①边关瘴故官员将弁请恤；②捐输请奖；③采访忠义案；④官员的安排调整；⑤为没有上奏权的官员代奏；⑥地方祥瑞及庙宇请赐封号匾额；⑦咨催协饷；⑧官员考核；⑨立功官员将弁请奖；⑩专折奏谢；⑪奏参官员；⑫查阅营伍；⑬粮饷经费；⑭防灾减害；⑮慈善助学；⑯地方治理方案；等等。涉及国家及地方政治、军事、经济、文化、外交诸方面，内容较为驳杂。这部分折片在《岑襄勤公年谱》中多数仅记录其名，少数附有内容提要，虽不能一窥全豹，但总算为后人留下宝贵的研究线索。

目前笔者根据相关材料已辑录出《岑襄勤公奏稿》未收录折片数万言，仅为其中一小部分，将来继续努力，或可有一定成效。事实上《岑襄勤公年谱》与《岑襄勤公奏稿》合在一起，也未能将岑毓英一生所上之折片收全，如《新纂云南通志》收录有岑毓英上给清廷的有关云南盐业的数道折片，就不见于两书中；另《清季外交史料》中收录一批岑毓英中法战争期间上奏朝廷及与诸大臣往来之电文，亦不载于两书之中。这些史料还有待进一步整理研究。

由于《岑襄勤公奏稿》具有重要的历史研究参考价值，故一直得到整理者的重视，多次影印出版和标点整理。20世纪60—80年代，台湾地区的台北成文出版社出版的《清末民初史料丛书》和台北文海出版社出版的《近代中国史料丛刊》中，收录了此书的影印本；2012年，广西师范大学出版社影印出版了6册一套的《岑襄勤公奏稿》。整理方面有黄盛陆等标点该书，改名《岑毓英奏稿》（广西人民出版社1989年出版），为繁体横排标点本；方国瑜主编《云南史料丛刊》第九卷（云南大学出版社2001年出版）收录该书大部分内容，名为《〈岑襄勤公奏稿〉有关云南事迹》，为简体横排标点本；黄振南、白耀天点校该书，改名《岑毓英集》（广西民族出版社2005年出版），为简体横排标点本。几个整理的版本中，以《岑毓英集》的文字校对最为精审，便于读者查阅。

二、《钦定平定云南回匪方略》

关于岑毓英在云南经营的官方文献，除其后人辑录的《岑襄勤公奏稿》外，重要者还有《钦定平定云南回匪方略》。这部集子由清朝奕䜣奉敕领衔纂修，取材于内府档案，成书于光绪二十二年（1896年）。是书收录咸丰五年（1855年）九月至光绪五年（1879年）十月间清王朝有关云南史事的诏令奏谕，相关文献按年月日编排，共50卷。奕䜣为道光皇帝第六子，咸丰元年（1851年）被封为恭亲王，后任军机大臣。咸丰十年（1860年）英法联军攻陷北京，奕䜣受命为全权大臣与英、法、俄分别签订《北京条约》，并主持总理各国衙门。咸丰十一年（1861年）与慈禧太后联合发动“北京政变”，任议政王及军机大臣等职。奕䜣为晚清有重要影响的政治家，洋务运动的领袖人物。清政府命奕䜣主持纂修工作，可见对此书的重视。此书虽名《钦定平定云南回匪方略》，然搜罗的文献内容较广泛，除有关云南各族人民反清斗争及清王朝镇压、招抚的内容外，还涉及云南地方的团练武装及各割据势力、清政府的边疆和民族政策以及统治集团内部情况等等，由于“成书较近于事件发生之时，所收奏谕，虽有隐讳删改处，仍较《清实录》为多；且近于原貌，其中朱批之件，更较完整”①，是研究清咸丰、同治、道光三朝云南地方社会情况重要的官方资料。

今天我们研究岑毓英治滇的历史，他上给清廷的奏折无疑是最为重要的参考资料，大部分都收录于《岑襄勤公奏稿》中。然而我们查阅此书，除去前面几道谢恩折外，岑毓英直至同治七年（1868年）任云南巡抚后，才于当年五月上了第一道奏事折《省外官军历次剿匪获胜折》，此时距岑毓英咸丰六年（1856年）进入云南登上政治舞台已过去了12年。此时期岑毓英不能给清廷上奏折，与清朝的奏折制度有关。奏折制度是清代高级官员向皇帝奏事进言的文书制度，此制度始于康熙朝而盛于雍正朝，在乾隆朝形成定制，规定除皇帝特许外，要到一定级别的文武官员才有资格向皇帝奏事进言，低级别的官员即使有重要的事情需要奏报，也只能请有奏事权的官员代为上奏朝廷。如岑毓英代理藩司时，曾委托四川总督骆秉章转奏清廷，声称：“现在滇南抚局大定，只须督臣潘铎早日到滇监督该代理司及马如龙办理，任其兴革，三年后不能富强，全家甘当军令。”②便是一个典型的例子。关于此时期岑毓英事迹虽有后人为其撰写的传记、行状、年谱、图谱、墓志铭等资料可供参考，但毕竟不是第一手资料，且这些文献记录岑毓英早期在云南经营的事迹多语焉不详，不能排除编撰者因为尊者讳及避恩怨等原因而曲笔回护。《钦定平定云南回匪方略》收录的奏折和上谕中有许多与岑毓英有关的内容，是记录当时情形的第一手资

---

① 《中国历史大辞典·史学史卷》编纂委员会编：《中国历史大辞典·史学史卷》，上海辞书出版社1983年版，第345页。

② （清）奕䜣等修：《钦定平定云南回匪方略》卷16，光绪二十二年（1896年）印本，第19页。

料，对考察岑毓英在云南早期的政治活动有特别重要的参考价值。比如说岑毓英进入云南政治舞台的经历较为复杂曲折，在云南形势基本稳定下来后，他在上给清廷的一道奏折中回忆当年的情形也曾感慨地说："臣等用兵之初，群雄别户而分门，内外怀疑而构怨。即苦于君门万里，沥诉无由；更苦于转战数年，成败未定。处危疑之地，策久远之图，无时无事不惕厉战兢。"[①]对其早年在云南的艰难经营，一片忠诚却得不到清廷赏识的经历，仍不免耿耿于怀。云南学者赵藩曾任岑毓英的幕僚，在为岑毓英编撰的年谱中述及其在云南政治舞台上崛起的曲折经历也说："公提孤军介嫌疑危险之际，动心忍性，出生入死，卒以赞中兴而夷大难。"[②]然而如何艰难曲折，年谱中没有详述，岑毓英相关的传记、行状、图谱、墓志铭等文献资料中亦少有细节披露，关于这段历史我们在《钦定平定云南回匪方略》当中，则可以理出比较清晰的线索。兹举数则史料如下：岑毓英刚进入云南时，云南巡抚徐之铭对其颇为赏识，多次奏请清廷对岑毓英封赏。然而咸同军兴之时，徐之铭处理不善，已引起清王朝的极度不满，降旨指责其说："该抚之昏庸谬妄，实已罪不胜诛，滇民何辜，遭此荼毒！"[③]在这种形势下清政府对徐之铭保举的岑毓英，自然是极度不信任的，甚至认为："徐之铭、岑毓英等于地方诸事任令回众把持，且欲互相固结，藉以自全，其狂悖叵测情形显而易见。"[④]进而命令清政府的地方大员："徐之铭、岑毓英罪恶贯盈，张亮基等入滇以后如有机可乘，著一面奏闻一面正法，勿涉拘泥，勿稍宽容。"[⑤]岑毓英当日在云南省内的危险形势，由此可见一斑。

通过以上论述我们可以了解到，《钦定平定云南回匪方略》这部集子对研究岑毓英在云南早期的政治活动有非常重要的参考价值，将此书的记

---

① （清）岑毓英撰，黄振南、白耀天标点：《岑毓英集》，广西民族出版社2005年版，第116页。

② （清）赵藩编：《岑襄勤公年谱》卷1，光绪己亥年（1899年）刻本，第2页。

③ （清）奕䜣等修：《钦定平定云南回匪方略》卷13，光绪二十二年（1896年）印本，第13页。

④ （清）奕䜣等修：《钦定平定云南回匪方略》卷16，光绪二十二年（1896年）印本，第19—20页。

⑤ （清）奕䜣等修：《钦定平定云南回匪方略》卷17，光绪二十二年（1896年）印本，第4页。

述与《岑襄勤公奏稿》的内容合在一起，就对岑毓英一生重要的活动有了一个较为完整和全面的记录。从目前的情况来看，研究者研究岑毓英的历史时对这部书的重要性认识不足，对其中有价值的史料挖掘利用不够，因此研究岑毓英的学者应高度重视此书的参考价值。

关于《钦定平定云南回匪方略》的版本，重要者为故宫博物院收藏稿本以及光绪二十二年的内府刊本。1968年台北成文出版社出版《中国方略丛书》，在第1辑第1号《钦定平定七省方略》之二中影印出版此书。1985年北京中国书店出版社影印出版的《钦定平定七省方略》中收录此书。2006年北京图书馆出版社影印出版《清代方略全书》，在第194—197册收录此书。

三、《岑襄勤公勋德介福图》

剑川赵藩撰写序言及图画的说明文字，昆明秀才杨应选绘图。通过赵藩撰写的序文可知，此图册为光绪十四年（1888年）岑毓英60大寿时，“滇之士大夫与黔之仕于滇者”[①]敬献的礼物，原图册分四册装为一函。岑毓英去世后，其后人将图册寄到上海石印出版，合编为一册，全书不分卷，亦无页码。2003年线装书局出版《中华历史人物别传集》系列，在第57册中收录了石印本《岑襄勤公勋德介福图》的影印本。《广西文献名录》记载此图册情况说：“（清）陈鹍绘。本图册描绘了岑毓英的生平经历……本图册首有上谕、谕祭文、谕入祀贤良祠、御制碑文备（各）一。另附画像赞、图序各一篇。全书四十幅图画构成。”[②]按此文字说明有不准确之处，可详而说之。首先说图册的绘者，《名录》中记为陈鹍，《岑毓英集》编者在前言中亦持此说，[③]然而图册的序文中说得很明白，“指画山川布分格局者，山阴陈兰卿太守鹍，绘者昆明杨榆邨秀才应选也”，可知图册的绘者并非陈鹍而是杨应选。陈鹍，《新纂云南通志》卷二百五十七

① （清）杨应选绘图，赵藩撰文：《岑襄勤公勋德介福图·序目》，光绪十七年（1891年）上海石印本。

② 广西壮族自治区图书馆、广西壮族自治区桂林图书馆合编：《广西文献名录》，广西人民出版社2009年版，第30—31页。

③ （清）岑毓英撰，黄振南、白耀天标点：《岑毓英集·前言》，广西民族出版社2005年版，第1页。

《寓贤传》（一）中有传："陈鹍，字南卿，一字兰卿，山阴人。由诸生纳粟官云南知县，擢赵州知州，候补知府。工书画，嗜吟咏。"[①]陈度在《泡影集》（1925年铅印本）中记述其事迹说：生而颖异，岑毓英耳其名，延襄戎幕。善没骨画。从这些记述可知，陈鹍善画，且担任过岑毓英的幕僚，二人关系密切，但他不是图册的绘者。所谓"指画山川布分格局者"，是指其在绘画构思布局方面提过建议。杨应选在《新纂云南通志》卷二百三十六《艺术传》中亦有传："杨应选，字榆青，昆明诸生，畹亭之曾孙也。杨氏自畹亭后数传，俱以画名，而应选造诣尤深，人物、花卉俱工，而写真极称妙手，一时无出其右。"[②]杨应选字榆青，号榆村，昆明人，光绪诸生，为晚清民国时期著名画家。杨应选出自书画世家，杨家自其曾祖杨毓兰起，数代均以绘画闻名，杨应选承袭家法，绘画造诣更深，精工笔画，山水、花鸟、仕女俱佳，而人物写真被称妙手，一时云南无出其右者，代表作《竹林七贤图》荣获1915年巴拿马国际博览会金质一等奖，是中国第一位荣获此奖项的画家，其画作至今驰名海内外，是难得的艺术珍品。杨应选绘画的成就和影响均高于陈鹍，他才是《岑襄勤公勋德介福图》的绘者。其次考校图册的版本，从图册序跋可知，目前大家看到的图册版本，系二次加工而成，最早于光绪十四年（1888年）面世的图册，仅由赵藩的序目和40幅图文构成，图册成书的次年岑毓英去世，其后人岑春荣等为"彰先烈慰去思也"，于光绪十六年（1890年）将图册邮寄至上海，请知县包家吉"以西法石印广其流传"[③]，包家吉"与诸公子商榷，敬以饰终之谕祭葬之文录于卷首，复缩摹遗像冠于图前"[④]，图册结尾又加上岑毓英后人所写的后记，可知今天人们看到的图册封面、谕赐祭文碑文、后记等，均是后来出版石印本时加上去的。至于今人所见石印本图册的面世时间，有些资料依据岑春荣为图册写的后记确定为光绪十六年

① 李斌、李春龙、牛鸿斌、王珏点校：《新纂云南通志》十，云南人民出版社2007年版，第463页。

② 张秀芬、王珏、李春龙、牛鸿斌点校：《新纂云南通志》九，云南人民出版社2007年版，第353页。

③ （清）杨应选绘图，赵藩撰文：《岑襄勤公勋德介福图·后记》，光绪十七年（1891年）上海石印本。

④ （清）杨应选绘图，赵藩撰文：《岑襄勤公勋德介福图·跋》，光绪十七年（1891年）上海石印本。

（1890年），然而封面题字注明的时间为辛卯仲春，当以后者为准，可知石印本《岑襄勤公勋德介福图》面世时间为光绪十七年（1891年）。

《岑襄勤公勋德介福图》内容虽主要为歌功颂德，且对岑毓英有关史实的记载失之简略，但成书时当事人岑毓英尚健在，图册中一些重要事实的叙述，应该经过他的认可，故可信度较高。如中法勘分滇越边界过程中，法国方面的勘界人员于光绪十二年七月二十日（1886年8月19日）在越南者兰被地方武装截击，杀死法兵13名、兵官2员，焚船1只，余5只且战且走，退回保胜。此事件引起中外震动，法国方面怀疑与岑毓英有关，但苦于没有直接证据，岑毓英与清政府自然矢口否认，此事后不了了之。后来法国方面由于不能实地勘测，被迫按图定界，中国方面的划界主张在滇越勘界过程中部分得到实现，为维护国家民族的利益做出了贡献。为避免引起外交风波，清政府的官方档案、文献、函牍、实录及史志，对此事件的记述都讳莫如深，一笔带过。《岑襄勤公勋德介福图》中《经界安边图第三十五》记载此事说：岑毓英“遣越人毁法兵船于者兰，法使有戒心，又慑我兵威，不敢要挟，愿听按图定界”，这段史料为我们解开了者兰事件的谜底，因而具有宝贵的史料价值。再如其中的《式贤墓祠图第二十二》记载岑毓英对雍正朝治滇名臣陈宏谋的景仰之情细致而传神，是不多的能反映岑毓英个人思想及志趣的宝贵资料，也具有重要参考价值。

四、《襄勤显考岑府君行状》

岑毓英去世后由其子岑春荣等撰，全书一册不分卷，用简明扼要的文字记录了岑毓英一生的言行事迹，为岑毓英研究基础史料之一。文中对岑毓英的家世、早年求学经历、回籍丁继母忧及日常言行等方面的事迹多有记载，而正史传记中这方面的内容多付阙如，行状中的内容对岑毓英这一历史人物及相关历史事件的研究具有重要的补充参证作用。云南大学图书馆藏有此书的抄本。2003年线装书局出版《中华历史人物别传集》，在第57册中收录了刊本《襄勤显考岑府君行状》的影印本。

五、《岑襄勤公年谱》

《岑襄勤公年谱》为中国近代著名学者赵藩编撰，于清光绪己亥年

（1899年）刊刻成书，全书约7.7万字，是完整记录晚清云贵总督岑毓英一生事迹的重要著作。

《岑襄勤公年谱》的编撰者为云南剑川县人赵藩（1851—1927），字樾村，为中国近代历史上著名的学者、诗人、书法家和政治家。赵藩曾入岑毓英幕府三年[①]，晚清时期任过云南易门县训导及四川省酉阳知州、盐茶道、永宁道及按察使等职，清末民初参加辛亥革命和护国、护法运动，民国时期任过广州军政府交通部总长，晚年专注于著书立说，曾任云南省图书馆馆长，对云南历史文献的整理研究有重大贡献，是在中国近代历史上有一定影响的文化名人。

据赵藩在《岑襄勤公年谱》序言中记述，他为岑毓英撰写年谱是应其后人委托，清代编修年谱之风盛行，时人主要是看重年谱具有“补充国史、家传的不足和订正其错误”及“胪列事迹以志景仰”[②]等功能。晚清中国西南地区局势动荡不安，岑毓英的边疆经营之路也充满了艰难曲折，可谓“涉事多多，涉人泛泛，举措适与不适，事关大局”[③]，其情形正如赵藩在《岑襄勤公年谱》中所言：“或迅厉潜移而隐患以消；或审敌蓄威而便宜是守；或心迹几难自明而久乃大白；或措施不求共谅而徐无异词。”[④]正是由于岑毓英在中国西南边疆经营的事迹牵涉面广，其间关系又错综复杂，为其编撰一部年谱以厘清其宦滇历史的来龙去脉就十分有必要。由于岑毓英这一历史人物的特殊性，为其编撰年谱并非一般文人可以胜任的工作，因此岑毓英后人找到了赵藩。赵藩为岑毓英编撰年谱有其特别的优势：首先，他与岑毓英交情甚好，岑毓英任云贵总督的最后三年，赵藩为其幕僚，岑待赵为上宾，赵亦视岑为平生知己，及“襄勤薨于位，为草遗毓（笔者注：毓当为疏字），纪理其丧。巡抚谭钧培兼督篆，仍辟

① 按赵藩撰写《岑襄勤公年谱》，在序言中自称为岑毓英的门人，许多研究著作中亦称赵藩为岑毓英的门人，实际上二人并无严格的师承关系。相关内容可参阅冯尔康著：《清代人物传记史料研究》，商务印书馆2000年版，第164页。

② 来新夏著：《近三百年人物年谱知见录·序》，上海人民出版社1983年版，第1页。

③ （清）岑毓英撰，黄振南、白耀天标点：《岑毓英集·前言》，广西民族出版社2005年版，第1页。

④ （清）赵藩编：《岑襄勤公年谱》卷1，光绪己亥年（1899年）刻本，第2页。

公，公以受襄勤深知，当护其丧归籍，流涕陈词，谭公动容称叹。”[①]赵藩担任岑毓英幕僚期间，知己二人朝夕相处，对岑毓英在滇事迹自然较为熟悉。其次，赵藩任岑毓英幕僚期间，“主笺奏……佐襄勤幕，画策平顺宁倮黑夷，改置镇边厅”[②]，协助岑毓英策划处理地方军机大事，此时期岑毓英的奏疏公文多出自其手，因此掌握不少岑毓英治滇的一手材料，也因此才能在后来为岑毓英编撰年谱时“撮所睹记，粗成是书”[③]，可谓得心应手。再次，作为同一时代的云南人，赵藩亦是岑毓英宦滇历史的亲历者，对岑毓英在中国西南经营的历史背景有较为深刻的认识，年谱中关于当时云南形势的分析，内容颇为精当。最后，赵藩为滇中博学大儒，幼年就有“神童”之誉，后为云南光绪乙亥（1875年）乡试第四名举人，一生治学不辍，其为成都诸葛武侯祠所题撰之对联：“能攻心则反侧自消，从古知兵非好战；不审势即宽严皆误，后来治蜀要深思”名动天下，被后人推崇为“滇士之魁，清儒之殿”[④]，以才学而论，赵藩为岑毓英编撰年谱堪当其任。

岑毓英生前因器重赵藩的文名，曾礼聘其教子读书，岑毓英的后人对赵藩的人品学问非常敬重，在他们看来，赵藩理所当然是编撰岑毓英年谱的不二人选。由赵藩这样一位名家来为岑毓英这样一位重要的历史人物撰写年谱，就使得《岑襄勤公年谱》具有独特的魅力和重要的参考价值。该书有以下几个突出特点：

首先，《岑襄勤公年谱》较全面完整地记述了岑毓英一生的事迹，不仅在重大事件上交代清楚，同时还注意补充细节，使岑毓英这一历史人物形象充实丰满。岑毓英作为晚清“同治中兴”的重要人物，其事迹在相关史志中多有记载，如《清史稿》《清史列传》《中兴名臣事略》《续滇南碑传集》及清光绪后的几部《云南通志》等，概述岑毓英在中国西南及闽

① 方树梅辑纂，宋文熙等校补：《续滇南碑传集校补》，云南民族出版社1993年版，第422页。

② 方树梅辑纂，宋文熙等校补：《续滇南碑传集校补》，云南民族出版社1993年版，第422页。

③ （清）赵藩编：《岑襄勤公年谱》卷1，光绪己亥年（1899年）刻本，第1页。

④ 云南省《剑川县志》编纂委员会编纂：《剑川县志》，云南民族出版社1999年版，第900页。

台经营的事迹，内容大同小异，赵藩在《岑襄勤公年谱》中补充的细节就显示出其独特的价值。兹举两例说明：岑毓英仕途上的腾达，始于云南巡抚徐之铭的保举，当时有人认为徐之铭慧眼识英才，而清廷因徐之铭治理云南措施不当，已对其失去信任，遂对岑毓英也充满怀疑，甚至一度认为岑徐二人有所勾结，狼狈为奸，《岑襄勤公年谱》记述岑毓英被保举的原因说“如龙既来归，而马德新亦率澂江回众就抚，徐公以抚局定，疏请破格授如龙总兵、德新二品伯克，其余酋目分别奖叙。又阴倚公备缓急，疏陈公战功，檄委代理云南布政使”①。点明徐之铭保举岑毓英实出于政治平衡的考虑，这显然是岑毓英对当时云南局势和自身地位的分析判断。再如岑毓英晚年在中法战争和滇越勘界期间因染瘴而健康恶化，严重时需人搀扶才能行动，向清廷奏请辞官休养而不得，只好在中国西南边疆苦苦支撑，《岑襄勤公年谱》记述其当时的心境说“公以钦奉皇太后懿旨赏加太子太保衔，而弟毓宝、子春荣、春煊（原名春泽）复叠荷升除，一门之内渥被恩施，恭值皇上亲裁大政，滇、黔边要，时廑圣怀，自揣精神勉可撑撑，不敢不竭效桑榆以图报称”②，生动展现出晚年岑毓英作为地方大员那种感恩戴德和竭力报效的家国情怀。以上两则史料皆可视为岑毓英自剖心迹，若非身边亲近之人难以得知，《岑襄勤公年谱》中关于岑毓英个人历史这样具体而深入的细节描述，在相关史志记载中并不多见，因而对研究岑毓英有重要参考价值。

其次，赵藩编撰《岑襄勤公年谱》时秉承中国史学秉笔直书的优良传统，对岑毓英在滇事迹的记述，在一些敏感问题上不隐瞒不回避，使“此类颠末无隐无饰，务存其真，使后之景公生平考求边事者有所征信焉”③。在这方面最为典型的例子便是中法战争期间，岑毓英抗击法国侵略者的思想曾一度动摇，在第二次率领滇军入越抗法前夕，于光绪十年（1884年）七月初八突然上奏清廷要求带兵赴上海吴淞口驻防，打算从越南战场上抽身走人，这种临阵退缩的行为当然不能为清廷所接受。可能是对自己出现动摇的念头引以为耻，后来岑毓英对此事不再提及，其后人在编纂《岑襄

① （清）赵藩编：《岑襄勤公年谱》卷2，光绪己亥年（1899年）刻本，第1页。
② （清）赵藩编：《岑襄勤公年谱》卷10，光绪己亥年（1899年）刻本，第6—7页。
③ （清）赵藩编：《岑襄勤公年谱》卷1，光绪己亥年（1899年）刻本，第2页。

勤公奏稿》时，出于为亲者讳之目的，将岑毓英上奏的片及清廷谕旨中相关内容删除，力图将此事掩盖。中国传统文化中有“父为子隐，子为父隐，直在其中矣”[1]的说法，岑毓英后人的行为在那个时代看来无可厚非。除了清廷收藏的档案文献，史志中有关岑毓英事迹记载涉及此事者，笔者仅见到赵藩编撰的《岑襄勤公年谱》，赵藩坚持秉笔直书及务存其真的原则，将这段历史实事求是地记录下来，为今人探寻历史真相留下宝贵线索，使得这部著作在相关历史问题的研究中具有特别重要的参考价值。

最后，《岑襄勤公年谱》保存了不少有价值的史料。如《岑襄勤公年谱》中按时间顺序记录下岑毓英一生上给清廷的奏折，与《岑襄勤公奏稿》中收录的资料可相互参证。

由于《岑襄勤公年谱》具有重要的参考价值，已在一定程度上引起研究整理者的重视，台北成文出版社、文海出版社的《近代中国史料丛刊》第十四辑、广文书局的《年谱丛书》、台湾商务印书馆的《年谱集成》都分别辑录有此书的影印本。李士涛《中国历代名人年谱目录》、陈乃乾《共读楼所藏年谱目》、杭州大学图书馆《中国历代人物年谱集目》、孙殿起《贩书偶记》卷六、杨殿珣《中国历代年谱总录》、谢巍《中国历代人物年谱考录》、黄秀文《中国年谱辞典》、王德毅《中国历代名人年谱总目》（增订版）中分别写过此书的书目提要[2]。就目前的情况而言，对《年谱》的研究整理虽取得了一些成绩，但还远远不够。

六、《岑毓英档》

《岑毓英档》为目前有关岑毓英研究资料最新的整理成果，收录于虞和平主编的《近代史所藏清代名人稿本抄本》（第一辑）第39册中（大象出版社2011年版）。《岑毓英档》包含三卷《岑襄勤公书札》，主要内容为岑毓英写给总理衙门、同僚、下属、亲友、族人等的信函影印件，为首次面世的珍贵史料。《岑毓英档》的材料来源为中国社科院近代史所图书馆馆藏的清代名人稿本抄本。自20世纪50年代以来，人们利用这批珍藏

① 《论语·子路第十三》。

② 来新夏：《近三百年人物年谱知见录》（增订本），中华书局2010年版，第425—426页。

的资料，已陆续出版了《锡良奏稿》《刘坤一遗集》等重要的资料集，历来为学术界所重视。此次出版的近代史所藏清代名人稿本抄本第一辑，汇集了包括岑毓英在内的26位清代名臣之信函、书札、日记、奏折、电稿等各种公私档案，共145册，其中绝大部分为首次面世，大大丰富了清代的研究史料，可弥补目前清代人物专集出版史料之不足，洵为嘉惠学林的好事。关于岑毓英的信函，赵藩为其撰写年谱时说岑毓英“军旅倥偬，政务殷烦，章奏书檄，幕僚具草，手自核定，时有点窜，多中窾要。其存者为批谕奏疏六十卷、书牍二十卷，诸子与门人复辑公遗诗一卷、遗文二卷”①。岑毓英的长子岑春荣在该年谱的后记中亦说：“他如奏疏、书牍及诗文等集，卷帙繁众，俟校竣付梓。”②然而此后一直未能见到岑毓英的书牍面世，今已不知散落何处。此次出版的《岑毓英档》，内容上虽仍不完整，但作为首部面世的书信专集，在岑毓英研究资料的整理出版上已是一个巨大的进步，此外岑毓英还有一部分信函，散见于左宗棠、李鸿章、徐延旭等人的文集中，在内容上可资补充。

岑毓英的信函作为第一手资料，对于研究岑毓英及相关的历史事件有极为重要的参考价值。目前所能见到的出自岑毓英本人之手的材料，主要为奏疏与信函两类。岑毓英上给清廷的奏疏作为公文，受到一事一议等规则的束缚，且要考虑到各方面的因素，意思表达上难免有言不由衷之处。私人信函与奏疏相比，内容较为丰富，感情也多自然流露，对我们了解岑毓英处理一些事件时的真实情感有很大的帮助。《岑毓英档》中收录的书札，岑毓英与同僚往来的信函占了大多数，内容多涉及当时的重大社会问题。地方督抚大员之间常常就一些军国大事往来函商，公开讨论，突出反映了晚清督抚政治的一些特点。地方大员们对时局的看法，有时与中央政府一致，有时却不尽相同，从中我们可以看出晚清国家的政治架构，除中央与地方之间领导与被领导的纵向关系外，地方封疆大吏还在横向保持着紧密的联系，他们常会就一些重大的问题交流看法，发表意见，这些主张对于当时清廷的决策亦有重要的影响。可举一例说明，中法战争后，清廷按照《中法和约》的规定，要求在越南前线的清军一律撤回中国境内，

① （清）赵藩编：《岑襄勤公年谱》卷10，光绪己亥年（1899年）刻本，第11页。
② （清）赵藩编：《岑襄勤公年谱》卷末，光绪己亥年（1899年）刻本。

岑毓英率领的滇军出于滇边战略安全上的考虑，迟迟不肯回撤，后经清廷严旨催促，岑毓英才率领滇军后撤，后又自作主张留7000粤勇在越南北圻驻防，此后清廷又多次与其交涉，滇军方才全师撤入中国境内。从岑毓英的奏折及清廷的谕旨来看，清廷和云南地方实力派代表岑毓英在此问题上有过反复的博弈，而在岑毓英写给在广东筹办防务的兵部尚书彭玉麟的一封信中这样说道："承示敝部宜暂缓班师，与管见不谋而合。"[①]可知当时地方上的大员，在反对清廷停战撤兵这一决策上，在一定程度上达成共识。这些史料对研究晚清督抚政治及云南地方治理等问题，有重要的参考价值。此外岑毓英给族人、亲友、部下的一些信函，对研究岑毓英及其治下晚清云南地方的社会情况，也有一定的参考价值。

《岑毓英档》中关于岑毓英书札的编排，是根据收信对象的不同而分门别类，比如说将给总理衙门的信函集中在一起，给某个僚属的信件又另归在一处，长处是体例上较为整齐，一目了然，缺点是内容较为分散。岑毓英在某一时期关于某事件的讨论，如中法战后岑毓英关于滇越划界的主张，因信件发送对象不同而散编于各处，不便查阅。此外关于《岑毓英档》编排及内容，还有两个问题需要说明：一是信件编排在时间上有错乱。岑毓英的信件，有许多未注明具体时间，必须对信中内容详细考察，才能知道信件大概写于何时，然当日抄录者不察，编辑者又疏于考订，遂使得信件的编排在时间顺序上颠倒错乱，如中法勘分滇越边界期间，岑毓英曾给护理广西巡抚李秉衡写过数封信，《岑毓英档》编排的《致李鉴堂中丞》系列当中，前一封信中说："界图绘竣，已随折进呈，今星使（笔者注：勘界大臣周德润）定于本月二十五日启节……毓英……亦定于二十七日启程回省。"[②]从信中的内容可知当时中法滇越勘界工作已经完毕，周德润和岑毓英分别准备启程，离开滇越边境地区，时间应在光绪十二年（1886年）十月[③]，然而下一封信的内容却是："星使周阁学已抵开化府城，毓英现迎商界务，拟先会勘马白关一带，惟法使因越途梗阻，

---

① 虞和平主编：《岑毓英档》第一卷，大象出版社2011年版，第6页。

② 虞和平主编：《岑毓英档》第一卷，大象出版社2011年版，第38页。

③ （清）岑毓英撰，黄振南、白耀天标点：《岑毓英集》，广西民族出版社2005年版，第379页。

未能前来。"[1]内容明白表明此信写于中法勘分滇越边界前，按周德润向清廷奏报自己于光绪十一年（1885年）"十一月初六日行抵开化"[2]，则两信相隔时间近一年，编排上却被前后颠倒，这种情况在《岑毓英档》中还有多处，在此不一一列举，读者查阅则需留心。二是对收信人身份缺乏考证。岑毓英与他人的信函，按当时的习惯，多称字号、官衔而不写本名，而正史档案中对历史人物的记载则多用本名，需仔细查对才不致混淆。《岑毓英档》在目录中注出了部分收信人的本名，如刘荫渠制帅为云贵总督刘长佑，邓铁香星使为钦差勘界大臣邓承修等，但还有黄卉亭军门应为广西提督黄桂兰、张明亭参戎应为滇军参将张永清等，在书中未能一一注明，查阅《岑毓英档》需留意此问题。

以上六种，为研究岑毓英的基本史料。

此外还有一些文献收录有与岑毓英研究相关重要资料，大致有以下几类：①清宫档案，如《咸丰同治两朝上谕档》《光绪朝朱批奏折》《光绪朝上谕档》和咸丰同治光绪三朝"实录"等；②专题资料集，如《光绪朝东华录》、《清季外交史料》、《中法越南交涉档》、《中国近代史资料丛刊·中法战争》、《中国近代史资料丛刊续编·中法战争》、《回民起义》（一、二）及《云南回民起义》等；③云南地方志，如光绪《云南通志》、光绪《续云南通志稿》以及民国《新纂云南通志》等；④部分与岑毓英在云南共事过的官员文集，如刘岳昭的《滇黔奏议》、唐炯的《成山庐稿》和《成山老人自撰年谱》、张凯嵩的《抚滇奏议》、谭钧培的《谭中丞奏稿》等。以上各资料对岑毓英研究均有重要参考价值。

第三节　岑毓英治滇研究学术回顾

对岑毓英治滇事迹进行研究，始于其去世之后。光绪十五年（1889年）五月岑毓英逝于云贵总督任上，他的同僚云南巡抚谭钧培向清廷上

① 虞和平主编：《岑毓英档》第一卷，大象出版社2011年版，第39页。

② 郭廷以、王聿均主编：《中法越南交涉档》，（台湾）"中央研究院"近代史研究所1962年版，第3321页。

《奏为已故督臣勋迹卓著，据实胪陈，吁恳宣付史馆以备采择》折，对岑毓英在滇事迹及贡献进行简要述评。清廷谕赐的祭文、碑文，代表了清王朝对岑毓英治滇一生事迹的官方评价。清代名人张裕钊、翁同龢、陈宝箴为岑毓英撰写的碑铭墓志，实际上就是私家为岑毓英撰写的个人传记。清国史馆为岑毓英撰写的《国史列传》，为官方为岑毓英撰写的正式传记。以上这部分资料被岑毓英的后人搜集整理后，汇编成《岑襄勤公遗集》一卷，编排在《岑襄勤公奏稿》前，可视为那个时代的人对岑毓英治滇历史的初步整理研究的成果。目前看到岑毓英在清代官修的传记有两篇，分别收录在《清史列传》和《清史稿》中。其他私人编写的如蔡洛冠的《清代七百名人传》、朱孔章的《咸丰以来功臣别传》、缪荃孙的《续碑传集》中，都刊载了岑毓英的传记。

民国时期出版的《新纂云南通志》等史志及广西方面出版的一批人物传记中，也收录有岑毓英的个人传记。以上这些著作中都有岑毓英治滇事迹的述评，这些内容侧重于向一般民众介绍近代名人岑毓英的辉煌事迹，缺乏现代意义上的学术探讨，但揭开了研究岑毓英的序幕，是后人研究岑毓英治滇事迹的重要参考资料。1935年，为给中英交涉滇缅边界问题做准备，国民政府组织千余人在滇西边境地区进行社会调查，方国瑜先生于当年9月参与其事，后根据调查的资料写成《滇西边区考察记》，为现代重要的民族学和边疆史地学研究著作，其中在《设置镇边厅前后及西盟之治理》一节当中，对岑毓英抚治裸黑山史事进行了研究，[①]可视为关于岑毓英治滇历史真正现代学术意义上的探讨，为当代研究岑毓英治滇历史的开篇之作。

前面已提及，1950年后由于受到一些思潮的影响，对岑毓英研究处于相对停滞状态。这一时期台湾学者在研究岑毓英方面有一些成果，但较少涉及岑毓英治滇历史。

改革开放以后，对岑毓英的研究进入活跃时期，研究成果不断涌现。据不完全统计，从20世纪80年代至2015年，公开发表的岑毓英研究论文有50余篇，还有一些研究著作中部分章节也涉及这方面内容，对岑毓英的研

① 方国瑜：《滇西边区考察记》之《裸黑山流行记》，国立云南大学西南文化研究室，1943年，第28—30页。

究取得了长足进步。但总体来看，关于岑毓英的研究仍很薄弱，“相对同时代其他历史人物而言，其研究成果不甚丰硕，这与其在中国近代史上的地位极不相称”①。在公开发表的论文当中，以中法战争期间的岑毓英为主题进行研究的占了半数以上，这与广西中法战争史研究会成立后多次召开学术研讨会及学人撰文参会有关。其他论文的研究主题则涉及岑毓英对边境土司地区的治理管控、处理马嘉理事件、建设国防、镇压抗清武装及岑毓英早期个人经历等等。下面就岑毓英治滇研究已有的成果进行梳理。

一、对岑毓英治滇事迹的综合论述

20世纪80年代对岑毓英治滇事迹研究，较早且影响较大者为方国瑜先生在《云南史料目录概说》中的相关论述，主要关注了岑毓英主政云南期间的地方治理及国防建设等内容，具体涉及岑毓英处理马嘉理事件、抚治裸黑山区及率领滇军入越抗法等史实。②后集中收录于《云南史料丛刊》中，名为《岑襄勤公奏稿有关云南事迹概说》③。黄盛陆等标点的《岑毓英奏稿》前言中简要列举了岑毓英的治滇善政，认为“作为封疆大吏，岑毓英在治理地方方面，亦有值得称道之处”④。黄振南在《岑毓英集》前言中对岑毓英治滇事迹有精当的评述，他认为岑毓英治滇期间，前期在地方治理上主要做了三方面的工作：一是一统云南政局，二是和辑地方，三是处理马嘉理事件。再督云贵后，岑毓英又有裁减厘金，革除夫马，招商引资，开矿富民，筹捐款项，修学校以课孩童，立敬节堂以维风化，设通志局以编方志。使云南因战乱、天灾造成的民不聊生局面得到了全面整治，经济、文化方面有了长足的发展。在国防建设方面，当滇越边境地区形势恶化时，岑毓英派滇军严密布防，并招抚民众，加强对边境地区管控，中法战争后参加滇越勘界工作，将原沦入越南的部分土地争回，为捍卫祖国领土完整做出不可磨灭的贡献。黄家信的《论岑毓英》，对镇压云南各族人民反清斗争、保藩固边及在中法战争中的贡献三个方面进行研

① 刘启强：《岑毓英研究概况浅述》，载《红河学院学报》2006年第1期。

② 方国瑜著:《云南史料目录概说》，中华书局1984年版，第558—559、562—565、570—572页。

③ 方国瑜主编：《云南史料丛刊》第八卷，云南大学出版2001年版，第158—160页。

④ 黄盛陆等标点：《岑毓英奏稿·前言》，广西人民出版社1989年版，第5页。

究。[①]施铁靖的《论岑毓英》在对岑毓英生平事迹评价过程中，对岑毓英在治滇过程中勤政爱民的态度以及办学兴教、整顿纲纪，肃清吏治等措施给予肯定，赞颂了岑毓英为维护我国边疆完整和祖国的尊严做出的贡献。其他如张有隽的《岑毓英》[②]和袁少芬的《岑毓英》[③]以及党丁文编撰的《近代广西名人名胜录》[④]和莫文军编的《少数民族人物志》[⑤]等，主要概述岑毓英一生的事迹，虽也涉及岑毓英治滇的历史，但未能深入探讨。

二、岑毓英在云南经营之研究

关于岑毓英在云南的崛起，黄家信的《从被怀疑到受重用——云南回民起义时期的岑毓英》[⑥]一文，认为云南回民起义时期，岑毓英自始至终参加了清廷的镇压活动。在招抚马如龙和潘铎被杀的事件里，岑毓英虽然升了官，但是尚未得到清廷的信任。镇压猪拱箐苗民起义之后，岑毓英开始得到清廷的信任，并培养为西南政局的接班人。作者还认为当时的云南，时刻潜伏着危险与死亡，岑毓英能够在其间成长为边地人才之冠，是他的才能所至。赵至敏的《岑毓英与云南回民起义》[⑦]，着重考察岑毓英是如何通过镇压云南回民起义而崛起的，把岑毓英放在一个特定的历史环境里考察，追寻他崛起的足迹，探索中国近代社会条件如何造就了岑毓英这样的人物，而他的活动又给中国近代社会产生了怎样的影响。文章对人们了解岑毓英早期在云南经营时地方复杂的社会形势有帮助。

关于岑毓英对云南地方社会治理的专题研究，以往学术界关注不多，近几年开始有学者在此领域进行探索，其中黎瑛的《经略西南：岑毓英的思想及实践（1865—1885）》[⑧]，作者认为岑毓英在边疆地区的社会治理中，具有强调稳靖的民本思想、激浊扬清的吏治思想、以教化转变

① 广西师范大学社会文化与旅游学院1993年硕士论文。

② 张有隽：《岑毓英》，载《壮族历史人物传》，广西人民出版社1982年。

③ 袁少芬：《岑毓英》，载莫乃群编《广西历史人物传》（5），中国人民政治协商会议广西壮族自治区委员会、广西地方志研究室组编印，1984年。

④ 党丁文编撰：《近代广西名人名胜录》，广西民族出版社1991年。

⑤ 莫文军主编：《广西少数民族人物志》，广西民族出版社1998年。

⑥ 载《蒙自师范高等专科学校学报》2000年第1期。

⑦ 载《中央民族学院学报》1991年第4期。

⑧ 载《贵州民族研究》2006年第1期。

民心的教育思想、未雨绸缪的防边思想，这些思想贯穿了岑毓英边疆建设的始终，也是他边疆思想中较突出的几个方面。岑毓英经略西南边疆思想与实践对于晚清时期西南边疆省区的民族经济开发、教育文化进步及巩固边防都起到了积极作用。施铁靖的《岑毓英对西南民族地区文化教育贡献初探——岑毓英研究之三》[①]就岑毓英的教育思想与实践进行专门讨论，文章认为岑毓英在治滇过程中采取修复书院，加广学额，增加束修膏火，招商创收以保证文教经费，补贴进京会试举人等一系列措施，有力地推动了地方文化教育的恢复和发展。对少数民族地区的社会进步、民族和睦，有着划时代的历史作用。张振利、杨莉的《岑毓英与“一塔三坊”的重建》[②]通过遗存的碑文对岑毓英重建东寺文笔塔暨忠爱金碧三坊的史实进行考证研究，认为修复地方文教设施是岑毓英咸同军兴后善后工作的一部分，“一塔三坊”的重建是重新建构清王朝在云南的统治秩序的必然要求，更是为了笼络人心，再造民众对清王朝正统地位认同的文化象征。

三、岑毓英与云南边防建设研究

岑毓英在云南建设边防，是其治滇研究中关注相对较多的一个问题，主要集中在以下几方面：①加强边境土司地区的治理管控。陈元惠在《岑毓英督滇土司治理之策略》[③]一文中，深入探讨岑毓英在边疆土司地区治理中所采取的抚绥土司、众建而分其势和存土置流等三项策略内容，并考察了这些策略在滇西土司、裸黑地区及纳楼土司等地实施的效果，肯定了由于岑毓英策略运用得当而边地宁、边疆稳、边防固，促进了边疆稳固和国家统一；梁初阳的《岑毓英国防思想在中缅边界危机中的实践》[④]一文，论述了英国吞并缅甸后，其侵略势力进逼滇西边境，中国西南边疆危机空前加剧。以岑毓英为领导的云南地方政府带领各族军民采取一系列措施积极应对，其中尤以经营裸黑山区和设置镇边直隶厅影响深远，阻止了

① 载《广西民族研究》2010年第1期。

② 载《云南档案》2014年第2期。

③ 中共西林县委县人民政府、广西文物考古研究所、广西历史学会编：《句町国与西林特色文化》，广西人民出版社2009年版，第356—363页。

④ 载《云南民族大学学报》（哲学社会科学版）2014年第3期。

英殖民势力的进一步深入，为保疆固圉做出了贡献。②建设云南边防。黎瑛的《审时度势未雨绸缪——论中法战争前岑毓英的边防思想》[①]一文，探讨了19世纪70年代以后，法国先后占领柬埔寨和越南南圻，并向北方入侵，严重威胁着中国西南地区的安全。岑毓英为了维护国家边圉，提出力拒洋人入关的防御思想、“以人为本”的防御观念、暗助刘团与“衅不自我开”的防御策略、重视防守设施建设的防御部署。由于中法战争前岑毓英的边防思想切实周密，起到了未雨绸缪防患于未然的作用。黎瑛的《内忧外患下的创榛辟莽——岑毓英晚年边疆建设思想研究》[②]对岑毓英晚年的边疆建设思想及实践情况进行研究，作者认为在内忧外患的时代背景之下，岑毓英的边疆思想围绕着治边、防边和护边三方面展开。他的治边思想主要围绕着强调安靖的民本思想、激浊扬清的吏治思想和以教化转变民心的教育思想等几方面，体现了岑毓英“攘外必先安内”的原则；其未雨绸缪的防边思想主要体现在他力拒洋人入关、以人为本的立体防御观念和“衅不自我开”的策略及重视防守设施建设几个方面。这些思想虽然无法真正阻挡列强的入侵，但在此思想指导下所执行的策略却在一定程度上延缓了列强对我国西南边疆的侵略，为我国的保边固圉争取了机遇和时间；他的护边思想从力保越南和北圻到边疆划界时候的寸土必争，始终都围绕着维护我国的边界展开，尽可能地为国家争取最大的利益。刘启强在《岑毓英与中法战争后的云南边防建设》[③]一文中，探讨了岑毓英在中法战争后的云南边防建设，当中、越、缅三国边界日渐分明，为捍卫疆土不为英法帝国主义所侵，岑毓英积极采取措施加强边防建设。他在中法滇越谈判中据理力争收疆土，为我方抢占有利战略地形，并沿边驻防稳定边疆。汰弱留强练精兵，提高滇军的战斗力。他积极筹建电报以通信息，添设机构强化管理，完善边防设施提升防御的有效性。他在重视防务建设的同时，积极地缉拿匪徒靖边境，安抚少数民族得民心，这些措施为巩固云南边防提供了有力的保障，创造了良好的社会环境。龙永行撰写的《评中法战争

① 载《中国边疆史地研究》2008年第3期。

② 广西师范大学中国近现代史专业2005年硕士论文。

③ 载《红河学院学报》2010年第1期。

后期和战后的岑毓英》[①]，着重探讨了岑毓英中法战后在加强边防、勘分疆界、开埠通商、革新滇军等方面的努力，肯定了岑毓英为国家、民族做出贡献的进步性。赵至敏撰写的《岑毓英的西南边防建设思想及其启示》[②]一文，主要探讨了岑毓英在马嘉理事件及英灭缅甸前后的边防建设思想，把岑毓英的边防思想总结归纳为安抚百姓兵民联防、边防建设与边疆开发同时并举、未雨绸缪主动防御和有理有力量力而行等四方面，认为岑毓英在加强西南边防建设中的杰出贡献及其思想，值得充分肯定和借鉴学习。③岑毓英主政云南期间关于马嘉理事件的处理。廖宗麟在《岑毓英云南抗英史实一则》[③]中认为岑毓英暗中主使了马嘉理案，雷英章在《岑毓英爱国之二义举》[④]中则认为马嘉理事件源于云南地方军民的自发抵抗，事件发生后岑毓英为保护云南地方军民而与英方展开积极斗争。两文认为在19世纪中期的边疆危机中，岑毓英主张坚决抵抗，力图把侵略者的势力挡在云南之外，对英方的无理要求严正驳斥，进行了不屈不挠的斗争，对岑毓英与英国殖民侵略者据理力争的态度应给予肯定。④勘分滇越边界。这方面的文章有《浅析岑毓英与滇越界务交涉的历史背景》[⑤]《试论岑毓英在中法界务交涉前的行动准备》[⑥]《中法滇越界务交涉前岑毓英的策略探微》[⑦]《岑毓英与中法滇越界务交涉（1885—1887）》[⑧]，这一系列文章论述了岑毓英进行滇越界务交涉的历史背景及岑毓英在中法滇越勘界前的准备工作，通过岑毓英的积极努力，并广泛动员边境地区的各族民众，使中方在滇越界务谈判中抢得先机，赢得主动，为维护中方的领土主权做出了贡献。

四、其他相关研究

台湾学者王树槐撰写的《咸同云南回民事变》是研究此时期云南历

① 载《云南社会科学》1988年第3期。
② 载《兰台世界》2013年第3期。
③ 载《学术论坛》1985年第9期。
④ 载《广西右江民族师专学报》2003年第2期。
⑤ 载《红河学院学报》2005年第2期。
⑥ 载《红河学院学报》2007年第1期。
⑦ 载《红河学院学报》2008年第4期。
⑧ 广西师范大学中国近现代史专业2005年硕士论文。

史的重要著作，该书旁征博引，考证翔实，线索清晰。书中对重要历史人物岑毓英辟有专节进行讨论，对云南咸同民变发生的远因及近因分析较为中肯，对当时云南复杂的社会形势也有深入剖析，对我们研究岑毓英经营云南的历史有很好的帮助作用。美国学者龙戴维的著作《中国的伊斯兰教徒聚居地：伊斯兰教、民族划分和中国西南的潘泰起义，1856～1873》，也在书中着重讨论了岑毓英在云南咸同军兴中的历史作用。此书在探讨云南咸同年间一系列民变的原因时，认为关键因素是清中期以后，由于内地人口压力增大，清政府鼓励大量汉族移民进入云南，导致地方经济压力增大，族群关系紧张，部分新移民进入云南后为生存开始争夺地方社会的资源和财富，影响到包括早期进入云南的汉、回移民在内的各族群利益，云南的回民因主要从事经商、矿冶而比较富裕，且在一些地区拥有较好的耕地资源，因而成为争夺的重要目标。由于晚清云南省政府不能公平公正处理这些争端，导致社会矛盾激化，最终爆发了咸同系列民变。该书为今人研究咸同民变发生的社会背景提供了一个新的研究视角。

五、岑毓英治滇研究现状简析

回顾学术研究历程，可看出对岑毓英治滇历史的研究大致可分为三个阶段：晚清至民国时期为起步阶段，1950年后至1980年间为相对沉寂阶段，1980年至今为逐步兴盛阶段。下面主要就岑毓英治滇研究的现状进行简要分析。

从已有的研究成果来看，近年来学界对岑毓英的研究虽已取得长足的进步，但还存在一些不足，比较突出的有两方面：首先是关于岑毓英治滇历史的研究尚存在诸多薄弱环节，“探索的领域多关注于对其军事活动和贡献的论述与分析，对其政治、经济等活动和贡献研究较为薄弱”[①]。事实上这个述评还遗漏了岑毓英治滇事迹中的一项重要内容，就是在咸同军兴之后岑毓英在恢复云南文化教育事业方面的贡献，此项举措对云南近代历史的发展有重要影响。通过前面的学术回顾可以看出，目前关于岑毓英治滇研究，除边防建设方面得到学者的较多关注外，对其主政云南期间在

① 刘启强：《岑毓英研究概况浅述》，载《红河学院学报》2006年第1期。

地方政治、经济和文化方面建设的研究还处于起步探索阶段，还有进一步探讨的空间。其次是对岑毓英的研究存在视野比较狭窄的问题，表现为研究者对岑毓英治滇历史的考察，多侧重于探讨其治滇的思想主张，而对于这些思想主张的实施情况及成效如何关注不够，也就是说对岑毓英治下云南社会的发展变化的情况了解不够。研究视野的狭窄还影响到研究中相关史料的使用，目前研究岑毓英治滇历史的相关成果，所引用的资料主要是反映岑毓英治滇思想主张的奏稿公文，对反映此时期云南社会情况的一些资料，如方志、碑刻、书信函牍、笔记实录、文史资料等则较少涉及。研究视野狭窄的局限性是非常明显的，由于我们对此时期云南社会的发展变化情况没有清楚了解，难以对岑毓英治滇历史进行深入考察和公正评价。

当前对于岑毓英治滇历史研究还需注意一点，前面已说过岑毓英是一位有一定争议性的历史人物，他有维护领土主权之功，也有为维护晚清腐朽统治而镇压云南各族反清斗争之过，因此对其治滇历史的研究应持一分为二和实事求是的态度。要做到这点，我们对岑毓英治滇历史的研究就应注意避免“左”倾思想余绪的干扰。2016年5月18日习近平总书记《在哲学社会科学工作座谈会上的讲话》中强调：“要正确区分学术问题和政治问题，不要把一般的学术问题当成政治问题，也不要把政治问题当作一般的学术问题，既反对打着学术研究旗号从事违背学术道德、违反宪法法律的假学术行为，也反对把学术问题和政治问题混淆起来、用解决政治问题的办法对待学术问题的简单化做法。”我们对岑毓英治滇历史进行研究，并总结其经营云南和建设边疆的经验教训，是为我们今天把云南建设成为民族团结进步边疆繁荣稳定的示范区提供有益借鉴，因此是一个学术研究的问题。对这段历史的研究，我们应当坚持学术研究中实事求是的精神，对人物研究评价应注意避免受到“左”倾思潮余绪的干扰。

第一章 社会矛盾积累 基层统治涣散

关于云南咸同民变的发生，以往的研究成果多有涉及，但从国家治理的角度来考察咸同民变为何会发生，则是前人较少关注到的一个研究视角。岑毓英治滇属于清代边疆治理的一部分，对这段历史探讨并总结其中的经验和教训，可为我们今天认识云南边疆社会的历史与现状提供有益参考。

第一节　已有研究成果关于咸同民变的探讨

咸同年间云南发生回民抗清斗争的历史事件，是此时期云南社会发展中较为重要的历史事件，也成为研究这段历史关注的一个重点。对于此历史事件的认识，历史学家白寿彝1953年在为史料集《回民起义》撰写的题记中说："把回民起义简单地看作回民单纯的活动，是不对的；把回民起义看作回汉两族底斗争，更是不对的。我们应该把回民起义看作中国人民进行阶级斗争的一个形式，云南回民起义和西北回民起义正是当时全中国人民反清斗争洪流中的两支猛流。"① 1984年出版的《云南回民起义史料》前言亦说："十九世纪五六十年代，中国人民为了反抗清朝政府的反动统治，首先在我国南方爆发了太平天国的起义……地处西南边疆的云南，也由于同样的原因，起义斗争不断发生，连绵不绝，成为当时全国反清斗争的一个方面军。"②关于云南回民反清斗争是中国人民反清革命行动一部分的观点，在大陆地区成为关于此历史事件的经典论断，学者关于云南咸同回民事变的研究，大致在这个论断界定的范围内进行。

随着时间的推移，学者们越来越明显地感受到此观点存在的局限性，"既往的研究在谈到咸同年间回民起义的原因时，都强调了当时的封建统治日趋腐败使阶级矛盾尖锐、清政府的民族歧视政策导致民族矛盾逐渐激化。这样的说法并没有错。但却因为只是从清政府—回族社会这样的

① 白寿彝编：《回民起义·题记》第1册，神州国光社1952年版，第2页。
② 荆德新编：《云南回民起义史料·前言》，云南民族出版社1986年版，第1页。

矛盾框架出发来分析问题，故而结论显得过于简单和抽象”[①]。学者们认为由于受这种二元对立观点的影响，今天学术界关于咸同云南回民事变的研究在某种程度上已陷入困境，“八九十年代对于回民起义的研究，基本上恢复和继续五六十年代的工作。因此，尽管这时期发表的论文数量大幅增加，呈现出前所未有的繁荣，却缺少相应的理论建设和突破，所以同五六十年代相比，学术界争论的问题基本一致，在观点上也没有大的突破和创新……由于受各种因素的制约，人们朝着这个相对合理的方向并未走出多远，便逐渐止步了，从而使回民起义的研究在柳暗花明之后，很快又出现了山穷水复的无奈”[②]。研究又处于一种相对冷寂的状态。

当大陆学者关于咸同云南回民事变的研究再次陷于沉寂时，海外学术界的研究成果或许可以给我们一些有益的启发。英国《剑桥中国晚清史（1800—1911）》论及此史事时认为：“云南的回民叛乱爆发于1856年，是十九世纪四十年代燃起的血腥的村社世仇的扩大。但是这一叛乱决不能单纯看作是回民之乱，而应看成是中国这一最西南省份社会秩序的总崩溃。”[③]其关于咸同云南回民事变事实上是云南社会秩序的总崩溃的论断不无道理，但把这一重大历史事件发生的原因仅归结于村社世仇，则未免有些肤浅。关于云南咸同年间发生回民事变的原因，台湾学者王树槐在其经典著作《咸同云南回民事变》有较为全面的梳理，他将云南回民事变的发生原因分为远因和近因两类，远因有宗教、政治、社会经济三方面，近因则是“银厂争夺”和“省垣杀回”两事件。王树槐认为在宗教方面回民因共同的信仰和生活习惯，加强了他们的团结性、独特性与孤立性，具有独立勇敢的性格。汉回冲突的原因，涉及宗教教义者极少，主要是宗教表现的形式不同，互相不能理解容忍，导致互相轻视讥诋，并上升为族群冲突。政治方面清中期以后由于新疆扩大小和卓木及张格尔之乱、甘肃新旧教之争等历史事件，致使清统治者对回民心怀疑虑，针对回民的律法严峻

① 杨永福：《再论晚清云南、甘肃回民起义的社会历史背景》，载《宁夏大学学报》（人文社会科学版）2005年第4期。

② 杨永福、张克非：《国内五十年来的回民起义研究述评》，载《云南社会科学》2001年第5期。

③ ［美］费正清、刘广京：《剑桥中国晚清史（1800—1911）》下册，社会科学出版社1993年版，第249页。

且有失公允，此态度还影响到清政府对云南咸同回民事变的处理。经济方面清晚期云南的经济命脉农业和矿业均开始衰落，“游匪”“厂匪”充斥，成为地方大患，而官府管控不力，社会动乱又促使汉人结社自保，秘密会社遂遍布城乡。回民以经商开矿务农积累财富，占有部分较好的矿产和耕地资源，引起一些汉人的忌妒垂涎，加之匪类及会党在其间煽动挑拨，遂导致汉回争利互斗。咸丰四年（1854年）二月，楚雄府南安州石羊厂银矿的汉回矿主为争厂利而邀人互斗，事态迅速扩大，强悍之徒趁机蜂拥而起，屠杀无辜回民并抢劫财货，回民亦聚集报复，灭回之声不绝于耳，是为云南咸同民变的导火线。咸丰六年（1856年），云南省内汉回互斗不断，形势日趋恶化，晚清政府官员多偏袒汉人，此时云贵总督恒春在贵州平乱，云南政事交巡抚舒兴阿和按察使青盛负责，舒兴阿“旧有怔忡之疾，遇事健忘”，青盛则为性情残暴之人，因怀疑昆明城内回民阴谋作乱，舒兴阿、青盛与在籍侍郎黄琮等人密谋，竟下令民间“遇有滋事回匪，准其格杀勿论”。此前云南省的回民尚祈望官府能持平办理回汉之争，省城杀回之后，希望破灭，回民武装开始戕官据城，云南省内大乱。王树槐的研究特点是材料翔实，考证精当，但对历史事件深层次的原因缺乏深入细致的考察分析。

美国学者龙戴维（David G. Atwill）的著作《中国的伊斯兰教徒聚居地: 伊斯兰教、民族划分和中国西南的潘泰起义，1856 ~ 1873》（*The Chinese Sultanate: Islam*, *Ethnicity*, *and the Panthay Rebellion in Southwest China*, *1856 ~ 1873*）被认为是“是运用人类学视角和方法对晚清发生于云南的重大事件——潘泰起义（即杜文秀起义或云南回民起义）的全新研究之作。”他批驳了以往学者所认为的“杜文秀起义”是单纯的“回汉之争”的观点，认为这是一次云南多民族反抗清朝残酷压迫的起义。[①]在这部著作当中，龙戴维对咸同云南回民事变时期的云南社会情况亦有分析，龙戴维认为到目前为止，中西学者关于咸同云南回民事变的研究成果，虽然是基于不同理论构架分别进行探讨，但都是从中国中心观的视角来审视咸同时期云南的政治和军事事件，并且基于两种错误假设：一是咸同云南

① 陆韧：《近代以来西方对中国西南边疆的认识和研究》，载《思想战线》2014年第3期。

回民事变唯一的原因就是回民对汉人的仇视，二是咸同回民事变主要是伊斯兰教起主导作用，忽视了事变中云南当地各族群及先期在云南定居汉人等盟友的参与和推动作用。咸同回民事变是云南回民近代历史上的一次重要历史事件，然而到目前为止学者对云南回民及回民社会少有研究。云南省位于中国西南一隅，西北为青藏高原，南边是炎热的东南亚，东边和北边与四川、贵州和广西这些同样多山的省份相接壤。千百年来云南一直是中国中央王朝所能控制的最西南端，云南复杂的地形和特殊的地理区位，使其成为中国内地汉文化、西藏文化及东南亚文化的一个交汇点，使其成为多族群居住的一个区域，这一点与中国其他地方大不相同，多族群的社会背景在云南回民起义中所起的作用要大于其他因素，主导了历史事件的发展进程。

龙戴维还认为一些传统的研究当中过分强调了云南穆斯林[①]在咸同民变中的作用，事实上只要粗略浏览相关材料，就会发现有许多云南地方居民与云南穆斯林在一起，抵抗不断进入云南的汉人移民在经济、文化和政治上造成的巨大压力，其数量远比人们通常估计的要高得多。由于低估了地方族群在事件中所起到的作用，后来中西方论文中存在两个认识的误区：第一点是认为潘泰起义（Panthay Rebellion）纯粹是汉回互斗；第二点则在错误的道路上走得更远，认为这次起义完全是由回民发动。龙戴维还进一步论述到，台湾学者王树槐关于云南咸同回民事变的研究著作是大家最为熟知的经典，他关于此历史事件的论述被西方学者认为是经典解读，王树槐认为："汉回两族的隔阂，是彼此结怨敌视的基本原因，初因细故而龃龉，终至演成两族之争，复以官吏处置失宜，满汉结为一体，遂至回民仇汉而抗官。"[②]龙戴维认为此观点虽不是完全错误，但也具有极大的误导性，因为观点过于强调了族群和宗教对立的因素，而在现实中我们看到的却是云南的汉、回及当地的非汉族群为反抗或维护清王朝的统治而相互战斗。

① 笔者按：在龙戴维的论著当中，云南回民（Hui）和云南穆斯林（Muslim Yunnanese）交替出现，然而前者是指生活在云南的一个族群，后者是指一种宗教信仰，含义并不相同。

② 王树槐：《咸同云南回民事变》，（台湾）"中央研究院"近代史研究所1980年版，第346页。

在以上论述的基础上，龙戴维还认为大陆学者将此历史事件命名为回民起义不尽准确，而杜文秀起义这个名称更甚于前者，杜文秀是回民的领导者，并且还在滇西建立了政权，但如果认为杜文秀主导了整个历史事件的发展，显然会模糊我们对这段历史的认识。事实上许多反清武装与杜文秀及其政权并无直接关联，有一些武装甚至不认可杜文秀的领导权。龙戴维认为起义这一名称还导致了一种倾向，即将咸同民变与西北回民起义相提并论，事实上在事件发生后较长一段时间里，咸同民变并不是清政府关注的重点，同时发生在西北和西南的反清斗争之间并没有太多的联系。而关于云南咸同回民事变，西方经常使用的是潘泰起义，事实上这也是一个让人多少有点迷惑的称谓。早在1873年事变结束之前，到云南的英国旅行者就将此事件称为潘泰起义了，潘泰这一名称的起源目前并无准确考证，人们一般认为是东南亚地区人民对云南穆斯林的称谓，目前潘泰起义是目前能让人们普遍接受的名称。虽然不是那么恰当，但龙戴维在其著作中仍使用了潘泰起义这一名称，其理由有三：首先，此名称突出了云南穆斯林多元属性及他们和云南与东南亚密切的关系；其次，此名称可以预防人们将云南穆斯林发动的反抗运动与西北回民起义人为关联起来；最后，此名称目前已如此广泛被人们接受，如果再发明和使用一个新名称则有可能造成更大的混乱。

龙戴维认为由于过分关注云南的穆斯林及其在事件中扮演的角色，关于云南回民及其反清斗争的研究忽视了云南作为多族群聚居区的复杂性，由于只关注一系列汉回冲突的历史事件而忽略了更为广阔的历史背景：早自19世纪起就开始的云南多族群之间的矛盾和冲突，正是由于云南各族群之间彼此复杂的反应互动，最终形成了由云南穆斯林领导的潘泰起义(1855—1873)。基于这样的认识，龙戴维宣称要将他的研究视角从传统的清王朝对云南地方的关注与担忧转移开，进入到云南这一广大复杂的中间地带及多元族群的世界里。①

此外在龙戴维的著作里还强调了另一个对云南社会历史发展进程有重大影响的因素：清中期以后汉人新移民（Han Newcomers或new Han

① David G. Atwill, The Chinese Sultanate: Islam, Ethnicity, and the Panthay Rebellion in Southwest China, 1856 ~ 1873, Stanford University Press, 2005, PP.7-10.

immigrants）。他认为由于中国内地省份人口压力较大，汉移民在政府鼓励引导下大量进入云南，对云南地方社会的政治、经济及文化等方面造成压力。到18世纪后期，随着汉移民深入到传统少数民族居住的区域，清政府官员发现要维持云南地方社会的和平及稳定变得越来越困难。大量汉移民进入云南后为了生存，势必导致地方社会资源及财富的再次分配调整。龙戴维认为这些汉人新移民具有一定的“侵略性”，在清政府的默许或纵容下以各种手段来获取云南地方社会的资源财富，除传统非汉族群聚居区的山林耕地等资源外，因从事商贸运输、矿业及农业而拥有一定财富资源的云南回民，亦成为汉人新移民重要的目标。此因素导致云南地方社会出现摩擦。

概而言之，龙戴维关于云南咸同民变的研究大致围绕这两条线索展开。在著作的结论部分作者再次强调说：由于历史学家们的阐释流于表面，对潘泰起义命题下的暴力冲突事件应予以更多的审视。因过多关注云南穆斯林的斗争行动，人们往往忽视了（新的）汉移民大量进入云南造成的社会冲击，这是引发咸同民变的重要因素。面对大量汉移民的进入及形成的挑战，迫使云南地方各族群联为一体，以武力的形式进行抗争。尽管各族群组成联合阵线以抗拒汉移民在经济上的开发及宗教文化上的歧视，为维护本族群传统的经济文化而努力，然而因没有一股足够强大和持久的统一力量克服其分散性，这个族群联合阵线最终在清政府的镇压下解体。但中央集权王朝如何在一个多族群且情况复杂的区域建立稳固的统治？这个让人困惑的问题清政府始终没有能够回答。只有清楚认识到潘泰起义是在多元的族群、宗教和政治互动下发生，我们的眼光才不会局限于所谓的汉回互斗，而看到更为广阔的历史场景。①

龙戴维的研究无疑为我们研究云南咸同时期的社会情况提供了一个新的视角，在此需要说明两点：第一，龙戴维关于清中期以后大量汉移民进入云南对地方社会产生冲击的观点，仅是问题的一个方面，清代大量移民进入云南，带来了大量的劳动力、资金及内地先进生产技术，对边疆地区的经济开发及建设巩固边防起到了关键性的作用，加强了云南与内地在经

① David G. Atwill, The Chinese Sultanate: Islam, Ethnicity, and the Panthay Rebellion in Southwest China, 1856 ~ 1873, Stanford University Press, 2005, P.190.

济文化方面的联系，促进了多民族国家的统一。就本文的研究主题来说，咸同时期云南移民产生的社会问题，笔者认为主要是政府治理不善导致，关于此问题本文稍后还会加以论述。第二，龙戴维认为清政府没有找到一个在多族群且情况复杂的区域建立稳固统治的方法，是没有用发展的眼光来看待历史。事实上有清一代，中央政府和地方官员始终在探索并试图回答清王朝如何在云南边疆民族地区建立巩固统治这一问题，如清顺治朝户部尚书王弘祚上奏清廷的《滇南十议疏》，再如康熙朝云贵总督蔡毓荣上奏清廷的《筹滇十疏》，直到晚清云贵总督岑毓英的《岑襄勤公奏稿》当中，大部分内容也是在讨论云南边疆治理的问题，这些探讨对我们今天认识和处理云南地方问题提供了有益的借鉴和参考，这也是我们今天研究岑毓英治滇历史的意义所在。至于清政府回答的好坏，则是一个见仁见智的问题，在此就不展开讨论。

通过对以上各研究成果的梳理，我们发现基于不同的理论架构和研究范式，人们对云南咸同民变时期云南历史的认识和阐释也大相径庭，这些探索极大丰富了人们对这段历史的认识，也为我们研究岑毓英治滇这一课题提供了有益的参考。下面我们以已有的研究成果为基础，继续探讨咸同民变前的云南社会情况。

第二节　18 世纪至 19 世纪上半期人口增加造成社会压力

一、人口大量增长

关于咸同前云南人口的增加情况，目前并没有较准确的数据可供参考。清代云南虽多次进行过清查户口，编入户籍，但始终都有大量的人口没能被登记在册，这些人口大体可分为两类：一类是边疆土司统治区域的人口，虽然经改土归流后情况有所变化，但有一部分人口一直未能编入户籍，国家自然也不能对其征收田赋，这一部分人口的资料属于空白，其确切数字不可知。另一类是部分百姓为了逃避赋税徭役，通过躲避或在官吏包庇下没有被编入户籍，亦占到云南人口的一定比例。清代不同时期的人口数据，中西方学者多有估算，但数据各不相同。在李珪主编的《云南近代经济史》一书当中，对清代云南人口的情况做了较为详细的分析，书中认为由于清查人口的制度执行不够彻底，云南编入户籍的民户只占总户数的80%，其他的20%并未编入户籍。根据道光十年（1830年）《云南通志》的记载，云南全省各府、厅、州县登记的人口数为4809391人，“加上边疆未编入户籍人口，道光十年全省总人口估计达655万人，其中汉族人口约占一半，即300多万人”[①]。但文中并没有进一步说明人口估算的依据。香港科技大学李中清教授“是将社会科学的计量方法应用于分析历史数据的先行者”，他以史志、档案资料中西南人口数记载为基础，并对明清时期政府西南人口登记制度进行考察分析，再以所获西南食盐消费的官方数字对人口数进行估计和校正，力求得出更为合理的云南人口数据。据李中清估算，“1775年，中国西南的实际人口，云南至少有400万人……到1850年，西南人口中心回到云南后，其人口情况为：云南1000万”[②]。按照李中清的估算，云南在四分之三个世纪里，人口增加了2.5倍，就当时云南省的社会生产力及医疗卫生等条件而言，显然不可能有如此之高的人口自然增长率，唯一合理的解释就是大量内地移民进入云南。

18世纪至19世纪上半期，内地移民大量进入云南，主要原因是中国内地省份人口持续增长而压力日增，大量少地无地的农民被迫向地广人稀的中国西南地区迁移，清政府也鼓励这种迁徙，如雍正年间，清朝曾明令各省“凡有可耕之处，听民相度地宜，自垦自报，地方官不得勒索，胥吏亦不得阻挠”[③]，并在经费及生产资料和生产工具等方面给予支持，此时期进入云南的移民，这一类人占了绝大部分。此外清政府在中国西南地区实行改土归流以及边疆开发和边防建设的需要，也组织部分内地移民进入云南。据李中清的推测，1750年之前中国西南地区少数民族的人口总数一直超过汉族，呈“夷多汉少”之势，此后汉族人口增多，在西南人口比例中占据多数，并保持至今。关于这一时期云南移民的增长情况，道光《云

① 李珪主编：《云南近代经济史》，云南民族出版社1995年版，第4页。

② 李中清著，林文勋、秦树才译：《中国西南边疆的社会经济：1250—1850》，人民出版社2012年版，第150—151页。

③ 《世宗实录》，雍正元年四月二十六日乙亥条。

南通志》有较为详细的记录，李中清根据这些资料制作了《清代1775年—1825年间云南屯户和民户人口的增长情况表》，根据这些材料李中清对云南移民人口进行估算，“云南移民人口或屯田人口的比例在1775年仅为六分之一稍强，到1825年却大大超过四分之一”[①]。按照李中清关于此时期云南总人口的估算，当时进入云南的移民人口总数达到250万之多。

移民给云南经济开发的贡献是明显的，一方面移民为云南的城镇建设、矿业开发及商业发展提供了劳力、资本和技术支持；另一方面移民进入云南后还开垦出大量田地，并进一步发展云南的山区经济。内地移民的到来还进一步丰富了云南地方的多元文化，在云南中华民族整体观念的形成中，在宗教信仰的仪式上，在众多不同民族和睦共处的社会生活当中，我们都能够看到这种文化多元化的力量。而且从长远的角度来看，这种逐渐形成的多样性又产生了一种不可抗拒的区域整合推动力。通过会馆、商业网络和城镇生活的共同作用，云南省内各民族和移民超越了原来的地域界线、群体身份和民族差别，在文化上彼此吸收，并融合为一体。正是这种社会认同感的升华才能够解释为何边疆如此辽阔的中国能够维持长久的统一。这是云南移民对中华历史发展做出的不可磨灭的贡献。[②]

然而任何事物都具有两面性，在广大移民为云南的边疆开发和边防建设做出巨大贡献的同时，我们也应当注意到在如此短的时期里大量内地移民进入云南，导致云南社会经济压力增加及关系紧张，引发了地方一系列社会问题。由于清政府处理不当，导致族群及阶级间矛盾激化，甚至爆发冲突，成为影响云南地方社会稳定的隐患，是导致云南咸同民变发生的重要原因之一。关于内地移民进入云南后的去向，清代云南民谚中有“穷走夷方急走厂”的说法，是“指外来流民至云南，主要选择入厂矿当矿丁，或赴蛮夷所居的边疆僻地谋生这两条道路”[③]。在此我们选取内地移民进入云南少数民族地区及从事矿业的情况进行考察，以了解咸同民变以前云南的社会现实情况。

① 李中清著，林文勋、秦树才译：《中国西南边疆的社会经济：1250—1850》，人民出版社2012年版，第108—109页。

② 李中清著，林文勋、秦树才译：《中国西南边疆的社会经济：1250—1850》，人民出版社2012年版，第119—120页。

③ 方铁：《边疆民族史新探》，知识产权出版社2013年版，第263页。

在这里需要强调一点，我们对清王朝在云南边疆的治理的探讨，绝对不是为了苛责甚至批判，笔者认为这在学术研究当中并不是一件很有意义的事情；前面已经说过，我们研究清王朝在云南边疆治理中的经验得失，是为我们今天能够清楚认识云南的历史与现状提供帮助。

二、地方族群关系紧张

内地移民大量进入云南少数民族地区，对当地社会产生重要影响，还迫使清政府调整边疆治理政策以应对，其中比较典型的例子为嘉庆二十五年（1820年）永北厅（今云南永胜县一带）唐贵领导的傈僳族、傣族、彝族起义。现在通行的解释认为唐贵起义是鸦片战争前云南各族人民一系列反清革命斗争的一部分，是为了反抗“土司和汉族地主的残酷剥削”，然而我们认真解读当地的一份文史资料，却能发现更多的有意思的细节，可以丰富我们对这一历史事件的认识：“两宋以来，世袭北胜州土知州高氏在其统治范围内的制度是：天是他家的，地是他家的，人是他家的，山水田园、飞禽走兽、森林矿藏、一草一木，都是他家的。土司衙门内设有一大伙文武人役，如总管、把事、巡捕、狱卒、勇士之类。州衙以下，各地设有分司衙门，由土司亲属镇守，也有文武人役设置。层层压制，处处设防。……就这样，高氏土司统治永胜达800年之久。自从明朝‘洪武调卫’、‘改土设流’以后，高土司统治范围才缩小到少数民族聚居的山区、半山区、河谷地带和部分坝区……清乾隆年间，川、黔一带，贫苦农民因受官府地主压迫，失去产业，来到此地，或帮工，或佃耕，或行商，或开办作坊，或从事编织，有的积蓄银两，向土司购买土地，居住下来。到了嘉庆年间（1796—1820），高土司出卖土地越来越多，因而使一部分傈僳族、傣族农民无田可耕……嘉庆二十五（1820年）农历九月，永北公山寨（今华坪县永兴镇松竹办事处）傈僳族农民唐贵等十多人开了会，研究对付土司出卖土地的办法……道光元年（1821年）正月初六，义军在苏把窝誓师，傈僳族、傣族、彝语支民族的青壮年男女从四面八方走来参加大会。唐贵对大家说：我们种的田地是自己开的，我们的牛马猪羊是自己饲养的，我们住的房屋是自己修的，树木是大伙保护的，我们的老祖宗世世代代都住在这里。可是土司说，连人都是他的。多少年来，土司收租派款，派兵派夫外，还要额外敲磕；土司死人要孝白费，讨亲嫁女要喜庆费，去来村寨要过山费，还有年节费、祝寿费、夫马费、修建费、差狗费等等；还要关杀我们能干的男人，霸占我们年轻的姑娘、媳妇。我们好比千层皮、老棕树，剥了一层又一层。这些年又常把我们的土地卖了，山场也卖了。我们没有田地种，没有饭可吃，东搬西迁，无家可归。若不起来打倒土司、恶人，我们就只有饿死，被整死。我们横也是死，竖也是死，不如起来打垮他们，收回田地，才能有条生路。”①可见在唐贵起义这一历史事件当中，“无田可耕便是造成这次傈僳族为首并包括汉、彝、回、傣等族人民在内的反土司斗争的根本原因”②。

这段资料读起来或许会让人感到有几分“粗糙”，不似一些论著中的叙述那样文字练达和见解高超，却能给我们提供更多更具体的史实细节，结合前面提及的18世纪至19世纪前半期大量内地移民进入云南的历史背景，我们看到当大量在家乡失去土地或生活来源的农民及手工艺者进入云南，并逐步从坝区进入山区和半山区时，当一个有限的空间里人口突然增多时，对最基本的生活资源土地的需求便会产生矛盾。为维护云南地方的土司利益以获得他的支持，清政府规定土司辖区内不得抵押买卖，“汉民典买夷地，原属违禁。今据查明永北厅属北胜土司所管夷地，典卖折准与汉民者，自乾隆二十年后，以至于今，有典出十之七八者，有十之三四者，夷人无田可耕，因与汉民为仇”③。乾隆二十年（1755年）永北出现“典买夷地”并不是一个偶然的事件，此时期正好是中国西南地区由原来“夷多汉少”转为汉多于夷，大量内地移民进入云南以后，违反国家禁令夺占夷地的情况不断出现，“川、楚、粤各省穷苦之民，前赴滇黔租种苗人田地，与之贸易，诱以酒食、衣饰，俾入不敷出，乃重利借与银两，将田典质，继而加价作抵，而苗人所与佃种之地，悉归客民流民。至土司遇

① 中国人民政治协商会议云南省弥渡县委员会文史资料组编：《永胜文史资料选辑》第3辑，1991年，第129页。

② 中国科学院民族研究所云南民族调查组、云南省民族研究所：《傈僳族简史简志合编》，1962年，第23页。

③ 《宣宗实录》，道光元年五月癸酉条。

有互争案件，客民为之包揽词讼，借贷银两皆以田土抵债。”[①]据御史张圣愉奏称：“云南迤西之永昌界连缅甸，迤南之开化、广南等处界连交趾，均有流民盘剥局赌情事。”[②]可知这类事情在云南已成为比较普遍的现象。对于这类社会问题潜在的风险，清政府在云南的地方官员不可能没有一点觉察，然而清中期以后吏治逐渐败坏，对于社会中出现的各种问题官员们多是欺上瞒下，得过且过，致使云南“典买夷地”中的矛盾和冲突从乾隆朝到道光朝的半个多世纪里，始终没有得到重视和解决。由于这类问题没有得到清政府的有效管控并加以调解疏导，引起地方各族群众的强烈不满，破坏了民族的和谐关系，社会矛盾趋于尖锐，最终在道光元年（1821年）正月爆发以傈僳族为主并联合其他各民族共同参与的唐贵起义。事实上起义前地方官员已经知道情况，后来清政府调查发现“永北夷人苦于土司之苛派，汉民又占耕，上年十一月间即有蠢动之意，经土司免其派累而息。署同知张慜田不为清理，谓土司不能约束子弟，欲行详革，经土司央求得免，复向各夷寨需索银钱，以致正月初蜂起滋扰”[③]。正是由于地方政府官员失职及土司贪虐，使清政府错失和平处理永北“典买夷地”事件的时机。唐贵起义爆发后，云贵总督庆保一面率清军赶往大姚镇压，一面急报朝廷。道光皇帝派成都将军呢玛善为钦差大臣，动用川、滇、黔三省兵力，拨川滇两省库银40万两为军费，并征调70余州县的夫役和粮草，由于此次起义的规模并不大，半年后永北各族人民的反抗斗争被镇压下去。

此次事件无疑给清政府以很大的震动，自当年五月初步控制住局势后，清政府在处理善后事宜的同时，还对云南边疆治理的政策做了一些调整。关于事件的处理，清政府认为：“此事先由该土司等图得价银，并非汉民强占。此次夷人仇杀汉民，甚为惨恶，若令汉民退地抽徙，将更恃为得计。自应持平区断，以服其心。”[④]在这个意见指导之下，清政府就其在边疆民族地区的治理进行4个方面的整改：

① （清）贺长龄、贺熙龄撰：《贺长龄集 贺熙龄集》，岳麓书社2010年版，第123页。

② 《宣宗实录》，道光元年六月丁亥条。

③ 《宣宗实录》，道光元年三月乙丑条。

④ 《宣宗实录》，道光元年五月癸酉条。

一是惩办失职官员。清朝政府将“恇怯巧诈”的云南提督张凤革职，“饬令回籍”；将严重失职的永北同知张懋田革职，发往新疆“效力赎罪”；将土知州高善革职，“照例迁徙，另选应袭之人承袭”，由于没有合适人选，高氏土司在永胜长达800年之久的统治结束。此外还将永北营参将李胜林，鹤丽镇总兵高适，迤西道谢凝道等一批官员“交部议处”。

二是允许夷民赎回土地。清政府规定“除汉民现居夷地者自愿退地归籍外，余俱暂令照原典买之地土耕种糊口，饬令土司等，将历年典卖折准地土分析清查，造册呈送到官……责令依所定初限、二限、三限，设法赎取，以便汉民陆续归籍。如过期不能取赎，则将原地断归汉民执业”[①]。清政府虽然一再声称要持平办理，使汉夷双方俱无怨言，但这显然是一个过于理想化的说法。就清政府赎回夷地的方案而言，对傈僳族佃户来说并不公平，因为绝大多数贫困的傈僳族佃户并没有能力赎回土地，而汉移民原来违反禁令获得夷地现在有机会得到政府的承认，自然不会轻易让步，清政府也不可能将在家乡已没有生活来源的移民大量遣回原籍，所以这并不是一个可以有效解决矛盾的方案。御史张圣愉重新提出一个折中方案说：“原议固属持平，但汉民重利盘剥夷民，准折田地，夷民穷苦，设不能依限取赎，夷地竟成汉业，必有积怨成仇，请将不能依限取赎之田亩，或割半均分，或给还十分之三，仍严禁嗣后汉典夷地。”[②]这个方案较前者在一定程度上维护了傈僳族佃农的利益，但从相关资料来看似乎未得以采纳。

三是道光元年（1821年）六月，清廷就云南官员的建议，对永北、大姚就善后事宜及土司地区治理提出数条意见：①遇难汉民分别安插抚恤：唐贵起义过程中，永北、大姚遇难者汉民居多，其中还有部分少数民族，由政府逐一查明抚恤。对在战乱中流离失所的难民，包括留在云南本省及逃回四川者，给予费用修复战乱中被损毁的房屋，大小丁口酌给两月口粮，以维持生计。②对大姚汉民典买田地的处理办法：大姚为流官治理之地，当地少数民族的田地自应按国家土地买卖的法律制度处理，汉民购买之后，如已过户纳粮者，应该得到保护。部分汉民钻法律漏洞，购买之

① 《宣宗实录》，道光元年五月癸酉条。
② 《宣宗实录》，道光元年六月丁亥条。

后不过户纳粮，致使当地少数民族群众无田有赋，应按漏税律法办理。对于少数民族典押给汉民的田地，如获利已超过本金者，少数民族可照原借之数赎还田亩，不准计利。③禁革土司苛派：在土司辖区内的土地属于土司，当地群众本无地产，但土司等既收其租，又苛派差徭，百姓颇受苦累。此后于租息之外不准额外殊求，对于不遵守规定的土司将严厉惩办，对徇私包庇的官员亦一并严处。④裁革土司冗役：在永北土司属下，豢养有行捕、目把、总管等各项人员，向来倚官为害。各村寨既有目把，又有伙头、甲长，足资应役办公，上述各人员应永远裁革，以省烦苛。⑤民夷争控事件应由地方官员督饬土司查办：凡是汉民与当地少数民族的争讼，地方官员均应迅速介入，随时稽查不法之徒，以维护边地的安靖，并督饬地方土司认真查办。而地方土司如有田地争端、盗匪、命案及有人煽动闹事者，应立即申报地方官查办，不得私下自行了结，土司如延迟报告或巧言讳饰，或地方官员知情后不立即查办，均要予以严惩。⑥土司定期会哨：会哨就是土司对辖区定期巡查，是原来就有的规定。地方官员应督饬土司等各带土练，遵照原定章程，每年按四季的仲月，在阿喇山前后周历巡察一次，并请地方官员就近核查。对于邻近金沙江一带的重点区域，应督率练役随时巡查，并饬令顺州、蒗蕖各土司一体巡查，毋稍疏懈。⑦在土司辖区实行保甲制度：在土司辖区内，无论是汉族还是当地少数民族，都有各形各色的人员掺杂其中，清政府特别强调要注意易生事端的无业游民，并在土司辖区推行保甲制度，规定土司治下的少数民族，由伙头负责，寄居的汉民，由客长庄头负责，分别填报户口清册，当地的少数民族由土司核查后给予门牌，汉民由永北同知发给门牌，以备随时抽查，百姓取具连环保结呈报官府。推行保甲制度要注意防止胥役借机勒索，致使有名无实，侵扰百姓。⑧其严禁汉民扣留少数民族的牲畜：大姚一带汉民与少数民族杂处一地，夷人牧放牛马，难免会误入汉民田地，内地移民往往小题大做，扣留少数民族的牲畜以滋生事端，嗣后应责令保甲人等随时查报地方官员，严拿扣留牲畜之人，按律治罪，以维护民族固结。⑨宣广教化：清代云南地方的少数民族多信神鬼巫术，一些人往往会以此来宣传动员民众起事。据文献记载，恒乍绷发动起义时就曾宣称“吃他符水，能避枪炮”①，云南的地方官员就此问题刊发简明告示，向民众说明情况，政府还责成地方官留心宣传引导，破除迷信。⑩对投诚的民众酌惩再犯：为尽快恢复地方安定，清政府实行宽大政策，对唐贵起义除少数骨干成员以外，放下武器的民众皆既往不咎。但为了控制防范，清政府将永北、大姚两处投诚的民众另外造册存档，规定以后如被人控告及犯命案者，按律从重加等治罪，促使其遵守法纪。此外还在永北、大姚重要地点增设官兵以加强对当地的控制。②

从以上内容可以看出，清政府针对的问题都比较具体，提出的方案也可以说是有的放矢，如裁革土司豢养的冗员及禁止汉移民扣留少数民众的牲畜等，事前应该有过详细调查。且不论这些方案的优劣，清政府对民族地区的问题的重视及反应的迅速，应该给予肯定。

四是大规模减免云南地方历年积欠的钱粮。在局势初步得到稳定后，为缓和矛盾及笼络人心，清廷于当年七月降旨：“免云南夷匪滋扰之永北、大姚二厅、县旧欠银米及邻近之武定、元谋、禄劝、太和、云南、赵、云龙、浪穹、宾川、邓川、楚雄、姚、定远、南安、镇南、广通、丽江、鹤庆、维西、蒙化、富民、罗次、昆明、安宁、禄丰二十五厅、州、县旧欠银十分之五，呈贡、昆阳、嵩明、宜良、晋宁、沾益、马龙、陆凉、宣威、寻甸、南宁、通海、嶍峨、建水、河阳、路南、新兴、江川、广西、弥勒、师宗、恩安、永善、鲁甸、大关、会泽、巧家、剑川、中甸、景东、顺宁、云、猛缅、新平三十四厅、州、县旧欠银十分之三，并永北厅应办额铜。”③此次清政府在云南减免地方积欠钱粮达61个厅、州、县，涉及全省绝大部分地区，范围之广，力度之大，在清统治云南时期，除战乱年代以外，这样的情况并不多见。

唐贵起义之后，清政府及时调整并强化在边疆民族地区的治理政策，同时在云南大规模减免积欠钱粮以缓和社会矛盾，反应比较迅速，显示出清政府对云南边疆民族地区治理的重视。清政府采取的政策措施一定程度上缓和了云南地方社会矛盾，但制定的调解方案没能有效化解傈僳族佃农

① 《仁宗实录》，嘉庆八年七月甲寅条。
② 《宣宗实录》，道光元年六月庚子条。
③ 《宣宗实录》，道光元年七月癸丑条。

和汉族地主及小土地所有者之间的矛盾，这种矛盾是阶级矛盾，还包含了民族对立的因素。清政府的调解方案并没有完全解除当地少数民族面临的困境，由于生存环境没有明显改善，大批傈僳族人民选择了移民。19世纪，除唐贵起义外傈僳族人民还发动了恒乍绷及丁洪贵、谷老四起义，每次斗争后都出现了民族大迁徙，"这些迁徙有一个特点，基本上是由东向西进行的，按照傈僳族的说法是'顺着太阳落的地方迁移'。在十八九世纪，成批的傈僳族向西越过高黎贡山，或进入缅甸境内，或从片马等地南下腾冲、盈江等地。另外，有几批向南方迁徙，沿澜沧江、怒江经镇康、耿马进入沧源、孟连，然后抵达老挝、泰国。但也有部分傈僳族离开维西等地后，掉头循江北上，散居于今玉龙县巨甸以西地区；还有一部分自东向西迁徙后复又折南往东，居于金沙江与雅砻江汇流的永胜、华坪、元谋以及四川的盐边、盐源等地。这就形成傈僳族分布广、大分散、小聚居的状态"①。

清道光年间的永北唐贵起义及清政府的应对，为我们提供了一个很好的样本，可以较为清楚地了解到清代云南边疆社会状况：

首先，18世纪至19世纪上半期，也就是咸同民变之前，一个多世纪里有超过250万的内地移民进入云南，短时间内进入如此大量的人口，自然会导致该区域内社会资源变得紧张，因为对农业社会来说最基本的当然是耕地资源。当时云南可供开发的土地资源还有不少，如李珪主编的《云南近代经济史》一书当中就说："1840年前，云南全省已编入亩积的耕地基本上保持931万亩左右。边疆土司区域的耕地面积约有250万亩，合计共有耕地1181万亩左右，约占云南全省可耕地面积的25%，就是说还有75%的可耕地尚未开发。"②但是我们要注意这只是一个理论上的数据，云南土地资源的开发利用，是一个困难重重的逐步推进的过程，一些土地在今天看来是可供开垦的良田，以当时的生产能力和技术条件来说却不具备开发的条件，比如说清代在云南省的边远地区有许多尚未开垦的土地，许多地方自然环境比较恶劣，各种烈性传染病流行，居民染病身亡是很平常的事情，严重的地方甚至会出现几个村落不见人烟的情况，这些地方被人们称

① 《傈僳族简史》编写组编写：《傈僳族简史》，民族出版社2008年版，第18页。
② 李珪主编：《云南近代经济史》，云南民族出版社1995年版，第11页。

为瘴区，据云南大学周琼教授在《清代云南瘴气与生态变迁研究》一书中考证，清代云南“瘴气区域多集中于江河流域及边境地区”[①]。如滇南的红河谷地“气候属热带，多瘴气，行人过此未敢多事勾留，尤其是滇人视为畏地”[②]。再如滇西腾越一带“其地多瘴，非可以华人居也”[③]。就当时医疗卫生条件而言，一般人是不敢轻易涉足这些地方，自然就谈不上开发利用。除了以上说的自然条件限制，清中期后云南农业经济衰退，也是导致云南土地得不到大规模开发的一个原因。据统计，康熙三十年（1691年）可耕地面积为86848顷，至道光七年（1827年）为92887顷，一个多世纪耕地面积仅增加了6039顷，增长率约7%，与前面提及的人口增长率形成鲜明对比。[④]当时的耕地数统计虽不够全面准确，但仍具有一定的参考价值，从中可以反映出清中期以后人口与土地增长的情况及其中存在的矛盾。

其次，由于耕地资源有限，在大量移民进入云南的历史背景下，出现争夺土地等生产生活资源的矛盾在所难免。清代云南边疆地区的治理政策，有“江外宜土不宜流，江内宜流不宜土”的说法，是指在澜沧江以外的地区继续维持土司制度，因俗而治，在澜沧江以内则大力推行改地归流政策，虽然有人质疑这一政策是否存在，但从清政府在云南省治理的情况来看大致如此。清中期以后，永北土司是“江内”残留的少数几个土司之一，上文引用的资料中说高土司的辖地已由坝区退缩到山区和半山区，正是当时云南省内土司制度衰落的缩影。土司辖区内实行的是封建领主土地所有制，也就是说辖区内的土地全为土司所有，这些土地土司可以转赠下属，但不允许买卖。在云南已改土归流的地区实行的是地主土地所有制，政府承认地主的土地所有权，并可以自由抵押买卖。然而在云南内地可以确权的土地毕竟有限，在土司势力式微的情况下，地主土地所有制便开始

① 周琼：《清代云南瘴气与生态变迁研究》，中国社会科学出版社2007年版，第157页。

② 杨成志：《杨成志人类学民族学文集》，民族出版社2003年版，第94页。

③ （清）屠述濂修，张志芳点校：《腾越州志点校本》，云南美术出版社2007版，第181页。

④ 阮元、伊里布等修，王崧、李诚等纂：《云南通志稿》卷57、58，道光十五年（1835年）刊本。

在土司辖区内漫延。在长达半个多世纪的时间里，清政府对永北高氏土司辖区内土地所有制的变化不可能没有觉察，这种视而不见或许可以解释为一种默许，从唐贵起义后清政府公开承认汉族移民“典买夷地”的合法性也可证明，毕竟如果能以和平的方式进行改土归流，也为清政府所乐见。从相关资料来看，对于云南土司辖区这种土地制度变更存在的矛盾和风险，清政府缺乏预判，也没有制定相应的对策，更为关键的是在此过程中，清政府始终没有处理好汉族移民和少数民族的利益关系的问题，这种民族和阶级夹杂在一起的矛盾冲突，埋下了咸同民变的导火索。

最后，唐贵起义之后傈僳族民众向云南更为偏远的西部迁徙，与内地汉族移民大量进入云南有密切关系。内地汉族移民在农业生产方面擅长精耕细作，投入产出比较高，进入云南后对推动地方农业经济的发展有很大贡献，而永北高氏土司辖区的“傈僳族已进入轮歇耕作的农业，但狩猎和采集仍作为获取生活资料的补充手段”[①]。从较为原始的农业生产方式，可知双方处于不同的社会发展阶段，在一区域形成竞争关系时这种差距就更为明显，所以当时在永北土司辖区内的汉族移民能够“典买夷地”，而当地少数民族却仍处于“无恒产”的贫困状态，正是双方社会生产能力上存在差距的具体表现。清政府承认汉族移民“典买夷地”的合法性后，虽然声称允许少数民族群众赎回土地，但显然大多数少数民族群众是没有能力做到这一点的，因为生活空间受到挤压，才出现18世纪至19世纪上半期傈僳族人民的三次大迁徙。此情况的出现，是在内地汉族移民大量进入云南的背景下，清政府在推行渐进式的改土归流过程中没有切实保护好当地少数民族利益所致。

云南是一个边疆多民族省份，在18世纪至19世纪上半期，内地移民大量进入云南，内地移民与云南各族人民在共同开发边疆的过程中加强了相互的了解和认同，但在交流融合的过程中存在对立和冲突也是事实。从当地官员向朝廷提供的情报来看，这种现象在当时的云南普遍存在，永北傈僳族的唐贵起义，正是这种对立和冲突激化的结果，对永北傈僳族唐贵起义的前因后果深入考察，对我们认识咸同民变前云南社会的现实情况有

① 中国科学院民族研究所、云南少数民族社会历史调查组编：《傈僳族简史简志合编》，中国科学院民族研究所1963年版，第11页。

很大的帮助。从清政府边疆治理政策来检讨，内地移民大量进入云南，固然对充实边疆、巩固边防及发展社会经济有帮助，也符合清政府在云南推行改土归流政策的需要，但短时期内如此大量的人口进入云南，势必会导致云南省内出现人口压力增大及社会资源短缺等问题，从永北事件发生及发展的过程来看，清政府对大量移民进入云南可能存在的风险并没有事先分析判断，善后措施虽宣称要“持平办理，以服其心”，然而当地少数民族的利益并未得到切实保护，宣称的目的自然不能够达到，因此也不可能做到真正化解族群及阶级对立的矛盾。清政府边疆治理政策之不合理性，给王朝统治带来的负面影响是极为严重的，使大量云南少数民族群众在咸同民变中站到了政府的对立面。咸同民变之初，云贵总督张亮基分析云南省内形势时说：“滇省夷人最多，十居其七，汉民不过二分，回民仅止一分。回民之敢于滋事者，全仗勾结夷民，以为党与。必先安抚夷民，则回势自孤。”[①]不过这个时候才来讨论如何挽回云南少数民族的人心，多少有点为时已晚的感觉。

三、矿业衰落导致社会风险增大

云南盛产有色金属，矿业开发历史悠久，据剑川海门口遗址考古发现，公元前12世纪末，也就是商代晚期，云南就已经能铸造青铜器了。[②]现代铅同位素比值检测法，测出安阳商代晚期妇好墓出土的部分青铜器的原料可能来自云南东川及昭通两地区。战国至西汉时期的滇国青铜器更是闻名遐迩，东汉时期的“朱提堂狼铜洗”畅销全国。从17世纪起，云南的铜、锡、铅、银就享有盛名，特别是铜矿之丰，在全国首屈一指，号称“滇铜甲天下”。随着清朝统治的巩固，全国的统一，社会秩序相对安定和国内经济联系的扩大，商品流通日益活跃起来，在商品交换更加频繁的情况下，作为辅币的“制钱”（铜钱）的需要量增大，清政府对云南的矿产开采主要是铜矿的开采实行鼓励政策，使云南铜的产量大增。滇铜生产的极盛时期是18世纪中叶至19世纪初期，全省共报开144个铜矿，铜的年

---

① （清）奕䜣等修：《钦定平定云南回匪方略》卷9，光绪二十二年（1896年）印本，第19页。

② 张增祺：《云南冶金史》，云南美术出版社2000年版，第5—6页。

产量在1000万—1300万斤之间。乾隆年间（1736—1795年）每年运往京师的“京铜”达600万—700万斤，此外湘、鄂、浙、闽、粤、赣、川、黔、桂各省需要的制钱铜料大部分也由滇省供应，每年达200万—300万斤。①

采矿业的兴盛，需要大量的劳动力，“不但滇民以为生计，即江、广、黔各省民人，亦多来滇开采”②。清代内地移民来到云南，有一个很重要的去向就是进入厂矿当矿丁，清代在云南从事采矿业者，多是内地省份的移民，据乾隆《蒙自县志》记载，个旧人口中“商贾贸易者十有八九，土著无几……四方来采者不下数万人，楚人居其七，江右居其三，山陕次之，别省又次之”③。这条资料反映的虽是个旧矿业的情况，但对我们了解省内其他地方从事矿业人员亦有参考价值，李中清在研究中声称：据“18世纪观察家们估计，七成矿工来自于湖广和江西，其余来自四川。其移民入滇的大致情况是很清楚的……在其极盛期，可能不多于20万矿工，其中至多一半在铜矿业，另一半在其他矿业。这些人大约占全省男性劳动力的八分之一，与全国劳动力中非农人口不超过劳动力的百分之五形成鲜明对比”④。而据王树槐的估计，清代云南从事采矿业者，在“嘉庆年间约有二十万人”，与李中清的估算大致相当，不过王树槐认为云南“嘉庆年间依铜为生之人，当在十五万人左右”⑤，而李中清认为云南的矿工“至多一半在铜矿业”，也就是10万人左右，则王树槐的估计要比李中清的高出许多。以上所说的人数仅为直接从事采矿业者，间接以矿业谋生者为数更巨，王崧在《道光云南志钞》中记载了矿业发达时矿厂上各色人等聚集的热闹景象：“厂既丰盛，构屋庐以居处，削木版为瓦，编篾片为墙。厂之所需，自米、粟、薪、炭、油、盐而外，凡身之所被服、口之所饮啖、室宇之所陈设，攻采煎炼之器械、祭祀宴飨之仪品、引重致远

① 云南省地方志编纂委员会总纂，《云南省志·经济综合志》编委会编撰：《云南省志》卷八《经济综合志》，云南人民出版社1995年版，第150页。

② 《高宗实录》，乾隆十一年六月甲午条。

③ （清）李焜培、周氏谟编撰：《蒙自县志》卷3，乾隆五十六年（1791年）刊本，第38页。

④ 李中清著，林文勋、秦树才译：《中国西南边疆的社会经济：1250—1850》，人民出版社2012年版，第295页。

⑤ 王树槐：《咸同云南回民事变》，（台湾）“中央研究院”近代史研究所1980年版，第65页。

之畜产，均能毕具于是。于是商贾负贩，百工众技，不远数千里，蜂屯蚁聚，以备厂民之用。而优伶戏剧、奇衺淫巧，莫不风闻景附，觊觎沾溉。探丸胠箧之徒，亦伺隙而乘之。”①根据1913年日本同文会编的《支那省别全志》一书中关于云南矿业的调查数据，王树槐认为“依矿为生而聚集之总人数，当在砂丁八倍以上”②。以他的观点来推算，则清代直接和间接以矿业为生者，应当是一个惊人的数字。

为何说矿业衰落后云南从事矿业者可能成为地方社会潜在的风险？这要从其人员构成情况说起。在清代，矿业开采在没有科技手段辅助的情况下，是一项投机性极强的事业，开矿者（时人称为管事）可能因挖到富矿而富比王侯，也可能倾家荡产而一无所获，非富有冒险犯难精神者不敢轻易涉足其间；以当时的生产技术和生产条件而言，采矿工作是一项极为艰苦和危险的工作，只有强壮的青年人才能胜任，因此当时在云南从事矿业开发者是社会中比较强势的群体。林则徐任云贵总督期间，认为云南从事矿业者“殷实良善者十之一，犷悍诡谲者十之九”③，此说法显然有夸张的成分，但矿厂上“藏亡纳叛，不问来踪，大慝巨凶，因之匿迹”④却也是事实。前面提到的云南民谚：“穷走夷方急走厂”，其中这个“急”字说明在当时社会里，一个人如有比较紧急危险的原因，就有可能到矿厂中隐藏谋生，本文的主人公岑毓英在广西西林老家与人械斗失败，还背上人命官司，“以杀人逃入云南”⑤，后在云南省罗平县的矿厂上暂时栖身，以谋求东山再起，便是一个很典型的例子。矿厂中由于“硐口繁多，匪类易藏，每遇一事，众口哓哓，非鸣锣聚众，即结党行凶，打架之风，时时恒有”⑥。在当时云南矿“厂中极兴烧香结盟之习，故滇谚有云：‘无

① （清）王崧撰，杜允中注，刘景毛点校：《道光云南志钞》，云南省社会科学院文献研究所1995年版，第122页。

② 王树槐：《咸同云南回民事变》，（台湾）“中央研究院”近代史研究所1980年版，第64页。

③ 《林则徐全集》编辑委员会编：《林则徐全集》第四册《奏折卷》，海峡文艺出版社2002年版，第499页。

④ （清）魏源：《魏源全集》第15册《皇朝经世文编·户政》，岳麓书社2004年版，第848页。

⑤ 金梁辑录：《近世人物志》，1934年铅印本，第198页。

⑥ （清）李焜培、周氏谟编撰：《蒙自县志》卷3，乾隆五十六年（1791年）刊本，第38页。

香不成厂'，其分也争相雄长，其合也并力把持，恃众欺民，渐而抗官藐法"[①]。当政府不能实行有效管控，矿主和矿工们只能自发结成团体，为争夺利益及生存空间等原因而好勇斗狠，成为云南地方社会的一大问题，让官绅们疲于应付。然而矿厂上的团体对清政府在云南统治的威胁，还不是地方社会治安的问题，从事矿业开发者"人既众，其类不一，各结为党，名曰拜把，歃血订盟，谓之烧香，弟兄逞强恃勇，不避死亡。别有其礼义，非圣贤之礼义也；别有其是非，非圣贤之是非也"[②]。这里所说的圣贤礼义是非指的是儒家的道德价值观，中国自汉朝以降，历代王朝皆奉儒家思想为正统，强调以德治国，将儒家所提倡的三纲五常等理念作为齐家之道和立国之本，用以维护社会的伦理道德及国家的政治制度。当矿厂上部分人员组成团体，别有其礼义是非时，说明其已经在挑战当时社会的道德法律，并有可能走上与政府对抗的道路，因而成为清政府在云南统治的一大潜在威胁。以上所说的这些人员，当然只是云南从事矿业者中的少数部分，绝大部分都是到矿厂上谋生的普通民众，关于他们的工作和生活情况，个旧市图书馆馆藏的民国《金镶玉个旧县志稿》中有较为详细的记述，当时的矿工们到矿上时需签订文书，其伤亡与矿主无涉，他们在非常危险的环境里从事采矿工作，生活条件也相当恶劣，长期吃豆汤和粗糙的米饭，不见荤腥，逢年过节偶尔吃一次肉，不少矿工竟因腹泻不止而亡，一些矿工去世后还被弃尸沟壑。[③]清代云南的矿业开发者在极其艰苦的环境里努力工作，为云南边疆的开发建设做出重要贡献，充分展示了中国人民勤劳忍耐的品质，这些朴实的劳动人民但凡有一线生机，他们都会坚持下去，然而清嘉庆以后云南以铜矿为主的矿业生产持续衰退，大量依矿为生的民众失业，被迫铤而走险，成为云南咸同年间爆发民变的重要原因。

当云南铜矿开采兴旺之时，百姓谋生相对容易，政府的经费也较为充足，社会中即便存在某些不安定的因素，政府也能够应对，因此较少

① 《林则徐全集》编辑委员会编：《林则徐全集》第四册《奏折卷》，海峡文艺出版社2002年版，第499页。

② （清）王崧撰，杜允中注，刘景毛点校：《道光云南志钞》，云南省社会科学院文献研究所1995年版，第123页。

③ 个旧市图书馆馆藏：《金镶玉个旧县志稿》（稿本，原书无页码）。

出现社会动荡的情况。然而清代云南铜矿开采兴旺时期并不长，从嘉庆元年（1796年）开始，云南省的铜矿就开始衰落，到了嘉庆中年产量更少，遂不得不请减京铜200万斤。嘉庆二十三年（1818年）开始采买四川乌坡厂铜以济滇之不足，至于外省来滇采办的，自然是无铜可发。到了道光三年（1823年）全省出产的铜再加上从乌坡买来的铜，也不足以供应各方需要。到道光末年（1850年），东川的大三铜厂年额铜仅有190万斤，只及乾隆年间产量的四分之一。云南铜矿业的衰落有其时代背景，清中期以后我国白银大量外流，导致银贵钱贱，银与钱在流通中的比价失衡，不仅影响到清政府的货币制度的稳定，还对中国的社会经济造成严重冲击，云南出产的铜是国内铸造制钱的主要原料，也受到很大影响。省内的原因则大致有三方面：①战乱的破坏。嘉庆六至八年（1801—1803），维西岩瓦村傈僳族首领恒乍绷起义，清廷调动川、陕、湘、鄂、黔等5省兵力数万前来镇压。战乱之后一片废墟，百姓游离失落，许多重要的铜矿停产或减产，有清一代终无力再恢复。②清代铜业弊政。铜的开采销售由官方垄断，放本收铜政策于商民不利，矿工收入很低，不能养家活口；商绅无利可图，铜业发展受到阻碍。③资源枯竭，环境恶化。铜矿开采到后期，“槽硐益深，窝路愈远”，附近的森林砍伐殆尽，需要从很远的地方运送冶炼所需的柴炭，成本过高，再加上当时尚未找到新的矿产资源继续开发，所以产量锐减。云南铜矿业的衰落，固然有资源、环境及技术等方面的问题，但主要应归咎于清政府的边疆治理政策的失误，一方面未能有效调解地方族群和阶级对立的矛盾，致使地方局势动荡不安，影响云南铜矿的开采冶炼。另一方面是云南的铜政流弊太深，不合理的规章制度阻碍了铜业的生产发展，最终导致云南铜矿业的衰落。矿业的衰落，必然会导致从事矿业的人员大量失业，根据清嘉庆、道光时期滇铜产量的减少来推算，王树槐认为依铜为生之人“道光时则降为五万，至少有十万人因而失去生计”[①]，受影响的间接从业者数量还要更多。如此之多的矿工失去生计，成为咸同民变前云南一大社会问题。

当云南的矿业生产陷入衰退的困境，清政府在云南的统治也日趋不稳

① 王树槐：《咸同云南回民事变》，（台湾）“中央研究院”近代史研究所1980年版，第65页。

之时，咸丰元年（1851年）爆发的太平天国运动进一步加剧了云南省内的经济和政治危机。清代云南由于经济发展相对落后，本省的财政收入不足以维持地方军政机关的正常运转，需要各省拨发协饷，“夫滇之兵米仅足养兵，犹且不支；盐课银以支兵饷与官俸，犹且不足，岁仰于各省协济，银累巨万”①；亦无足够财力发展地方矿业，需要各省预先拨给采冶铜矿的经费，称为铜本。太平天国运动爆发以后，“长江阻隔，铜不运京，各省不拨铜本者十年。部拨滇饷，十仅一至”②。协饷不至，“军费供给日拙，绿营发展生存的外部条件逐渐丧失”③；失去维持生产的经费铜本，成为压垮云南铜矿业生产的最后一根稻草，“1856年，云南的大多数矿厂已经停产关闭。这样，从1682年到1850年，云南的铜矿业在发展兴盛了两个世纪以后，最终偃旗息鼓，销声匿迹了。而这一变故又在西南地区引起了巨大的人力和物力震荡”④。云南的咸同民变，正是这巨大社会震荡的具体表现。

大量矿业工人失业，形成影响清政府在云南统治稳定的社会问题，“清朝对此终无良策，后期甚至司空见惯。咸丰、同治年间，云南爆发杜文秀领导的反清大起义，失业矿工大量参加。清廷始尝到忽视矿工失业问题所埋下的苦果”⑤。事实上不只是咸同民变以前清政府没有处理好，咸同民变以后岑毓英主政云南时期，大量失业矿工仍是让清政府头痛的问题，矿工流散于民间，成为影响云南地方稳定的社会问题，集中起来清政府又担心不能控制形势，云贵总督岑毓英及云南巡抚唐炯先后主持云南恢复铜矿开采的工作，但始终没有较好的成效。清政府官员指责说：在云南“民失养则为匪，兵失养则抗官”，所谓的为匪和抗官，不过是站在统

---

① （清）檀萃辑，宋文熙、李东平校注：《滇海虞衡志校注》，云南人民出版社1990年版，第66页。

② （清）奕䜣等修：《钦定平定云南回匪方略》卷14，光绪二十二年（1896年）印本，第17页。

③ 秦树才：《清代云南绿营兵研究——以汛塘为中心》，云南教育出版社2004年版，第59页。

④ 李中清著，林文勋、秦树才译：《中国西南边疆的社会经济：1250—1850》，人民出版社2012年版，第293页。

⑤ 方铁：《方略与施治：历朝对西南边疆的经营》，社会科学文献出版社2015年版，第216页。

治阶级立场上的偏见。前面已说过，普通大众如不是身陷绝境，是不愿意铤而走险的，民众当然希望能够安居乐业，但也不甘心成为坐以待毙的顺民。激起云南咸同民变的根本原因，是清王朝统治日趋腐朽和经济逐渐崩溃，也就是时人所说的官逼民反。

第三节　清政府基层统治涣散与咸同民变的发生

清中期以后吏治逐渐腐败，在云南主要表现为基层管理涣散，政府不能保障社会法律秩序，导致地方上盗匪横行，民众纷纷加入各种社会团体以求自保。

道光二十四年（1844年）四月，大臣罗士芬奏："云南近年捕务废弛，盗风渐起，以广南府、永昌府、腾越厅及开化府属之文山县，临安府属之蒙自县，阿迷州、建水县、嶍峨县、广西州属之师宗县、邱北县为最甚。"清廷也认为这样的情况"大为边疆之害，不可不早为整顿"[①]。然而问题却愈演愈烈。当时在云南社会上有一类外来之人颇为活跃，"多好事生非，煽惑怂恿，以遂其趁火打劫之谋"[②]。清政府称之为游匪，林则徐说："所谓外匪者，本系无籍游民，自称回而未必真回，自称汉而未必真汉，何处抢杀，即随何处助凶。"[③]他们流窜于省内各地，在矿厂上则"厂匪内藏，游匪外附，群以抢劫为业，聊藉报复为名，大而械斗，小而焚劫，几至无岁不有"[④]。在地方上到处造谣煽动，挑拨是非，制造矛盾。署云贵总督程矞采上奏清廷说：一旦地方上有一点动静，就见这些"外来游匪，又复从中鼓煽，欲遂其乘机抢劫之私"。即便地方局势较为稳定之处，亦"常有川匪及陕省奸回，因无隙可乘，动辄造言出事。各回寨心生危惧，易起猜疑，遂至与民为难。现获各犯，即有川、陕之人，必

① 《宣宗实录》，道光二十四年四月己亥条。

② 王树槐：《咸同云南回民事变》，（台湾）"中央研究院"近代史研究所1980年版，第68页。

③ （清）林则徐：《林文忠公政书·云贵奏稿》卷1，光绪二年（1876年）印本，第19页。

④ （清）李星沅撰：《李文恭公遗集·奏稿》，同治三年（1864年）刊本，卷13，第16页。

应尽法处治”[①]。云贵总督林则徐认为游匪为云南地方最大威胁，希望云南地方上的汉回各族能排除成见，“协力同心，共驱外来游匪”[②]。包括林则徐在内的清政府官员对咸同前云南地方社会情况的观察，或许能给我们这一个新的启示，咸同之前影响云南地方社会稳定的主要因素，还不仅是经济衰落及族群关系对立紧张，一些游荡于云南省内的不受清朝法律约束的群体，在他们的煽动鼓惑下，地方社会问题出现矛盾激化及事态扩大之情况，在清朝统治者眼里，他们对清政府在边疆治理中形成的威胁和挑战，远比其他因素要大，所以在云南做官的官员为维持清政府日趋腐朽的统治，提出了“治回必先治匪”[③]的主张。有学者在研究中断言：“滇乱之所以扩大，实秘密会党分子所造成”[④]从国家治理的研究视角出发，我们会发现“游匪”为引发云南咸同民变的重要因素，正是这些清政府官员声称的“游匪”，将云南社会推向动荡的深渊。

对云南咸同民变同样有重要影响的是云南地方的秘密会社组织，多由汉民组成，与地方武装团练有非常密切的关系。由于会社组织和团练武装多采取与官府合作的态度，清政府的官方文献里对他们的记述多持肯定的态度，然而他们正是咸同民变中的重要角色，造成云南地方社会动荡，威胁清政府在云南的统治稳定，其危害性不容忽视，王树槐就深刻指出：“社会上大规模的变乱，必有其组织，或为会，或为教，或为会教混合体。”[⑤]中国民间秘密结社的活动由来已久，近代以来影响较大者有白莲教及天地会两大组织，其机构遍布全国各地，云南亦为其活动区域之一。由于相关资料的缺乏，关于秘密会社进入云南及发展的具体情况目前并不十分清楚，大致说来与进入云南的内地移民有重要关系，并在清中期以后逐步兴盛起来，其中在云南的矿厂里比较活跃。

除内地的秘密会社以外，云南的民间社团有自己的发展轨迹，比如咸同民变前影响较大者有牛丛、火竿（亦作杆）及香把会。这些组织在清

① 《宣宗实录》，道光二十七年六月戊午条。

② （清）林则徐：《林文忠公政书·云贵奏稿》卷1，光绪二年（1876年）印本，第2—3页。

③ （清）李星沅撰：《李文恭公遗集》卷1，同治三年（1864年）刊本，第2—3页。

④ 王树槐：《咸同云南回民事变》，（台湾）“中央研究院”近代史研究所1980年版，第75页。

⑤ 王树槐：《咸同云南回民事变》，（台湾）“中央研究院”近代史研究所1980年版，第68页。

中期后迅速发展之过程，较深刻地反映出咸同前云南地方社会的发展变化特征及当时清政府的基层统治情况。关于牛丛的来源和性质，据天启《滇志·兵食志叙》说："别有乡兵，所谓牛丛者也。前抚沈公从郡人王来仪之议，行之会城，得兵近万。虽不敢谓尽可用，然缓急时有。"志书并载王来仪撰《沿乡训练牛丛议》说："滇之牛丛，即各省直之乡兵也，聚土著之民，使为自卫，非可即驱之行阵者也。近日人情所向，渐修武备，以安人心，以实内地，以备招募，以禁盗贼，计无有便于此者。今使村村有兵，各还闾井以事春田，使村屯昼则器仗相望，夜则火锣相应……今使民自保家，人心欢从，精壮子弟，必有喜事技击，而轻视行阵，呼吸间万人毕集。"[①]屠述濂所修乾隆《腾越州志》中解释牛丛一词的含义说："方言出之夷倮者，难晓其义……保甲谓之牛丛，"[②]方国瑜先生则谓："所谓牛丛，乃村落棋布地区之组织。"[③]以上关于牛丛的解释，内容大同小异，大致可认为牛丛是云南民间自发形成的互助自保之组织。关于火竿（杆）的起源及发展情况相关文献记录甚少，贵州民国《镇宁县志》中有"吃乡议"一条记载："每当夏季五、六月农事将成之际，乡村中多行吃乡议之举，其办法由二、三人发起，规定村人每家出资若干（或联合邻近村寨举行），定一时间地点（多在村外广场或村庙中），杀猪作黍置酒联欢，藉此开会，共同议定一防止农作物被人盗劫，互相保护监查之规约，以共同遵守。会后即将议定规约书张贴村口，并立一竿于村外显著地方，以作警惕，名曰火竿。此后村人即有守望相助之责，凡拿获盗劫农作物者即交公议处，照议例处理。并将犯者缚诸竿头，下用火烧熏，名曰爬火竿，其规约较之法律条文尤觉尊严。凡曾行乡议之地区，无论村内村外人成莫敢或犯。"[④]可知火竿与牛丛的性质大致相似，亦为一种民间自发形成的互助互保组织。[⑤]

① （明）刘文征撰，古永继校点：《滇志》，云南教育出版社1991年版，第247、272页。

② （清）屠述濂修，文明元、马勇点校：《云南腾越州志点校》，云南美术出版社2006年版，第274页。

③ 方国瑜：《方国瑜文集》第三辑，云南教育出版社2003年版，第179页。

④ 胡翯修，饶燮乾等纂：《镇宁县志》卷3，民国三十六年（1947年）石印本，第21页。

⑤ 关于牛丛、火竿，也有论者解释为："农民生产互助组织的牛丛会(聚丛牧牛为宗旨)、火竿会(以护林防火禁盗保农为宗旨)"，则属于望文生义，任意解释。参阅马绍雄主编：《巍山回族简史》，云南民族出版社2000年版，第83页。

清嘉道年间牛丛、火竿大为盛行，主要有两方面的原因：一方面是清政府吏治腐败，“推原其故，总由地方官不肯认真查办，而小民递呈又苦于差役索诈，故不得已而出此耳”①。官员不肯作为，差役又鱼肉百姓，致使百姓只能借助民间组织来维护自身权益。另一方面为云南地方社会秩序混乱，“地方不宁，官府无力维持地方所致。强者谋结会以发展其势力，弱者谋联盟以保全身家”②。以上两方面情况，都表明当时清政府在云南边疆的基层治理出现了问题。

清中期以后，牛丛、火竿逐渐发展演变成为清政府官员及地方人士斥责的“恶俗”“恶习”，其原因有二：首先是为少数人利用，成为实现个人野心、抗官藐法的工具。如乾隆五十五年（1790年）进士，曾任云南永平县知县的桂馥曾写有《恶俗》一文称：“所谓牛丛者，连山接寨，约结党与，於深林孤庙杀牛饮血，相为盟誓。一人欲动，则登高吹角，角声一起，千百云集，拥其众以报复私怨，挟制官长，莫敢谁何！”③其次是私设刑堂，手段之残酷骇人听闻。此时期在云南任职的官员对此社会问题有所反映，乾隆五十四年（1789年）举人，曾任宜良县令的戴泽三曾说：“宜良有积习，每村设一棚厂，名曰牛丛，捕获盗贼，不报官审理，自行聚众于牛丛中烧死，地方官不能问。”④对于此恶俗，清政府官员是明令禁止的，如道光二十三年（1843年）七月十六日，云南武定直隶州刻石立碑警告牛丛不可私设刑法，碑文曰：“兹查滇省以公同拿盗贼之良法，不鸣之曰保甲，而鸣之曰牛丛，往往设立丛杆烧尸灭迹，致干宪禁，自取罪名。……又查例注云：其广野白日盗田谷麦、蔬菜、果柴、草、木、石等类，被事主殴打至死，拟绞监候等语。是所谓（盗）者，必如明火强劫、白昼抢人之类；所谓贼者，必如挖壁跳墙、撬门入室及于园场内偷牛窃马之类。而偷窃田地内谷麦蔬果及在野之鸡鸭微物，均与真正盗贼有别，倘被事主擅杀或拒（拘）至折伤以上者，仍至事主应得罪，尔等切勿错误于

① （清）贺长龄、贺熙龄撰：《贺长龄集 贺熙龄集》，岳麓书社2010年版，第375—376页

② 王树槐：《咸同云南回民事变》，（台湾）“中央研究院”近代史研究所1980年版，第71页。

③ （清）桂馥撰：《札朴》，商务印书馆1958年版，第370—371页。

④ 湖南省地方志编纂委员会编：《湖南省志》第三十卷《人物志》（上册），湖南出版社1992年版，第217—218页。

咎。”[①]然而直到民国初年，云南民间的牛丛、火竿恶习依然未能完全禁止，仍然在政府法律监控之外履行着自己残暴的职能，说明清政府在云南地方统治并未能完全恢复，没能够将此云南地方社会之弊病解决。

香把会与牛丛关系非常密切，其成立的时间较晚，故发展线索也较为清楚，道光十五年（1835年）三月一日，保山武生万桂林邀约29人在光尊寺烧香结盟，成立香把会，“并于该寺私设刑具。当向板桥人说，地方各事，均要听盟正处分”[②]。此后地方百姓或遇万林桂未经起立，或买树先未告知，或因彼此口角，均经万林桂命人扭赴寺中责打，分别罚银二三两及十余两分用。另有百姓买牛，被诬为贼赃，要罚银两，否则即拿到寺中责打，买主被逼自杀，家属竟不敢到官府控告。香把会“其哥弟称呼，仿照哥老会，惟不与哥老会混合，而另树一帜。其所抱宗旨，以横行妄作为能。数年之内，凡强悍少年，势豪劣衿，互相效尤，城乡各地共成八处，是为八把香哥弟。每把香内，有大爷一人为首领。城内有庄大爷，南门外有耿大爷，金鸡村有孟大爷，板桥街有万大爷，沙坝街有寸大爷，皆威势骇人，而以板桥之万大爷万众尤为特甚。每次出外，必仿总督仪卫，坐八人明轿，而以光尊寺迎神之金椅明轿为之。坐虎皮，踏金狮，俨如天神。前后拥护五六百人，皆各执兵器。而轿前有提手炉者四人，如迎神之礼。其狂妄不可尽述。地方文武官偶有相遇，官皆避道，不敢撄其锋”[③]。通过这些史料，我们可知香把会实为私设刑堂、鱼肉百姓、藐官抗法的地方恶势力。由于地方政府不能很好地控制社会秩序，云南民间各族群和利益团体也纷纷组织各种会社团体，以求保护自身的权益，如“滇西回民在蒙化（今巍山）成立‘忠义堂’，在弥渡、云州成立‘永胜堂’等会社，大多数回民跟随回民上层人士，以会社、清真寺、矿山为中心抱团自保。为争夺利益，这些社会组织之间冲突、纠纷不断，导致社会治安更为混乱”[④]。

清中期以后由于吏治腐败及官员之不作为，导致云南的社会基层

① 张纯德、李崑：《彝学探微》，云南大学出版社2007年版，第226页。

② （清）贺长龄、贺熙龄撰：《贺长龄集　贺熙龄集》，岳麓书社2010年版，第279页。

③ 白寿彝编：《回民起义》第1册，神州国光社1952年版，第3页。

④ 马诚：《晚清云南剧变：杜文秀起义与大理政权的兴亡（1856—1873）》，四川大学出版社2012年版，第5页。

统治出现空白点，牛丛、火竿及香把会等民间势力得以兴起；清政府对基层控制不力甚至失控，使这些地方势力迅速发展壮大。当这些民间组织壮大后并开始主导地方的社会秩序，就对清政府在云南省的统治产生实质性的威胁，并导致云南地方社会不可控的风险大增。林则徐就指出：滇西“保山七哨匪徒不下数万人，每聚众时用牛角一吹，无不蜂拥而至……种种不法，直欲负隅梗化”[①]。已成为严重的社会隐患。至道光二十五年（1845年）九月，香把会借口保山汉回矛盾，大肆屠杀保山城内回民。相关史料将此事件称之为汉回互斗，然而通过前面对“游匪”、香把会组织及其成员的探讨，我们认识到所谓族群对立冲突固然存在，但不是问题的关键，由唱曲口角发展到流血屠杀，实际上是有部分不法之徒在其中挑起事端并扩大事态所致，以仇杀掩盖其掠夺资源财富的事实，负责办理此案的云贵总督林则徐分析说：事件当中有一部分人，“自称为回，未必真回；自称为汉，未必真汉；何处抢劫，即随何处助凶”[②]。道出了问题的实质。“既回与回亦相寻（仇），无产害及有产”，其中的回字换成汉字亦无不可，可见当时所谓族群争斗只是问题的表象，财产掠夺才是问题的实质。正是基于这样的认识，林则徐提出了超越族群争斗的“但分良莠，不问汉回”[③]的处理原则，于道光二十八年（1848年）将保山事件解决，包括香把会骨干成员在内，发动及参与事件的汉回人员分别被处以死刑、充军及杖流等。林则徐被认为是咸同以前在云南地方治理中较为得力的一位官员，但在大清王朝趋于衰落的背景之下，清政府在云南的统治日趋涣散，林则徐仅能做到将永昌府保山县的地方冲突事件各方责任人绳之以法，却不可能消除云南地方社会的矛盾，也不可能改变清政府在云南基层社会统治涣散的状态，当然也就无法清除滋生此类事件的社会土壤。事后林则徐评论说：云南“若得

① （清）岑毓英等修，陈灿等纂：《云南通志》卷106，光绪二十年（1894年）刊本，第13页。

② （清）林则徐：《林文忠公政书·云贵奏稿》卷1，光绪二年（1876年）印本，第19页。

③ （清）林则徐：《林文忠公政书·云贵奏稿》卷1，光绪二年（1876年）印本，第2—3页。

好官镇抚之，可以稍久，否则不出十年，复乱矣”[①]。保山事件成为引发云南咸同民变的重要原因，七年之后的咸丰六年（1856年），“云南全省骚扰，惨遭杀戮，汉回各死人数十百万，皆发端于此八把香之哥弟也”[②]。而这一切都是在清政府政治腐败及对地方社会管控不力的背景下发生，成为云南边疆社会治理历史中的一大惨痛教训。

咸丰四年（1854年）的石羊厂争则是云南咸同民变的直接导火线，石羊厂银矿位于楚雄府南安州（今云南省双柏县），原只是一个普通小矿，道光二十八年（1848年）以后，突然矿产大旺，每年产银数量巨大，在云南矿业开始衰落的背景下，石羊银厂的利润尤其引起各方的垂涎，后来临安府（今云南建水县）的汉、回武装先后攻占石羊厂，争斗中抢得大量财富，吸引更多强悍之徒参与其中，烧杀抢掠，殃及周围矿厂及汉回村庄之无辜百姓，随着事态的扩大，云南省内陷入一片混乱之中。[③]至咸丰六年（1856年）四月的汉族团练在省垣昆明屠杀无辜回民，则使云南省内形势更趋于恶化。当时云贵总督恒春到贵州镇压当地民众的反抗，在昆明主持云南政事的是云南巡抚舒兴阿，舒兴阿“旧有怔忡之疾，遇事健忘，近日尤甚，夜寝须多人围绕，出则兵练夹拥而行，盖缘该抚前赴援庐州时，望风溃窜，以致庐州失陷。彼处民人愤极，跟踪追及，将其衣服褫尽，欲众辱之，为其车夫陈喜用布袋装盛，潜负而逃，由是遂得心疾……又用此等家丁，以为心腹耳目，无怪办理事务，诸多纰缪耳”[④]。按察使清盛则是一个性情残暴之人，曾因滥用酷刑致使囚犯毙命而被处罚。[⑤]因官府在审讯过程中得到昆明城中一些回民“预谋内应，纵火开城”的情报[⑥]，二人与在籍侍郎黄琮等人商议，竟决定召集团练屠尽省城昆明的回民，致使大量无辜回民惨遭毒手。团练对昆明城内无辜回民的屠杀，主要的原因亦是

① （清）彭崧毓撰：《云南风土纪事诗》，收录于骆小所编《西南民俗文献》（第5卷），兰州大学出版社2003年版，第134页。

② 中国史学会主编：《回民起义》第1册，神州国光社1952年版，第3页。

③ 参阅荆德新编：《云南回民起义史料》，云南民族出版社1986年版，第1—61页。

④ （清）奕䜣等修：《钦定平定云南回匪方略》卷3，光绪二十二年（1896年）印本，第16—17页。

⑤ 《文宗实录》，咸丰六年四月丙午条。

⑥ （清）奕䜣等修：《钦定平定云南回匪方略》卷1，光绪二十二年（1896年）印本，第8页。

掠夺财富，后马如龙等人率领滇南回民到昆明报复，省垣的团练即作鸟兽散，可知其未必真与回民为敌，不过是集合在一起肆行劫掠的乌合之众。此事件导致云南省内形势迅速恶化，“先是迤西回民扎营自卫，以待清廷安抚归业……及闻省城回人一网打尽，无幸免者，痛哭流涕，始有杀汉人以泄愤者”①。此后云南回汉夷各民族武装开始据地戕官，走上与清政府对抗的道路。

从国家边疆治理的研究视角来研究这段历史，我们首先得探讨清政府在这段历史中扮演了怎样的一个角色。对于咸同之前清政府在云南的作为，滇西杜文秀政权曾指责其“汉强则助汉以杀回，回强则助回以杀汉”②，所谓的助汉助回，主要是指清政府对于当时云南省内的民变剿抚不定，有研究者以此为据，认为清政府在云南边疆治理过程中，对于地方民变使用“两面派手法，从中挑拨煽动”，使汉回矛盾不断升级，导致云南省内的动荡局势愈演愈烈。至于清政府为何会这样做，要达到怎样的目的，则没有进一步的讨论。笔者认为对这个问题的探讨，应先从一个政府应履行的基本职能入手，政府职能固然是一个现代概念，但历史上任何一届政府都存在履行职能的事实，所以可用这一现代概念来讨论历史上的事实。一般认为一个传统政府应具有军事保卫、外交、治安等三大基本职能，清政府在近代云南边疆治理的历史也涉及这几方面的内容，如军事保卫方面的中法战争，外交方面有划界通商，平定咸同云南民变则属于治安方面内容。如何界定一个政府在治安方面的职能？笔者认为应包括维持国家内部社会秩序、镇压威胁统治安全的活动、保障人民生产生活秩序、维护法律执行的有效性等方面内容。清王朝作为当时统治中国的政权，肯定希望其统治地位牢靠及统治基础稳定，要说清政府在咸同军兴中蓄意挑动社会矛盾，导致社会形势动荡不安，显然有悖于一个政府的基本职能，也不符合统治阶级的根本利益。我们不能否认历史上有少数统治阶级成员为一己私利或因昏庸无能而处置乖谬，导致国家的形势动荡，但“站在政府

① 白寿彝编：《回民起义》第2册，神州国光社1952年版，第300页。
② 白寿彝编：《回民起义》第2册，神州国光社1952年版，第131页。

的立场，原不希望任何地区发生动乱”[①]则是一个政府维持其统治应遵循的基本规律，清政府自然也不例外。在明确清政府基本职能的前提下，我们再来讨论清政府在咸同军兴前后在云南统治的历史，当云南地方出现矛盾冲突时，清政府在具备控制能力的情况下，采取的策略自然是首先清除不安定的因素，然而进一步缓和地方社会矛盾，如镇压唐贵起义及事后采取的系列措施，再如林则徐解决保山事件后对当地汉回百姓的处置，其目的都是为了稳定地方形势及缓和社会矛盾，以维护清政府在云南的统治。此后清政府对云南地方基层社会的控制能力逐步削弱，太平天国运动的兴起又使其无法兼顾，对云南咸同民变的态度开始在剿抚之间摇摆，“清廷的态度，大致来说，可分为三期：一、自事变初起至咸丰八年为举棋不定，忽剿忽抚时期。二、自咸丰八年至同治元年为剿抚并用时期。三、同治元年马如龙受抚，事势大有转机，清廷在江南的声势已逐渐恢复，而杜文秀坚拒招降，遂以剿为主，此为最后一期”[②]。可知无论清政府采取何种态度，都是从稳定地方形势及维护自身统治出发，而剿抚策略的选择，则主要是受制于当时云南省内的形势。

军兴爆发之初，清政府的第一反应当然是戡乱，当时维护清政府在云南统治的基本军事力量，是云南的绿营兵，然而到咸同民变时期，“‘积疲已久’的云南绿营兵在如此声势浩大的各族人民反抗斗争面前显得疲弱无能，于是清政府‘不得已而募勇助剿’，并最终发展到‘各路剿捕专用本地练丁’的局面。孱弱衰迈的云南绿营兵已奄奄一息了”[③]。然则在岑毓英就任云南巡抚后大力整顿之前，云南省的练勇也是形同乌合之众，咸丰七年（1857年）十月云贵总督吴振棫奏：“黄琮、窦垿每言：‘省团可得六十万，设有寇警，可保无虞’。前督臣信为实然，遂注意于迤西军务，省城漫不设备。闰五月二十一日，回匪初至城外放火，不过数十人，其后续至，亦不及千人。而所谓团丁六十万，召之不来，来即奔溃。遽将

① 王树槐：《咸同云南回民事变》，（台湾）“中央研究院”近代史研究所1980年版，第50页。

② 王树槐：《咸同云南回民事变》，（台湾）“中央研究院”近代史研究所1980年版，第185页。

③ 秦树才：《清代云南绿营兵研究——以汛塘为中心》，云南教育出版社2004年版，第63页。

四城关闭，城外居民遂被烧杀殆尽。皆团练局所误。”[①]所以说咸同军兴前期清政府剿抚不定，实由政府无力控制地方形势所至，所谓的“汉强助汉，回强助回”，恰好说明清政府在云南基层统治的无力，以至政府不得不依赖于地方力量，稳定社会形势并维持自己岌岌可危的统治地位，清政府所谓的助汉助回，并非以族群为划分标准，而是以是否支持其统治为标准。至于一些论著中说清政府“挑拨汉回互斗”，从所能看到的清政府官方文件中，似乎没有明确表示过此主张。

咸同民变前期清政府在云南统治的尴尬处境，我们从岑毓英早期在云南从政的经历中可以清楚看出，由于清政府无力掌控云南的社会形势，只好任由地方官员自行经营，岑毓英初入云南之时，由于个人的才能出众，在各路势力中异军突起，成为维护清王朝在云南统治的一支力量，但他是自办团练起家，不是从国家官僚体系之内选拔出来的，一定程度上可以说是“来路不明”，清政府对其充满疑忌之心，但为维持云南的局势又不得不倚重之，使岑毓英在中国西南的崛起之路显得异常艰辛曲折，这一段历史我们将在下一章节详细讨论。

本章结论

关于云南咸同时期爆发一系列民变，有观点认为是近代全国各族人民反清革命斗争的一部分，然而将这段历史简单理解为清政府与云南各族人民的二元对立，似乎不能完全反映出当时云南复杂的社会现实情况。王树槐通过深入研究，认为云南咸同时期动乱的原因源于汉回“初因细故而龃龉，终至演成两族之争”，而清政府站在汉族这一边，遂致“回民仇汉而抗官”[②]，研究视野不免失之狭窄，探讨多拘泥于一些历史事件的表象，如龙戴维评论的那样，这种二元对立的观点“过于强调族群和宗教文化的

① （清）奕䜣等修：《钦定平定云南回匪方略》卷6，光绪二十二年（1896年）印本，第13—14页。

② 王树槐：《咸同云南回民事变》，（台湾）“中央研究院”近代史研究所1980年版，第346页。

对立”[1]，忽视了云南多族群的社会背景（multiethnic context）；龙戴维进一步拓宽了云南咸同民变的研究视角，他认为清中期以后进入云南的汉族移民，对云南咸同民变的发生有重要影响，对我们认识这段历史有一定的启发性。

千百年来云南各民族和谐共处守望相助，一直是地方社会历史发展的主流，到今天云南仍是各民族共有的和平家园。即便是记录云南咸同民变的文献，不论是否出自汉回之手，都强调历史上云南的汉回各族群间并无“深仇”“世仇”，长期友好相处的历史，并没有更深层次的矛盾，却因为矿厂之争这类性质似乎并不那么严重的事情，引发系列矛盾冲突，最终导致云南近代大规模的社会动乱，最初是以族群争斗的面目出现，继而发展成为以滇西杜文秀政权为代表的云南各族人民反清斗争。是什么样的历史原因促成这样大规模的动乱？迄今为止似乎仍没有找到让人满意的答案。

当我们将研究的视野再进一步拓宽，关注到云南自17世纪以来的社会发展历史，或许能找到更为合理的解释。此时期起大量的内地移民进入云南，参与中国西南的边疆开发和边防建设工作，加强了边疆与内地的经济文化联系，为促进国家的统一做出巨大贡献。但人口快速增长造成云南地方经济压力增大及社会关系紧张，也是存在的事实，清中期后云南地方经济不断衰退及清政府吏治趋于腐败，使云南地方的社会形势进一步恶化，为云南咸同民变发生的大背景。清政府基层统治的涣散及民间会社团体的兴盛，成为导致云南咸同年间系列民变发生的直接原因，在一些所谓“游匪”“厂匪”的挑动或者可以说是相互勾结下，一些地方武装势力借族群矛盾之名，行劫掠财富之实，在此过程中也就真正形成和加深了族群之间的矛盾，使事态进一步扩大，形势也随之恶化，清政府在此过程中最大的问题是无力控制局势，导致其在云南地方的统治秩序大面积崩溃，岑毓英在云南经营的前期，便是努力恢复清政府在云南的统治秩序。

① David G. Atwill, The Chinese Sultanate: Islam, Ethnicity, and the Panthay Rebellion in Southwest China, 1856 ~ 1873, Stanford University Press, 2005, P.9.

第二章 重整纲纪 主政云南

关于岑毓英在云南逐步崛起，最终成为主政一方的封疆大吏之原因，以往的研究多关注其军事武功，如“云南回民反清烽火燃起，为岑毓英平步青云提供了机遇”[①]；又如“在这场旷日持久的战斗中，岑毓英以他的精明勇敢，异军突起，屡立战功而步步高升，由知县、知府、布政司、巡抚，直到署云贵总督”[②]等。这些观点固然有一定的事实依据，但把岑毓英在中国西南地区的崛起，简单地归结为“依靠镇压西南地区的各族人民反清斗争而起家”，则多少失之片面，并不能够清楚反映出岑毓英在西南地区崛起的曲折历程和复杂背景。岑毓英能够在云南崛起，首先得益于他对云南的社会情况的清楚认识，这是解决清政府边疆治理问题的前提条件。其次在平定各路武装势力的同时，岑毓英还通过取得清廷的信任及排挤政坛竞争对手马如龙，才最终达到其主政云南的目的。对岑毓英在云南崛起的背景及其经过进行探讨，有助于我们深入认识近代云南社会历史的发展演变过程。

第一节　岑毓英早年经历及其治滇思想初探

一、在云南求学及避难

岑毓英，字彦卿，号匡国，道光九年（1829年）出生于广西西林县那劳村一个没落的土司家庭。据说岑毓英自幼天资聪颖，四岁便能日识数十字，五岁“从家塾师周先生大谟授书，能举字义因事问难，妙契理解，师甚称异”[③]。到14岁时，岑毓英负笈至云南省广南县，从建水县举人周虹舫及宝宁贡生殷仲春两先生受学，岑毓英在广南游学前后达五年之久，其间用功读书，“刻苦淬励，抗希古人”。由于家庭经济困难，岑毓英虽节衣缩食，仍难以维持求学生涯，后在同学的劝说下，岑毓英参加广南县莲城书院的课试，以优等成绩获得书院资助，得以继续求学。当时有人认为岑毓英非广南籍人士，没有资格获得地方资金的支持，而广南地方官员及

① （清）岑毓英撰，黄振南、白耀天标点：《岑毓英集·前言》，广西民族出版社2005年版，第2页。

② 黄盛陆等标点：《岑毓英奏稿·前言》（上册），广西人民出版社1989年版，第2页。

③ （清）赵藩编：《岑襄勤公年谱》卷1，光绪己亥年（1899年）刻本，第4页。

书院老师出于对人才的爱惜，仍坚持对岑毓英进行资助。岑毓英对广南人士的宽厚仁慈念念不忘，20多年后，身兼云南巡抚和云贵总督的岑毓英以“广南莲城书院公昔曾应课其中，喜郡人之不以畛域分也，至是捐廉二千金，令弟毓琦携交郡绅置产添济书院膏火”①。

求学期间岑毓英曾回乡应试，并获西林县试第一、泗城府试第一、奉议州院试西林县附生第一的好成绩，如果一切顺利，岑毓英有可能依靠读书博取功名。然而岑毓英生活的时代，正值清王朝走向衰落时期：两次鸦片战争迫使中国打开国门，从此列强环伺左右，虎视眈眈，其欲逐逐，随时准备掀起瓜分狂潮。此时期在岑毓英家乡广西金田村爆发的太平天国运动震动整个中国，“除西藏以外，全国没有一个省是平静的”②，为镇压各地此起彼伏的反清斗争，清政府几乎耗尽所有财力和物力，国内外矛盾进一步加剧，此时的大清帝国内外交困，可谓是风雨飘摇江河日下，“实为数千年来未有之变局”③。在这样一种社会形势之下，岑毓英“励志科名，讲求经济，以远大自期”的人生目标难以实现，于是雄心勃勃的岑毓英“乃援古人墨絰从戎之义，毁家纾难”④，弃文从武，以实现自己匡时济世的抱负。道光三十年（1850年），因洪秀全领导的太平天国运动迅速壮大，清政府命各地举办团练抵抗，西林县任命岑毓英为西乡团总，他在家乡办起团练，“以兵法部勒丁壮，日事训练，隐然节制之师”⑤，显示出岑毓英在军事方面的才能。岑毓英率领部众保境安邻，消灭数股地方势力，咸丰三年（1853年）广西巡抚劳崇光上奏清廷为他请功，清廷以县丞选用。次年为争夺县丞一职，岑毓英与当地商人叶正邦械斗，结果败北，还背上人命官司⑥，为逃避追杀，岑毓英率领少数随从逃到云南省罗平县当矿工，后组织练勇护卫矿山。⑦这应该算是岑毓英人生中最为暗淡的一

① （清）赵藩编：《岑襄勤公年谱》卷4，光绪己亥年（1899年）刻本，第16页。

② 施铁靖著：《论岑毓英》，载《广西民族研究》2009年第2期（总第96期），第101页。

③ （清）李鸿章撰，顾廷龙、戴逸主编：《李鸿章全集》六，安徽教育出版社2008年版，第159页。

④ （清）岑春荣等撰：《襄勤显考岑府君行状》，云南大学图书馆馆藏稿本。

⑤ （清）赵藩编：《岑襄勤公年谱》卷1，光绪己亥年（1899年）刻本，第8页。

⑥ 金梁辑录的《近世人物志》（1934年铅印本）第198页记岑毓英事迹，说其“以杀人逃入云南”。

⑦ 西林县地方志编纂委员会编：《西林县志》，广西人民出版社2006年版，第1115页。

段经历。云南回民反清斗争的兴起，为岑毓英的崛起提供了机会，他加入清军福昇的队伍，随清军西征大理，咸丰七年（1857年）“正月，公奉派会同都司何有保攻熊家营寇垒，破之，连克大东村、石匣村、斑鸠村各屯，遂逼红岩，力攻一昼夜，火其栅门，有保奋身跃入，公督兵继之，克红岩，是为公入滇会剿之始，叙功赏戴蓝翎”①。从此算是漂白了身份。此后岑毓英的武装势力在云南乱局中异军突起，表现不俗，他接连获得升迁，由知县而知州、知府，开始在云南政坛上飞黄腾达。

岑毓英能够在云南崛起，与其早年在云南的经历有一定的关系。青年时代在云南长达五年的求学生涯，岑毓英可以算是半个云南人，因此对云南社会的实际情况有较为深入的了解。前面已有论述，由于矿业衰落导致工人失业，大量矿工加入到反清斗争运动中来，对云南咸同民变的发展有极大的推动作用，而矿厂资源的争夺为云南咸同民变的直接导火线，岑毓英在云南罗平矿厂中避难的经历，使其对云南社会动乱的根源有较为清楚的认识。对云南社会情况及存在问题的掌握，使岑毓英对如何经营云南做到了成竹在胸、有的放矢，提出的方案也能够切合实际，没有水土不服的问题，这是当时清政府从外地派到云南任职的官员们所不具备的先天优势。正是有了这样的先天优势，咸丰六年（1856年）岑毓英初入云南之时，由御史窦垿导谒大府，“与论兵事，赏其晓畅”②，很快就得到地方当权者的重视和提拔。同治二年（1863年）云贵总督潘铎经过考察后向清廷推荐岑毓英，认为他“于云南人地相宜”③。是对岑毓英在云南为官优势比较中肯的评价。同治五年（1866年），云贵总督劳崇光入滇受事，岑毓英向其面陈治理云南的机宜，劳崇光深以为然，向清廷举荐其说：“岑毓英身历行间，经年转战，艰难备尝，现已著有成效，非徒托空言可比。”④并请清廷赏加布政使衔。可见岑毓英早期在云南的崛起，对云南情况熟悉且善于谋划是一个非常关键的因素。

---

① 赵藩编：《岑襄勤公年谱》卷1，光绪己亥年（1899年）刻本，第9—10页。

② 赵藩编：《岑襄勤公年谱》卷1，光绪己亥年（1899年）刻本，第9页。

③ （清）奕䜣等修：《钦定平定云南回匪方略》卷18，光绪二十二年（1896年）印本，第10页。

④ （清）奕䜣等修：《钦定平定云南回匪方略》卷21，光绪二十二年（1896年）印本，第18页。

二、岑毓英个性初探

关于岑毓英的个性，由于资料缺乏和记载矛盾等原因，至今少有探讨，故本文对此问题的讨论可以称为初探。一般说来，一个人的个性思想与其人生经历、所受教育、成长的环境及人生态度皆有一定关联，在此我们主要对岑毓英性格中一些突出特点探讨，并非全面剖析。

（一）相互矛盾的人物评价

在云南近代史上，很少有哪一个历史人物如岑毓英如此面目复杂，记述如此自相矛盾。有人说他为官勤谨，关心民瘼，“生平笃于师友，居官无声色之好。日治公牍，暇则观书，逮老如一日。所至旁求民隐、农夫牧竖、侬猓苗夷，皆与接见，训以孝弟，问其疾苦，分赉酒食。滇人虽妇孺，莫不知有岑公者”[①]。有人则认为其在云南的经营是“豺狼成性，阴险多谋，但欲煽惑群雄，自相角逐，然后收取渔利”[②]。有人说他慈祥和蔼，深得人心：“公于滇有再造功，滇人感公如父母，公亦视滇如其家，仓卒奉讳而去，善后事多未及为，闾阎引领望公复来弥此缺陷，及闻奉命督滇，道路额庆，官绅军民有越境争迓者，舆次近郊，香花夹道，公下舆问劳，蔼然如家人父子之亲。”[③]有的人则认为其卑鄙无耻，“岑毓英为人生性嫉妒，对一切位置比他高、势力比他大的人，他都不怀好意，他想做云南的独裁领袖。为达到他的目的计，他不惜利用一切毒计与奸策。……他是一个贪鄙龌龊的人，他只图发展他的野心，他不顾牺牲人民的利益。”[④]有人说他深得人心，“在滇廿余年，恩信感人深。父老儿童，皆称‘我老宫保云”[⑤]。有人则认为他“口是心非……惯用权术”[⑥]。这些说法且不论其真伪对错，评论者处于不同立场则是显而易见之事。

岑毓英比较突出的特点是文武双全及足智多谋，为时人所公认，可从两方面分别说明。

军事方面。岑毓英带兵打仗是有一套办法。他早年艰苦求学，习武强

① 陶湘：《昭代名人尺牍续集小传》卷12，宣统辛亥年（1911年）印本，第3页。
② 白寿彝编：《回民起义》第1册，神州国光社1952年版，第298页。
③ （清）赵藩编：《岑襄勤公年谱》卷7，光绪己亥年（1899年）刻本，第15—16页。
④ 荆德新编：《云南回民起义史料》，云南民族出版社1986年版，第414页。
⑤ （清）朱孔彰：《中兴将帅别传》卷21，光绪二十三年（1897年）刻本，第6页。
⑥ 白寿彝编：《回民起义》第2册，神州国光社1952年版，第300页。

身，面对困难不屈不挠，其个性中吃苦耐劳、坚忍不拔、机智灵活及勇往直前等特点比较突出，这种性格在岑毓英的军旅生涯中得到体现，岑毓英早期组织武装在云南经营，条件颇为不利，时人有记载称：时饷需奇缺，“所以军心不变者，赖毓英驾驭有方，与士卒同甘苦，因以维持军心。毓英于军中，常帕头草鞋，即其部下亦多不知为元帅。查营常日行数十里或百十里”①。岑毓英一生经历战阵无数，从来都是冲锋在前，并有数次在战场上负伤的经历，“自任兵事，甘苦燥湿与士卒同，战则短衣帕首，以身先之，为大帅不改其故”②。岑毓英指挥作战计谋百出，令人虚实难辨，如同治七年（1868年）岑毓英“统兵援省，扬言师出马龙而取道宜良七甸进兵，连破寇屯二十余处”③。此外岑毓英在战争中还善于学习应变，如中法战争中“泰西枪炮精利，毓英饬诸军创为地营，开挖明槽，架以松、梨各木，洞开枪眼，延袤十余里，曲折而入，声息灵通”④。在与法军对阵过程中能够做到扬长避短，以弱克强。

学养方面。岑毓英早年刻苦学习，成绩优秀，因而具有一定的学养，时人多有评论。如咸丰六年（1856年）状元、两代帝师翁同龢在其光绪五年（1879年）二月十六日的日记中记录其对岑毓英的印象说：“晤岑彦卿中丞，其人渊然有学问之意，对之生愧。”⑤不过二人仅有数面之缘，所以翁的这个评论让人多少觉得有点空泛；曾任岑毓英的幕僚，云南著名文人赵藩对岑毓英了解较深，对岑毓英的学问如何就介绍得比较详细具体一点，他认为岑毓英“为学大旨主于析理致用，经史而外亦旁涉孙、吴兵法，观其大意，不事章句藻缋。军旅倥偬，政务殷烦，章、奏、书、檄，幕僚具草，手自核定，时有点窜，多中款要”⑥。对岑毓英的文韬武略持肯定态度。而云南人罗养儒却认为岑毓英多少有点学养不足，据其在《纪我所知集（云南掌故全本）》中记载：“岑毓英戡平滇乱后，自不如曾文正之学养功深，才德俱备。岑终是一学养不足之人也。在一切行为上，不

① 白寿彝编：《回民起义》第1册，神州国光社1952年版，第275—276页。
② （清）王先谦：《虚受堂文集》卷9，光绪二十六年（1900年）刻本，第37页。
③ （清）赵藩编：《岑襄勤公年谱》卷2，光绪己亥年（1899年）刻本，第17页。
④ 王钟翰点校：《清史列传》，中华书局1987年版，第4623页。
⑤ （清）翁同龢：《翁同龢日记》第3册，中华书局1993年版，第1046页。
⑥ （清）赵藩编：《岑襄勤公年谱》卷10，光绪己亥年（1899年）刻本，第11页。

免近于粗豪。一日，与盐道沈寿榕相见于庭，因一细故，岑即滋不悦，随侈口詈沈：‘你这个娘卖屄的。’沈立即大怒，拂袖而走。次日，便集四司道及城中巨绅于明伦堂，声言祖母为某侍郎女，母为某藩台女，并无家世不清之处。言讫，便派人持手版往抚署，请岑至明伦堂叙话。岑亦知已错，立乘舆而至，一步入明伦堂，见沈，即深深一揖，曰：‘昨因某弁办事违法，心中忿恨，竟以无礼之言加于君，过后，我亦万分愧怍，今特来谢罪。’语讫，复深深一揖。沈见其如此，遂不便以言相责。座中人随起而为岑转圜，终以一笑而罢，大众亦称岑诚是一有机变、善应付之人。”[①]罗养儒为“广西昭平县人，其父实夫因与云贵总督岑毓英有姻亲关系而被延为幕僚，故养儒少年即随父举家迁往昆明”[②]。岑毓英去世时罗养儒已是十余岁的少年，其对岑毓英的记述，应有一定可信度。

以上一些看似矛盾的记述，说明在云南咸同动荡时期经营云南的岑毓英，确是一个面目复杂的政治人物。这些评价虽褒贬不一，却有一点是相同的——岑毓英是一个文武双全、机智应变的人物。“总之，他能洞悉环境，随机应变，敏于辞令，能感人，亦能服人。此为其成功的第一要素。”[③]

此外岑毓英一生中还有一个比较突出的特点就是颇具实干精神。在他刚进入云南经营时，曾给江川绅首张中孚写过一封信，信中说：“但今之世，坐而言者，未必能起而行耳。”[④]正反映出岑毓英此思想主张。纵观岑毓英一生在中国西南边疆地区经营的历史，多是踏踏实实做事，极少有空泛之论，其奏折中关于治滇策略的阐述，内容也多切合实际。

（二）成长环境对岑毓英思想态度的影响

一个人的成长环境，对其性格的形成多少会产生一些影响，对岑毓英的家乡广西西林县近代以来历史的了解，对我们认识岑毓英的思想态度或许能有一些帮助。西林县位于今广西壮族自治区的西北部，故有“广西省尾”之称，东面与田林县接壤，北面与隆林各族自治县和贵州省兴义市相

---

① 罗养儒撰：《纪我所知集（云南掌故全本）》，云南人民出版社2015年版，第448页。

② 罗养儒撰：《纪我所知集（云南掌故全本）·前言》，云南人民出版社2015年版，第3页。

③ 王树槐：《咸同云南回民事变》，（台湾）“中央研究院”近代史研究所1980年版，第223页。

④ 白寿彝编：《回民起义》第2册，神州国光社1952年版，第446页。

连，从西至南分别与云南省的罗平、师宗、邱北、广南、富宁等县毗邻，是一个典型的鸡鸣三省之地。近代以来西林县兵灾匪祸不断，地方百姓饱受侵扰，其中有两个历史事件对西林的近代历史发展有重要影响，一件是由西方殖民势力入侵引发的“马神父事件”，另一件为太平天国兴起导致的“庚申事件”，这两件事都发生在当时西林县城的所在地定安。定安与岑毓英的家乡那劳村相距约30公里，清光绪三十二年（1906年），岑毓英之子岑春煊在定安建有岑氏宗祠。“马神父事件”发生时，正是岑毓英在西林家乡办团练及争权失利逃入云南时期，咸丰三年（1853年）初，法籍天主教神父马赖带着教徒白小满、曹贵（女）等到西林县自家寨和常井屯，开始进行传教活动。咸丰五年（1855年）夏，自家寨教徒自三等人状告马赖借“洗礼”之机侮辱其女儿和侄女，致使侄女含恨自杀身亡等罪，县官黄德明将马赖拘捕，审讯后将其驱逐出境。但同年冬，马赖等三人又潜回西林县城定安附近，继续进行传教。咸丰六年（1856年）正月二十日，新任知县张鸣凤根据白三及乡绅的联名告状，下令逮捕马赖及教徒15人，并于同月二十四日处死马赖及白小满与曹贵，此事史称“西林教案”或“马神父事件”[①]。后法国以此为借口，联合英国发动第二次鸦片战争，迫使清政府签订了丧权辱国的《天津条约》和《北京条约》，进一步破坏了中国的主权，加深了中国社会的半殖民地化，对中国近代历史发展产生深远影响。“庚申事件”发生于太平天国运动兴起后，当时广西全省局势动荡不安，清廷下令各地举办团练以自保，时年22岁的岑毓英正在家中为父亲岑苍松守孝，“邑令檄公为西乡团总，公以居庐读礼辞，令援墨绖从戎之义相敦勖，乃出受事，自捐家财，储粮制械，以兵法部勒丁壮，日事训练，隐然节制之师。”[②]从此走上为清王朝效力的人生道路。咸丰十年（1860年）三月，此时岑毓英已离开老家西林，在云南站稳脚跟并开始崭露头角，太平军宰制曾广依部攻入西林县城定安，休整十日后，于二十九日撤离定安。当太平军撤出时，其后卫部队不断遭到地方团练武装伏击、追杀，太平军即回师定安，将四处城门关起，大开杀戒，殃及无辜百姓，

① 西林县地方志编纂委员会编：《西林县志》，广西人民出版社2006年版，第12页。

② （清）赵藩编：《岑襄勤公年谱》卷1，光绪己亥年（1899年）刻本，第8页。

死者三千余人。此事件史称“庚申事件”①。“庚申事件”对定安的打击甚大，定安“据记载道光初年有三千六百户，人口一万二千多。屠城过后，街道萧然，香案倾覆。据说，道光时期定安城内有九条大街，至民国初年仅剩下五条，这当然与后来的匪帮打劫有关，但亦与咸丰十年的屠城大有关系”②。这年冬，岑毓英家“江夫人奉谢太夫人携家就养至滇”③。此后定安日益萧条，至1941年定安又遭侵华日军飞机轰炸，城中古建筑大多被毁，已不复有当年盛景。1951年区划调整，定安从此不再是县治所在地。

咸丰年间西林外忧内患对岑毓英及其家族产生怎样的影响？我们可以找到一些文字纪录。光绪年间，岑毓英之子两广总督岑春煊于定安建岑氏宗祠，今天在宗祠内八角亭边仍保存一块刻于光绪三十二年（1906）四月十一日的石碑，碑文曰：“自咸丰之乱，岑氏惨遭杀害百余命，亲房仅存数人。”④可知岑氏家族在这场动乱中遭到的打击还是比较大的。岑毓英的家庭在动乱中也遭到不小冲击，岑毓英晚年叙述此时期自己家庭的遭遇说：“道光咸丰间西林屡遭兵燹，毓英因出仕滇南，带甲满天，荆榛遍地。家室等嗷泽之雁，骨肉同吊影之鸿，隔亲舍而生悲，盼家书而每梗。”一家人因战乱而天各一方，最困难时他的原配江夫人“奉姑携子女避乱于那阳寨也，鬻簪易米，躬操作以给朝夕”⑤，处境十分艰难。

从岑毓英主政云南的历史来看，其在治理云南过程中有两个特点比较突出：一个是对西方列强势力的入侵坚决抵抗，在马嘉理事件、浪穹教案、中法战争、中法勘分滇越边界及英国吞并缅甸引发的滇西边界危机中，岑毓英始终保持这种坚定的态度，直至其去世前，法国领事弥乐至云南蒙自，“向关道索给游历各厂护照，毓英以矿务为滇人性命，不可听他族窥利源、夺生计，致开边衅，密电达总理各国事务衙门，累数百言以阻

① 西林县地方志编纂委员会编：《西林县志》，广西人民出版社2006年版，第13页。

② 中国人民政治协商会议田林县委员会编：《田林文史资料》第1辑，1987年版，第61页。

③ （清）赵藩编：《岑襄勤公年谱》卷1，光绪己亥年（1899年）刻本，第13页。

④ 转引自中国人民政治协商会议田林县委员会编：《田林文史资料》（第1辑），1987年版，第61页。文中注释说：“该碑现存在定安粮所岑氏宗祠八角亭边，长约三尺五寸，宽约一尺七寸，厚约三寸五分，碑名是《永安主佃告示碑》。”

⑤ 岑毓英纂修：《西林岑氏族谱》卷6，南阳堂光绪戊子（1888年）刻本，第31、44页。

之"[①]。另一个是对反抗清王朝势力的严厉镇压，在平定云南系列民变的过程中，岑毓英就有杀降的恶名，法国人罗舍据其传闻记载说：向其投降者，"被岑毓英用最毒辣的手段，虐杀或活埋地中，头脚倒置，或先斩断四肢然后斩首"[②]。岑毓英在这方面最为人诟病者，为攻占大理后大肆屠杀抗清武装。罗舍到云南后，与马如龙过从甚密，从文中的语气及文中流露出来的态度来看，这些内容有一部分很可能出自马如龙之口。而对此问题岑毓英则有不同的说法："当马如龙受抚，冀可结以平寇，而如龙勇犷无远识，每曲庇同教马荣、马联升等，既降复叛，肆扰东南，西征之师屡为所絓，卒至蹉跌。"[③]似乎也有自己手段强硬的理由。滇中澄江县抗清武装长期坚持斗争，岑毓英的队伍于同治十年（1871年）二月再次攻占澄江城时，竟将城内"除老弱妇女外，余皆全行屠戮"[④]。岑毓英上奏清廷时对自己的手段残暴毫不隐讳。岑毓英麾下的将领，较少有投诚者，或许也与此有关。

岑毓英甚至对曾经反抗过清王朝统治的人也缺乏好感，这种态度在其与刘永福的关系上比较明显。太平天国运动兴起时，刘永福在广西加入天地会，进行反清斗争，被清军镇压后转入越南保胜（今越南老街）一带活动，当法国殖民军队进入越南北圻并进一步威胁到中国西南边疆安全时，刘永福率领黑旗军坚决抵抗。中法战争爆发后，岑毓英率领滇军进入红河流域抗击法国侵略者，与刘永福率领的黑旗军并肩作战，战争期间岑毓英对刘永福及黑旗军在人员、经费及武器装备上大力支持，然而当中法战争结束后，张之洞知岑毓英必不能容刘永福，便想方设法将其调到广东。岑、刘二人同是英勇抗击法国侵略者的民族英雄，但二人之间的交情并不好，比如说中法战争爆发前，岑毓英在上给清廷的奏折中评价刘永福的护法态度时说："刘永福虽受越职，仍持首鼠两端，恐不足恃。"[⑤]岑毓英

① （清）岑毓英撰，黄振南、白耀天标点：《岑毓英集》，广西民族出版社2005年版，第8页。

② 荆德新编：《云南回民起义史料》，云南民族出版社1986年版，第424页。

③ （清）赵藩编：《岑襄勤公年谱》卷2，光绪己亥年（1899年）刻本，第9页。

④ （清）岑毓英撰，黄振南、白耀天标点：《岑毓英集》，广西民族出版社2005年版，第78页。

⑤ 郭廷以、王聿均主编：《中法越南交涉档》，（台湾）"中央研究院"近代史研究所1962年版，第530页。

在上给清廷的奏折中说刘永福是“犬羊成性”，这个词在岑毓英奏折中多是用来形容不服从清政府统治的“乱民”；而刘永福在回忆录《刘永福历史草》当中，把岑毓英描述为一个大话炎炎、荒唐可笑的人物，甚至还指责岑毓英率领滇军取得的临洮大捷及收复越南北圻70余州县是谎报军功，并借用旁人之口说：“喜其死，而不乐其生。”[①]可见两人之间似乎不是个人恩怨那么简单，恐怕还有些“官”与“匪”的成见存在。

三、岑毓英治滇思想探源

关于岑毓英治滇思想的形成和发展，当前的研究中鲜有人涉及，故本文的讨论名为初探。从岑毓英个人成长的经历来看，他是一个有远大抱负的人，自号“匡国”便是一个很好的证明。岑毓英的思想在那个时代的读书人中或许并不算特殊，当时的读书人要参加科举，就必须先熟读儒家的经典著作，岑毓英早年立志通过科举求取功名，儒家思想中的一些基本观念如“经世致用”“忠君报国”及“治国平天下”等等，自然是深入其心。当时许多读书人都有这样的理想：一旦条件具备，“达则兼济天下”，博个“封妻荫子”，清史留名，岑毓英则是其中少数成功者之一。以往对岑毓英的研究，曾将其与同时代的“中兴名臣”如曾国藩、李鸿章和左宗棠等人物进行比较[②]，不过就已有的资料来看，岑毓英虽然也号称“中兴名臣”，但其人生成长的经历在所处的环境与同时代晚清名臣有很大不同，他长期在中国西南地区经营，又生性好独当一面，与同时代的官员们关系似乎不那么密切，《岑毓英档》中收录岑毓英与其他官僚幕友往来的书信，也多是关于一些时事的讨论，较少反映其思想志趣，因此也没能较好反映岑毓英治滇思想的形成及发展轨迹。

关于岑毓英生平志向抱负，我们可以在其亲友记述其生平事迹的著作中找到线索，如在他生前编成的《岑襄勤公勋德介福图》及在他死后撰写的《襄勤显考岑府君行状》和《岑襄勤公年谱》等书中，多处提到岑毓英对广西同乡治滇名臣陈宏谋的崇敬之情，其中尤以云南文化名人时任

① 相关内容可参阅罗香林辑校：《刘永福历史草》，正中书局1943年版，第141—166页。

② 相关内容可参阅黎瑛撰写的《内忧外患下的创榛辟莽——岑毓英晚年边疆建设思想研究》（广西师范大学2005年硕士论文）中的“岑毓英边疆建设思想之横向比较”。

岑毓英幕僚的赵藩对他这种感情刻画最为生动传神。赵藩在《岑襄勤公勋德介福图》中的《式贤墓祠图第二十二》里这样记载："桂林相国陈文恭雍正中曾任云南布政使，惠政在民，崇祀名宦。公少读文恭所辑《五种遗规》，即深尚友之思，迨权藩篆，为文致祭，景行之诚，至形诸梦寐。"[①]文中说岑毓英少年时读陈宏谋的著作《五种遗规》，就非常崇敬向往，到其与陈宏谋一样官任云南布政使时，因终于有机会如同陈一样在治滇中施展自己的才干而激动，岑毓英因此还专门撰文致祭，对陈宏谋的崇敬和向往之情，到了日思夜想的地步。从内容来看，这些话当是出自岑毓英本人之口，较真实地表达了岑毓英在治滇事业上的追求和抱负，从中可以一窥岑毓英治滇思想的渊源。

陈宏谋于雍正十一年至乾隆二年（1733—1737）任云南布政使，时间虽不长，却治滇有善政。两人在思想志趣及人生经历方面颇有相似之处，可以做一番比较研究。陈宏谋治滇，在改革弊政、促进民生和发展教育等方面的工作卓有成效，恰好也是岑毓英治滇事迹中地方治理的重点，故可分别对照讨论。

一是两人的志趣抱负。据记载陈宏谋早年就"以经世为己任。闻有邸报至，必借观之。自题书室，谓：'必为世上不可少之人，为世人不能做之事，庶非虚生。'"[②]岑毓英少年亦"励志功名，讲求经济，以远大自期"[③]，只是由于时势不同，岑毓英走上了另一条求取功名的道路，但二人的志向抱负是一致的。

二是二人治滇的历史背景。云南是一个多民族省份，各族人民生产生活方式差异较大，由于大山大河等自然条件的限制，经济发展水平较低，生产较为落后，各地的经济发展极不平衡。在陈宏谋入滇之前，康熙年间，吴三桂起兵反清，使云南一度成为战场，导致人口减少，土地大量荒芜，社会生产力遭受严重破坏。雍正时期，鄂尔泰在滇实行改土归流，但此过程中一些被革职的土司头人不甘心退出历史舞台，不断进行反抗，也

① （清）杨应选绘图，赵藩撰文：《岑襄勤公勋德介福图》，光绪十七年（1891年）上海石印本。

② 江燕、文明元、王珏点校：《新纂云南通志》八，云南人民出版社2007年版，第48页。

③ （清）岑春荣等撰：《襄勤显考岑府君行状》，云南大学图书馆藏稿本。

破坏了地方社会的稳定。而岑毓英治滇时，云南久经战乱，饥疫频仍，据岑毓英本人估计，云南全省人口不到战乱前的一半，且人民因天灾人祸而流离失所，衣食无着，令人触目伤心，地方残破情况较陈宏谋时期有过之而无不及。可见两人治滇，都是在困难的环境下励精图治。

三是整顿吏治，改革弊政。陈宏谋在云南职掌藩司，整顿吏治是其重要职责。陈宏谋为官清正，同时要求下属清廉自守，杜绝贪污、营私舞弊现象。然而此时期云南地方吏治腐败，结党营私、侵吞钱粮、苛征私派、搜括民财等现象普遍存在，百姓深受其害。陈宏谋对此深恶痛绝，下决心大力整顿，他详查垦荒亩数，禁止苛征私派，并声明“本司采访最确、执法最严、决不故纵以贻民之害也”[①]。通过一段时期的努力，云南官场风气得以端正，治理侵吞钱粮等积弊取得显著成效，不仅保证了政府的财政收入，而且为云南社会经济的发展提供了良好的环境。另当“时方用师倮夷，运粮苦道远，宏谋改为短运递运法，民便之”[②]，为陈宏谋改革地方弊政的另一成果。岑毓英在治滇过程中也曾大力整顿吏治，但晚清官场积弊甚深，且由于地方动乱的冲击，不少官员将宦滇视为畏途，致使岑毓英在地方官员的人事安排上捉襟见肘，从相关资料反映的情况来看，岑毓英整顿吏治的成效有限。岑毓英治滇，在裁革夫马弊政方面成果较好，当时云南地方官绅一年搜刮夫马银达百万两之多，负担之沉重，已到了骇人听闻的地步，岑毓英将此项陋规裁除，为其治滇一大善政。

四是促进民生，发展生产。陈宏谋治滇关注民生，他要求各属官员应关心民生，为民办实事，为官者应“所至之处，询民疾苦，课民农桑，宣布教化”[③]，而岑毓英在治滇过程中提出“与民休息，恢复元气”的民生主张。云南是我国重要的铜产地，陈宏谋出任云南布政使后，十分重视采铜业的开发，鉴于百姓“苦厂官烦苛，工资微薄”，他“增铜厂工本，听民得鬻馀铜，民争趋之。更凿新矿，铜日盛，遂罢购洋铜”[④]。而岑毓英担任云南巡抚期间曾负责过恢复云南铜业开采的工作，他顶住朝廷要求

① （清）陈宏谋：《培远堂文檄》卷1，广西乡贤遗著编印委员会1943年版，第1页。
② 江燕、文明元、王珏点校：《新纂云南通志》八，云南人民出版社2007年，第48页。
③ （清）陈宏谋：《培远堂文檄》卷4，广西乡贤遗著编印委员会1943年版，第12页。
④ 赵尔巽等撰：《清史稿》，中华书局1977年版，第10560页。

按官价征收的压力，坚持随行定价，避免铜贱伤民。两人在铜政管理方面措施不同而思想一致，使云南的铜业生产得到恢复和发展。农业方面陈宏谋针对云南山多田少，土地贫瘠，大力推广种植耐寒耐旱的杂粮，岑毓英则在咸同军兴后力行蠲免，鼓励垦殖。他们为战乱之后云南农业生产的恢复，都做出自己的贡献。

五是振兴边地教育。史载陈宏谋在治滇期间，“立义学七百余所，令苗民得就学，教之书。刻孝经、小学及所辑纲鉴、大学衍义，分布各属。其后边人及苗民多能读书取科第，宏谋之教也”[①]。四年间能做出这样大的成绩，可知陈宏谋在振兴地方教育方面不遗余力。岑毓英治滇过程中也为恢复云南文教而努力，他重开科举、恢复庙学，修复学校、兴办义学，奏请增加云南的中、学名额，个人捐资置产助学等。岑毓英在云南振兴文教的努力，较陈宏谋有过之而无不及，成为其治滇事迹中的一大亮点。

从以上史事可以看出，陈宏谋治滇有善政，岑毓英见贤思齐，在治滇过程中努力效仿，两人都是在云南地方社会环境相对较差的时期里展开治滇工作，都通过苦心经营，励精图治，为云南地方社会发展都做出了积极的贡献。不过陈宏谋治滇虽有诸多善政，但只在云南任职四年，而岑毓英治滇近卅载，“与滇事相终始”，故岑毓英对云南地方社会历史发展进程的影响要大得多。由于陈、岑二人治滇的时代环境不一样，除以上列举的各方面内容外，岑毓英还在稳定云南地方形势及边防建设上有巨大贡献。《清史稿》中对陈宏这样评价：“乾隆间论疆吏之贤者……陈宏谋其最也……宏谋学尤醇，所至惓惓民生风俗，古所谓大儒之效也。”[②]在清代宦滇官员当中，这样的评价是比较高的。而对岑毓英的评价则为：“毓英与滇事相终始，跋扈霸才，竟成戡定伟绩，信乎识时之杰，能自树立者已。”[③]内容仅涉及岑毓英“平滇”的事迹，在笔者看来，这个评价的局限性很大，对岑毓英的治滇成就缺乏全面考量。就本论文探讨的内容来看，除在近代云南地方治理方面的贡献外，岑毓英在稳定地方形势及边防建设上的贡献巨大，在19世纪的殖民浪潮里，在巨大的边疆危机前，云南

① 赵尔巽等撰：《清史稿》，中华书局1977年版，第10560页。
② 赵尔巽等撰：《清史稿》，中华书局1977年版，第10564页。
③ 赵尔巽等撰：《清史稿》，中华书局1977年版，第12138页。

被英法列强左右环伺，形势严峻，正是由于岑毓英率领云南军民的苦心经营，保证了云南边疆稳定和边防巩固，才有效抵御了列强殖民浪潮对中国西南地区的冲击，这是岑毓英治滇的重大贡献，也是事关整个中国大局稳定的大事。

第二节　咸同时期云南的政局败坏

一、主政官员畏缩

咸同年间，云南各族人民掀起大规模的反抗晚清腐朽统治斗争，随着云南全省形势的逐渐恶化，主持地方事务的文武大员纷纷畏缩规避，致使局面进一步失控。咸丰十年（1860年），署云南提督腾越镇总兵褚克昌率兵征滇西，结果在宾川全军覆没，褚克昌本人阵亡。此时总督张亮基决意主和，但遭到巡抚徐之铭的阻挠，遂于当年七月称病请辞，十月，清廷以贵州巡抚刘源灏继任云贵总督，但刘源灏在贵州逗留，并不入滇主事，而张亮基径去。[①]至十一年（1861年）七月，清政府改以成都将军福济代替，福济以道阻饷绌为由，不但不来云南，反而借口为驾崩的咸丰皇帝吊丧而向北京进发，清廷“不许，诏斥规避滇、黔军务，褫职，予四品顶戴，仍赴云南，交署总督潘铎差遣”[②]，但此后他仍一直不肯入滇。十二月，清廷再命张亮基督办云南军务，张亮基虽声称迅即赴滇处理政事，但却逗留不前，直到同治元年（1862年）一月改授贵州巡抚。同年清廷命潘铎署云贵总督，潘毅然到任，但次年正月被戕害。继任云贵总督者为劳崇光，也在贵州长期停留，迟至同治四年（1865年）底才动身入滇，岑毓英赶到云南与贵州交界处的平彝（今云南富源县）迎接，在听取岑毓英陈说云南形势及应对策略后，劳崇光始决心入滇视事。劳崇光于同治六年（1867年）初在云贵总督任上去世，朝廷命广西巡抚张凯嵩接任，张行至湖北的巴东后称病不前，迁延至次年二月被清廷革职，为此时期最后一位没有正常到任的云贵总督。

① 赵尔巽等撰：《清史稿》，中华书局1977年版，第762页。

② 赵尔巽等撰：《清史稿》，中华书局1977年版，第12262页。

同治二年（1863年）徐之铭被罢免后，云南巡抚一职也出现空缺，清廷命贾洪诏接任云南巡抚，贾长期在川滇边界的昭通一带长期逗留，后又托病请求回籍疗养，后被清廷褫职。又以林鸿年代之，林鸿年虽时任云南布政使，实际上却未入滇上任，升任云南巡抚之后，又在四川成都逗留了近一年后才磨蹭上路，行至四川叙州（今四川宜宾）又停下不走，为朝中大臣弹劾，清廷严旨督催，林仍畏葸不前，终在同治五年（1866年）被革职，再以云南布政使刘岳昭代之。刘岳昭此前一直在四川征战，升任巡抚后又逗留于贵州，延至同治七年（1868年）入滇时，已改任为云贵总督，巡抚一职由岑毓英接任。

在潘铎入滇主事之前，云南无云贵总督驻省约两年，潘铎遇害后，到劳崇光入滇之前，又有三年多的时间无总督入滇主事。劳崇光病逝后，又有一年多的时间无总督到任。从徐之铭被补革去云南巡抚到岑毓英接任，云南省内无巡抚主事也长达六年之久。当时云南的政局，不仅是督抚大臣意存规避，武将也怕接手这个烫手的山芋，云南提督一职，在褚克昌之前，清廷先后任命过临安镇总兵申有谋、永昌协副将福兆等人，褚克昌之后又任命建昌镇总兵胡中和继之，胡未到任，再起用已革云南提督福陞，福陞也在川滇边界徘徊不前，至唐友耕入滇履职，已是同治八年（1869年）之事，后唐友耕为岑毓英所拒，不能在云南立足，被清廷召回四川。自同治元年（1862年）练首林自清离开云南后，就一直由马如龙署云南提督职，至此方得清廷实授。①

文武大臣的畏缩规避及裹足不前，一定程度上反映出咸同时期云南地方政局维持之艰难。十余年后清廷降旨问及当日滇中情形，马嘉理事件后复出并任贵州巡抚的岑毓英犹感叹说："想当日滇事垂危，凡智巧之士所深避而不肯为者。"②由于没有勇于任事的官员出来担当重任，导致云南政局混乱的局面进一步恶化，时人称之为"方咸同间，滇疆糜烂，西南数千里霾曀不见天日者，积十有余稔"③，形势可想而知，此为岑毓英早期

① （清）岑毓英等修，陈灿等纂：《云南通志》卷112，光绪二十年（1894年）刊本，第51页。

② （清）岑毓英撰，黄振南、白耀天标点：《岑毓英集》，广西民族出版社2005年版，第31页。

③ （清）赵藩编：《岑襄勤公年谱》卷1，光绪己亥年（1899年）刻本，第2页。

在云南经营时的地方政治情况。

二、地方团练的横暴

咸同年间云南各族人民掀起的大规模的反清斗争，动摇了清政府在西南的统治基础，负责维持云南地方统治的绿营兵由于承平日久，已是完全腐朽，没有什么战斗力，军兴初期就被彻底打垮。由于此时期太平天国运动正进行得如火如荼，“朝廷时亟心腹，未遑边务”[①]，并无能力加强对云南地方局势的控制，地方政府只能依靠各地的团练武装来维持统治。

团练为应对当时的形势而临时召集起来的地方武装，既无一定的编制，又未受过严格的纪律训练，多为各地的无赖游民，其中不乏绿林强梁。不同于绿营兵的饷银是由户部拨给，团练粮饷“乃各自为计，募捐输、据厘卡自收自养”[②]，故劫掠扰民习以为常，更有甚者戕官据城，素称难治。滇中、滇南各地，在名义上属于清云南地方政府统辖，实际却为各大小练首控制。同治五年（1866年），云贵总督劳崇光奏称：“开化府城外各里及临安府属之阿迷州城，澄江府属之路南县城，均被夷人盘踞，汉民亦不得归业，地方官亦不能办事……又如临安府之梁士美、沈朝辅，河西、通海等县之王正绅、江川县之王永安，广西州之吴永安、张保和，弥勒县之梁福、段朝相，罗次县之杨英培，皆由练目保举得官，养练自卫，把持公事，干预词讼，擅收钱粮厘税，勒派捐输，任意妄为，莫敢谁何。其保守地方不为无功，而其跋扈横行，亦太无状……大都民强官弱，尾大不掉，几成割据之势。”[③]迤东的情况也大致类似。“各属之官仇官民仇民，动辄治兵相攻，弱肉强食，报复无已，视为固然，纪纲荡尽矣。”[④]

地方团练的横行不法，甚至到了胆敢与地方政府公开对抗的地步，杀害朝廷命官的事情在当时云南各地时有发生，如丘北知县韩捧日被害案：“咸丰八年九月，练目朱开甲纠合土匪潜入县城追杀把总狄槐，捧

① （清）岑毓英撰，黄振南、白耀天标点：《岑毓英集》，广西民族出版社2005年版，第17页。

② 罗尔纲：《困学集》，中华书局1986年版，第445页。

③ （清）王文韶等修，唐炯等纂：《续云南通志稿》卷八十二《武备志·戎事》，光绪二十七年（1901年）四川岳池刻本。

④ （清）赵藩编：《岑襄勤公年谱》卷2，光绪己亥年（1899年）刻本，第45页。

日叱之曰：‘鼠辈敢行叛逆戕命官耶？’遂被害。同时，其妾夏氏、子候选、吏目锡光，皆骂贼被害。”[1]杀害清政府官员之后，这些练勇继续骚扰百姓，抢劫地方。再如通海知县雷焱省城被害案：“咸丰十年十月十一日，匪练滋扰，督署焱趋往弹压，遂被戕。”[2]在当时云南各地团练中，最为跋扈者莫过于何有保及其养子何自清（后改回原姓，即林自清）二人，他们在省城及滇东、滇南一带据地戕官，横行一方，最后竟发展到杀害清廷的封疆大吏。此事发生在清咸丰十一年（1861年），当时云南布政使邓尔恒调任陕西巡抚，在上任途中经过曲靖，宿于知府衙署，竟为何有保派人劫杀[3]，以至朝野哗然，举国震动。清廷为此事专门降旨痛斥云南地方政局败坏，认为地方的战乱致使“民不聊生，而练勇之残害更甚。逆练何有保自革弁擢至副将，带练驻曲靖府城，与其养子何自清声势相倚。何有保所杀之官，有前署曲靖府事许濂等二十余员，该督、抚等隐忍不办，本年遂有残害巡抚邓尔恒之事”[4]，这被视为当时云南纲纪毁坏的一个极端例子。

有学者统计，咸同年间被练勇杀害的文武官员有“文官补巡抚一人，候补道员一人，知府一人，候选知府一人，署理知府一人，知州四人，知县二人，同知一人，武官有总兵一人，副将四人，游击一人”[5]。这其中并没有把被参将马荣戕害的云贵总督潘铎统计在内。与潘铎一同被害的，还有云南知府黄培林、昆明知县翟怡曾、监院教谕华嵘、候补知府经保升知县刘春圻等人。[6]

如果把云南地方团练武装戕害政府官员看成是横行不法的极端例子，他们对于地方百姓的横征暴敛则要普遍得多，如同治朝后期杨玉科驻军大

① 江燕、文明元、王珏点校：《新纂云南通志》八，云南人民出版社2007年版，第169页。

② 江燕、文明元、王珏点校：《新纂云南通志》八，云南人民出版社2007年版，第169页。

③ 赵尔巽等撰：《清史稿》，中华书局1977年版，第11792页。

④ 《文宗实录》，咸丰十一年十一月丁未条。

⑤ 王树槐：《咸同云南回民事变》，（台湾）“中央研究院”近代史研究所1980年版，第215页。

⑥ 江燕、文明元、王珏点校：《新纂云南通志》八，云南人民出版社2007年版，第175页。

理一带，为催收粮饷，竟以坑杀来胁迫地方士绅，而团练武装的首领如杨玉科、丁槐及蒋宗汉等人，通过战乱中的巧取豪夺，都积累下数额惊人的财产，也可从另一方面反映了云南地方团练的横暴。早在云南地方举办团练的初期，云贵总督吴振棫就已看出端倪，他上奏清廷，忧心忡忡地说："团练在他省为要务，在滇省竟为大患。"[①]显然已意识到云南地方团练横暴的潜在危害。

第三节　岑毓英在云南的崛起

一、提孤军介嫌疑危险之际

岑毓英于咸丰六年（1856年）率领练勇进入云南，开始其在中国西南地区经营的奋斗历程。由于岑毓英"起家丞佐，奋迹戎行"[②]，相较其他的"中兴名臣"而言，其事业的起点是比较低的，在以师友、门生及幕僚为主要联系纽带的中国传统士大夫阶层，并无多少可资借助的关系和背景。因此他要在云南发展，就必须找到可以合作的对象，最早对他较为赏识和倚重的人是云南巡抚徐之铭，在岑毓英进入云南地方的军政界后，其才干很快得到徐之铭的赏识，并一再向朝廷保举他为云南布政使，但在晚清云南地方政府统治秩序已近于崩溃的形势之下，清廷与地方大员以及地方官僚之间，免不了相互猜忌防范，对于徐之铭的保举，清廷密谕相关的官员说："（徐之铭）又密保马如龙、岑毓英片二件，并著许详查密奏。该二员与徐之铭狼狈为奸，声势相倚，此时虽不能遽准其请，必须妥为羁绊，使之不疑，以免勾结肆扰。"[③]清廷之所以有这样的态度，主要是认为"巡抚徐之铭倾险，挟回自重……为回众所挟持，所奏语多夸诞，莫可究诘"[④]，因而对其深感疑忌，对远在云南并与徐之铭有所交往的岑毓英，自然是充满了不信任。岑毓英积极向清廷表忠心，得到的却是加倍的

① 赵尔巽等撰：《清史稿》，中华书局1977年版，第12212页。

② （清）岑毓英撰，黄振南、白耀天标点：《岑毓英集》，广西民族出版社2005年版，第1页。

③ 《穆宗实录》，同治二年五月丙寅条。

④ 赵尔巽等撰：《清史稿》，中华书局1977年版，第11790页。

怀疑，“又言大兴大革，三年后若不强兵富国，全家甘当军令，显露久踞之意”①。由于对徐之铭在云南经营的效果不满意，再加上一些不准确的情报使清廷对岑毓英的误会越来越深，最后竟导致清政府欲除岑毓英而后快，专门降旨给地方相关大员说：“徐之铭、岑毓英罪恶贯盈，张亮基等入滇以后如有机可乘，著一面奏闻一面正法，勿涉拘泥，勿稍宽容。”②此时期岑毓英在云南的辛苦经营，招来的却是杀身之祸。此后岑毓英仍坚持努力，他通过自己的实际表现，也赢得了一些同情和支持的声音，如刑部尚书赵光就上疏称：“马荣之变，马如龙、岑毓英同心协力转危为安……督臣劳崇光采访公论欲重用二人，惟抚臣（贾洪诏）意见不合，以系徐之铭保举不足深恃。徐之铭行同败类，原属可鄙，但未可因其人不足取并疑所保之人，亦弃而不用也。”③云贵总督劳崇光也奏称：“马如龙本一投诚回目，非无瑕可指之人；岑毓英乡僻书生，血气用事，不谙绳墨，臣亦不肯稍为讳饰。然谓其阳奉阴违，与逆回暗地勾结，臣访问体察，知其必无此事。”④这些意见多少减轻了清廷对岑毓英的疑虑，暂时放下除去他的念头，但岑毓英要想取得清廷的信任，却并不是那么容易的事情。

所以说岑毓英在西南地区的崛起之路，实际上是“提孤军介嫌疑危险之际，动心忍性，出生入死，卒以赞中兴而夷大难”⑤。此处所说的孤军，是指岑毓英在云南早期的经营，在政治上得不到清廷的信任，军事上没有可靠的盟友，成为所谓的“孤军”。在此过程中，岑毓英所面临的问题，除镇压各地反清武装及整顿法纪外，还需有策略地同身旁有嫌疑的同僚划清界限，并寻找机会向朝廷表达自己的忠诚，在此前提下发展自己在西南的势力。

二、组建武装

岑毓英率领的武装，核心力量是其从广西家乡招募来的粤勇，可视为

---

① （清）奕䜣等修：《钦定平定云南回匪方略》卷17，光绪二十二年（1896年）印本，第2页。

② （清）奕䜣等修：《钦定平定云南回匪方略》卷17，光绪二十二年（1896年）印本，第4页。

③ （清）赵藩编：《岑襄勤公年谱》卷2，光绪己亥年（1899年）刻本，第7页。

④ （清）奕䜣等修：《钦定平定云南回匪方略》卷24，光绪二十二年（1896年）印本，第12页。

⑤ （清）赵藩编：《岑襄勤公年谱》卷1，光绪己亥年（1899年）刻本，第1页。

岑氏的亲兵，其他主要为滇籍将士，占了队伍人数的大部分，是岑毓英武装的基础。这支部队实行的是“兵为将有，饷由帅筹”的建军方针，实际上和前面提及的练勇是一样性质的武装。当时的团练武装，并无清政府的饷银保障供给，除了地方上的捐输，战争中掠夺成为练勇们的主要财源，由于练勇具有“其志在劫掠，御之不得其道，为害无穷”[①]的问题，岑毓英针对团练武装的特点，总结出一套卓有成效的带兵方法，可归纳为“散财聚人，善驭部众”八个字。

关于散财聚人，有记载岑毓英“每克一城，纵兵士取财物，不以入己，故将士乐为效死，此在军纪上，自有可议处，然亦当时杀敌致果之术也”[②]。兵勇爱财，他则纵之以取，所取之财，除反抗晚清腐朽统治的各族人民之财外，当然也会殃及周边的百姓，然而这也是无奈之举，时任云贵总督的张凯嵩就奏称：“马如龙、岑毓英所部皆无饷之兵，士不饱腾，安有纪律？”[③]然而岑毓英能做到自己无所取，正是此项方针使其身边聚集了一批骁勇之士，成西南地区一股迅速壮大起来的势力。

岑毓英散财聚人对于其成功的重要性，可从另一个反面的例子看出，咸丰年间，何有保在云南组织团练武装，官至参将，左右云南政局，巡抚徐之铭不能治，为风云一时人物，连清廷的谕旨都说“何有保恃练横行，人所共知”[④]。可知其在云南地方影响力之大。咸丰十一年（1861年），原云南布政使邓尔恒升任陕西巡抚，路过曲靖，宿于知府衙署，“有保使其党史荣、戴玉棠伪为盗，戕之，掠其行橐。有保索所劫物不得，执拷二人。玉棠潜逸，纠党攻杀有保”[⑤]。如此能耐的人物，却死于部下的围攻，为的就是一个财字。

岑毓英对部从的驾驭，最能显示其过人胆识及高超手腕，他统领的武装，除少部分从广西家乡招募而来的亲信，大部分为云南地方人士，这其

① （清）彭崧毓：《云南风土纪事诗》，载骆小所主编《西南民俗文献》第5卷，兰州大学出版社2003年版，第20页。

② 邵镜人：《同光风云录》上篇，收录于沈云龙主编《近代中国史料丛刊》续编第九十五辑，文海出版社1983年版，第67页。

③ （清）奕䜣等修：《钦定平定云南回匪方略》卷30，光绪二十二年（1896年）印本，第5页。

④ 《文宗实录》，咸丰十一年十一月甲午条。

⑤ 赵尔巽等撰：《清史稿》，中华书局1977年版，第11792页。

中有一些人随岑毓英征战多年，如杨玉科、李维述、吴永安、杨国发、何秀林、蔡标等，算得上是岑毓英的心腹部下，其余部分或是就地招募，或是从其他甚至是敌对阵营中投诚过来，下面又各自辖有自己的力量，不免拥兵自重，立场反复也是很平常的事，如游击衔都司段成功，于同治八年（1869年）率部向岑毓英投诚，立有战功，岑毓英向清廷保举，赐予官职并改名段永忠，然而不到一年又率部叛岑毓英而去，岑毓英只好再次上奏清廷，撤销前面的保举提案[①]。再如李维述奉命守楚雄城，后城池失陷，李本人也被迫投降滇西武装，后又寻机逃往昆明，这类事情在当时云南地方各武装阵营间较为常见，也是战乱时代的一个特点。在这样一种情形下统领团练武装，无过人之能力不能为之。

岑毓英的善驭部众，主要体现在以下几方面：一是与将士甘苦与共。“其为人状貌雄伟，善驾驭。治军专用土人，亲与士卒共甘苦，食不兼味，终日赤足芒鞋，履山险如平地。卧木榻，不用衬褥。”[②]二是战斗中身先士卒。在攻城拔坚时，岑毓英“每战短衣帕首，辄为前锋，屡受巨创，百折不回”[③]。主帅尚且如此，将士焉能不拼死效力。三是知人善任。杨玉科本是一员骁将，却因无人赏识而郁郁不得志，后投奔岑毓英，岑毓英以其“转战八年之久，屡立奇功，不获一荐，深为不平！”杨玉科对岑的知遇之恩深为感激，“蒙公如此知遇，虽死不恨，以期后效可耳，岂暇计及前功乎？顾公勿以菲葑见弃，则甚幸矣”[④]。从此跟随岑毓英四处征战，成为岑最为得力的部将，同时也成就了杨玉科自己的功名。四是随机应变。岑毓英治军，固有铁腕治军的一面，但也能适应形势，随机应变。如同治八年（1869年）“杨林被陷，百姓死者数千，练头李廷标、何秀林败回省

① （清）岑毓英撰，黄振南、白耀天标点：《岑毓英集》，广西民族出版社2005年版，第69页。

② 邵镜人：《同光风云录》上篇，收录于沈云龙主编《近代中国史料丛刊》续编第九十五辑，文海出版社1983年版，第67页。

③ （清）岑毓英撰，黄振南、白耀天标点：《岑毓英集》，广西民族出版社2005年版，第8页。

④ （清）杨玉科撰：《从军纪略》，载《怒江文史资料选辑》第19辑《杨玉科将军史料专辑》，中国人民政治协商会议怒江傈僳族自治州委员会兰坪白族普米族自治县委员会文史资料委员会1992年编印，第16页。

城，该抚不责其罪，反各赏以四百金，以致人心不服，士卒离畔”[①]。然而岑毓英此举自有其不得已的苦衷，主要原因是当时昆明城之围未解，杨林失守后局势更加危急，正是用人之际，另以当时练勇之跋扈，激则生变，故只能先为笼络。可见岑毓英治军，并不拘泥于条例。五是驭人有术。岑毓英带兵的能力还体现在“善驭悍将。杨玉科初颇骄蹇，尝杀仇持其头血模糊谒公，意诘责即为变。公笑而释之。李维述杀人莫敢忤，公惜其勇，不深罪……二人后皆为名将”[②]。对于岑毓英驾驭部众的能力，时人评价说：咸同年间“自乱事起，诸将各拥重兵，擅生杀，疆吏稍裁抑，辄据地不禀节度，甚者反戈为变，赖岳昭、毓英善抚驭，能得死力”[③]。

正是由于岑毓英的散财聚人和善驭部众的特点，使其得到下属的誓死效忠。在征讨猪拱箐的战役中，“贼素畏我军枪炮，适大雨，贼知枪炮难施，遂倾巢出扑，环攻诸营，悉被贼破。公愤甚，亲自出营督战，被困核心，诸将莫敢前。余（杨玉科）冒雨进战，衣裳尽湿，裹体难行。乃拔刀，割去湿衣，杀入重围，立斩数十人，始将公救出”[④]，便是其中典型的一例。猪拱箐战役是岑毓英在政坛崛起并最终主政云南的关键一役，若无杨玉科拼死相救，也就没有岑毓英日后的飞黄腾达。因此，岑毓英对杨玉科也是心存感激，此后二人惺惺相惜，在清政府对武将进行例行考核时，岑毓英还曾与刘岳昭一同专门上奏朝廷，说明杨玉科因历年征战，“屡受重伤，请免射骑”[⑤]，对其的爱护之情，由此可见一斑。

岑毓英带兵，能够做到散财聚人、因势利导、灵活应变、宽严相济、恩威并用，最终打造出一支能征善战的队伍，为其在中国西南地区的崛起奠定了坚实基础。

---

① 《穆宗实录》，同治八年五月辛卯条。

② （清）朱孔彰：《中兴将帅别传》卷21，光绪二十三年（1897年）刻本，第5—6页。

③ 江燕、文明元、王珏点校：《新纂云南通志》八，云南人民出版社2007年版，第339页。

④ （清）杨玉科撰：《从军纪略》，载《怒江文史资料选辑》第19辑《杨玉科将军史料专辑》，中国人民政治协商会议怒江傈僳族自治州委员会兰坪白族普米族自治县委员会文史资料委员会1992年编印，第17页。

⑤ （清）杨玉科撰：《从军纪略》，载《怒江文史资料选辑》第19辑《杨玉科将军史料专辑》，中国人民政治协商会议怒江傈僳族自治州委员会兰坪白族普米族自治县委员会文史资料委员会1992年编印，第46页。

三、赢得清廷信任

虽身处嫌疑危险之际，岑毓英还是通过自己的不懈努力逐渐得到清中央政权的重视，同治四年（1865年）二月，岑毓英打通滇东的粮运通道，朝廷赏赐布政使衔，并加“勉勇巴图鲁”名号，但并没消除对他的疑虑。徐之铭去职之后，岑毓英又积极向新任总督劳崇光展示自己的才干，并通过其向清廷表达自己的忠诚。同治五年（1866年），劳崇光入滇受事，岑毓英赶到滇黔交界的平彝拜谒。岑毓英与劳崇光两人应该算是故旧，早在咸丰三年（1853年），25岁的岑毓英在家乡广西西林办团练，“阵歼何博长、王福、杨亚左、李亚狗，擒王毛弟等冦目十一人，解郡正法，于是奸宄之渠擒斩略尽，解散胁从，闾里顿安，守令上功，时善化劳文毅公崇光巡抚广西，汇疏请奖，奉旨以县丞选用”[①]，是最早赏识和提拔岑毓英的人。二人见面后，岑毓英具陈云南形势，并“请崇光坐镇省垣，渐收旁落之权，以维根本。用兵则先东后西，庶免牵制而收全功”[②]。劳崇光深为其才识折服，上奏朝廷：“以提督马如龙专办西路，令岑毓英督剿猪拱箐苗”[③]，岑毓英终于有了一个在清王朝统治者面前直接表现的宝贵机会。

猪拱箐地处滇、黔、川三省交界处，地势险要，苗民陶新春、陶三春聚众10余万人于此，清政府曾调集数省清军联合围剿，多年劳而无功。岑毓英上书四川总督骆秉章，谓权不一则军不用命，“愿率滇军独任，期百二十日覆其巢”[④]，实际上是借骆之口向清廷立下军令状。

在征讨迤东及贵州猪拱箐过程中，“同治六年，布政使岑毓英统军规复镇雄，并越境征猪拱箐苗逆，道经府城外龙潭，忽海内云气蒸腾，狂风暴雨，俨如神龙游于空际，向西奔腾。里老云是潭龙出迓贵人也。昔总督福康安巡阅至此，闻龙亦出迎，此行必克敌矣”[⑤]，这个祥瑞对滇军士气应该有一定的鼓舞作用。当岑毓英率领5000滇军抵达猪拱箐时，已在此征战数年的“川、楚、黔军之先壁于此者，见滇军人少，相与笑曰：是何异

---

① （清）赵藩编：《岑襄勤公年谱》卷1，光绪己亥年（1899年）刻本，第9页。

② 王钟翰点校：《清史列传》，中华书局1987年版，第4613页。

③ 赵尔巽等撰：《清史稿》，中华书局1977年版，第12139页。

④ 赵尔巽等撰：《清史稿》，中华书局1977年版，第12133页。

⑤ 李斌、李春龙、牛鸿斌、王珏点校：《新纂云南通志》十，云南人民出版社2007年版，第593页。

驱群羊而探虎穴耶？”[①]但岑毓英不为所动。同治六年（1867年）正月，朝廷任命岑毓英署理云南布政使，二月，岑挥师进剿猪拱箐。当时岑毓英实际上已把所有赌注都押在这场战役上，所以在战斗中总是身先士卒，拼死奋战。通过殊死战斗，滇军将士最终擒斩抗清首领二陶，攻下了猪拱箐，用时仅过期限四天。岑毓英最终用自己的行动赢得清廷的信任，朝廷特降旨加头品顶戴，以示奖励。同治七年（1868年），负责西征的马如龙所部被打得大败，滇西反清武装围困昆明，清政府急命在曲靖的岑毓英率部西援，此时清廷已认定岑毓英是扭转其在西南统治危局的股肱之臣，遂于当年三月正式任命岑毓英为云南巡抚，岑毓英从此成为主政云南地方的封疆大吏，进入清王朝统治阶级的核心层。

第四节　重整纲纪

岑毓英进入云南经营伊始，就开始着手整顿地方纲纪，就任云南巡抚之后，更是在全省范围内大力恢复地方统治秩序，显示出岑毓英在云南经营的雄心及才略。

一、严明军纪

岑毓英整顿纲纪的首要目标就是地方上那些目无法纪、横行残暴的团练武装。关于岑毓英对不法团练的整治，最早的记录是在咸丰九年（1859年）二月，当时他回广西家乡募勇后再次入滇，当岑毓英的武装行将占领宜良县城时，“游练乘隙入城纵掠，公军急驰进城，遣练目潘文兴、吴凤岡、李成功等弹压解散，安抚居民，城中乃定”。岑毓英在云南开始有了自己的立足之地，同年“十月，奉檄署宜良县事，嵩明练目陈玉顺、陆开元滋扰县属北屯，公驰往弹压，玉顺顽抗，使其党李缺嘴刺公，公夺刀，伤右手，纵兵格杀缺嘴，玉顺结营拒战，公围之，开元密来谒，请夜半劫

① （清）岑春荣等撰：《襄勤显考岑府君行状》，云南大学图书馆藏稿本。

营，愿擒自效，如其言，遂擒斩玉顺，籍游练归伍”[①]，岑毓英也借此机会进一步壮大了自己的武装力量。从相关史实来看，岑毓英治兵，对这些违法乱纪的散练游勇，从一开始就不姑息迁就。

同治七年（1868年）正月，清廷针对冯子材所奏《粤西军务疲玩请严申军纪》一折而降谕旨："嗣后各路统兵大臣暨用兵各省分督抚务，当力加整顿，正己率属，令在必行。遇有军营带兵之员失机偾事，贪鄙玩误者，文官四五品，武职三品以上各员，即行严参惩办；其文员六品以下，武弁四品以下，即行奏明于军前正法，以期迅扫贼氛，拯民水火，毋得视为具文，致干重咎。"[②]这道圣旨无疑给铁腕治军的岑毓英增加了一把尚方宝剑。同治七年（1868年）四月，岑毓英任云南巡抚，随后开始着手整顿云南全省军纪。十月，岑毓英上奏清廷："鹤丽镇中营守备王文凤，带勇驻扎嵩明州属之兑龙，该村人民先经避难远出，遗有埋藏谷米，该弁纵容兵勇发掘盗卖，并失察勇丁陈老十讹诈村民李应海已得财物……除饬将滋事勇丁从严究办外，相应请旨将鹤丽镇中营守备王文凤即行革职，以肃军政而示惩儆。"[③]为岑毓英任巡抚一职后整顿军纪之始，此事可从多方面来考察。首先，就我们前面列举的兵练不法行为来看，此事相对而言性质并不是很严重，王文凤管束不严，固然负有不可推卸的责任，但因此被革职查办，就颇有几分杀鸡儆猴的意味，为在滇的各路人马敲响了警钟。其次，此时期清军与滇西反清武装对阵接连吃败仗，不断丢城失地，也急需整顿军纪，重振士气，以扭转军事上的颓势。最后，岑毓英将此事上奏清廷，和此前督抚大员对于云南地方练勇违纪事件隐忍不办的风格迥异，无疑是要向全省各路势力宣示其整军之决心。此后岑毓英继续严肃军纪，在昆明城被滇西武装围困的非常时期，岑毓英用重典治乱，他给马如龙写信说："查东路田亩荒芜甚多，推原其故，实由兵练砍柴打米擅行拉夫，以致百姓不能栽种。弟本日适遇二人在途拉夫，当即拿获正法矣。祈传谕

① （清）赵藩编：《岑襄勤公年谱》卷1，光绪己亥年（1899年）刻本，第11页。另《续云南通志稿》记为："嵩明散练窜扰宜良，署知县岑毓英击走之。"（卷81，第24页）

② 《续修四库全书》编纂委员会编：《续修四库全书》818史部·政书类，上海古籍出版社1996版，第378页。

③ （清）岑毓英撰，黄振南、白耀天标点：《岑毓英集》，广西民族出版社2005年版，第26页。

各营，以后严禁拉夫，俾百姓得以及时耕作，尤为切要。”[①]兵练拉夫，就地处决，岑毓英治军不可谓不严，而他将此事专门写信告诉马如龙，则有两个目的：一是表明自己严厉治军的态度，二是提醒马如龙及其他各路武装首领要注意约束麾下的队伍，避免被自己抓到。岑毓英此举，对进一步严明云南省内各路武装的纪律，自然会有一定的促进作用。

同治七年（1868年）十月十九日，千总万绳武监造火药，不慎引燃房屋，所存已造未交火药3000余斤爆炸，死护局兵丁及匠役12名，受伤者10余人。事情虽是意外，但岑毓英认为“未便以意料不及稍从宽恕。相应据实奏参，请旨将补用千总万绳武即行革职示惩，仍留营效力，以观后效”[②]。万绳武的职务虽是岑毓英委任，但出了差错岑毓英也不徇私情，照样革职查办。同治八年（1869年）四月，澄江失守，当时岑毓英颇为信赖的将领“马忠仅带十余人在澄养病，防备不及”，毓英仍“请旨将该署鹤丽镇事记名总兵马忠暂行革职，仍留署任，责令督兵恢复，以观后效”。对澄江失守，岑毓英认为自己“抚驭无方，致澄江得而复失，并请旨交部议处”[③]，做到以身作则，与部下共同承担责任，树立起遵纪守法的榜样。万、马二人都是岑毓英的得力部下，至年底立功之后，岑毓英才又将二人恢复原职，一下一上之间，岑毓英做到了严明法纪。

通过对这一系列违纪事件的严肃处理，同时还以身作则，岑毓英为当时云南各方面武装势力立起了规矩，让大家都清楚不能碰的“高压线”在哪里。在树立起个人权威并严明法纪之后，岑毓英开始在云南省内大力整顿军纪，同治九年（1870年）十二月，“兹有补用都司郭应超，经臣派令扎营，延不遵办，复查该员有冒支军粮，克扣兵勇赏需情弊，并据该营弁目沈大猷等具禀前来，实属贪鄙玩误。经臣审讯明确，钦遵谕旨，将该弁即于军前正法，以肃军纪而励戎行”[④]。同治十年（1871年）攻占澄江

① 虞和平主编：《岑毓英档》第一卷，大象出版社2011年版，第79页。

② （清）岑毓英撰，黄振南、白耀天标点：《岑毓英集》，广西民族出版社2005年版，第31页。

③ （清）岑毓英撰，黄振南、白耀天标点：《岑毓英集》，广西民族出版社2005年版，第44页。

④ （清）岑毓英撰，黄振南、白耀天标点：《岑毓英集》，广西民族出版社2005年版，第76—77页。

府城之后，参将邵天贵，都司严胜美、杨永清等人指使勇丁于二月初三日夜间潜入该地烧杀抢掳，岑毓英派副将吴永安、参将柳明泰带兵查办，这些勇丁公然武力拒捕，岑毓英督饬都司陆纯纲等人带兵四面包围，生擒叛乱的勇丁19人。经审讯据得知为参将邵天贵等人主使，岑毓英立即派人将这几名将领依法拿下，经过审讯，参将邵天贵、严胜美、杨永清等人对所犯罪行供认不讳。这几人在岑毓英麾下征战多年，立过不少战功，是岑毓英颇为倚重的战将，然而一旦违法且竟敢抗命，岑毓英也毫不留情，当即命令于军前就地正法，以肃军纪。[①]至同治十二年（1873年），有游击衔补用守备石屏州人赵有福，奉岑毓英命令率部随征大理，却聚众逗留于石屏州城，骚扰当地百姓，被署知州李衍绥禀请拿办，因拒捕而被当场格杀，随后解散胁从，恢复了地方上的安靖。又有游击衔补用都司蒙自县人杨九贵，多年来以办团练为名，横行地方，跋扈残暴，杀害多人，由于咸同时期云南地方司法体系已被破坏，得以逍遥法外，岑毓英统兵在迤南的馆驿（位于今云南省建水县曲江镇）征战时，曾檄调其来随军效力，以将功折罪，然而正当战事吃紧之际，杨九贵竟弃营私逃回蒙自，继续把持地方钱粮公事，再次横行乡里，地方官绅不能制，多次向岑毓英禀报，岑毓英派人查办，杨九贵畏罪潜逃，岑毓英奏请朝廷将其革职，并下令通缉追捕。[②]赵有福聚众扰民，杨九贵肆行无忌，均有悖于国家法纪，由于咸同时期云南省内纲纪败坏，地方政府管控无力，才使其能够长期横行不法，岑毓英要统一地方政局，当然不能容忍这一类人物的存在，因此对违抗者格杀、潜逃者缉捕为顺理成章的事情。

岑毓英治军极为严厉，只要是在其职权范围内，当有人触犯法律，岑毓英不问级别，也无论人数，当处死者皆不得宽贷，确有几分杀气腾腾的味道。时人记载说他“两眸恒闭，启则威光射人。耆杀，诛将校多自手刃”[③]，在战场上不避生死的骁将，见其仍不免两股战栗，可见其治军之

① （清）岑毓英撰，黄振南、白耀天标点：《岑毓英集》，广西民族出版社2005年版，第79页。

② （清）岑毓英撰，黄振南、白耀天标点：《岑毓英集》，广西民族出版社2005年版，第106页。

③ 费行简：《近代名人小传》，收录于沈云龙主编《近代中国史料丛刊》第八辑，（台湾）文海出版社1966年版，第230页。

严，此说法可以和前面列举的史实相印证。在那样一个乱世，岑毓英也只能用这样的严刑峻法，才能保证军队的令行禁止。在当时的云南，岑毓英严明军纪的行动意义重大：首先，这些严厉的手段，对整肃军纪及恢复地方统治秩序，无疑有极大的促进作用；其次，严明军纪，也有利于提高士气和战斗力；再次，军队纪律严明，还使得滇省的老百姓较少受到侵害，这对于清政府收拾民心并赢得社会各阶层的支持有很大的帮助；最后，严格治军的过程中，岑毓英也逐渐树立起个人的威信，对他日后主政云南，在云南实施地方治理和边防建设工作打下了良好的基础。

二、战乱中基层统治遭到严重破坏

咸同年间，由于10余年的战乱，清政府在云南的基层统治遭到严重破坏，地方文武官员中有不少人在动乱中死于非命，除前面提到被地方横行不法的团练武装戕害者外，还有不少人在战争中死亡。如咸丰八年（1858年），马如龙率人进攻楚雄城，“用地道崩城，城陷，满城官绅男妇屠戮殆尽……时迤西梗寨（塞），所去官员皆止于此，约在千余员之数。加以各州县绅耆富家相近者，亦皆聚此。至是，一网而尽。滇南各地，死劫之惨，武定之外，惟此为甚”①，使清政府在云南基层的统治遭到沉重打击。同治七年（1868年）岑毓英任巡抚后，曾向朝廷奏明云南省内因地方战乱而死亡及下落不明的官员有：“署龙陵同知事鹤庆州知州秦炳章、署石膏井大使事弥渡通判李宗沧、署镇沅司狱事者海巡检汪松年、嵩明州吏目吴公宇、署鹤庆州吏目事杉木和巡检孙起鹏等五员”②显然是凶多吉少；后又奏有署澄江府知府兼署河阳县事补用同知杨保恒，在澄江失守时曾力战两昼夜，最终阵亡③；“署理弥渡通判事五品衔镇沅直隶厅经历罗熙藻，因大理贼匪窜扰弥渡地方，该员带团堵剿失利，不知下落……现经该家属由四川原籍驰至弥渡，于九鼎山原日战处询问难民，始将该员尸骨

① 白寿彝编：《回民起义》第2册，神州国光社1952年版，第436页。

② （清）岑毓英撰，黄振南、白耀天标点：《岑毓英集》，广西民族出版社2005年版，第36页。

③ （清）岑毓英撰，黄振南、白耀天标点：《岑毓英集》，广西民族出版社2005年版，第44页。

寻获，实系带伤后立即阵亡”①。至战乱结束，岑毓英经调查核实，云南省的高级别文官“历年以来，或殒命于锋镝，或病殁于烟瘴，文职自道员周之珪、知府尉迟品玉以次，共计三十三员”，武将死亡就更多，“武职自副将田仲兴、李廷标以次，共计六百零九员”②。大量的文武官员死亡，导致清政府在云南地方的统治能力严重削弱。

更为糟糕的是，一些在战乱中幸存的官员不能守土尽责，或私自潜逃，或寻一借口远遁，导致部分地方政府机构中没有官员主持事务。岑毓英曾上奏清廷，具体报告了云南地方官员不在任上的情况：“查镇沅直隶同知衔谦、云龙井大使光灼等二员，均委赴四川催饷；腾越同知王栋、嵩明州知州何凤飞等二员，均委赴广东催饷；云州知州李湘莛委赴四川劝捐；南安州知州龙维桢委赴四川迎提浙江协饷；金江知事柴树芝、云龙州吏目周光溥等二员，均委往山西劝捐。该员等出差数年之久，未经回滇供职，亦未接据禀报。

又，署龙陵同知事鹤庆州知州秦炳章、署石膏井大使事弥渡通判李宗沧、署镇沅司狱事者海巡检汪松年、嵩明州吏目吴公宇、署鹤庆州吏目事杉木和巡检孙起鹏等五员，均因地方失守后不知下落。

又，永善县典史刘光运、师宗县典史游凤鸣等二员，于卸事后数年未据回省，不知去向。

又，按板井大使龙瑞图在滇捐升知府选用，因银数不符，尚未详办，该员即自行赴京呈请步军统领衙门代奏条陈，嗣准部咨：同治四年七月二十日奉上谕‘所陈地方军务情形，尚属详细，不无可采。该员服官云南有年，见闻所历较为熟习，著发往云南，交劳崇光、林鸿年差遣委用等因，钦此。’日久未据回滇。

以上出差久不回滇八员，不知下落五员，不知去向二员，赴京未回一员，共十六员。叠经分咨各该员原籍及出差省份，严催回滇供职，迄今数年之久，仍未回滇，实属任意逗留，以致各缺多非实任人员，于吏治大

① （清）岑毓英撰，黄振南、白耀天标点：《岑毓英集》，广西民族出版社2005年版，第86页。

② （清）岑毓英撰，黄振南、白耀天标点：《岑毓英集》，广西民族出版社2005年版，第197页。

有关系。现在滇省军务正在吃紧之际，差委乏人，未便仍容该员等置身事外，请一面开缺拣员另补，一面再行咨催该员等回滇听候查办等情详情具奏前来”[①]。这些地方官员，或谋一差使，或寻一借口，逃离云南后便迁延不归。

以上为在云南任职官员的情况，那朝廷派往云南任职的官员的情况又如何呢？岑毓英在另一份奏折中向清廷汇报：“窃查滇省地处极边，用兵日久，地方糜烂，部选拣发人员多有视为畏途……以致差委乏员……兹查前两次拣发各员内，除已到知府三员、同知二员、通判一员、知州三员、知县七员、佐杂三员，均已先后补缺委署，并有患病、丁忧、出缺等项事故外，尚有通判万春，知州毛镇湘、钱瑶，知县周必超、崇善、魏梦庚、惠山，州吏目凤兆吉、姚锦堂、屈能镜、刘守文、刘润霖、汪国政，未人流严承铉、王槐堂、王居仁等共十六员，迄今仍未到滇……知州、知县仍属乏员。”[②]综合以上情况来看，在同治七年（1868年），云南在任官员不在位者16人，派到云南任职而未入滇者也有16人，两者相加，总共不在职位的官员有32人。

由于在任官员或亡或逃，续任者拒不入滇受事，致使云南地方政府各机构中不少重要职位空缺，具体情况岑毓英也进行了说明，分别为：镇沅、腾越二同知，巡检，云州、嵩明、鹤庆、南安等四知州，金江知事，弥渡通判，按板井、云龙井二大使，云龙、嵩明二州吏目，者海、杉木和二巡检，永善、师宗二县典史等共有16个职位空缺[③]。这里所说的职位空缺，俱指尚由清政府控制的区域范围内，不包括反清武装控制的迤西、迤南的广大地区，对于这些地方清政府无从管理，自然不可能派遣行政官员，更谈不上职位是否空缺的问题。

从以上史实可以看出，咸同军兴时期，长期的战乱对云南地方政府的基层统治破坏很大，一些地区的政府官员或死或逃，后继者拒不赴任，致

① （清）岑毓英撰，黄振南、白耀天标点：《岑毓英集》，广西民族出版社2005年版，第36页。

② （清）岑毓英撰，黄振南、白耀天标点：《岑毓英集》，广西民族出版社2005年版，第40页。

③ （清）岑毓英撰，黄振南、白耀天标点：《岑毓英集》，广西民族出版社2005年版，第36页。

使地方基层政府出现职位空缺的情况，这些事实表明清政府在云南地方统治的情况堪忧。

三、整顿吏治

同治十年（1871年），又到清云南地方政府三年一届的官员考核期。在此之前，云南省由于咸同军兴的影响，咸丰六年（1856年）、九年（1859年）及同治元年（1862年）、四年（1865年）、七年（1868年）的五次全省官员大考核都未能如期进行。这一次，吏部命云南地方政府照例进行。然而“据布政使宋延春、按察使程诚详称：云南附省及迤东地方虽已肃清，惟迤西、迤南军务尚未告竣，各官多不能到本任；且城池大半新复，仓库均无存款，人民未尽归业，钱粮难照额征；道府州县各官履历事实，既难查取，而学政考试未周，教职之贤否亦难具悉，所有滇省本年计典，仍未能如期举行，详请具奏前来”①。由于云南迤西、迤南仍处于战争状态，省城及迤东战乱之后百废待举，所以清云南省政府仍没有条件对全省的官员进行考核，这样算来云南已有6届18年没有对地方上的文职官吏进行考核。清代制定了“四格八法”②的官员考核标准，内容包括官员的德、能、勤、绩、廉等方面，由吏部主持定期对京城和地方官吏进行考核，并以此为依据对地方官员进行奖惩升黜。其中对地方官员的考核，是中央对地方管理的一个重要手段，也是中央了解地方治理情况的一个重要渠道，同时还是中央政府对地方进行有效行政的重要保障，因此意义重大。然而近20年的时间里，清政府不能对云南省内的官员进行考核，可知此时期清王朝在云南的基层统治存在很大的问题。

云南地方政府不能对全省官员进行三年一次的考核，除岑毓英在奏折中谈到的条件不具备外，笔者认为最主要的原因在于当时地方官员缺口较大。前已述及，战乱时期的云南，不仅武将有战死沙场之虞，文官在战乱之中也难以独善其身，因为根据清代的制度，地方官员不论文武都有守土

① （清）岑毓英撰，黄振南、白耀天标点：《岑毓英集》，广西民族出版社2005年版，第88页。

② 四格即守、政、才、年。其中守分廉平贪，政分勤平怠，才分长平短，年分青中老，综合四格决定对官员加级、升职、留任或降调。八法即贪、酷、罢软无力、不谨、年老、有疾、浮躁、才力不及。此八者皆须清退。

之责，因此在战乱时期的云南，文官也是一种高风险的职业。因前面有不少官员在战乱中丧命，继任者也将云南视为畏途，宁愿放弃辛苦得来的功名，也不愿入滇为官，这样就导致云南地方官员缺乏，使得当时云南省政府在官员人事安排上捉襟见肘。此时期云南地方上的基层官员，连维持各地的基本统治尚不敷使用，遑论进行考核及黜陟赏罚。

虽然没能对全省官员进行考核，但岑毓英仍在澄清吏治方面做出了努力："新兴州岁贡生柳承绪，胆敢私刻臣署图记，捏造手票，屡向昆明县署取用夫役，折收钱文，并向粮台冒支粮米等事。经昆明县知县广润查获，解请讯究前来，当即饬司研讯属实。……若不从严惩办，恐奸宄丛生，于城防大有关碍。臣复亲提审讯明确，当将柳承绪及串同舞弊分赃之余世华、南相等，即就军前正法，以昭炯戒。"[①]在战乱时期的云南，地方社会经济凋敝，百姓生存艰难，柳承绪等人的贪污腐败行为无疑会大大加重清政府在地方统治的危机，可谓危害极大，因引岑毓英亲自提审，将串通作案的相关人员一律处决。岑毓英用重典治乱，这对当时社会上不法之徒无疑有极大的震慑作用，一定程度上促进了云南地方政治的清明。

同治十二年（1873年）二月，岑毓英在军务基本肃清的前提下，开始着手准备整顿吏治，他上奏清廷，认为"军兴以来，破格录用，登进之途尤广。现在军务将竣，保举已少，惟捐例太滥，流品愈杂，各省有人满之患。虽日事甄别，而不绝其源，亦如扬汤止沸，不但正途阻滞，而贪污混迹，民不得安，必思为乱。此吏治之可虑者"[②]。岑毓英这段话反映出当时云南官场的实际情况：一方面是地方政府急需的管理人才紧缺，另一方面是通过非正规选拔渠道进入仕途的人员泛滥成灾。岑毓英下决心对云南官场存在的问题进行整治，作为澄清整治的第一步。同治十三年（1874年）二月，岑毓英主持对云南全省官员的例行考核。从咸丰四年（1854年）算起，云南在长达21年的时间里没有对官员进行过考核，故此次考核，对于岑毓英在云南整顿吏治来说，有十分重要的意义。针对云南官场

① （清）岑毓英撰，黄振南、白耀天标点：《岑毓英集》，广西民族出版社2005年版，第40页。

② （清）岑毓英撰，黄振南、白耀天标点：《岑毓英集》，广西民族出版社2005年版，第129页。

存在之问题，此次考核的对象主要为由禀、增、附、监以及俊秀文童之捐纳、军功两途人员，不包括正途出身的翻译、进士、举人、荫生及恩、拔、副、岁、优五项贡生等人员。其中府厅州县官员和佐贰杂职人员分别考核。在被考核的府厅州县官员中，以文理畅通者列为二等，共13人，仍任原职；文词粗顺及有讹字者列为三等，有22人，停职一到二年，在省城当差学习，如愿自请回籍者，亦听其便；文理乖谬及仅能照录履历者，不列入等内，有11人，勒令回籍学习三至五年，俟文理稍通，可申请回滇省考核，择优录用。被考核的佐贰杂职人员中，以文理清顺者为二等，共7人，可依据才能提拔任用；以文理尚无大谬及默写履历字画端楷者53人列为三等，照旧供职；以笔画糊涂之4人，作为不列等，清退回原籍。

从此次考核的结果来看，一些云南官员竟然文理乖谬、笔画糊涂，素质之差堪忧。关于云南地方官员的素质，罗养儒在《纪我所知集（云南掌故全本）》中有所披露：据说光绪末年，安宁知州张某为不识字的人，因父辈立功而得官职，一日属下请其签发公文，应写一“行”字，却写成“仃”字，属下提醒其应加一横，结果写成“行”，属下又说还差一横，最后竟写成“行”字。罗养儒称“余先君任安宁州牧，张系前任，余故得闻其笑史，此系事实。非诬之也”。又说邓川知州魏鸿涛以恩荫得授官职，一日无聊，竟用官印在花叶及其夫人腮颊上盖章，“致上下哗然”。罗养儒认为这些官员“不足以临民，竟用以治任”，实为“一些纨绔、草包、市侩”①。

云南地方政府中部分官员的这些出身纳捐和军功的官员，由于并非出身科举正途，粗通文墨者即为合格，可以留用，作为主持一地军政的地方官员来说，标准还是太低。但无论如何，岑毓英毕竟还是迈出了整顿云南吏治的第一步，他将无法胜任工作的15人清退回原籍，有利于提高云南省政府在地方上的行政能力。当然岑毓英也很清楚，此项工作是不可能一蹴而就的，考核后他上奏朝廷：“正途出身及考试文理通顺各员，如性情偏谬，不洽舆情，声名平常，毫无操守者，亦即随时奏参，不敢稍存回

① 罗养儒撰：《纪我所知集（云南掌故全本）》，云南人民出版社2015年版，第456页。

护。”[①]可见其把整顿吏治当成一项长期的工作来抓。

四、抚绥土司

土司制度为元明清时期中央王朝对于边远民族地区采取的一种特殊治理方式，主要为适应不同地区的社会生产发展情况。云南是实行土司制度的重要区域，随着边疆民族地区的社会发展，清雍正四年（1726年），云贵总督鄂尔泰在云南推行大规模的“改土归流”政策。考虑到云南各地区社会生产发展的巨大差异，鄂尔泰以澜沧江为界，提出：“江外宜土不宜流，江内宜流不宜土”[②]的方针，重点在澜沧江以东的民族聚居地区进行改土归流。至雍正六年（1728年）大规模的改土归流完成后，云南还未改流的土司主要有：“云南宣慰使一：曰车里。宣抚使五：曰耿马，曰陇川，曰干崖，曰南甸，曰孟连。副宣抚使二：曰遮放，曰盏达。安抚使三，曰路江，曰芒市，曰猛卯。副长官司三：曰纳楼，曰亏容甸，曰十二关。土府四：曰蒙化，曰景东，曰孟定，曰永宁。土州四：曰富州，曰湾甸，曰镇康，曰北胜。”[③]这些土司的统治区域主要位于云南省与缅甸、老挝、越南毗连地区，具有重要的国防战略地位。

咸同年间云南地区的动乱，使大部分土司与清政府失去了正常的联系，限于当时的社会条件，岑毓英利用一切机会对各地土司善加抚绥。同治八年（1869年），“腾越土司金显国由顺宁、普洱沿边各土司地方绕道来省，具言各土司节年被贼胁从，均有待时反正之意，臣即饬金显国赍持告示札谕，仍由原路驰回腾越，沿途遍谕各土司会筹进剿，以壮声威”[④]。至同治十二年（1873年），云南军务逐步肃清，岑毓英开始着手处理与土司的相关事务，他督饬永昌府和顺宁府的知府分头行动，将永昌府属的孟定土知府，湾甸土、镇康土知州，干崖、陇川、南甸宣抚使，遮放、盏达副宣抚使，路江、芒市、猛卯各安抚使，腊撒长官司，顺宁府属耿马、孟

① （清）岑毓英撰，黄振南、白耀天标点：《岑毓英集》，广西民族出版社2005年版，第144页。

② 赵尔巽等撰：《清史稿》，中华书局1977年版，第10230页。

③ 赵尔巽等撰：《清史稿》，中华书局1977年版，第14206—14207页。

④ （清）岑毓英撰，黄振南、白耀天标点：《岑毓英集》，广西民族出版社2005年版，第48页。

连宣抚使调集起来，对“各土司详加查访，凡防剿出力者择尤请奖，阵亡殉难者汇奏请恤，如系例应承袭之人，会商督臣照例具题请袭，印信号纸遗失者并请补发。倘有始终为害，怙恶不悛者，设法歼除，不敢姑息养奸，亦不敢孟浪行事，务使纪纲复振，边夷畏怀，仰副朝廷绥靖边陲之至意”[①]。然而让人失望的是，“永昌、顺宁二府所属各土司，屡经檄调，仅有应袭镇康土知州刀闷晟图、湾甸土知州景佩、南甸宣抚使刀守忠、户腊长官司赖天福，先后到大理谒见”，其余各土司“有只遣土目前来者，有竟无只字禀复者”。[②]由于此一时期的云南善后工作繁复，岑毓英对迤西土司采取了相对较为宽松的管理政策，只是命前来拜见的土司回去后对没来的各土司就近开导，以达到潜移默化的作用。同时命开化镇总兵杨玉科会同迤西道陈席珍留驻滇西，代表云南地方政府处理相关的土司事务。

这一时期云南地方政府重点处理了耿马土司职位承袭的问题。同治十二年（1873年），云南地方政府“据已故耿马宣抚使罕恩泽之子罕荣升呈称：罕恩正于咸丰八年勾结云州逆首蔡七二占踞耿马，戕害罕恩泽，夺取印信，自称土司……恳请严拿究办”[③]。（按：此处所说之罕恩正应为勐董土司罕恩庆，“勐角董土司系耿马土司的旁系。相传已22代……第18代土司为罕恩庆，因争夺耿马宣抚司位，自1858年（傣历1220年）至1874年（傣历1236年），与耿马发生数次战争。”[④]）另据耿马县志载：“咸丰、同治年间，安章城回族……辅佐勐董罕恩论、罕恩庆占踞耿马土司位16年。”[⑤]指的就是此事。此事件实际上是由于咸同军兴期间，云南地方政府对土司地区的管理失控，导致耿马土司出现争袭职位的情况，造成地方长期存在矛盾纷争，进而影响到边疆地区的稳定。清云南省政府发现此

① （清）岑毓英撰，黄振南、白耀天标点：《岑毓英集》，广西民族出版社2005年版，第119页。

② （清）岑毓英撰，黄振南、白耀天标点：《岑毓英集》，广西民族出版社2005年版，第48页。

③ （清）岑毓英撰，黄振南、白耀天标点：《岑毓英集》，广西民族出版社2005年版，第136页。

④ 中国科学院民族研究所云南民族调查组、云南民族研究所编：《云南佤族历史调查材料》（佤族调查材料之六），1962年，第29页。

⑤ 耿马傣族佤族自治县地方志编纂委员会编纂：《耿马傣族佤族自治县志》，云南民族出版社1995年版，第840页。

问题后，随即派“云顺协蒋宗汉率兵到耿马，解决耿马、勐董之争，借演板凳戏之际，逮捕罕恩庆，收回耿马宣抚司印。用绸缎条将罕恩庆处死。蒋宗汉把耿马宣抚司印亲手交还罕荣升”[①]。耿马土司职位承袭问题的妥善解决，实质上是消除了一个可能导致边疆地区动荡不安的隐患。

以上为马嘉理事件（又称滇案）发生前，岑毓英在西南经营土司地区的具体情况。此时期岑毓英在土司地区的经营，主要是加强云南地方政府对土司地区的管控，并致力于维护边疆地区的稳定。此时期英法列强在云南周边积极扩张殖民势力范围，由于对南亚东南亚国际形势的新变化了解不够，对于云南地方的军事、政治及经济等方面将会遭到怎样的冲击，岑毓英并没有清楚的认识，因此在这一时期的边疆建设工作当中，对云南的边防建设工作没有提到一个应有的高度。对边防建设的重视程度不同，是区别岑毓英前后期治滇工作的一个重要特征，从时间上来看，这个变化主要体现在马嘉理事件处理过程中。

第五节　主政云南

一、独当一面的帅才

《清史稿》中的《岑毓英传》，评价岑毓英是“跋扈霸才”[②]，这是对岑毓英个性及能力的高度概括。岑毓英这种当仁不让的个性，在其独力进剿猪拱箐过程中表现得尤为突出。同治五年（1866年）云贵总督劳崇光入滇受事时，岑毓英在平彝向其陈述经营云南的主张时，就提出与马如龙各司其责，分别负责滇西和滇东的军务。后又通过四川总督骆秉章向清廷立下军令状，愿率所部滇军独力承担此任务，限120日攻下猪拱箐。由于此时期的滇军实力还不是很强大，在此征伐数年的川、楚、黔各军都抱着看热闹的心态，想看看岑毓英及其带领的部队有何表现，当滇军初战告捷，“连破三隘及吴家屯各贼垒，擒斩数千，得辎重牲畜无算，贼夺气”。原

① 耿马傣族佤族自治县地方志编纂委员会编纂：《耿马傣族佤族自治县志》，云南民族出版社1995年版，第12页。

② 赵尔巽等撰：《清史稿》，中华书局1977版，第12138页。

来一心作壁上观的“川、楚、黔军，始来议合剿，府君述前上骆文忠公书，惧失信，婉却之”[1]。岑毓英拒绝了赶来凑热闹捞好处的各路武装，在这一事件中，他勇于任事独当一面且不怕得罪人的个性得到彰显。

云贵总督刘岳昭对岑毓英谦让的事迹，更把岑毓英这种强势的个性体现得淋漓尽致。刘岳昭，字荩臣，湖南湘乡人。以文童投效湘军。曾在战场上数次与太平天国的著名将领石达开、陈玉成对垒，多占上风，因而有显名，为湘军中的一员悍将，任云贵总督后，以“云南捻乱已久，各军惟布政使岑毓英所部最强，而毓英素尚意气，岳昭开诚专任，调发进止悉听之。毓英寻擢巡抚，和衷无牵制，军事日有起色”，而刘岳昭的从弟“岳昣守马龙，贼围之，伺懈出击，走之。固守数月，练兵得三千人，会攻寻甸，破七星桥要隘，贼蹙乞降，犹怀反侧，岳昣率三十人入城，示以坦白，人心始定。次日，毓英兵亦至，服其胆略。岳昣先以积功擢至道员，岳昭至滇后，专任毓英滇军，其旧部多遣去云”[2]。时人评价说：“寇兴，楚军战绩满天下，其将帅率召乡人子弟挈之远征。独云南则不然……当是时，岑公毓英用民练八万，忍饥血战，极人世之至难，非和衷让善，何克成此伟烈哉！”[3]刘岳昭官阶高于岑毓英，其弟刘岳昣也算是一时英雄，但在经营云南的问题上却能对岑毓英推诚谦让，一方面是由于刘岳昭及所部楚军士气低落，进入云南后连吃败仗，连清廷都批评他说：“刘岳昭之兵一蹶竟不复振，实属不能得力，著该督振刷精神，认真整顿，以肃军纪。”[4]另一方面还与岑毓英的雄才大略、胆识过人以及当仁不让的霸气性格有关。

在岑毓英经营西南的过程中，不管遇到谁，他始终都是一种以滇事为己任的态度。他就任云南巡抚伊始，就向清廷上《通筹滇事酌拟八条请旨遵办折》，其中第二条为“兵勇勿须外募也……以本省兵勇剿本省之贼，庶地利、贼情熟悉，攻剿易于得手”。直接否定了官员“马恩溥所奏

---

① （清）岑春荣等撰撰：《襄勤显考岑府君行状》，云南大学图书馆馆藏稿本。

② 赵尔巽等撰：《清史稿》，中华书局1977年版，第12131—12132页。

③ （清）王定安：《湘军记》卷15，光绪十五年（1889年）江南书局刻本，第37—38页。

④ （清）奕䜣等修：《钦定平定云南回匪方略》卷37，光绪二十二年（1896年）印本，第8页。

请简派良将一二员，统带劲旅一二万人，入滇助剿”[①]的建议。同治七年（1868年）正月，因云南省城被围，形势危急，四川省奏派提督唐友耕率军入滇援助。四月，岑毓英因澄江失守，独力难支，也希望唐友耕能助一臂之为，“叠经咨催，速由东川相机援剿，以分贼势，若途中不再耽延，迅速齐力挽救，或可转危为安”[②]，然而唐友耕却按兵不动，没有迅速赶往云南增援解围，迟至同治八年（1869年）六月，唐友耕才率军由四川进入云南的昭通，“会匪寇昭通，友耕进讨，降破其众，斩贼酋李本忠，遂平鲁甸，赏穿黄马褂”[③]，然而此时岑毓英已凭己力解省城之围，云南省内局势已渐趋好转，对此时才赶来企图分一杯羹的唐友耕，自然是不欢迎的，更何况以曲靖为中心的滇东地区，是岑毓英数年来经营的后方根据地，也不能容唐友耕染指。岑毓英在迤东以曲靖为中心进行经营，始于同治二年（1863年）初。当时因为在省城昆明内的马如龙与岑毓英已势同一山二虎，岑毓英遂率部离开昆明前往迤西迤东各地征讨，对当时云南省内的形势进行深入分析后，岑毓英敏锐觉察到与内地相连接的滇东地区，在战略上有极其重要的价值，“思于东南先立不拔之基，乃以全力攻曲靖，曲靖为迤东大郡，扼黔、蜀入滇门户，省会粮运所自出，即克复，遂留屯弗去，修缮城池，简练兵马，劝农兴学，减税兴商，凡有经营，无所牵制，得行己意。联络东、昭、开、临，互相犄角，屹然为省东重镇”[④]，这时的岑毓英在云南才“始有立锥之地”[⑤]。以岑毓英的性格为人，这么重要的一个后方根据地是绝对不能容忍唐友耕的势力进入的，至于唐友耕声称所镇压的“匪”，在岑毓英看来也根本不值一提，反倒上奏清廷声称滇东北本来安静，唐军的到来引起了地方的不安与骚动，“唐友耕恐冒昧前进，别生枝节，飞咨商办前来。臣已派委员驰往会商，该提督及督臣所

① （清）岑毓英撰，黄振南、白耀天标点：《岑毓英集》，广西民族出版社2005年版，第34页。

② （清）岑毓英撰，黄振南、白耀天标点：《岑毓英集》，广西民族出版社2005年版，第44页。

③ 江燕、文明元、王珏点校：《新纂云南通志》八，云南人民出版社2007年版，第342页。

④ （清）赵藩：《岑襄勤公年谱》卷2，光绪己亥年（1899年）刻本，第9页。

⑤ （清）奕䜣等修：《平定云南回匪方略》卷27，光绪二十二年（1896年）印本，第2页。

派委员相机办理”[①]，最后在岑毓英的催促下，清廷命唐友耕率部离开云南，重新回到四川。

岑毓英的这种性格，老而弥坚，到其晚年入越抗法时，清廷曾一度命其统一指挥越南战场上的东西线清军，他以将不知兵则士不用命及滇粤信息不畅等理由婉拒。后来清廷又命将领鲍超自四川募勇，准备开赴越南前线，与滇军并肩作战，岑毓英又以滇军粮饷不能兼顾及川楚人士不耐越地烟瘴等理由，再次加以拒绝。在岑毓英上给清廷的奏折中，他主要强调了滇军与鲍军不能共同作战的客观因素，但在其私下写给云南巡抚张凯嵩的信中，则显露其不愿与鲍超合作的主观态度，岑毓英在信中说：“夫师克在和，如军有二帅，饷有二等，号令不一，心志不齐，未能有济者。”[②]表明其不能与鲍超合作的态度。由于岑毓英的坚持，后来清廷也只得折中处理，命鲍超率军转往广西去支援粤军抗法。这些事例都表明，岑毓英的确是一位独当一面的帅才，时人多认为其“霸才跋扈”[③]，不甘居人之下及难与他人推诚合作，是其个性中较为突出的特点。

二、清除梁士美割据势力

对于岑毓英主政西南来说，不肯与之合作的云南地方势力当然是必须要搬开的绊脚石，其中署临元镇总兵，盘踞于滇南临安府的练首梁士美，便是与岑毓英相抗衡的主要力量之一。在岑毓英平滇过程中，曾与梁士美有过一些合作，但双方更多的是猜忌和防范。

同治七年（1868年），云南省城被围，岑毓英曾命时任参将的梁士美等各路武装率兵前来支援，“梁士美以临安土匪不时窃发，该员未能远离”[④]为由，派其弟梁士伟及千总毛显坊、胡升、杨万才等一干部将率兵前往支援。至同治八年（1869年）省城解围后，“巡抚岑毓英叠

① （清）岑毓英撰，黄振南、白耀天标点：《岑毓英集》，广西民族出版社2005年版，第49页。

② 虞和平主编：《岑毓英档》第三卷，大象出版社2011年版，第284页。

③ 邵镜人：《同光风云录》上篇，收录于沈云龙主编《近代中国史料丛刊》续编第九十五辑，（台湾）文海出版社1983年，第67页。

④ （清）岑毓英撰，黄振南、白耀天标点：《岑毓英集》，广西民族出版社2005年版，第22页。

致函札，约士美图进攻计，士美以如龙攻郡之日，毓英与同行，疑不肯往”[①]。十年（1871年）七月，身为云南巡抚的岑毓英率兵进发滇南，准备平定地方抗清武装，行至通海县时竟为梁士美武装所阻挠，“梁士美命胡升驻守通海，胡升只知有梁玉山，不知有中丞（笔者注：指岑毓英，时人称其为岑中丞）也”[②]。这对号称“跛扈霸才”的岑毓英来说，当然是难以容忍的，后“毓英攻馆驿，檄士美会剿，士美至，不通谒巡抚，毓英怒”[③]，双方矛盾进一步加剧，岑毓英遂会同云贵总督刘岳昭以跋扈参劾梁士美说：“臣等于同治八年，即派参将梁士美由临安就近攻剿馆驿，迄今两年之久，叠次严檄饬催，该员竟未出府城一步，仅派梁士伟等驻扎通海、曲江一带，坐耗军粮，百姓深为怨恨”[④]，已显露出清除梁士美地方势力之意。

此时期梁士美在临安府（治今云南省建水县）的统治引起当地人的不满，其“遣吏下邑募巨室金借充军赋，所任或非人，颇擅威令胁辱士夫，营取私钱。又邑多奸盗，颇寇攘为患，士美一绳以严法，虽亲故不宥。以是官民咸不便士美，交口沮谮，乃共嗾军吏沈朝辅为变”[⑤]。梁士美的中军沈朝辅，“误信家言，谓攻杀士美，可以代镇，遂使沈永能等刺杀士美于天君庙”[⑥]。听到这个消息，“毓英私喜士美得速毙，以仇杀论奏”[⑦]。随后“饬署临元镇总兵何秀林、新委署临安府知府李应华驰往到任，认真访查凶犯共有几名，沈朝辅有无主使，相机办理”[⑧]，随着调查的深入，所有的线索都指向沈朝辅，“沈朝辅自知罪无逭，先回乡会桥住

① 方树梅纂辑，李春龙等点校：《滇南碑传集》，云南民族出版社2003年版，第567页。

② 白寿彝编：《回民起义》第1册，神州国光社1952年版，第480页。

③ 江燕、文明元、王珏点校：《新纂云南通志》八，云南人民出版社2007年版，第341页。

④ （清）岑毓英撰，黄振南、白耀天标点：《岑毓英集》，广西民族出版社2005年版，第84页。

⑤ 江燕、文明元、王珏点校：《新纂云南通志》八，云南人民出版社2007年版，第341页。

⑥ 方树梅纂辑，李春龙等点校：《滇南碑传集》，云南民族出版社2003年版，第568页。

⑦ 江燕、文明元、王珏点校：《新纂云南通志》八，云南人民出版社2007年版，第341页。

⑧ （清）岑毓英撰，黄振南、白耀天标点：《岑毓英集》，广西民族出版社2005年版，第94页。

宅，密约其党李国宝，于九月初七在距城五里之碗窑设席，请绅士禀生韩汝淮，附生汝作霖、纽佩绅、赵璜、朱琳，童生邹佩甫、火天章、汝作舟等八人，甫经入席，凶手突出，立将汝作霖、邹佩南杀毙，割取首级，并将汝作舟、火天章砍伤，概行解至西庄，诬该绅等即系主使谋杀梁士美之人。次日，沈朝辅又将六绅杀毙，贴遍告白，并递呈府县，冀图掩恶。嗣虑梁士美家属报复，兼恐官处查办，竟屡次设计，欲袭踞府城。幸何秀林等早有准备，城防严密，不为所乘。该匪奸谋不遂，又阻截各处粮米，欲困防兵……聚三千余人，在荒地寨筑营铸炮，谋为不轨，若不先行拿办，必至贻害地方。即经会商，由何秀林亲带所部员弁、兵勇，于十一月二十七日前往捕拿。该匪公然出敌，经官军并力兜剿，阵斩匪目沈永庄等二十余名，余匪溃退乡会桥，负固抗拒。何秀林立即督兵扎营围攻，至二十八日夜间破巢而入，沈朝辅率众拒敌，当时格杀枭首示众，其余均系被胁相从，妥为解散”①。至此梁士美被刺案办理完结。

沈朝辅刺杀梁士美一案，最大的赢家是岑毓英。梁士美生前在临安府城一带经营多年，把持地方军政，作为云南巡抚的岑毓英，也无法插手临安地方事务。岑毓英曾多次试图将梁士美及其势力从建水调走，但都没能成功。梁士美之所以如此强硬，是因为有四川总督骆秉章为靠山，梁士美与骆秉章交往密切，骆秉章上奏清廷为其美言说：“梁士美及临安官绅来禀，则称……临郡文武督率兵民，戮力同心，贼来则战，贼去则守。”②而梁士美本人则“心志旷大，远结四川骆秉章，内官李鸿章，不以本省督抚在意”③，这肯定为岑毓英不能容忍。因此我们就不难理解为什么梁士美被刺，岑毓英会“私喜”了。梁士美被害以后，岑毓英第一时间派署临元镇总兵何秀林率军到任查案，“何秀林，字云楼，宜良人。少从岑毓英军”④，为岑毓英一手栽培出来的滇籍嫡系将领，何秀林进入临安府，说

① （清）岑毓英撰，黄振南、白耀天标点：《岑毓英集》，广西民族出版社2005年版，第106—107页。

② （清）奕䜣等修：《钦定平定云南回匪方略》卷19，光绪二十二年（1896年）印本，第13页。

③ 张中孚：《碌云纪事稿》，白寿彝编：《回民起义》第2册，神州国光社1952年版，第481页。

④ 江燕、文明元、王珏点校：《新纂云南通志》八，云南人民出版社2007年版，第351页。

明岑毓英已控制住此区域。

沈朝辅与梁士美原是邻村交好，二人共事多年，后来朝辅却对梁士美渐生怨恨之心，常“思欲泄怨免祸，更冀夺权邀功”[①]，最终刺杀梁士美并试图取而代之。沈朝辅的这种想法，实在是昧于当时云南省的发展形势。当云南局势趋于稳定，岑毓英开始着手统一云南地方政局，此行动应清廷的期许，同时也符合百姓渴望安居乐业的愿望，对于地方上的割据势力，岑毓英不能容忍梁士美，自然更不会容忍沈朝辅，所以沈朝辅名败身死的下场，从刺杀梁士美时便已注定。

至于沈朝辅刺杀梁士美与岑毓英是否有关？目前尚未见到相关史料，袁嘉谷撰写的《梁总兵士美传》中说，由于士美在临安府的跋扈，仇怨滋多，仇家得知梁士美与岑毓英不和，“因构飞语中伤，毓英遽以入告（笔者按：指岑毓英参劾梁士美跋扈），由是谋杀士美”[②]。不过也有人持不同观点，认为惟沈朝辅刺杀梁士美，“此事似非毓英所授意”[③]。但就岑毓英当时重整滇省纲纪并确立自己主政者地位的形势而言，清除梁士美和沈朝辅等人，有一定的必然性。

不过岑毓英对于云南省内的地方势力，也不是一味打击，对于可以团结者，岑毓英能够做到以大局为重，在关键时刻甚至不惜委曲求全。岑毓英这个性格特点从其与江川县绅首张中孚的交往中可以看出。张中孚颇具才干，在地方上很有声望，云南咸同民变期间他组织团练在江川县内保境安民，为滇中地区比较强大的一股势力，岑毓英初入云南经营时，曾多次招徕张中孚共事，然为其所拒，但仍出人出粮支持岑毓英。后岑毓英与马如龙合作，张中孚及江川团练对其极为不满，同治元年（1862年）马如龙准备攻打梁士美，路过江川时欲入县城，让岑毓英为说客，江川团练不允许，还辱骂岑毓英说：“汝攻澂江之时，誓以不胜，则投江而死。江川出粮出练，仓廪既罄，死亡数百，那知败不投江，转与何子清（笔者注：应为林自清，原从养父何有保之姓为何自清，后改回原姓）卖省与贼，假

① （清）岑毓英撰，黄振南、白耀天标点：《岑毓英集》，广西民族出版社2005年版，第106页。

② 方树梅纂辑，李春龙等点校：《滇南碑传集》，云南民族出版社2003年版，第568页。

③ 王树槐：《咸同云南回民事变》，（台湾）“中央研究院”近代史研究所1980年版，第228页。

贼之力，窃取大官，又欲来卖江城，何以对阵亡者妻室儿女？反来欲取为奴仆乎？”岑毓英“自入滇以来，无有受此辱骂者，不觉涕泗交流，复转身而去”[①]。此后岑毓英仍不计较个人私怨，继续招徕张中孚，至同治七年（1868年），岑毓英已任云南巡抚，在解除省城昆明之围后，再招张中孚，张始答应襄助。从这一事件可看出岑毓英的为人气度，不过岑毓英的这种宽容也是有原则的，张中孚及江川团练虽一度与岑毓英交恶，但对于岑毓英统一云南地方政局的行动基本上是支持的，所以岑毓英能努力团结，而临安的梁士美不听从岑毓英的调遣，且远交骆秉章，事实上已成为对抗岑毓英的地方割据势力，岑毓英自然不能容忍。

梁士美和张中孚可算是当时云南省内地方势力的代表，这类大大小小的地方势力在当时云南省内还很多，岑毓英在统一云南地方政局的过程中，这些地方势力或拥护统一而得以继续留存，或因对抗而被最终消灭，通过岑毓英在云南的努力经营，清政府自嘉、道以来逐步涣散的地方统治重新得到强化。

三、排挤马如龙

同治九年（1870年），随着云南地方形势的进一步好转，岑毓英为统一云南政局，开始着手排挤在省内最重要的军事和政治对手马如龙，以进一步巩固自己在西南主政者的地位。

（一）岑马二人的恩怨

岑毓英在西南地区的崛起，最有力的竞争对手为马如龙，岑毓英初入云南之时，与马如龙关系很好，曾得到马的不少帮助，岑毓英在云南政坛上的起步，马如龙功不可没，然而随着岑毓英势力的逐步壮大，二人却形成两强不能并立的局面。

马如龙，字云峰，曾用名席珍，字献廷，故时人多称之为马献（又作现）。据称先世原居江南，明初迁入云南，其始祖官云南临安卫指挥，遂定居于云南建水回龙村，少时家贫，父母靠做豆腐卖谋生，[②]及长，“身

① 参阅张中孚：《碌云纪事稿》，载白寿彝编《回民起义》第2册，神州国光社1952年版，第450—451页。

② 白寿彝编：《回民起义》第2册，神州国光社1952年版，第302页。

长七尺，腰大数围，勇力绝人”[1]，加之性格中有慷慨好义及好勇斗狠的一面，在地方民众中颇具威望。马如龙在滇中起事，始于咸丰四年（1854年）石羊厂争夺矿权的斗争，因冲突激烈，厂绅李本开、崔万等邀其相助，“初如龙不许，继闻匪等无人道，逢回无良莠，尽杀不宥，两厂回冤山重海深，未得昭雪，乃愤然曰：人而不能扶弱抑强，拨乱御侮，非丈夫也。即邀回龙、馆驿、五山汉回夷共八百余人”，进占石羊厂。[2]马如龙事后论及此事时说：“当时亦不知有朝廷也，但觉义不容辞。”[3]可知其最初起事的原因实为民间争斗事件，并非要对抗清廷。这点可以从稍后马如龙虽自立旗号称“三迤大元帅”但并没有建立与清廷对抗的政权上证明。此外马如龙的堂叔马济美，生前为九江镇总兵，在清政府镇压太平天国运动中于咸丰三年（1853年）阵亡于南昌，谥襄愍，江西、云南各建专祠。[4]此事对马如龙影响巨大，常“自称系从前殉难九江镇总兵马济美之侄”[5]。以忠良之后自居，也是其接受清廷招抚的重要原因。岑马二人何时开始交往？目前未见到明确的记载，据张中孚《碌云纪事稿》载：咸丰十一年（1861年）十月，回民武装包围宜良县城，岑毓英坐困城中：“民皆降贼，贼逼岑翼长至省，先至万寿宫，翼长疑必死，贼反以好言慰之，欲借翼长以招汉人也。”[6]此时马如龙正在昆明万寿宫，大约此时马如龙已有就抚之意，遂优待岑毓英，以好言慰之，因二人已有交情，后来马如龙接受清政府招抚，才点名要岑毓英前来接洽。

同治元年（1862年），马如龙第三次围攻省垣，巡抚徐之铭无奈之下，让提督林自清“缒城约和”[7]，如龙接受招抚，条件是“必得信义素著如公（岑毓英）者至。回营定议，徐公乃命公往宣谕朝廷威德，因其所呈，导以向义，复畅陈顺逆利害，慷慨透彻，俾即献还城池，遣散外回，

① 方树梅纂辑，李春龙等点校：《滇南碑传集》，云南民族出版社2003年版，第572页。

② 白寿彝编：《回民起义》第1册，神州国光社1952年版，第257—258页。

③ 白寿彝编：《回民起义》第2册，神州国光社1952年版，第140页。

④ 中国第一历史档案馆编：《清政府镇压太平天国档案史料》第8册，社会科学文献出版社1993年版，第480—481页。

⑤ 王钟翰点校：《清史列传》，中华书局1987年版，第4888页。

⑥ 白寿彝编：《回民起义》第2册，神州国光社1952年版，第448页。

⑦ （清）奕䜣等修：《平定云南回匪方略》卷15，光绪二十二年（1896年）印本，第1—2页。

疏通官道，一一维命。公仅携从兵数人留回营信宿，饮食谈笑如平生欢，如龙敬服，以次交出所踞新兴、昆阳、晋宁、呈贡、嵩明、罗次、易门、富民各城"①。如龙的受抚，对滇省局势影响甚大，解除了省垣之围，暂时稳定了滇中和迤南的局面，亦为岑毓英后来在云南的崛起奠定基础。

在排挤马如龙之前，岑毓英与马如龙两人的关系，大体可以分为三个阶段。

第一阶段为紧密合作期。岑毓英和马如龙握手言和后，二人同在昆明城中，至少在表面上有过一段"蜜月期"。如龙就抚后，徐之铭"令其署理临元镇，留省襄办安抚事宜"②。诸事皆倚仗马如龙。马如龙大权在握，自然不忘记拉岑毓英一把："岑毓英由宜良任内撤回，马镇台即咨请徐抚台委署蕃司。徐言：'例不符'。马镇台言：'我一个武生即署临元镇，例更不符，若不委岑彦卿署藩司，临元镇我也不署'。"③罗舍在《云南回民革命见闻秘诀》中也持相同的说法并解释原因，此内容极有可能出自马如龙之口："马将军认为岑毓英忠实可靠，一定要重用他。倘若大家不赞成此项任命，马如龙宁愿辞职，因此滇省高级官吏都表示赞同，毫无异议。因为他们如果不赞成这项委用，马如龙真要辞职，那么，全省大局马上就要发生动摇了。"④徐之铭不得已，上奏朝廷称："署布政使花咏春既老且病，恐难胜任。岑毓英剿办回匪，为汉夷回所悦服，兵练亦能弹压……可否将道员岑毓英于两司畀予一缺，于边疆大有裨益。"⑤最终岑毓英从花咏春手中夺得职位，此事件实为其人生事业上的一大转折点。这一时期两人合作无间，共同进退，时清廷欲派张亮基率兵入滇，二人皆声言阻止，称："只须督臣潘铎早日到滇，监督该代理（署）司及马如龙办理，任其兴革，三年后不能富强，全家甘当军令。"⑥力保二人在滇省的地位。这年九月，马如龙前往建水征讨梁士美，岑毓英为之前导，颇为卖力；及马荣戕害署云贵总督潘铎，

---

① （清）赵藩编：《岑襄勤公年谱》卷2，光绪己亥年（1899年）刻本，第1页。

② 王钟翰点校：《清史列传》，中华书局1987年版，第4889页。

③ 白寿彝编：《回民起义》第2册，神州国光社1952年版，第372页。

④ 荆德新编：《云南回民起义史料》，云南民族出版社1986年版，第406页。

⑤ 王钟翰点校：《清史列传》，中华书局1987年版，第3888页。

⑥ （清）奕䜣等修：《钦定平定云南回匪方略》卷16，光绪二十二年（1896年）印本，第19页。

占踞省城，毓英一纸书信，马如龙即和梁士美罢兵言和，匆匆赶回，逐走马荣，恢复省垣。两人关系之密切，由此可见一斑。

第二阶段为相持不下期。毓英、如龙共事年余，二人都不甘居对方之下，“似乎志同道合，实则貌合神离。回人之气方张，岑毓英力不能制，不得不委曲迁就”[①]。但终究不是长久之计，须另谋出路，乃于同治二年（1863年）离开省垣，率军西征。三年（1864年），迤东告急，又挥师东向，往剿曲靖，“九月，公令沾益、马龙各军助剿寻甸，自往督战，昼夜输攻，马如龙不忍尽诛同类，自省城带兵来会，谕寇缚献马荣、马兴才，开城降顺……十月，公会马如龙以地道攻曲靖，城寇恟惧，如龙勒令献还城池，缚献马连升，斩于军前，东路肃清”[②]。这时“两军几有争功之意，赖公（马青云）周旋弥缝，彼此得弃怨嫌”[③]，二人的矛盾开始公开化。因长期动乱冲突，曲靖地方民众出现相互猜忌防范的现象，针对此情况，岑毓英将曲靖回民迁往寻甸，又将寻甸州汉民迁到曲靖，作为特殊时期维护地方安定的一项措施。[④]岑毓英到迤东后，决心“于东南先立不拔之基。曲靖为迤东门户，省垣粮运所出，督兵驻之”。其目的为“意欲另树一帜，与马如龙对抗”[⑤]。岑毓英在曲靖城修缮城池，简练兵马，劝农兴学，减税兴商，势力迅速壮大。岑毓英势力在曲靖地区迅速壮大，加上有人从中挑拨，引起马如龙的疑虑，岑毓英致书如龙，“略谓同袍有年，肝胆相照，在省在曲，莫非共勤王事，有何区别而生嫌疑？且三弟奉老母留居省署，脱有异意，当不如此，愿无听造言，和衷报国”[⑥]。如龙亦无话可说。

第三阶段为岑毓英对马如龙善加笼络期。同治五年（1866年），总督劳崇光入滇受事，岑毓英赶到平彝拜谒，建言献策。此时毓英羽翼渐丰，决心通过劳崇光将其与马如龙的矛盾公开化，促使劳上奏朝廷：“以提督马如龙专办西路，令岑毓英督剿猪拱箐苗。”[⑦]猪拱箐地处滇、黔、

① （清）奕䜣等修：《钦定平定云南回匪方略》卷27，光绪二十二年（1896年）印本，第2页。
② （清）赵藩编：《岑襄勤公年谱》卷2，光绪己亥年（1899年）刻本，第7页。
③ 白寿彝编：《回民起义》第2册，神州国光社1952年版，第415页。
④ 白寿彝编：《回民起义》第2册，神州国光社1952年版，第378页。
⑤ 白寿彝编：《回民起义》第2册，神州国光社1952年版，第471页。
⑥ （清）赵藩编：《岑襄勤公年谱》卷2，光绪己亥年（1899年）刻本，第9—10页。
⑦ 赵尔巽等撰：《清史稿》，中华书局1977年版，第12133页。

川三省交界处，地势险要，苗民陶新春、陶三春聚众10余万人于此，在数年之中，清军多次会剿无功，毓英以权不一则军不用命，愿率滇军独任此事，限120日为期攻下。岑毓英率5000滇军到达时，“川、楚、黔军之先壁于此者见滇军人少，相与笑曰：是何异驱群羊而探虎穴耶？”[①]但岑毓英并不动摇，将与马如龙相争的所有的赌注压在平定猪拱箐上，于同治六年（1867年）二月，挥师进攻猪拱箐，战斗中岑毓英身先士卒，攻城拔寨，几乎命丧重围之中，后为杨玉科冒死救回，最终擒斩二陶，攻下猪拱箐，用时仅过期限4天，岑毓英用自己的行动终于博得清廷信任，特降旨加头品顶戴。而马如龙在西线军事上却接连失利，杜文秀大军东进，省城被围，杨振鹏、田庆余、杨先芝、马天顺等纷纷反戈，城内合国安、马学林等亦谋杀如龙以内应。毓英于同治七年（1868年）回师救援，身陷困境的马如龙终于向毓英低头，“自悔群回卖己，公推诚慰劳，约共竭力报国，如龙感激，捐弃前嫌，和衷协力，撑拄危局”[②]。同年三月，朝廷正式授岑毓英云南巡抚。“岑马之争”虽以岑毓英胜出而告一段落，但滇事未平，杜文秀大军仍紧围省城，时局颇为紧张，以如龙在云南回民中的重要影响，岑毓英必须与其同心协作，方能共度时艰。同治八年（1869年）二月，如龙在战斗中被一枚六两重的炮弹击中小腹，“穿透重甲，幸未深入，而皮肉肿烂”。马如龙请岑毓英代奏开缺调养，岑毓英却奏称：“该提督捐资助饷，矢志坚贞，当攻剿吃紧之际，似不宜轻为更动。”[③]又强调说：“回心视如龙为轻重，请赏假调理毋庸开缺。”[④]希望把马如龙留下来稳定军心。到年底，由于岑、马的共同努力，省城得以解围，不利的军事形势终于扭转。

（二）排挤马如龙

至同治九年（1870年），随着云南省内形势的进一步好转，岑毓英开始着手排挤马如龙，主要原因是马如龙在云南省内的影响力很大，只有将马如龙调出云南省，才能够巩固岑毓英作为云南主政者的地位。当年的

① 岑春荣等撰：《襄勤显考岑府君行状》，云南大学图书馆馆藏稿本。

② （清）赵藩编：《岑襄勤公年谱》卷2，光绪己亥年（1899年）刻本，第18页。

③ （清）奕䜣等修：《钦定平定云南回匪方略》卷37，光绪二十二年（1896年）印本，第14页。

④ （清）赵藩编：《岑襄勤公年谱》卷3，光绪己亥年（1899年）刻本，第2页。

十二月初九，岑毓英突然上奏朝廷，声称："上年官军收复嵩明州城，拿获逆首杜文秀之女蔡杜氏，并在省外招降之蔡廷栋，均经奏奉谕旨：'交提臣马如龙时加约束，以收后效等因，钦此。'钦遵移行知照在案。查蔡廷栋自投诚后，与蔡杜氏俱住提臣马如龙寓所，朝夕相依，一年以来，并无事故。本年八月十八日，臣在澄江军营忽接督提咨称：蔡廷栋于八月十五日携带伊妻蔡杜氏私逃出城，不知去向，已飞饬各路军营及各地方堵截严拿，务获解省审办等语。迄今日久，尚未拿获，难保不仍回大理附逆滋事，已由臣密饬前敌各营访拿。"[①]奏折中说蔡廷栋同蔡杜氏与马如龙"朝夕相依"，却突然"私逃出城，不知去向"，此说法显然对马如龙极为不利，然事实并非如此。据时人赵藩记载："十六日降目蔡廷栋携蔡杜氏潜逃出城，寻缉获蔡杜氏正法，廷栋窜归大理。"[②]当时在云南公干的法国人罗舍在他的笔记中也说："马如龙痛恨扬威的背叛，便把扬威妻绑赴刑场杀了，路人观者如堵。"[③]可见马如龙此事件的处理是及时且公开的，澄江离昆明仅有几天路程，八月份发生的事情，到了十二月岑毓英却仍称不清楚，且还煞有其事地"密饬前敌各营访拿"，确实耐人寻味。岑毓英此举，无疑大大加重了清廷对马如龙的疑忌之心。

至咸丰十一年（1861年）年初，清军已控制住云南省内大部分区域。滇西方面，岑毓英派出手下最得力的几员战将杨玉科、李维述、杨国发、段瑞梅等率兵出征，于四月底率军攻占了大理的上、下关，滇西反清政权形势危急。滇南方面还有馆驿、婆兮（今云南省华宁县盘溪镇）两地的抗清武装还在坚持斗争，后于九月被清军攻克。此时谁能够镇压滇西的抗清武装，自然可以得到向清廷请赏的头功，马如龙当然不愿错过这个机会，而岑毓英却命令他带兵进攻滇西战略地位相对不那么重要的顺宁（今云南省凤庆县）、云州（今云南省云县）等地，马如龙进行抗争，坚持要从楚雄直上进攻大理，岑毓英则上奏清廷说："惟恐粮米欠缺，未能与诸将和衷，一生枝节，臣实难当此责任。究应如何办理，惟有请旨敕下，以便遵

① （清）岑毓英撰，黄振南、白耀天标点：《岑毓英集》，广西民族出版社2005年版，第76页。

② （清）赵藩编：《岑襄勤公年谱》卷3，光绪己亥年（1899年）刻本，第8页。

③ 荆德新编：《云南回民起义史料》，云南民族出版社1986年版，第429页。

行。"[①]此番话说得软中带硬，清廷自然听得明白，此时能控制云南省局势者，非岑毓英莫属，遂降旨："此番攻剿大理，即责成岑毓英办理，不得稍存推诿之见。"将西征大理的任务交给岑毓英，对马如龙则命令说："马如龙向来性情勇往，即著统率所部，驰赴云州一带，力筹攻克，以专责成。"[②]关于谁有资格征讨滇西争论，以岑毓英胜利而告终。

（三）西征大理

得到清廷的谕旨后，岑毓英于当年十一月统兵西征，行至距大理城120里的红崖时，起义军领袖杜文秀已服毒并由人抬至杨玉科军营中，杨玉科将其首级割下向岑毓英邀功。岑毓英与杨玉科等将领经过密商布置，在清军进入大理城后，大肆屠杀反清义军及平民百姓，成为云南近代历史上沉重的一笔。岑毓英西征大理，最终恢复了清政府对云南地方的统治。

在西征大理的过程中，岑毓英声称他指挥的军事行动得到了观音菩萨的庇佑，并从当地流传的观音十八化神话传说中演绎出新的故事情节，侯冲在《白族心史：〈白古通记〉研究》中对这段历史进行了较为详细的考证：

"自南诏大理以来，观音信仰作为云南佛教的重要表现之一，在云南古代文化史、佛教史、文学史等诸研究领域有相当重要的地位。而观音显化，则是云南古代观音信仰产生重要影响的主要表现。……《白国因由》中的观音十八化，到清末被推衍出观音十九化、二十化。在《白国因由》中，寂裕演绎《白古通记》中观音显化故事成观音十八化。《白国因由》成书后，观音十八化之说深入人心。清同治十二年岑毓英和杨玉科镇压杜文秀起义后，将他们的成功归于观音的庇佑，编撰出观音十九化和二十化，并刻于圣源寺隔扇门，题'示梦岑宫保绘图擒贼第十九'、'默佑杨总戎捣穴擒渠第二十'。"[③]令人遗憾的是"这些门扇浮雕在'文化大革命'中被文化虚无主义者铲掉了。"[④]

---

① （清）岑毓英撰，黄振南、白耀天标点：《岑毓英集》，广西民族出版社2005年版，第95页。

② 《穆宗实录》，同治十一年九月癸未条。

③ 侯冲：《白族心史：〈白古通记〉研究》，云南人民出版社2011年版，第160、161、177页。

④ 云南省编辑组、《中国少数民族社会历史调查资料丛刊》修订编辑委员会编：《云南少数民族社会历史调查资料汇编》五，民族出版社2009年版，第260页。

关于观音的十九及二十化，岑毓英和杨玉科二人都留下文字记录，保存于今大理州五里桥乡的观音塘中，观音塘又有观音堂、观音寺、大石庵等名称，《白国因由》中观音“负石阻兵”的故事即发生在此地。

其中岑毓英记十九化故事为：“壬申冬，余督师西上，次五里桥，夜漏三下，恍惚见金甲使者手一册云：‘奉菩萨命，付呈摩（麾）下。’阅之，仅绘有十三异物，醒而不解。及旦，逆党冒死突至，因密商杨总戎等聚而歼旃，计元恶大旃（憝）骈首者十三人，方悟神之先有以默相也。窃念观音大士素著声灵，负石阻兵，载在《郡志》，前岁省围解严，曾经奉颁匾额用答神府（庥），兹复示梦擒贼，底定西陲，尤昭感应，爰恭摸（摹）宸翰，悬之殿额，并敬撰一联，以志慈云之普荫南滇也。同治十二年仲夏月抚滇使者岑毓英敬识。”

所撰对联为：“负石阻兵本菩萨心肠显出英雄手段；画图擒贼托神仙幻梦竟成将帅功勋。抚滇使者岑毓英敬立。”

杨玉科《肃清迤西重建点苍圣应峰麓观音寺序》中记二十化故事为：“尤不忘者云阳狂飙起，飞沙军阵，贼焰方张，乃心香默祷于寸衷，而神力忽回于顷刻。”

所撰对联为：“显佛法以呈图点醒擒渠妙计；反神风而应念助成扫穴奇功。同治甲戌中和之吉玉科载敬。”①

对于岑毓英和杨玉科增加的观音十九化和二十化的故事，有研究者认为：“则《白国因由》全部神话，如滚雪团，随时增加，皆有利于当时之帝王及统治者也。”②此后大理地方民众也通过各种形式表达了自己对这两个故事的看法，“民国七年《重建圣源寺碑记》中‘今观负石寺内宫保岑公之所题‘绘图擒贼’、总戎杨公之所载‘飞沙助阵’，而知大士之灵通感应、显忠遂良于斯也，今不异于古所云耶！大士虽率土崇奉，莫若此寺之返本还源为急务也’和《重塑圣源圣像并修殿阁廊庑募引》中‘善举圆周，寿贞珉而垂德望，堪与宫保岑公所题绘图擒贼、总戎杨公所载飞沙助阵之感化，永不没大士灵感慈云普荫之源于不朽也’两段文字，说明岑

① 云南省社会科学院历史研究所编：《云南现代史料丛刊》第七辑，1986年，第103—104页。括号中的文字系以侯冲所著《白族心史：〈白古通记〉研究》一书进行文字校对。

② 徐嘉瑞：《大理古代文化史稿》，中华书局1963年版，第383页。

毓英和杨玉科在《白国因由》观音十八化之外增加的十九化、二十化，已经得到了喜洲地方人士的认可'"[①]。

岑毓英西征大理作为清政府的一次军事行动，却演化成为地方神话故事，成为当地部分民众宗教信仰中的一部分内容，正好印证了龙戴维关于云南是一个"多族群和多文化并存的中间地带"的观点。就如同前面观音十八化的故事一样，除去其中的神话部分，这些故事其实是大理地方部分民众对自身历史的记忆和理解。有学者评价岑毓英在云南咸同军兴中的作为说："1856年云南以杜文秀为首的回民大起义，从阶级斗争的观点看，有其合理的因素，值得同情；但从历史的实际效果看，它毕竟造成了云南长达18年全省大动乱！牺牲了无数平民百姓的生命，严重地破坏了社会生产。"而"在西方列强依靠坚船利炮欲瓜分中国的历史存亡关头，岑毓英大小数百战，历时十八年，终于完成'卒举边方已溃之地还之朝廷'的军旅勋业，符合当时中华民族的最高利益！这是应该肯定的"[②]。

本文前面已有论述，咸同时期云南地方社会的动荡不安，除各族人民反抗晚清腐朽统治的斗争外，还有地方割据势力及社会上不法之徒造成的影响。云南地方社会动乱，普通的百姓无疑是最大的受害者，据时人记载，滇西保山一带地方武装"两军相持。瓦房街一带之住民昼应白旗，夜应红旗，其困苦实不堪形容"[③]。同治二年（1863年）岑毓英西征楚雄，因为号称官兵，"百姓多供应粮饷，贼势又逼，民两边偷运。岑以为有二心，一经拿获，尽将男人倒栽倒埋以毙之"[④]。咸同军兴时期云南地方百姓境遇之惨，由此可见一斑。从已有的研究成果来看，人们对于咸同时期云南地方社会历史的考察，较少关注到基层广大民众的社会处境。对于地方普通大众来说，最大的愿望就是生活稳定，能够安居乐业，其他问题又在其次。岑毓英早期在云南经营的历史来看，虽有镇压各族人民反抗晚清腐朽统治之过，但他同时也消除了地方割据势力及各种社会动乱因素，稳定了地方形势，恢复了社会秩序，符合广大人民安定生活的根本愿望，时人

① 侯冲：《白族心史：〈白古通记〉研究》，云南人民出版社2011年版，第177页。
② 施铁靖著：《论岑毓英》，载《广西民族研究》2009年第2期。
③ 荆德新编：《云南回民起义史料》，云南民族出版社1986年版，第91页。
④ 白寿彝编：《回民起义》第2册，神州国光社1952年版，第457—458页。

记载说："岑襄勤公毓英戡平滇乱后，滇人之爱戴公，真不啻赤子之于父母，动必曰：'我老宫保。'此种称道，尤足以表现亲爱之忱。"[①]此时期的岑毓英，上应清廷对其治理云南的期望，下有地方民众的积极支持，个人事业发展顺利。总之，岑毓英西征大理，恢复了清王朝在云南的统治，也使云南省内的形势趋于稳定，使清廷对其更为倚重，岑毓英在云南部分民众心目中的地位得到提高，进一步巩固其作为云南主政者的地位。

与岑毓英形成鲜明对比的是马如龙，由于竞争西征大理失败而心灰意冷，为不违抗圣旨，马如龙派马青云带领少数士兵做出西征顺宁、云州的样子，行至云南蒙化（今云南巍山县）一带，马青云声称生病，再不肯统兵前进，岑毓英亦调遣不动，马如龙自己也以缺饷为由，一直待在昆明城里，最终由杨玉科率领部队完成远征顺宁、云州等地的任务。西征大理之后，岑毓英为诸将领请功，请"将马如龙、马忠、张保和、何秀林、吴永安，均赏穿黄马褂，以昭激劝之处"[②]。有意思的是马忠本是马如龙的手下，省城昆明被围之时，马如龙手下部分将领密谋倒戈，"守备李仲阴与杨振鹏、田庆余勾通，潜离本营，入城谋鸠党为贼内应。马忠、李维述侦知其谋，禀商提督马如龙，设计斩之"[③]，而此后马忠却一直不被马如龙重用，后马忠"逃往岑毓英军中投效，岑毓英提升他为总兵，以资驱使"[④]。现在岑毓英将马如龙与马忠等将领并列请清廷赏穿黄马褂，马如龙心头的滋味如何不得而知，想来应该十分复杂。

（四）逐马如龙出滇

同治十二年（1873年）六月，当云南军务逐步肃清之时，岑毓英上奏清廷谓："滇中诸将多籍隶本省，或齐团起义累功而至崇阶，或率众归诚受恩而膺显秩，其循规蹈矩者固不乏人，而跋扈者亦所在皆有，州县畏其权势，百姓受其鱼肉，不惟刑名案件窒碍孔多，即税课钱粮，亦难清理。查云南提督马如龙……籍隶云南，官职较大，例应回避，合无仰恳天

① 罗养儒撰：《纪我所知集（云南掌故全本）》，云南人民出版社2015年版，第447页。

② （清）岑毓英撰，黄振南、白耀天标点：《岑毓英集》，广西民族出版社2005年版，第117页。

③ （清）岑毓英等修，陈灿等纂：光绪《云南通志》卷112，光绪二十年（1894年）刊本，第17页。

④ 荆德新编：《云南回民起义史料》，云南民族出版社1986年版，第433页。

恩，敕部将该员等分别调取进京陛见、引见，调补别省之缺，使驯良者得资甄陶，愈思力求上进，狡黠者无所凭藉，亦可默化潜移。”[①]武员官阶较高者例应回避本籍，本是清政府的一项政策，但在云南咸同军兴的特殊时期，高层武官多为云南人士。岑毓英在这道奏折中强调的重点，是说滇中诸将中功高阶崇者，多有飞扬跋扈之人，当其势力膨胀，在地方上难免会形成尾大不掉之势，因此要求清廷下决心清理整顿。此处岑毓英所说的“累功而至崇阶”者，则主要是针对马如龙。由于马如龙的势力不断削弱，至八月岑毓英又上奏清廷说，马如龙“屡奉谕旨敕催进攻顺宁、云州，皆未遵旨前往。所部兵勇无几”，请将原拨给马如龙的湖北协饷每月白银二万两收归云南省政府，作为善后经费，马如龙麾下官兵所需饷银核实数目后，由盐课项下按月拨发。[②]这样马如龙在云南就陷入了人饷两缺的窘境。后清廷命马龙进京陛见，岑毓英逐马如龙出滇的目的达到。为杜绝马如龙重回云南的可能，同治十三年（1874）四月，就在马如龙刚启程进京时，岑毓英又上奏朝廷，声称在云南省内查抄武器的过程中，“由马如龙寓中收获大开花炮十六位，洋抬炮五十四位，洋枪五百杆，各样枪炮一百四十杆，洋药、火药一万余斤”[③]。数目是极为惊人。这个消息无疑更进一步坚定了清廷将马如龙调离云南的决心，结果马如龙于“十三年九月到京，旋调补湖南提督”[④]。岑毓英在马如龙家中搜出大量武器的消息传到马如龙耳中时，“时如龙调湖南提督，亟大惊惧。及免官，终身不敢回籍，用是知公威信”[⑤]。马如龙之所以惊惧，是因为按照清王朝的制度，“承平之时，绿营军器均收存库中，遇有征调差操始行给发，不许民间私藏私造，所以杜渐防微，意至深而法至严也”[⑥]。私藏武器是重罪，

① （清）岑毓英撰，黄振南、白耀天标点：《岑毓英集》，广西民族出版社2005年版，第122页。

② （清）岑毓英撰，黄振南、白耀天标点：《岑毓英集》，广西民族出版社2005年版，第126页。

③ （清）岑毓英撰，黄振南、白耀天标点：《岑毓英集》，广西民族出版社2005年版，第147页。

④ 王钟翰点校：《清史列传》，中华书局1987年版，第4890页。

⑤ （清）岑毓英撰，黄振南、白耀天标点：《岑毓英集》，广西民族出版社2005年版，第16页。

⑥ （清）岑毓英撰，黄振南、白耀天标点：《岑毓英集》，广西民族出版社2005年版，第111页。

如果清政府怀疑马如龙的忠诚，则此罪名足以判其死刑，此为岑毓英排挤马如龙出滇的釜底抽薪之计，岑马之争的最终结果，是岑毓英彻底消除了马如龙重返云南的任何可能。

马如龙在湖南提督任上时间不长，“光绪四年……既闲废，徙居四川重庆，益不自检。每宴客，招妓侑酒，琵琶声中慷慨道少年时事云”[①]，此时的马如龙年仅四十有余，身为壮士，却只能于酒色之余，回忆当年英雄往事，其没落之情可见一斑。岑毓英排挤马如龙出滇后，又于同治十三年（1874年）四月，派马忠等人将马德新杀害于昆明城南的呈贡县[②]，这样在云南省内的政坛和民间，已没有名望、资历和影响可以与岑毓英抗衡者，其施展其抱负自然是得心应手。此后岑毓英继续在祖国的西南地区积极经营，为地方治理和边防建设贡献自己的力量，成为晚清“中兴名臣”中的重要一员。

本章结论

如果仅将云南视为中国西南遥远的边陲，那么岑毓英统一云南政局的历史贡献，很难被认为是中国近代历史上的重大事件。但我们从国家治理研究的视角出发，认识到云南作为中国与西南周边国家地区往来的重要陆路通道，成为近代西方殖民列强入侵中国西南地区的关键，我们就能清楚认识到岑毓英在云南经营的重大意义。19世纪下半期，随着越南和缅甸沦为法英的殖民地，西方列强势力开始通过云南这一传统通道向中国内陆地区渗透，云南作为中国西南的国防门户，战略地位开始凸显，从这个意义上来说，岑毓英一统云南地方政局，是事关近代中国安危的一件大事。

19世纪后半期，在殖民利益的驱动下，英法列强在云南周边积极展开各种探查活动，寻找进入中国内地的通道。为达到此目的，殖民主义者甚至不惜利用中国国内的动荡局势寻找机会。在云南咸同军兴时期，同治

① 赵尔巽等撰：《清史稿》，中华书局1977年版，第12648页。

② （清）岑毓英撰，黄振南、白耀天标点：《岑毓英集》，广西民族出版社2005年版，第146页。

五年（1866年）由法国殖民政府组成探路队，由特拉格来和安邺（又译为晃西士加尼、加尔尼埃）为领队，对澜沧江流域的交通、商贸进行考察，同治六年（1867年）其进入云南后，在境内活动长达半年之久，搜集了大量地方情报，其间还访问了大理地区的杜文秀政权。同治七年（1868年）闰四月，为重开滇缅之间的商路等目的，英国人斯莱顿率领代表团到达腾越（今云南腾冲）访问考察，也与滇西杜文秀政权有所接触。其中英国殖民政府与滇西杜文秀政权一直保持联系，甚至进而“企图与其建立某种关系，殆已视同事实上的政府”[①]，对一个主权国家而言，英国殖民政府的这种企图，无疑是一种潜在的巨大威胁。

通过以上论述，我们认识到岑毓英在晚清时期统一云南地方政局的行动，就当时的国际和国内形势而言，有其重要性和必要性。关于岑毓英统一云南地方政局的历史意义，我们可以列举出许多，其中最关键的一点是有了云南地方的统一和稳定，晚清政府才有可能在中国西南地区进行有效的地方治理和国防建设，通过这些经营，使云南成为近现代中国反侵略、反殖民斗争的主要阵地之一，并在中法战争等重大历史事件中发挥积极关键的作用，而云南人民也在这种斗争中进一步觉醒，成为具有一定时代进步性的群体，此后从护国运动到抗日战争，云南人民都用自己的力量为统一多民族国家的发展做出贡献。只有从这样一个历史的高度来探讨，我们才有可能对岑毓英在近代云南经营的历史有较为客观的认识和评价。

① 黄嘉谟：《滇西回民政权的联英外交（一八六八至一八七四）·绪说》，（台湾）“中央研究院”近代史研究所1976年版，第1页。

第三章 恢复教育 振兴文化

咸同军兴对云南的文教事业冲击极大，除各种文教设施遭到严重损毁外，负责文教的官员也视云南为畏途，纷纷抗旨逃避，如“翰林院侍读学士颜宗仪，前蒙文宗显皇帝简放云南学政，旋即告病规避。本年简放湖北正考官。差竣时复命为云南学政，并明降谕旨，令其即赴新任”[①]。然而这个颜宗仪借口没接到任命的通知，跑回到北京，同治元年（1862年）十月清廷下旨将其降为编修，并严促其五日内离京上任，颜宗仪到四川后又长期逗留，始终赖着不到云南赴任，直至同治十一年（1872年）云南咸同军兴接近尾声，才又回京任职[②]。颜宗仪事件从一个侧面反映了咸同军兴时期云南的文教发展情况。云南自咸丰五年（1855年）举行乡试过后，直到同治八年（1869年），云南14年间没有开科取士，地方学子没有机会施展才华并实现理想抱负，对云南文教事业的发展产生了不利影响。当云南的形势逐渐趋于稳定时，岑毓英便开始云南的恢复和建设工作，其中尤为重视云南文化教育事业的恢复和发展，大胆提出“兵燹之后教养宜先”的主张，为岑毓英治滇思想的一大特色。主要举措有开科取士、恢复学宫书院、重建寺观祠堂等几方面。

第一节　开科取士　重聚民心

同治九年（1870年）二月，清廷征求岑毓英的意见：“庚午科各省乡试能否依限举行？考官赴省有无绕道之处？”岑毓英当即回奏清廷，认为云南的军务渐次肃清，应该按期举行乡试。事实上当时滇西、滇南激战犹酣，滇东与黔西也不安定，然岑毓英仍坚持认为在这个时候开科取士有“作士气而振人心”[③]的作用，可知其将此项举措当作云南恢复重建的首要步骤。清廷遂“以翰林院编修汪叙畴为云南乡试正考官，王先

① 《穆宗实录》，同治元年十月辛丑条。

② 参阅中国社会科学院近代史研究所近代史资料编译室主编：《太平军北伐资料选编》，知识产权出版社2013年版，第528页。

③ （清）岑毓英撰，黄振南、白耀天标点：《岑毓英集》，广西民族出版社2005年版，第67页。

谦为副考官”[1]其绕道四川进入云南，主持当年云南的乡试。同年九月，岑毓英向清廷请示后离开战事正紧的澄江前线，返回省城昆明的贡院入闱监临，为保证本届乡试的顺利举行，岑毓英还声明：“所有臣署日行文件，仍俟启门之日送闱核办，以昭慎重！”[2]在当时许多地方还处于战乱状态的云南，他对此次举办乡试的重视程度，可以说到了无以复加的地步。

岑毓英之所以这样重视科举取士的作用，源于他对中国传统社会情况的深刻认识。在中国传统社会里，有“万般皆下品，唯有读书高”的说法，对于身处基层的广大知识分子而言，如果能在科举考试中金榜题名，就可以改变自身命运并进而实现人生抱负，因而对之抱有巨大的热情。当时人们普遍认为通过读书入仕是求取功名的正途，因此广大学子将科举考试视为改变其社会地位的首要途径。岑毓英本人就出自社会下层，也曾经历过“齑粥其食，缯布其衣”的艰苦读书生涯，他“刻苦淬励，抗希古人”[3]，希望通过读书博取功名，以求出人头地，进而实现人生理想，只是晚清社会的激烈动荡，断了其读书考试进入仕途的念头，在18岁时回乡随父办团练，开始在人生另外一条道路上崭露头角。正是这样的人生经历，使岑毓英对科举取士在中国传统社会中所起到的笼络人心和安抚士民的作用，有深刻的体会和认识。

从国家层面来说，自隋朝创立科举制度以后，此项制度对中国传统社会的政治运作及教育模式起到极为关键的作用。在中国传统社会里，科举考试是一个政权统治正统的象征，因此举行科举考试又有“为国抡才”之说，可从事实上证明开科取士政权的有“国”者身份。此外科举考试还是一个政权招揽人才的重要手段。据说唐太宗在贞观初科举考试发榜日登上端门，看到新科进士一个个从榜下走出，高兴地说：“天下英雄，入吾彀中矣。”可知其为中国中央集权政府笼络人才的有效性。对云南地方而言，科举制度还是王朝宣扬教化的重要手段，对于传播以儒家为代表的

① 《穆宗实录》，同治九年五月丙寅朔条。本次乡试之后，汪叙畴被清政府任命为云南学政。

② （清）岑毓英撰，黄振南、白耀天标点：《岑毓英集》，广西民族出版社2005年版，第71页。

③ （清）赵藩编：《岑襄勤公年谱》卷1，光绪己亥年（1899年）刻本，第7页。

中原文化，促进地方文化教育事业发展等方面，均有积极影响。此外科举考试还与国家的治乱兴衰关系密切，云南咸同年间因为社会动荡而无法开科取士，便是一个很好的例子。从社会层面来说，科举取士在中国传统社会里有利于各阶层人才的合理流动，所谓“朝为田舍郎，暮登天子堂”说的就是这个意思，这种合理的流动使得中国的传统社会结构具有一定的弹性，避免了社会阶层的僵硬固化，对调和社会关系和维护国家稳定有益。在中国传统社会里，政府以科举取士来吸引读书人，士子以四书五经为弋取功名之具，国家所设的利禄之途与士人追求功名之心相互应和，千百年来形成的默契，已是牢不可破。清代学者管同曾论及清代科举的功用，认为“明之时士持清议，今则一使事科举。而场屋策士之文及时政者皆不录。大抵明之为俗，官横而士骄。国家知其弊，而一切矫之。是以百数十年天下纷纷亦多事矣，顾其难皆起于田野之奸、闾巷之侠，而朝廷、学校之间，安且静也”①。晚清康有为在“戊戌变法”中虽倡言废八股和兴学堂，然而也不得不承认科举考试在维护社会稳定方面有积极的贡献：“明世治法尤密，以八股取士……国朝因用明制，故数百年来大臣重镇，不闻他变，天下虽大，戢戢奉法，而文网颇疏，取民极薄，小民不知不识，乐善嬉生，此其治效，中古所无也。”②可知清代统治者在继承明朝科举制度的同时，也吸取了其中的教训，尤注重以科举手段来笼络读书人，颇有成效。从以上论述可知，科举制度对维护清政府在云南的统治方面，有非常重要的作用。

正是科举考试对维护一个政权在云南的统治有如此重要的意义，有清一代，在云南地方的各路政权，曾多次举行科举考试以宣示自己的正统地位，如佚名著《明末滇南纪略》中载，大西军政权在云南时，孙可望于乙丑年（1649年）“命马兆熙考试滇南生童……马兆熙考试毕，率云、武二府生童赴李定国府谢，定国赏钱三百串，面云：诸生用心读书，不日开复

① （清）缪荃孙辑：《续碑传集》卷76，江楚编译书局宣统二年（1910年）刊本，第13页。

② （清）康有为撰，姜义华、吴根毛编校：《康有为全集》第2集，上海古籍出版社1990年版，第171页。

地方，就有你们官了等语。诸生谢出，由是文教渐复兴也”[①]。至甲午岁（1654年），又“命学道孙顺考试滇南士子，随即开科，以西寺作贡院，命盐税司史文为监临，减三场为二场，减七篇作五篇，头场三书二经，二场策论、表并诗二首，其题‘官柳连云’、‘滇南纪胜’。取解元高应雷等三十二名，照给头巾、青袍，与明例埒。自是士子书声不辍”[②]。南明政权进入云南后，也曾于顺治“十四年丁酉……八月，永明王举云南乡试，以校场为贡院，取王肇兴等五十四人”[③]。吴三桂自云南起兵反清后，于康熙十七年（1678年）三月“思窃号自娱。其下争劝进，遂以三月朔称帝，改元昭武，以衡州（笔者注：今湖南省衡阳市）为定天府……造新历。举云、贵、川、湖乡试”[④]。这些政权开科取士，除搜罗人才和笼络人心外，都无一例外地想借此来表明自己的“正统”地位，当然在客观上也促进了云南地方文化教育的发展。

通过上述事例，我们可以了解到岑毓英在如此紧张的时期里，仍要克服重重困难来举行乡试的目的，在逐步控制云南全省局势的同时，通过以中央王朝的名义来举行地方科举考试，除了笼络人心和振作士气外，还可强化以岑毓英为首的云南省政府在地方统治的正当性与合法性，重塑地方社会对清政府统治的向心力，为岑毓英在战后云南地方社会的恢复与建设的关键一步。岑毓英坚持在动乱未靖的云南举行乡试，有其政治上的意图，也在一定程度上顺应了地方民意，因为云南省自咸丰五年（1855年）举行乙卯科乡试后，后面的己壬、壬戌两届恩科及戊午、辛酉、甲子、丁卯四届正科，共有六科乡试都因咸同年间的战乱而不能按时举行，滇省学子心怀梦想，励志穷经，却不能在科举考试中一显身手，实现心中的理想，白白蹉跎了15年的光阴，心中肯定有怀才不遇的怨气，所以到了举行乡试之年，不免跃跃欲试，“各属士子均志切观光，联名呈请举办”[⑤]，岑毓英顺应民心举行乡试，也

① （明）刘茝等撰，丁红校：《狩缅纪事（外三种）》，浙江古籍出版社1986年版，第50—51页。

② （明）刘茝等撰，丁红校：《狩缅纪事（外三种）》，浙江古籍出版社1986年版，第54页。

③ （清）倪蜕辑，李埏校点：《滇云历年传》，云南大学出版社1992年版，第511—513页。

④ 赵尔巽等撰：《清史稿》，中华书局1977年版，第12847页。

⑤ （清）岑毓英撰，黄振南、白耀天标点：《岑毓英集》，广西民族出版社2005年版，第67页。

使自己比较容易地赢得了地方社会精英的好感与支持。举行乡试对促进战乱之后的云南地方文化教育复苏效果明显，“数年来举行童试、乡试暨补行历届乡试，皆取中如额……士子感激奋兴，来省肄业者更多”①。战乱之后的云南，以省城昆明为中心，各类学校逐步恢复，形成了较好的文化教育氛围，带动了云南全省文化教育的复兴。

这里还有一个比较有意思的细节，按科举制度之规定，一省的文武乡试应在同年进行，文闱结束之后，本应接着举行武闱乡试，但岑毓英上奏清廷，声称滇省军务未竣，经费紧张，所有武场需用器具及演武厅各处房屋，均因日久残破，必须筹款修葺，一时难以解决，要求把武闱乡试延至次年春举行。到同治十年（1871年）二月，岑毓英又以在澄江府事务繁忙，不能脱身为由，奏明清廷，把这一巡抚之责交给总督刘长佑。岑毓英虽靠武功起家，但喜欢文雅，常在云南省内各处题字作文。如在通海奎星阁题“冠冕南州”；在蒙自缘狮洞题“滇南第一洞天”；重修大理府太和学宫时，亲撰碑文；修光绪《云南通志》时编撰人员广搜地志，岑毓英见到姚州甘雨编撰的《姚州志》时，颇为赏识，并欣然命笔为之作序。从中也可以看出，在岑毓英治滇的思想里，重视文化教育的观念较为突出。

第二节　呼吁增加云南的中、学额

同治十三年（1874年）底，当云南局势渐趋安定之后，岑毓英上奏清朝廷，请以历年滇省绅民捐输的数目来增加中、学额，努力为边疆地区的学子创造良好的学习环境。所谓中额，就是乡试中的录取名额，在清代每一省乡试录取的名额是有明确的规定，其数额“依文风之高下、人口之多寡、丁赋之轻重而定之”②。所谓学额就是清政府在府州县都设置官学中的学生名额，其数量多寡与学额的条件相同。地方官学的学生既是未来科

① （清）岑毓英撰，黄振南、白耀天标点：《岑毓英集》，广西民族出版社2005年版，第200页。

② 商衍鎏著，商志䜩校注：《清代科举考试述录及有关著作》，百花文艺出版社2004年版，第103页。

举考试的考生，又是国子监贡监生的潜在生源，无论是参加科考中举还是成为贡监生，都是官僚的后备队。其情况正如清统治者所说："各省例定学额，为士子登进之阶。"[①]从这个意义上来说，增加中、学额不仅可以促进地方的文化教育事业的发展，还与各地学子的命运前途密切相关。

清代官学学生的名额，必须与清政府官员编制数量相适应。所以每个地方的中、学额都由清廷直接确定和控制，实际上就是对清政府未来官员数量的控制。为避免官员数目过于庞大，清政府一般情况下不会轻易增加其各地的中、学额，清中期以前，虽然各地中、学额呈不断增加的趋势，但增加的速度十分缓慢。然而至清咸同年间，由于地方社会矛盾尖锐，各地民众的反清斗争风起云涌，政府已难以维持庞大的军费开支，清廷遂号召地方绅民捐输，以增加当地的中、学额作为回报，此外各地兵练的欠饷无法兑现，也采取劝导报效的方法来解决，并以增加当地中、学额作为回报。咸同年间捐输广额的具体情况是这样的：咸丰三年（1853年）规定，一省捐银10万两，加文武乡试中额一次各1名，一厅州县捐银2000两，加文武学额一次各1名，一省捐银30万两，加文武乡试永远定额各1名，一厅州县捐银1万两，加文武学永远定额各1名。后来由于各地通过捐输增加中、学额以振兴地方教育的热情很高，数量增加得太快，清政府遂开始提高捐输广额的门槛，于同治七年（1868年）对此制度进行改革，各省请加学额银数照旧有之规定加倍，凡一厅州县捐银4000两，准加一次学额1名，捐银2万两准加永远学额1名。至同治九年（1870年）再次改革，不再增加永远文武学额，捐银1万两，可加一次文武学额1名。且各府厅州县按其规模而定，大者每属增加不得超过7名，中者不得超过5名，小学不得超过3名，以示限制。[②]

由于形势紧张和前任官员的不作为，云南地方百姓在咸同年间捐输了巨额的银两，却没有得到增加中、学额的机会。岑毓英于同治七年（1868年）四月任云南巡抚，当时云南省城被围，到次年下半年形势才有所好转，但已错过申请增广的最后时机。滇省恢复稳定之后，岑毓英决定尽

① 《宣宗实录》，道光二十四年七月癸酉条。

② （清）岑毓英撰，黄振南、白耀天标点：《岑毓英集》，广西民族出版社2005年版，第163页。

己所能，为云南广大学子争取仕途和教育的优惠政策。云南地方百姓在咸同军兴的近20年间，经统计共捐银1070余万两，为不与同治九年（1870年）的新规定相冲突，岑毓英统计出从咸丰六年到同治九年间（1856—1870），云南地方百姓所捐之银有800多万两，“请以三百万两加广文武乡试永远定额各十名，又以二百三十万两加广昆明等七十厅州县及盐井永远文武学额各一百一十五名，又以二百二十万两请增设安平等十六厅县永远文武学额各一百一十名”[①]。岑毓英在这篇奏折中，还全面陈述了晚清云南地方教育的发展情况。就他所列举的数据来看，当时云南省内的教育发展形势令人担忧，云南全省有安平、文山、宝宁、巧家、会泽、恩安、大关、鲁甸、思茅、威远、他郎、宁洱、中甸、维西、龙陵、缅宁等16厅县还未设学额，而这些厅县当中，除他郎外其他15厅县都未任命教职，也就是说连管理地方教育的官员也没有，此外昆明等70余厅州县司（各盐井为提举司）学额较少，从这些数据可以看出云南地方教育的落后及发展的紧迫性，从而也反映出岑毓英提出申请的必要性。然而令人失望的是，岑毓英奏请的关键内容“加云南文武乡试永远中额各十名”被清廷认定为与同治九年（1870年）的新制度不同，所请不能允许，“经户部、礼部议定，改为加广一次中额廿名。惟《捐输章程》内开乡试广额，不得过恩诏广额之数。查云南省恩诏广额系十名，今所加廿名中额，应于乙亥恩科乡试取中十名，丙子科乡试取中十名。”[②]这种临时增加一次科举录取名额的政策虽然也带有照顾性质，但与岑毓英及云南地方人民长期增加云南乡试录取名额的要求相去甚远。

岑毓英并不气馁，至光绪元年（1875年）他再次向清廷上《吁恩仍加云南乡试中额折》，继续呼吁增加云南省的中、学名额，以激励学林士子。我们把两道奏折对比，就会发现很有意思的现象：岑毓英在第一道奏折中主要采取了讲事实的方法，通过列举数据，反映了云南地方教育的不足与落后，希望能打动当权者，给予优惠政策，但未能奏效；第二道奏折中岑毓英改为讲道理，列举各省军务捐输广额，如四川一省，咸丰年间已

① （清）岑毓英撰，黄振南、白耀天标点：《岑毓英集》，广西民族出版社2005年版，第164页。

② 李春龙、江燕点校：《新纂云南通志》二，云南人民出版社2007年版，第324页。

加永远中额10名，同治八年又以该省津贴请加永额10名。江苏、广东两省于捐输广额之处，又以所收厘金数目请加江苏永额8名，广东永额4名，都得到批准。其余各省或10名，或数名，均得沾光。云南省的军务捐输与各地情况大致相同，而艰难困苦尤远甚之，因当时形势紧急，故捐输在前而奏报在后，竟不能得到相同待遇，不免令云南地方人民“殊觉向隅”①。岑毓英在奏折里的“殊觉向隅”四个字用得很好，准确表达了他与云南地方官民为请求不得允准而感到悲伤失望的心情，对清政府已执行的政策使用这样的词汇，多少有点大胆，要知道当时的主政者慈禧太后，也是一位极强势的统治者，位高权重者如恭亲王奕䜣，因政见不同等原因，也被其弄得赋闲在家，而岑毓英敢于上这样的奏折，反映其为民请命的决心，同时也体现其个性倔强及不计得失的一面。由于岑毓英言之凿凿，据理力争，清廷于光绪元年（1875年）十一月谕：“前据岑毓英奏请加云南文、武乡试永远中额各十名，当经部议与新章不符，改为加广一次文、武乡试中额各二十名。兹复据该抚奏称：‘云南自军兴以来，绅民竭力捐输。十有余年，核计捐银一千零七十余万两，从未请加中额，与他省已加永远中额者不同，仍恳加云南文武乡试永远中额’等语，加恩著照所请。云南文武乡试各加永远中额十名，以示加惠士林之意。”②岑毓英与云南地方官民的不懈努力终于得到回报。

或许是考虑到云南地方经济文化与内地尚存有较大差距，基础教育的兴办也有一个发展过程，清政府对岑毓英增加学额的要求避而不谈，岑毓英也把注意力集中在更为关键的增加乡试中举名额一事上。到光绪五年（1879年），清政府才开始着手添设安平等16厅、县的学额，③而在这些厅、县设置训导等管理地方教育的官员，则为光绪六年（1880年）之事。④此后“数年来举行童试、乡试暨补行历届乡试，皆取中如额。复仰

① （清）岑毓英撰，黄振南、白耀天标点：《岑毓英集》，广西民族出版社2005年版，第191页。

② 《德宗实录》，光绪元年十一月戊戌条。

③ 《德宗实录》，光绪五年三月乙丑条。

④ 《德宗实录》，光绪六年十一月戊子条。

沐皇恩，加广学额及永远中额，士子感激奋兴，来省肄业者更多”[①]。云南地方的文化教育事业不断复兴。

第三节 恢复学校 兴办教育

在举行完乡试之后，岑毓英又乘势而为，积极修复云南省各地的学宫书院，增加各级书院的经费，选拔品学兼优而又深孚众望的士人担任院长、主讲、教职，吸引省内优秀的学子到昆明就读，成功营造出良好的社会文化教育氛围。其中对于学宫、书院及义学的修复，涉及范围广且收效明显。

长达18年的动乱，使云南地方的文化教育遭到严重的破坏，根据《新纂云南通志》卷一百三十二《学制考二》中的记载，晚清云南全省各府、厅、州、县有学宫92座［不包括光绪八年（1882年）云南巡抚杜瑞联奏准新设的缅宁厅、巧家厅和大关厅3座学宫］，其中有64座明确记载在咸同军兴时期因连年兵燹遭到破坏，重者或焚或拆而完全毁坏，轻者也是倾圮过半，在战乱中被破坏的比例高达71%。此外云南各地还有书院及义学，或官办，或官民合办，在咸同年间也有不少遭到破坏，有的甚至完全荒废。

在清代，学宫是指府、厅、州、县的地方官办学校，学宫与地方孔庙常建在一起，共同组成了一种特殊的建筑群类型——庙学建筑，孔庙是人们祭拜孔子及相关人员的地方，学宫是学生学习儒家文化的主要场所，人们常把这种庙学合二为一的区域称为“文庙”。按当时的教育制度，地方学子在通过考核后可以到学宫里读书，并能在经济上得到一定的帮助，学宫里设有专职的教师教书育人，当地官员也会定期到学宫里视察，检查教学的各方面情况，有的地方官员还会亲自讲授学问。在特定的节日，地方官绅便与学宫里的师生一道，在孔庙里举行特殊的祭祀典礼，宣扬中国传统社会中尊师重道及礼乐教化等思想。可知学宫是一个地方兴办教育和教化世风的重要场所，学宫、书院及义学等组合在一起，构成了中国传统社会的基本教育体系。

① （清）岑毓英撰，黄振南、白耀天标点：《岑毓英集》，广西民族出版社2005年版，第200页。

对云南各地遭到破坏的学宫、书院进行重修重建，并扶持地方兴办义学，是岑毓英在云南恢复重建工作的重要组成部分。据《新纂云南通志》中的记载，岑毓英直接参与修复或重建的学宫有6座（相关内容参见表3-1），书院18所（相关内容参见表3-2），并对地方上的两处义学进行扶持帮助（相关内容参见表3-3），时间跨度从同治六年（1867年）至光绪十年（1884年），前后18年，基本涵盖了他在云南主政的各个时期，可见其为重振云南地方的文化教育，可谓是殚精竭虑，矢志不渝。岑毓英这种通过修复重建学宫书院及义学来振兴云南的文化教育的思想，较为集中地反映在其撰写的《改建大理太和学宫碑记》当中，他说："乱离之后，非轻徭薄赋不足以厚民生；兵燹之余，非偃武修文不足以正民德。"而如何修文以正民德呢？当然是重建中国传统儒家文化的载体文庙，他声称："善后之道，莫先于此。"[①]

在此还有一个问题我们应该注意到，就是云南地方政府所拨给学校的田产，除部分官员个人的捐资外，还有大量的"叛产"，主要是对反抗晚清腐朽统治的云南各族人民的财产掠夺，在肯定岑毓英振兴云南地方文教的同时，我们也应该注意到专制政权残暴的一面。

相关史志中的零星记载，当然不能全面反映岑毓英为振兴云南文化教育所做的努力，我们只能通过有限的资料来了解他的相关事迹。虽然他直接参与修复重建的学宫书院在云南总体的文化教育设施中只占了很小的一部分，我们仍然得肯定他为重振云南文化教育起到的积极作用。作为云南地方的主政者，他在重振地方文化教育方面身体力行，率先垂范，这种榜样的效应是巨大的，这种精神显然对其下属及地方的士绅起到了很好的激励作用。上行下效，在同治光绪年间，云南地方政府各级官员对兴修学宫书院表现出巨大的热情，他们同当地士绅一道掀起了一股修复学宫书院的浪潮，前面提及的在战乱中被破坏的学宫书院，大部分都得到了维修和重建。本文虽然旨在讨论岑毓英为重振云南社会文化所做的贡献，但我们也应看到他身后庞大的地方官僚及士绅群体，正是在他们的倡导和努力之下，战乱之后的云南在恢复重建工作上出现积极的变化，这样的结果当然不是岑毓英一人之力所能办到，而是"岑毓英们"共同努力的结果。

---

① 李春龙、王珏点校：《新纂云南通志》六，云南人民出版社2007年版，第484页。

表3–1 岑毓英直接参与修复重建的各府、厅、州、县学宫

名称	地点	沿革	事迹
呈贡县学官	在县治东北	咸丰七年毁。	同治十一年，巡抚岑毓英拨给公款并倡捐重修。十一年经始，光绪元年告成。
大理府学官	在府治南	咸丰六年毁于兵。	同治十二年，巡抚岑毓英移建古报国寺遗址。光绪元年，提督杨玉科捐资落成。
赵州学官	在州西凤山之麓	同治八年城陷焚毁。	同治十二年巡抚岑毓英拨公款七百余金，捐廉二百五十金，提督杨玉科捐米三十石，新建大成殿、东西庑、大成门、棂星门、尊经阁。
镇南州学官	在州治南	咸丰六年毁于兵。	光绪元年，巡抚岑毓英捐款兴修。
南安州学官	在州治东	咸丰年间毁于兵。	光绪元年， 巡抚岑毓英拨款檄邑绅王肇修重修。
澄江府学官	在府治东	元大德建。同治八年，城陷，折毁无存。	十三年，巡抚岑毓英拨公款银二千余两。光绪元年，重建崇圣殿，大成殿，东、西庑，德配天地、道冠古今二坊，并月台、官墙、照壁。

资料来源：《新纂云南通志》卷一百三十二《学制考二》。

表3–2 岑毓英直接参与修复重建的各府、厅、州、县书院

府厅	州县	名称	地点	沿革	事迹
省会	昆明县	五华书院	旧在云南府治西北。清雍正九年，总督鄂尔泰改建五华山麓	同治二年，马荣焚毁藏书楼并所藏书籍。	同治十年，巡抚岑毓英、盐道沈寿榕重修，并增建东西园书舍三十九间。军兴后，旧设膏火已废。十一年，巡抚岑毓英奏准由黑、元、永、乔后等井每销盐百斤收经费五分，白井、云龙、喇鸡鸣、景东、镇沅、按板、石膏、磨黑、猛野等井每销盐百斤收经费三分，作五华、育材两书院束修膏火之费。增设举人膏火正课十份，每份月给银三两，副课二十份，每份月给银二两；生员正课八十份，每份月给银二两，副课八十份，每份月给银一两。光绪十三年，总督岑毓英购置书籍三部。

续表

府厅	州县	名称	地点	沿革	事迹
省会		育材书院，又名昆明书院，后重建	在城南门外慧光寺左	咸丰七年毁于兵。	光绪八年，总督岑毓英、巡抚杜瑞联、盐道钟念祖添设生员副课十份，每份月给银一两。
	罗次县	罗阳书院	在城北门外	咸丰十年毁于兵。	同治十二年，巡抚岑毓英年拨银一百两以助膏火之资。
	呈贡县	三台书院	在城南门内	原有海淤田一半计租米七十九石八斗五升零归入书院，以作束脩、膏火之费。自咸同变乱以来，海淤田已废。今仅收左卫狗街租息四十千文作山长束脩。	光绪元年，巡抚岑毓英由厘金总局按月发银十金，以作膏火之费。
大理府	太和县	玉龙书院	在城南三十里下关		同治十二年，巡抚岑毓英驻节于此，重建。
		敷文书院	在县治东旧县学遗址		清同治十二年，巡抚岑毓英、西道陈席珍、总兵杨玉科新建。
临安府	建水县	焕文书院	在城东小石桥	咸丰六年毁于兵。	同治十二年，军务肃清，所有租石仍照旧收，巡抚岑毓英每年又拨个旧锡课银一百余，加增膏火。
楚雄府	楚雄县	鹿城书院	在东城内	咸丰十年为马如龙焚毁。同治十一年于城内雁塔山文昌宫旧址改建书院。	巡抚岑毓英捐银一千两建铺面，收租永供束脩、膏火。
广南府	宝宁县	培风书院	在文昌宫左		光绪九年，巡抚岑毓英捐银四千两，设永盛公当于两湖会馆，年收租银永作书院膏火及西林县那劳寨馆束脩之费。
曲靖府	南宁县	胜峰书院，旧名“曲阳”	在城内	咸同兵燹，倾圮。	同治六年，布政使岑毓英修葺，暂为考棚。

续表

府厅	州县	名称	地点	沿革	事迹
	陆凉州	凤山书院，原名“芳华”	旧设于城北教场旁，年久倾圮。今移建于城内学宫之左，兼作考棚		光绪元年，巡抚岑毓英由马街厘金每月拨银十两作生童膏火之资，至山长束脩，仍由官租每年拨送四十两。
	寻甸州	凤梧书院，旧名“寻阳”	在城西门内		同治十二年，巡抚岑毓英发给归业农民籽种银一千两，士民公议拨银六百两，置田一百零九工，年收租石添作书院、义学膏火、束脩之费。
	鹤庆州	鹤阳书院	在城西南隅	咸丰年间毁于兵，田亩荒芜。	同治十二年，巡抚岑毓英谕，即北门内公建盐行遗址建铺面十五间，并拨州前叛产铺面四间。又官绅查出南门外熟田十七亩九分，秧田二亩，西门外熟田二十七亩九分四厘，羊毛村熟田一亩二分七厘，花树村熟田一亩一分，渐寅村麦田一亩二分七厘，北桥头田一亩五分四厘，北官屯田五亩一分，北寺村田一亩八分二厘，富登村田九分九厘，坡头邑田一亩九分五厘，秀一村田一亩一分，沙登村熟田五亩九分一厘，种福村熟田七分二厘，南河村麦田二亩五分三厘，汤乾田一亩二分七厘，和邑村田四亩六分四厘，周屯田三亩八分七厘，山外姜营田五亩零四分，山外朵美田七十六亩零二分，山外阱头田二十一亩，山外滥田三十四亩，山外黄山各山良田六十七亩零六分，山外阱头号乾地二十亩，山外烂田、乾地五十六亩，山外黄山各山良乾地四百亩，河底厂炉一盘，年收租银三十两。以上年收租钱一百五十九千五百文，租米五十八京石二斗四升，租谷二百三十三京石，杂粮租九十六京石七斗八升，银三十两。除纳条粮及供文庙、眼光庙香火外，作书院束脩、膏火、乡试卷金之费。光绪《志》
	永平县	博南书院	在城南门外	咸丰六年焚毁。	同治十三年巡抚岑毓英奏拨叛产田一百一十一亩四分二厘，以作建修文庙、书院及卷金、膏火之资。

续表

府厅	州县	名称	地点	沿革	事迹
景东直隶厅		开南书院	在府治北旧学宫址	同治元年，杜文秀焚毁。	今权设于岑公生祠。
蒙化直隶厅		文华书院，道光《志》名"文昌"	在城北	咸丰七年焚毁。	同治十一年，巡抚岑毓英改建于城外文华山麓，为文华书院。光绪《志》
	弥勒县	养正书院		同治十一年，邑绅马鸣坷等新建。	呈请巡抚岑毓英准拨禹门寺、镇德庵二处租谷六十石，永供束脩。光绪《志》
	新平县	桂香书院	城西关外	在咸丰九年废弛。同治十三年重修。	光绪十年，总督岑毓英批准：嘉庆四年恤款项下公置省城二纛街房一所、铺五间，每年租银除武庙、荩忠祠祭需外，余银永作膏火之费。光绪《志》

资料来源：《新纂云南通志》卷一百三十四《学制考四》、卷一百三十五《学制考五》、卷一百三十六《学制考六》。

表3-3　岑毓英扶持的地方义学

名称	沿革	事迹
昆明县义学	咸丰丁巳之变，学废田荒。后于城内复设十三馆，每年由盐厘经费项下筹银二百金，分作各馆束脩。	光绪八年，总督岑毓英并为四馆，一在东城外真庆观，一在东城外五显宫，一在西城外文昌宫，一在城内永甯宫。每年由厘库发银二百两，永供四馆束脩。
云龙州义学		同治十年，巡抚岑毓英拨叛产田租十石，永供各馆束脩。

资料来源：《新纂云南通志》卷一百三十四《学制考四》、卷一百三十五《学制考五》、卷一百三十六《学制考六》。

第四节　修复祠坛寺观　重塑地方文化

云南是一个民族众多的省份，其中有世居民族，也有从祖国各地进入云南定居的民族，再加上南亚、东南亚文化的影响，使云南的地方文化呈现出明显的多元化特点。在云南各地进行的社会文化活动，可分为官方和民间两大类，分别有不同的活动形式及场所，其中官方主持的称为“典祀”，“俗祀”和“寺观”则可归为民间范畴，其区别为“一曰典祀，掌于有司，官为致祭者也；二曰俗祀，不隶于官，人民祈年、报赛，法所不禁者也；三曰寺观，二氏者流岩栖谷处，凡栋宇之在其地亦必登诸简策者也”[①]。

官方活动为主持公共祭祀。其场所有社稷、神祇、先农等坛，以及武帝、文昌、城隍等庙，其中的矿神庙、金马山神祠、碧鸡山神祠等颇具云南地方色彩，此外还有各地根据当地情况，分别建立忠烈、节孝、贤良、名宦、乡贤、昭忠等祠。云南地方各级政府每年定期在这些场所举行公祭活动，或为倡导立国之本的重农思想，或为强调全民共同遵守的一些基本伦理纲常，这类官方活动有一套全国统一的标准，并有政府经费支持。民间社会文化活动则主要体现在地方宗教信仰方面，其场所较大范围通行的有佛教之庙宇、道教之道观、伊斯兰之清真寺，颇具地方特色的则有土主庙、大黑天神庙、品甸庙、苍山神祠、义虎祠等。

多年的战乱，使这些承载地方多元文化的场所，也遭到了严重的破坏。对这些祠坛寺观的修复，也是岑毓英重塑地方文化的重点。今天所能见到的文献资料，较少反映到岑毓英在此方面的思想观点，仅有的几条也是关于他筹建昭忠、贞烈祠及奏请旌表节烈等方面的内容，其目的为“表章忠烈，维持风化”[②]，“上足以光圣朝劝忠之典，下足以兴乡闾慕义之

① 李春龙、王珏点校：《新纂云南通志》六，云南人民出版社2007年版，第1页。

② （清）岑毓英撰，黄振南、白耀天标点：《岑毓英集》，广西民族出版社2005年版，第124页。

忧”[①]，大体上为当时官方通行的套话。我们将《新纂云南通志》中有关岑毓英修建祠坛寺观的资料汇总，就会发现一些比较有意思的内容，岑毓英在上给朝廷的奏折中多次谈及建立昭忠祠及旌表节烈、对于培养对王朝的忠诚及倡导社会风俗的重要性，但据《新纂云南通志》记录，他除参与修建官方典祀场所21处外，还有民间俗祀及寺观13处、历史文化建筑6处，共计40处，修建官方和民间祠祭场所的比例为约1.1∶1，其中专为纪念战乱中阵亡将士的昭忠祠有4所，再加上功能相同的潘忠毅公祠，约占总数的12.5%，此外有功能类似但内涵更为丰富的乡贤、名宦祠4所，占总数的比例为10%，其余则涵盖云南地方社会的各阶层。兹举数例如下：

昭忠祠　建立昭忠祠的制度，始议于清雍正二年（1724年），以“将帅之臣，守土之官，没身捍国，良可嘉悯。允宜立祠京邑，世世血食”，于雍正六年（1728年）在京师建成，并赐御书扁额“表奖忠勋”，至嘉庆朝，又允许各省建昭忠祠。[②]云南省城内的昭忠祠，始建于嘉庆八年（1803年），在同治、光绪两朝，为纪念在咸同军兴时期向清王朝尽忠者，省内各府、厅、州、县的官绅又大规模捐款修建昭忠祠。从查阅到的文献记录来看，岑毓英在云南直接参与建设过的昭忠祠有4所：同治十二年（1873年），岑毓英捐廉修建宜良县昭忠祠；同年征收所谓的“叛产”建立蒙化直隶厅昭忠祠；同治十三年（1874年），又捐廉在省城昆明建设新昭忠祠[③]；光绪十三年（1887年），于蒙自建祀纪念进入越南参加中法战争中阵亡及染瘴身亡的滇军将士[④]。此处主要介绍岑毓英在省城修建昭忠祠的相关事迹。

光绪二年（1876年），岑毓英向清廷上奏《捐建滇省昭忠新祠请列入祀典折》，说明其在省城捐款修建昭忠祠一事。他回顾自己从咸丰六年（1856年）入滇援剿起，前后征战18年，连克50余城，所部文武官员及

---

① （清）岑毓英撰，黄振南、白耀天标点：《岑毓英集》，广西民族出版社2005年版，第398页

② 赵尔巽等撰：《清史稿》，中华书局1977年版，第2595—2598页。并见于《钦定大清会典事例》卷449。

③ 李春龙、王珏点校：《新纂云南通志》六，云南人民出版社2007年版，第7—73页。

④ 佚名纂：《续修蒙自县志》卷3，宣统年间稿本，第32页。

滇、粤勇丁，伤亡甚众，岑毓英“追念同袍，良深伤悼”。据战后清查统计的数据，在战乱中亡故的文武官员及士兵，或殒命于战阵，或病殁于烟瘴，文官自道员周之珪、知府尉迟品玉以下，共计33员；武职自副将田仲兴、李廷标以下，共计609员；又阵亡、瘴故的勇丁，曾经造册发过抚恤银两，有案可查者，共计36282名，[①]其他还有不少姓名失考者，则已无法统计出准确数字。岑毓英认为这些人员为清廷尽忠效命，理应列入政府祀典，每年春秋由地方政府官员主持祭祀活动，又因云南省城内原有的昭忠祠地方狭小，无法供奉这么一大批官员将士的牌位，遂于省城昆明北门内购买地基，建盖新的昭忠祠，将所有咸同军兴中亡故官员将士的灵位入祀。又在祠旁的空地建盖房屋出租，租金作为日后昭忠祠日常运作之经费，整个工程所需款项合白银5000两，由岑毓英捐出个人廉俸赞助。[②]岑毓英言明其兴建新昭忠祠的目的是要对战死的部下“以彰忠荩”，在宣扬效忠清王朝思想的同时，也强化了部下对其的忠诚之心。此时期所兴建的昭忠祠，是为了祭奠咸同军兴期间亡故的清政府官员将士，他们主要是为维护清王朝的腐朽统治而牺牲，昭忠祠实质上是当时国内阶级民族矛盾斗争的产物。至光绪十三年（1887年），岑毓英又与所部滇军将领捐款，在光绪初年建成的昭忠祠外加盖三层，安放中法战争中入越作战牺牲的清军将士牌位，使昭忠祠的性质发生了变化。发生于19世纪末的中法战争，是中华民族反抗西方帝国主义势力入侵的一场伟大斗争，战争期间滇军将士进入越南战场，凭借窳陋的武器装备与法国军队顽强作战，付出了巨大的牺牲，最终力挫强敌，扬威域外，为维护国家和民族的利益，为抵抗列强殖民势力在东亚、东南亚的扩张做出了自己的贡献。中法战争期间进入越南抗击法国侵略军的岑毓英及滇军将士，是当之无愧的民族英雄，当滇军牺牲将士的英灵入祭昭忠祠，供人们瞻仰祭拜时，昭忠祠在事实上已成为云南人民爱国主义精神的象征。

光绪年间云南省内局势稳定，地方官绅、商贾踊跃捐款用于省城的恢复建设，至光绪十三年（1887年）告一段落，岑毓英将剩余资金分别划

---

① 岑毓英修：《云南通志》所附32卷《忠义录》。

② （清）岑毓英撰，黄振南、白耀天标点：《岑毓英集》，广西民族出版社2005年版，第197页。

归昭忠祠和敬节堂，用于社会公益事业。在拨给昭忠祠的经费中，一部分用来在昆明城内购置房产，合白银5400两，其余的6000两存在同庆丰商号收取利息。所得的租息再加上昭忠祠原有的房产租金，除春秋致祭的开销外，剩余部分用来在昭忠祠内设立义塾，安排滇军战死将士的后裔入学读书，对生活困难者还给予适当的补助。此外昭忠祠还在省城外租赁山岭，栽种树木，以利民用，这些举措使昭忠祠还具有了教育、慈善等社会功能。[①]岑毓英还在他的府衙里办武学堂，将滇军战死将弁的子弟择优安排到里面接受教育，读书习武，为滇军培养初级军官的后备人选。岑毓英在省城新建昭忠祠，除宣扬中国传统社会强调的忠君思想外，还有利于激励士气，提高部属的忠诚度。随着中法战争中为国家民族利益而牺牲的滇军将士英灵入祠，接受人民的瞻仰祭拜，昭忠祠成为云南人民爱国主义的象征。此外以昭忠祠为依托，承担着教育、慈善及民生等社会功用，也成为造福地方百姓的善政。

土主庙　土主庙曾广泛存在于我国中西部的许多地区，其中在云南的彝族和白族聚居区较为普遍，据记载楚雄有“土主庙……在邻家凹，巡抚岑毓英捐廉建”[②]。关于土主庙，方国瑜先生有考证：“云南各县多有土主庙，所供之神非一，而以祀大黑天神者为多，塑像三头六臂，青面獠牙，狰狞可畏。何以祀此神像？民间传说多不稽之谈。近年留心滇史，稍有涉猎，乃知大黑天神为阿阇黎教之护法神。盖其教以血食享祀，民间犹敬畏之，村邑立祠，疾疫祷祝，初谓之大灵庙，后乃目为土主也。”[③]除大黑天神外，土主庙供奉的神祇还有当地百姓崇拜的祖先及英雄等，各地方并不统一，实际上是佛教密宗与云南地方原始崇拜相杂糅的产物。彝族称为土主，白族则多称本主，其含义基本一致，大体上是指本地区的保护神。土（本）主崇拜在云南各地流行甚广，具有深厚的社会基础，作为主政者的巡抚岑毓英，能够捐廉在楚雄建土主庙，对增进与有此信仰的各族群众之关系，是大有裨益的。

---

① （清）岑毓英撰，黄振南、白耀天标点：《岑毓英集》，广西民族出版社2005年版，第397页。

② 李春龙、王珏点校：《新纂云南通志》六，云南人民出版社2007年版，第92页。

③ 方国瑜著，林超民编：《方国瑜文集》第二辑，云南教育出版社2001年版，第593—594页。

都天阁　清同治八年（1869年），云南巡抚岑毓英在曲靖城建都天阁，以供奉都天太子。都天太子的信仰，源于云南地方百姓对鼠疫等烈性传染病的恐惧。以往人们的研究，多关注咸同年间的战乱对社会造成的严重破坏，实际上瘟疫肆虐之害，却惨过动乱数倍。据学者研究，“咸丰、同治年间，仅云南、澄江等七府、厅；死于鼠疫的人口即达150万……咸同云南回民事变中，云南人口损失的70%死于鼠疫”①。当时的医疗条件对于鼠疫这类烈性传染病束手无策，加上战乱饥荒，百姓无处可避，“故一膺此疾者，唯有坐以待毙耳”②。英国人布洛克撰写的《云南回民起义史料》有这样的记载：“据贝克先生说，另外有一次，岑（毓英）的军队驻扎在患瘟疫的城中，开始受到瘟疫的传染。岑（毓英）把这项瘟疫归罪于恶魔，决定在驻扎时期内来解救这城中的灾难。由于他的命令，除去一座城门外，其余的全都关上，又叫许多士兵在每个空旷的地区向空中乱砍，因认为这些恶魔可能在这些地方潜伏着。于是这些士兵排成队伍，从对面的城墙朝着那座敞开的城门推进，想用这种方法将他们面前的隐形敌人赶出去，因为他们假定能把敌人从敞开的城门口赶出去。他们刚推进到城门时，马上把它关上，并叫一个卫兵在城上留守。”③岑毓英率领士兵举行驱赶病魔的仪式，我们在今天看起来是多少显得有点荒唐的行为，却反映出那个时代的人们由于没有科学的医疗卫生知识，对于疾病瘟疫侵扰的无奈。事实上用法术驱赶病魔，在人类历史上长期存在，今天在云南民间我们偶尔还能看到类似的仪式。由于没有可依赖的防治手段，人们只能把希望寄托于借助神力上，“云南民间相传都天太子为瘟疫之主”④，所以从咸同至光绪年间，云南大多数县都设立了都天太子庙。瘟疫之前人人平等，无论官僚士绅还是军队平民，并无例外，岑毓英作为云南地方的主政者，其建都天阁，祈福避灾，自然是含有全民一体共同面对的意思。故

① 李玉尚、曹树基：《咸同年间的鼠疫流行与云南人口的死亡》，载《清史研究》2001年第2期，第3页。

② 罗养儒撰：《纪我所知集（云南掌故全本）》，云南人民出版社2015年版，第552页。

③ 荆德新编：《云南回民起义史料》，云南民族出版社1986年版，第461页。

④ 个旧市卫生防疫站：《个旧市鼠疫流行史及流行因素调查报告》，内部印行本，1957年；建水县卫生防疫站：《建水县鼠疫流行史及流行因素调查报告》，内部印行本，1957年。转引自李玉尚：《近代中国的鼠疫应对机制——以云南、广东和福建为例》，载《历史研究》2002年第1期。

能达到凝聚民心，提振士气的目的。

两粤会馆　清光绪元年（1875年），署总督岑毓英在省城倡建两粤会馆。《清史稿·岑毓英传》记其于咸丰六年（1856年）“带勇入云南”，初战不利后退回广西，次年再次募勇入滇，经过十余年的努力，最后成功统一云南地方军政大局，可知其在云南的崛起，依靠的骨干力量是以同乡为纽带建立起来的武装，编成的军队也称“粤字”“广字”“西字”各营[①]。中法战争前岑毓英再督云贵时，以粤勇能耐“烟障”为由，派亲信“都司何元凤等旋粤招募”[②]，作为入越抗法的中坚，柯树勋便在此时投入其麾下，“襄勤一见便喜，遂授柯为援右营帮带。隶属总兵何元凤部下”[③]。此后从岑毓英到柯树勋，在云南形成所谓的“‘广人’武装集团”[④]，影响云南地方政局数十年。两粤会馆实际上是为旅滇广人建立起一个维护自身的利益，协调关系，联络感情的平台。由于岑毓英在会馆的重建上起到核心作用，两粤会馆的董事们一度计划在会馆中为岑毓英供奉长生香火，岑毓英得知后专去一函说：“馆中祀乡先贤，所以为后进矜式，非第道扬盛美铺张官阀而已。至若生存之人而奉其长生香火，于义实乖，弟倡议重建会馆，继前哲之志，联同里之欢，皆分所应为。今欲尸而祝之，是陷于不义也，务祈爱人以德，及时中止，俾弟得免愆尤，不胜感祝祷。”[⑤]婉言谢绝了会馆经理人员的盛情美意。会馆在明清较为盛行，种类多样，其中如岑毓英这样有权势官僚倡建的会馆，有自己的突出特点，其功能正如岑毓英自己所言，可以“继前哲之志，联同里之欢”，由于具有共同的地域文化，同乡们可以通过两广会馆彼此建立起较强的认同感，对于联络旅滇广人，凝聚团体力量，进而在云南地方事务中发挥影响，有一定的促进作用。有学者总结说，“这类会馆无论对明清时期政

---

① （清）岑毓英撰，黄振南、白耀天标点：《岑毓英集》，广西民族出版社2005年版，第120页。

② （清）岑毓英撰，黄振南、白耀天标点：《岑毓英集》，广西民族出版社2005年版，第315页。

③ 中国人民政治协商会议景洪市委员会文史资料委员会：《景洪文史资料选辑》第2辑，1990年编印，第46页。

④ 马健雄：《“边防三老”——清末民初南段滇缅边疆上的国家代理人》，载《历史人类学学刊》2012年第10卷第1期，第87—122页。

⑤ 虞和平主编：《岑毓英档》第三卷，大象出版社2011年版，第263页。

治，还是对明清各地方文化的发展都曾发生过重要影响”[①]，岑毓英倡建的两广会馆，正具备了这样的特点。

一塔三坊　一塔三坊是指位于云南省城昆明的东寺塔与忠爱、金马、碧鸡三牌坊。其中东寺塔又名常乐寺塔，始建于唐代中期，为地方历史悠久的建筑；忠爱坊始建于元代，原为纪念元代云南首任平章政事赛典赤抚滇之功而建，坊名“忠爱”，谓赛典赤忠于君而爱于民；金马、碧鸡坊建于明代，源于云南地方有金马、碧鸡的传说：据说每相隔60年的鸡年，中秋时节的傍晚，当太阳西下明月东升之际，两坊倒影随光移动而结合，称为“金碧交辉”，为古代昆明八胜景之一。这些建筑高大雄伟，造型精美，为云南地方历史文化象征，然而遗憾的是东寺塔于道光十三年（1833年）毁于地震，常乐寺塔及忠爱、金马、碧鸡三牌坊在咸同军兴时期惨遭兵燹，化为废墟。岑毓英再督云贵后，主动带头捐银2000两，号召地方士绅百姓踊跃赞助，并亲自主持修建工作，于光绪九年（1883年）秋至十三年（1887年）冬将一塔三坊重建，为岑毓英恢复建设云南地方文化的一大重要举措，被时人称为盛事。光绪十六年（1890年）底，昆明人金汉青撰写《重建东寺文笔塔暨忠爱金碧三坊碑记》记录此事经过，现此碑仍保存在昆明市书林街63号东寺塔茶花园内，虽然历经120余年的风雨，但碑文仍大致保存完整，为我们留下了关于岑毓英重建一塔三坊的宝贵资料。从碑的内容可知，此事在昆明地区影响广泛，地方民众和各社会团体积极参与，文中记录有姓名者15人，可以确定身份的有地方文武官员、商人、儒学教职人员及慈善人士等，登记的各社会团体机构约70个（类），包括商业、宗教、社区、会馆及政府机关等，涵盖了当时社会各主要阶层。从捐赠的内容来看，除银钱外，还有不少实物。如捐石佛11尊、小宝塔1座、多心经及皇经各一部、桐子木60棵、枋木90对等，可谓不拘一格竭尽所能，生动体现出当时云南地方社会各阶层民众对地方文化事业建设的支持和参与态度。一塔三坊的重建，还突出体现了云南多元文化彼此间的和谐与包容，就参与的宗教文化人士及团体来说，除前面已提及的儒学教职人员外，还有佛教团体龙华会，道教团体南斗会，其中“回教客商捐银二十

① 王日根：《乡土之链——明清会馆与社会变迁》，天津人民出版社1996年版，第3页。

两”的记录尤其值得注意。云南作为一个多民族省份，各族人民历来有和睦共处守望相助的优良传统，然而咸同军兴18年，不仅对地方经济文化造成巨大破坏，还造成地方社会各阶层矛盾尖锐和各民族关系紧张等不良影响，而岑毓英重建地方历史文化建筑一塔三坊，起到了缓和阶级关系、增进民族互信以及团结民众凝聚人心的作用，“回教客商能够解囊，虽是数目不多，但也是民族亲睦的例证之一”①。从这个角度来看，岑毓英在云南恢复和建设文化教育的举措意义重大。

表3–4　祠祀之典祀

所属政区		名称	地址	沿革	事迹
云南府	昆明县	先农坛	在城东门外	咸丰七年兵燹毁。	同治十三年，忠督刘岳昭、巡抚岑毓英重修。
		社稷坛	在城大西门外	咸丰七年兵燹毁。	同治十二年，总督刘岳昭、巡抚岑毓英重建。
		武帝庙	在城南门外	同治十三年，殿火。	署总督岑毓英重修建棂星门，东、西二门，规模悉照文庙。
		文昌庙	在会城大西门外	咸丰七年兵燹庙毁。	同治十三年，总督刘岳昭、巡抚岑毓英照旧基址重建。
		龙神祠	在城西门内九龙池上	兵燹倾圮。	同治十三年，署总督岑毓英由各堡筹款重修。
		城隍庙	在城西门内		光绪元年，署总督岑毓英重修。
		火神庙	在城南门外校场	清咸丰七年，兵毁。	同治十三年，署总督岑毓英重修。
		金马山神祠	在城东金马山麓	咸丰七年，省垣被围，折毁过半。	同治十三年，署总督岑毓英捐廉重修。

① 张振利、杨莉：《岑毓英与“一塔三坊”的重建》，载《云南档案》2014年第2期，第39页。

续表

所属政区		名称	地址	沿革	事迹
云南府	昆明县	贤良祠	在城内根道街	同治二年，马荣踞省，折毁过半。	同治十二年，绅士杨璟等禀，将育材书院暂寓其中，署总督岑毓英筹款改修后楼，供参至圣神位，楼下作山长公寓，改建左、右各厢房作书舍，正殿仍供木主。
云南府	昆明县	昭忠祠	在城北门内圆通山麓		同治十三年，署总督岑毓英新建。
云南府	昆明县	潘忠毅公祠	在五华山武侯祠左	祀总督潘铎，原建于五华书院被难处。	同治十二年，署总督岑毓英移建今地。
云南府	宜良县	昭忠祠	在境内		清同治十二年，署总督岑毓英捐廉建。
大理府	太和县	武帝庙	在城西南	咸丰三年春，毁于火。	光绪间巡抚岑毓英、署提督杨玉科先后重修。
大理府	太和县	城隍庙	原在城西南	咸丰间毁于兵燹。	同治十二年，巡抚岑毓英、迤西道陈席珍移建于城东南隅。
大理府	太和县	名宦祠	在文庙左		清光绪三年，巡抚岑毓英、署提督杨玉科、知府毛庆麟移建新学宫内。
大理府	太和县	乡贤祠	在文庙右		清光绪三年，巡抚岑毓英、署提督杨玉科、知府毛庆麟移建新学宫内。
澄江府	河阳县（今澄江县）	武帝庙	在城内学宫左		清同治十二年，巡抚岑毓英发款重修。
澄江府	河阳县（今澄江县）	城隍庙	一在城东，一在旧城，一在旧阳宗县。		清同治十三年，署总督岑毓英发款重修。
曲靖府	南宁县	文昌宫	在城东门内	兵燹折毁。	同治七年，布政使岑毓英捐资重修。
曲靖府	南宁县	城隍庙	有二，府城隍庙原在学院街。县城隍庙在城北门内。	俱毁。	清同治八年，巡抚岑毓英迁建府城隍庙于县城隍庙旧址，另建县城隍庙于侧。

续表

<table>
<tr><th colspan="2">所属政区</th><th>名称</th><th>地址</th><th>沿革</th><th>事迹</th></tr>
<tr><td>临安府</td><td>蒙自县</td><td>昭忠祠</td><td>在西门外官厅旁</td><td></td><td>光绪十三年岑襄勤由越南撤师回蒙，建祀阵瘴死亡将士。</td></tr>
<tr><td colspan="2">蒙化直隶厅</td><td>昭忠祠</td><td>在上川晏旗厂</td><td></td><td>同治十二年，巡抚岑毓英奏请以没收财产改建，祀咸同战乱中阵亡的官弁、兵勇。光绪《志》</td></tr>
</table>

资料来源：《新纂云南通志》卷一百九《祠祀考（典祀）一》、卷一百十《祠祀考（典祀）二》、卷一百十一《祠祀考（典祀）三》。宣统《续修蒙自县志》。

表3-5　祠祀之俗祀

<table>
<tr><th colspan="2">所属政区</th><th>名称</th><th>地址</th><th>沿革</th><th>事迹</th></tr>
<tr><td rowspan="4">云南府</td><td rowspan="4">昆明县</td><td>龙王庙</td><td>在城北黑龙潭</td><td></td><td>光绪八年，总督岑毓英、巡抚杜瑞联重修。</td></tr>
<tr><td>三皇殿（常乐寺塔）</td><td>在省城南门外</td><td>咸丰七年，兵燹毁。</td><td>光绪九年，总督岑毓英移建常乐寺塔于此。</td></tr>
<tr><td>两粤会馆</td><td>在城内西南隅龙井街</td><td></td><td>光绪元年，署总督岑毓英倡建。</td></tr>
<tr><td>林文忠公祠</td><td>在城西南隅旧城隍庙址</td><td></td><td>同治十二年，巡抚岑毓英建，祀总督林则徐，以提督罗思举，迤西道林廷禧附。</td></tr>
<tr><td>楚雄府</td><td>楚雄县</td><td>土主庙</td><td>在邻家凹</td><td></td><td>巡抚岑毓英捐廉建。</td></tr>
<tr><td rowspan="2">曲靖府</td><td rowspan="2">南宁县</td><td>财神庙</td><td>在城内西街，即府城隍庙址</td><td></td><td>同治十年，巡抚岑毓英建。</td></tr>
<tr><td>都天阁</td><td>在北城楼</td><td></td><td>同治八年，巡抚岑毓英修城建。</td></tr>
</table>

资料来源：《新纂云南通志》卷一百十二《祠祀考（俗祀）四》、卷一百十三《祠祀考（俗祀）五》。

表3-6 祠祀之寺观

所属政区		名称	地址	沿革	事迹
云南府	昆明县	太阳宫	在城内圆通山麓	年久倾圮	同治十二年，署总督岑毓英重修。
		莲华禅院	在城内九龙池上，内有海心亭。		光绪十年，云贵总督岑毓英重修。
		常乐寺，俗称小东寺	在觉照寺前	咸丰七年兵燹，寺全毁。	光绪九年，总督岑毓英建塔于三皇宫旧址，易此寺为三皇宫基址。
		观音寺	在城西近华浦	七年，兵燹全毁。	光绪九年，总督岑毓英重建。
		龙泉观	在城北三十里龙泉山		光绪八年，总督岑毓英、巡抚杜瑞联重修。
曲靖府	南宁县	妙高寺，旧名秦家寺	在城南五里许		同治十一年，巡抚岑毓英重修。
大理府	太和县	大石庵，俗名观音堂，观音大士灵迹所在，有妇负石	榆郡胜境，距下关十五里。		岑襄勤公重建，规模宏大，香火极旺。侧有岑襄勤公、杨武愍公祠。茶花、桂花，多而且盛。（李根源：《滇西兵要界务图注》卷一，页十三。）

资料来源：《新纂云南通志》卷一百十四《祠祀考（俗祀）六》、卷一百十五《祠祀考（俗祀）七》、卷一百十八《祠祀考（俗祀）十》，《滇西兵要界务图注》卷一，页十三。

表3-7 地方文化设施

所属政区		名称	沿革	事迹
云南府	昆明县	东寺塔，又名常乐寺塔，原址在省城南门外	清道光十三年地震，东寺塔圮，历年议修来未果。	光绪九年，总督岑毓英率士民移建于三皇宫旧址，阅四年而工竣。
		忠爱坊	咸丰七年，云贵总督恒春焚毁。	光绪九年，总督岑毓英率官绅重建。

续表

所属政区		名称	沿革	事迹
云南府	昆明县	金马、碧鸡坊（省城南门外）	咸丰七年兵燹毁。	光绪十年，云贵总督岑毓英主持重修。（《岑襄勤公奏稿》）
		大观楼	同治十年后大水，两廊皆圮，楼亦倾斜。	光绪九年，总督岑毓英重修。（光绪《志》）
		涌月亭	咸丰七年，兵燹毁。重建后，又倾圮。	光绪九年，总督岑毓英重修。（光绪《志》）

资料来源：光绪《云南通志》《新纂云南通志》《岑襄勤公奏稿》。

第五节　济困助学　救助孤寡

岑毓英在主政云南期间，曾经两次主动上奏清廷，言明在云南任内济困助学及救助孤寡的相关举措。

第一次是在光绪二年（1876年）三月初二，岑毓英向清廷连上两折两片（清代官员上给朝廷的奏折，多为一事一议，如有其他事同奏，则以片的形式附于后），其中一折两片是专门讨论抚恤孤寡和捐廉助学的相关事宜。虑及七天后岑毓英将上奏清廷，辞去云南巡抚一职，交出督、抚关防（当时云贵总督之职由岑毓英署理），以了结纷扰两年的“滇案”（马嘉理事件），这样的举动是意味深长的。

前面已谈及，恢复和发展云南的文化教育，始终是岑毓英在战乱之后的云南恢复和建设的重点。在省城昆明原设有五华和育才两书院，其中五华书院是云南省创办较早、层次最高、影响最大、办学时间最长的一所书院，为云南地方培养了大量的人才。在咸同年间的战乱之中，育才书院被毁，五华书院亦遭到损坏，后由岑毓英等官员逐步修复，并捐资增加学员名额。战乱之后的云南，由于户口凋零，田地荒芜，“钱粮税课不能照旧额征收，膏火笔资均难筹画，以致良法美意荡然无存”[①]。因为政府无可靠款项来办教育，为此岑毓英大胆变革，将云南各盐井所收的部分盐税直接提出来作为教育经费，在当时云南的各项税收当中，盐税为相对稳

① （清）岑毓英撰，黄振南、白耀天标点：《岑毓英集》，广西民族出版社2005年版，第200页。

定的大宗，因此教育资金就有可靠的保证。为保证这笔资金能做到专款专用，他还进一步将资金管理权由盐道转归厘金总局，安排专人负责。岑毓英还规范了山长的选拔制度，真正做到了法良意美，使两所书院得到持续发展。到清末推行教育改革时，五华与育才等书院合并，改为云南高等学堂，继续为培养云南地方人才做贡献。

清代的云南学子，限于当时经济和交通条件，常有人无力北上进京赶考，战乱之后此情况就更为严重，虽时有地方上热心人士的捐助，但并无规范的制度来保障。有鉴于此，岑毓英在同治十二年（1873年）个人捐廉，在巡抚衙门东边临近福照街一带空地建盖铺面61间，交由地方绅士打理，于光绪元年（1875年）正月招商入住，每月收房租银90两，放商号生息，原预计满三年可得房租及本金利息3500余两，届时可成立基金，所有进京会试者均可得到相应的资助。然而由于情况突变，岑毓英被迫脱离政界并离开云南，宦海风波，前途难卜，他担心此事有始无终，遂亲自制定章程（见后），并上疏恳请清廷备案："此事乃臣职所应为，捐廉举办，何容上渎？但恐历年久远，为不肖官绅把持侵吞，归于虚设，合无仰恳天恩教部立案，以杜弊端。"颇有几分立此存照的味道。光绪八年（1882年）五月岑毓英再任云贵总督后，在总督衙门前南道左右空地捐廉再建铺面70间，加上同治年间任巡抚时所建，前后共计有铺面131间，每年除去必要的维修管理费外，大约可积存租息白银一千二三百两，可为云南全省士子进京会试提供资助。又因昆明县入京会试的举人较省内其他地区为多，于督署前东边空地建造铺面10间，每年所收租息约合白银二百七八十两，专门用来资助昆明县的士子。由于在光绪初年已详订过有关章程，此次未再续订，只是命"经手官绅将各处铺房间数及基址坐落地段分晰造册，送存督抚司道各衙门立案"①。

《巡抚岑毓英定准福照街通省会试卷金铺面章程》②全文如下：

一、新铺面自介福寺后门起，至北面栅子止，共计铺面六十一间。内有大间五十八间，照现在酌定租银，每间月收银一两五钱；

① （清）岑毓英撰，黄振南、白耀天标点：《岑毓英集》，广西民族出版社2005年版，第398页。

② 光绪《云南通志》卷八十二《学校志三之一》《书院义学一》，第11—12页。

有小间三间每间月收银一两。每月共收银九十两。每年按十一个月收租，遇闰不收，通共应收银九百九十两。以此租银借与妥实商户使用，其每两按月收利息一分。以上月收租、下月收息计，每年铺租可收利息银五十九两四钱。以十两添入收存铺租，共应存银一千两，下余利息四十九两四钱。至二年有头年租银一千两，每年应收利息银一百二十两，又加二年分铺租利息银五十九两四钱，以十两添入，二年分铺租连头年共应存银二千两，下余利息银一百六十九两四钱。至三年有头二年存项银二千两，每年应收利息银二百四十两。又加三年分铺租利息银五十九两四钱。以十两添入，三年分铺租连头年、二年通共应存三千两，下余利息银二百八十九两四钱，通共余息银五百零八两二钱。

二、三年铺租共应存银三千两，凡进京会试之文武举人，不论新科前科，文举每人送卷金银十两，武举每人送卷金银五两，朝考优拔贡生每人送卷金银五两。均查验实系领获火牌咨文、定有启程日期者，始行照发，以杜冒滥。除发外存银若干，留备恩科会试卷金及修理铺面之用。如不须修理，乃借出生息，归于次年结算。

三、此项铺租应择会城公正绅士二人，迤东、迤西、迤南公正绅士各一人，共计五人公同经营。每年每人准由利息项下支薪水银三十两，共合银一百五十两。该绅等按一年一换。每届正月更换之期，当同府县儒学及接管之人，将经营银两账目算明，同铺面执照、租约一并交代清楚。倘有亏空挪移等弊，准接管之人禀官追究。至清算之日，准其开支酒水银十六两，合计三年共应支薪水、酒水银四百九十八两。下余利息银十两零二钱，仍留备修理，不准格外开销。

外有督署甬道铺面七十间，尚未酌定章程。

战乱后云南经济凋敝，社会残破，贫困孤寡也是严重的社会现实问题。当时的求助体系主要分为政府和民间两类。当时云南民间的救助组织名目种类繁多，如稀饭厂、施棺会、保庶堂、同善堂、体仁堂、尽心社、养疾院等等，这些机构常年访贫问苦，扶危济困，在社会中起到良好作用。但民间力量总归有限，且各机构的能力也参差不齐，如养疾院“固无设备，诸凡属于潦草……可以云，有此聊甚于无也”[①]。因此长期和大量的救助还得依靠政府，然而以省城昆明为例，官方原设有普济堂、育婴堂、寄生所等救助机构，在咸丰七年（1857年）的战乱当中，“普济、育婴各堂，均遭焚毁，穷民死亡殆尽……又值饷需支绌，不能筹款修理，新增残疾无告之人，多栖寺庙，量为赈济，此一时权宜之计，不能长久也”[②]。至同治十二年（1873年）全省局势稳定后，在岑毓英主持下，这些求助机构得到恢复，但资金又成问题，以往普济堂的费用是由政府拨款支持，但是战乱之后的云南经济凋敝，政府并无可靠的款项来维持救助机构的正常运转。光绪二年（1876年）三月初二日，因马嘉理案牵连而行将离职的岑毓英上奏清廷说：“各盐井所收盐经费一项，除拨发膏火、书院项外，尚有盈余，拟即拨归普济堂添资分发。”[③]就当时云南的经济条件而言，盐厘是较为可靠的财政收入，岑毓英在其离任前的最后关头，利用手中的权力做了此项变革，使得省城慈善机构从此有了长期可靠的资金来源，贫苦孤寡百姓的生活也因此有了一定的保障。云南人罗养儒曾写过《谈谈往昔的一些慈善事》一文，为我们留下关于重建后的普济堂的珍贵史料，可以了解晚清政府救助制度的具体实施情况：“在光绪年间，此堂是隶属于藩司，即由藩司委一佐杂官驻扎堂内，管理堂内一切事务，是名普济堂委员。堂内置有租石，年可收若干石米，藉供堂内食用，不足则由委员向藩署请款买米添补。租石外尚有房屋，月可收银若干，作正项开支。此租米与租银，须按季册报藩署。堂内容纳之穷黎，多则有二几百名，少亦不下百五十名，收容在堂里的穷黎，则有男有女，然都是年在六七十岁，故时人称之为老人房。老人房中之男女，十有七八都身带残疾，不跛即瞎，残疾轻者亦是个瘸子。收在堂里的穷黎，是有房屋住在，每人日得食米十二两，亦差足以够吃。一些有疯瘫病的人，手脚不易动搪（弹），食饱后惟坐晒太阳。在手足尚能活

① 罗养儒撰：《纪我所知集（云南掌故全本）》，云南人民出版社2015年版，第175页。

② （清）岑毓英撰，黄振南、白耀天标点：《岑毓英集》，广西民族出版社2005年版，第200页。

③ （清）岑毓英撰，黄振南、白耀天标点：《岑毓英集》，广西民族出版社2005年版，第200页。

动者，则打棕索、扎棕刷、搓草索、打草鞋、裱火扇、扎鸡毛挡（掸）帚，及用点纸和一小节竹管，做成一鸡形，插根鸡毛在尾上，便是吹鸡。这些东西拿到街上，极容易售卖，然卖这些东西的人，一走到街上，无不知是老人房里的人。”①对于岑毓英的治滇善举，老百姓们念念不忘，后岑毓英“殁于任所，柩出南城时，经过普济堂前，堂中老民均出而跪送。此真不让于曾文正公在江南也”②。反映出当时云南百姓对岑毓英治滇善政的认可。

岑毓英重督云贵后，继续其在治滇过程中重视发展慈善事业的作风。光绪十三年（1887年）的八月初二，岑毓英第二次上奏朝廷一折一片，言明其再任云贵总督之后，在云南省城继续捐廉助学及设立敬节堂之事迹及制定的相关规章制度。

敬节堂的设立，始于光绪九年（1883年），在中国传统社会的道德风尚里，对于丧夫后不再嫁的妇女大力推崇，谓之“守节”。此前昆明已有民间救助组织恤嫠会，以本地绅民捐银4000多两为本金，以所得之利息救济穷困无助的寡居妇女，然而人多费少，杯水车薪，被救助对象的生活困难并没有得到实质性的改善。“守节妇女，每多穷而无告，饥寒交迫，深堪悯恻。”③有鉴于此，“云贵总督岑毓英、云南巡抚唐炯等人，为救济贫困无依的‘节妇’，特带头捐资，在大西门内钱局街大井巷（后改为敬节堂巷）内，建造了200多间平房，成立敬节堂。创建期中，得到社会人士的广泛响应，纷纷捐房捐金。昆明县衙署还拨给食米，作为收养‘节妇’的经费。堂务由地方推举正直的耆绅管理”④。敬节堂实际上是由恤嫠会改组而成，性质也由民办变为官办，名为敬节，是为了表明政府及社会对这一行为的推崇。岑毓英认为设立此专门机构收容这些“节妇”，使其能维持温饱，保障生存的基本尊

① 罗养儒撰：《纪我所知集（云南掌故全本）》，云南人民出版社2015年版，第175页。

② 罗养儒撰：《纪我所知集（云南掌故全本）》，云南人民出版社2015年版，第451页。

③ （清）岑毓英撰，黄振南、白耀天标点：《岑毓英集》，广西民族出版社2005年版，第276页。

④ 中国人民政治协商会议昆明市五华区委员会文史资料委员会编：《五华文史资料》第13辑《百年回眸》，内部资料，2001年，第175页。

严，同时在地方社会“维持风化，法至良也”[①]。为保证敬节堂有可靠的经费来源维持运转，岑毓英又主动带头捐资，与地方官绅在省城南门外的商贾辐辏之区建盖铺房面，以所收租息为敬节堂经费。至光绪十三年（1887年）八月，敬节堂“现有城外新盖铺面、城内置买房产共计价值银一万九千二百余两，存同庆丰商号生息银二千两，旧恤嫠会产业银四千二百数十两，月共收租银一百数十两”[②]，不足的经费则由官方筹措。为完善敬节堂的规章制度，岑毓英还函请友人帮忙，他说“滇省现办敬节堂，一切草创，颇费经营。现已粗有端绪，惟章程尚须斟酌，敬祈将贺耦庚先生黔省尚节堂章程饬抄寄阅，以便依照办理”[③]。通过对贵州尚节堂的章程的借鉴，岑毓英制定了云南敬节堂的制度，规定敬节堂由云南省粮储道、盐法道的官员负责管理，“凡属居孀‘节妇’，身家清白、贫苦无依，经亲族邻里证明属实，年纪在30岁左右的，都可以作为‘正额’，接受入堂居住；30—40多岁的‘节妇’，则为‘副额’，不在堂住宿；‘正额’设200名，每名每月给银一两，其子女，每人每月也发银5钱；‘副额’设40名，后又‘增广（增加）副额’20名，每名每月领银5钱，其子女每人发银2钱5；‘正额’的孤儿到堂外学艺，每人发给‘学资银’4两；孤女结婚，资助其‘奁资银’5两，“副额”的子女减半发给；‘节妇’们的儿子如果长成、自立，可以把母亲接到堂外‘孝养’；无子‘节妇’，由堂方赡养终身，死后给银5两作为棺木埋葬费，葬于堂购‘义地’”[④]。敬节堂的设立，使当时社会上部分穷苦无助的妇女得到有效救助，此后敬节堂历经晚清、民国数十载的风雨，一直履行帮困扶贫的职责，“1935年10月，敬节堂共有‘正额’250户，‘老副额’100户，‘增广副额’200户。550户‘节妇’及其子女总数已超过900

---

① （清）岑毓英撰，黄振南、白耀天标点：《岑毓英集》，广西民族出版社2005年版，第276页。

② （清）岑毓英撰，黄振南、白耀天标点：《岑毓英集》，广西民族出版社2005年版，第397页。

③ 虞和平主编：《岑毓英档》第三卷，大象出版社2011年版，第314页。

④ 中国人民政治协商会议昆明市五华区委员会文史资料委员会编：《五华文史资料》第13辑《百年回眸》，内部资料，2001年，第175—176页。

人（敬节祠中的已故节妇，已超过1000名）”[①]。直到新中国成立前夕，云南的敬节堂才完成了自己的使命，被地方政府宣布撤销。

查阅《岑襄勤公奏稿》，我们发现岑毓英在向清廷汇报其上述助学济困诸举措的四个月后，光绪十四年（1888年）正月，岑毓英又给清廷上了一道《恳恩开缺回籍养疴折》，声称自己“病体沉久，吁恳天恩赏准开缺，给假一年回籍医治”[②]。其实岑毓英早在入越抗法期间就已染“瘴疾”，此后病情一直反复，光绪十二年（1886年）中法两国使节在云南河口进行勘界谈判时，岑毓英的病情还一度加剧，只好留在南溪医治，此后也一直没能痊愈。此次向清廷请假回籍治疗，显然已是无法支撑，但后来还是被清廷温旨挽留，给假四个月在任上调治，次年岑毓英即于云贵总督任上溘然长逝。

通过以上史实我们了解到，在岑毓英治滇过程，他曾两次上书清廷，专门说明自己任内捐廉助学及救助孤寡的事迹，并附上自己制定的确保行之久远的规章制度。岑毓英第一次上奏这样的内容是在其因马嘉理案行将离任之前，第二次则是因病体难支而自感时日无多，这应该不是巧合。这些事迹从两个层面反映了岑毓英的思想世界，首先，是岑毓英对于云南人民的感恩回报。前面已说过，当年岑毓英在云南广南县求学时，对于当地人不以其是外省籍人士而有所区别，一视同仁地给予学业上的资助，为岑毓英一生事业打下一个良好的基础，岑毓英对此一直心存感激，当其云南的事业开始腾飞之际，即请其弟转交重金在广南县捐资助学。而且，岑毓英本人多次表达过其对云南人的这种感恩之心，如同治十年（1871年）冬十月，在平定滇南抗清武装过程，已贵为云南巡抚的岑毓英与江川县绅首张中孚围炉夜话，二人推心置腹，岑毓英说：“我粤西人，至滇时，一县丞耳。今官至二品，皆云南人替我竭力，以至于此，我等（能）忘情于云南乎？”岑毓英当然不只是说说而已，其一生在云南努力经营，使咸同民变后的云南省一定程度上做到形势稳定、生产发展、文教恢复、边防及边

① 中国人民政治协商会议昆明市五华区委员会文史资料委员会编：《五华文史资料》第13辑《百年回眸》，内部资料，2001年，第179页。

② （清）岑毓英撰，黄振南、白耀天标点：《岑毓英集》，广西民族出版社2005年版，第406页。

疆巩固，在晚清时期到云南任职的督抚大员当中，岑毓英的成绩也是比较突出的，他的这些作为，或许与其对云南的这份情感有关。其次，这些事迹还反映了作为中国传统社会官僚的岑毓英，在治滇过程中有一种精神道德上的追求。中国传统社会里，官僚阶层在为官的道德上，有特定的标准来要求，这方面的内容集中体现在所谓的“官箴”上。官箴就是为官的格言，滥觞于秦汉，形成于宋代，大盛于清朝，并有记录其内容的官箴书，主要是为官的道德及行政经验的总结，其中为官的道德尤为人们重视，官僚上任时必须要求熟知，其核心为“‘为民’、‘敬民’、‘爱民’等堪称中国行政精神的优秀传统”①。岑毓英作为一名中国传统社会的行政官僚，就其在咸同后的云南地方社会恢复与建设中的事迹而言，基本上是遵循了传统社会里为官的道德标准，因此可以说是一名传统官僚道德的践行者，相关的事迹在后面还多有涉及。

本章结论

在云南咸同年间长达18年的动乱中，对地方社会文化教育方面的破坏，可以用惨重二字来形容，各地的教育设施及文化场所，无论是各府、州、县的庙学还是各地的义学、书院；也无论是佛、道的庙观还是伊斯兰教的清真寺，以及各乡镇的宗庙祠堂，多遭到严重损毁并被长久废弃。受此影响，云南地方社会当中的各种文化教育活动也不能正常进行，岑毓英在主政云南期间，努力修复地方的文化教育设施，恢复正常的文化教育活动，他首先重开科举取士，通过恢复中国传统社会中最为重要的文化教育活动，起到激励士子振作民心作用，同时尽己所能一一修复地方的文化教育设施。随着一座座书院庙学及寺观祠堂的重建，相关的文化教育制度也一一得到恢复，云南各族人民的文化和精神也得到了凝聚和重塑。岑毓英治滇过程中对地方文化教育的设施及制度重建与恢复，向我们生动地表明，文化和思想虽然是抽象的，但可以通过有形的建筑和无形的制度来体

① 《官箴书集成》编纂委员会编：《官箴书集成》第一册《前言》，黄山书社1997年版。

现，岑毓英正是通过此项工作把战乱之后云南地方民众离散的人心重新团聚在一起，在赢得地方民众支持的同时，也强化了他代表的清政府在云南地方统治的正统性。咸同军兴之后，岑毓英通过这些举措达到了团结民众、振作民心、重塑云南地方精神的目的，是岑毓英治滇历史中的一大亮点，值得人们总结和借鉴。

岑毓英在云南的经营，固然有其个人的政治抱负，也主要代表了其所属阶级的利益，但他在文化教育方面的恢复与建设，一定程度符合云南地方各民族阶层的共同利益，其所作所为应得到基本的肯定。然而曾经在一个历史时期里，岑毓英作为清政府在西南地区腐朽反动统治的维护者而遭到批判，他努力恢复的包括科举制度在内的儒家文化被斥为糟粕，他努力重建的书院庙学和祠堂寺观也被视为封建迷信的“四旧”，岑毓英在祖国西南地区经营的贡献被否定，其在云南地方治理和边防建设的历史被人们忽视。事实上我们在讨论此问题时应该注意到岑毓英所处的历史环境，晚清时期的云南，可谓是内忧外患，长达20余年的动乱对云南地方经济文化破坏严重，就在同一时期，以英法为主要代表的殖民主义者，正在南亚东南亚积极扩张其势力范围，中国周边的传统藩属国家越南和缅甸，正逐步沦为西方列强的殖民地，当时的云南“既失藩篱于前，又蹙边境于后”[①]，成为帝国列强进入中国的滩头阵地，边疆和民族危机空前严重。在这一时代背景之下，我们可知岑毓英在云南恢复文化教育的努力，实际上是关乎我们民族国家存亡的大事，这是因为“民族国家的存亡正与民族文化的兴衰密切关联”，试想“民族国家败亡了，民族文化还有传承与发展的可能吗？民族文化消亡了民族还能存在吗？”我们不能否认岑毓英在云南文教的恢复和重建中，代表的是清朝统治阶级的价值取向，但这仍然在我们中华民族的文化范围之内。这是因为“‘民族文化’……是体现全民族共同遵守、共同认可、共同信奉的共同心理，尽管民族文化是统治阶级的文化，不过其本质是代表全民族的。儒家学说、道家理念、法家权术、佛教宗旨等，无疑都是统治阶级的思想，但是这些思想的精华都是全

① 方国瑜：《中国西南历史地理考释》下册，中华书局1987年版，第1237页。

民族的精神所在，这些思想都是全民族共同的价值取向。”①正是这种共同的价值取向和文化认同，使我们的国家和民族能够穿越近代历史的惊涛骇浪，历经磨难后终又屹立于世界的东方。

无数的历史事实证明，民族文化不是天上掉下来的馅饼，更不是从何方可以取来的真经，她是一个民族穿越历史长河的积累和沉淀。中华传统文化经历了数千年的发展，自有其强大生命力所在，虽因时代不同还需有所扬弃，但随意臧否并无太多益处。总的说来，中华文明的传统文化是我们中华民族足以自豪的精神财富，也是我们中华民族不可须臾离弃的精神“家园”。基于此观点，我们对岑毓英在云南省内恢复文教和重塑地方精神的努力，应该给予正面的肯定。

① 林超民:《“民族实质”问题论谈》，载《云南民族大学学报》（哲学社会科学版）2008年第25卷第1期，第7页。

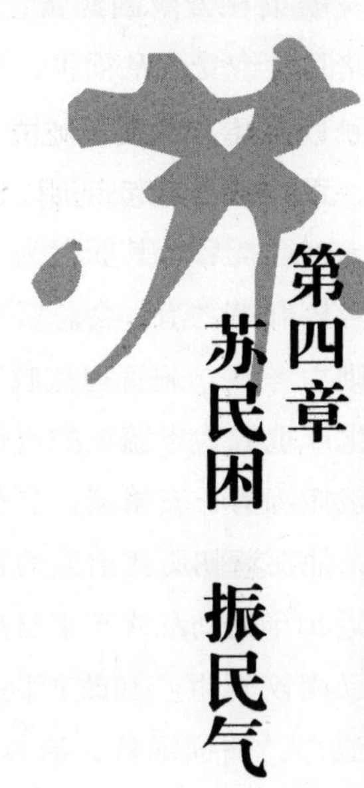

第四章 苏民困　振民气

岑毓英在云南的经营，始于咸同年间，当时岑毓英虽然日事征伐，但目睹百姓饱受战乱祸害，经济萧条，户口凋零，田地荒废，生计窘迫，不免触目伤怀，发出了“民力以殚，何以培养？”[①]的慨叹。“值此军务方殷，百姓疮痍未起，加以连年饥馑，深堪悯恻!”[②]同治七年（1868年）就任云南巡抚后，其职责为“掌宣布德意，抚安齐民，修明政刑，兴革利弊，考核群吏之治。会总督以诏废置。三年大比献贤能之书则监临之，其武科则主考试，兼管理盐政”[③]。除负责军政事务外，恢复和发展云南的社会生产也成为岑毓英的责任。岑毓英知难而进，努力经营，从他在晚清云南裁撤练勇、安揖流亡、赈济穷黎、恢复生产及改革弊政的措施和效果来看，他在清朝历代治滇的督抚当中，算得上是一位能吏。

近20年的动乱终于平息后，云南百废待兴，善后工作千头万绪，岑毓英在云南恢复生产和改善民生的工作思路非常清晰：“首在遣散兵勇，招抚流亡，整顿绿营，清查吏治；其次则修筑城垣、官廨以复旧规，重建书院、考棚以兴学院；筹籽种以开荒芜，设赈济以救穷黎。”[④]这个思路主要依据事情的轻重缓急确定工作的重点，虽然开始实施的时间不一，但多数情况下这些工作为齐头并进地展开。同治十二年（1873年）底，岑毓英全面展开善后工作：“臣督饬司道各官，一面拨给勇营欠饷，分别充补绿营兵额，其余或领本办厂，或遣撤归农，各安生业；仍一面兴修各处城池、官廓及书院、考棚、庙宇等处，以工代赈。并分给籽种、耕牛，开垦荒芜田地，务使一夫不失其所。”[⑤]这段话集中体现了岑毓英在战后云南恢复和建设的基本方针，就是要努力使一夫不失其所，百姓安居乐业。

岑毓英领导下的云南善后工作，由于有着清晰的思路和明确的方针，

① （清）岑毓英撰，黄振南、白耀天标点：《岑毓英集》，广西民族出版社2005年版，第18页。

② （清）岑毓英撰，黄振南、白耀天标点：《岑毓英集》，广西民族出版社2005年版，第89页。

③ 李春龙、王珏点校：《新纂云南通志》六，云南人民出版社2007年版，第287页。

④ （清）岑毓英撰，黄振南、白耀天标点：《岑毓英集》，广西民族出版社2005年版，第118页。

⑤ （清）岑毓英撰，黄振南、白耀天标点：《岑毓英集》，广西民族出版社2005年版，第133页。

所以能够有条不紊地展开，并取得明显的成效。在云南地方社会的恢复与建设过程中，岑毓英坚持苏民困，聚民心，振民气，保障云南地方社会稳定，促进各族人民团结，其治滇的成果最终在中法战争中经受住了考验。下面分节具体论述。

第一节 蠲免钱粮 赈济灾黎

一、战乱之后的云南社会情况

咸同时期的战乱，对云南省的农业社会生产造成巨大的破坏，可从以下几个方面看出：

首先，战乱造成云南人口大量减少。岑毓英在同治十二年（1873年）向清廷奏报云南战后的人口情况时说："查各属百姓户口被害稍轻者，十存七八或十存五六不等，其被害较重者十存二三，约计通省百姓户口不过当年十分之五。"[①]据清咸丰五年（1855年）户部清册（995号），云南省人口为7522000人，[②]到光绪十年（1884年）"除广南、镇沅仍未编丁外……无分汉夷军屯"共750655户2982664人。[③]30年间减少4539336人，人口减幅达60.3%。人口的减少主要是集中在咸丰六年至同治十一年（1856—1872）间的战乱时期，人口减少的原因则有战争、瘟疫[④]、饥荒和迁移等因素。按到光绪十年（1884年）的人口统计，仍有广南、镇沅等直隶厅的人口没有编丁计人，可知当时的官方的统计数字并不完全。且到光绪十年（1884年）再次进行人口统计时，云南地方社会已休养生息12年，人口当有所恢复，由此可知在咸同战乱前后，云南人口的损失还应大

① （清）岑毓英撰，黄振南、白耀天标点：《岑毓英集》，广西民族出版社2005年版，第119页。

② 严中平等编：《中国近代经济史统计资料选辑》，科学出版社1955年版，第367页。

③ （清）王文韶等修，唐炯等纂：《续云南通志稿》卷35，光绪二十七年（1901年）四川岳池刻本，第4—5页。

④ 据学者的相关研究，瘟疫造成的人口减少远大于战乱，有"咸同云南回民事变中，云南人口损失的70%死于鼠疫"的观点。参见李玉尚、曹树基：《咸同年间的鼠疫流行与云南人口的死亡》载《清史研究》2001第2期，第30页。

于前面所列的数字比例。中外学者对咸同战乱期间云南人口的减少有不同的估算结果，台湾学者王树槐综合各家之说进行论证，得出的结论为“同治十三年所存人口，约为乱前的百分之四十至五十之间”[①]。综合各家观点来看，大多数研究者认为在咸同战乱中，云南的人口损失超过了总数的一半，也就是大约400万的人口。在晚清时期的云南，农民是人口比重中构成的绝对主体，人口的锐减，意味着农村劳动力的大量丧失，对农业生产的打击是沉重的。

其次，田地大量抛荒导致可耕田亩减少。中国传统农业社会生产荣衰的标志，除人口增减以外，还有田地的耕种情况，当时云南原有的耕地可分为3种类型：耕种、抛荒和彻底废弃，可分别说明。由于农业人口大量减少，再加上百姓在战乱逃亡，使云南省内耕地面积大幅度减少，田地抛荒的比例较高。同治十二年（1873年）云南军务肃清之后，地方上仍是“流亡未集，田亩半属荒芜”[②]。实际上这个半属荒芜的结论也仅是估计，由于多年战乱，案册多已遗失，省内的田地多少仍在耕种？多少已被抛荒？能征几成钱粮？地方政府并没有能够全面掌握相关的数据。由于战后岑毓英的首要的任务是裁撤练勇和安顿流亡，所以清查田亩的工作迟至同治十三年（1874年）春才得以展开。政府负责筹拨经费，由各地官绅招募文书、弓手（持步弓丈量田亩之人）分别测量核定。通过调查，田地荒芜情况各地不一，“自一成至二三成、四五成不等”。此次调查岑毓英虽然没有奏明云南全省田亩荒芜的总体情况，但可通过云南重新核定的交纳钱粮数来估算，按原来云南通省“额征条丁银十九万一千一百二十余两，公件、耗羡银十万七千五百一十余两，又额征税粮麦米一十一万七千九百四十九石七斗三升零，米折、莜折等十万五千六百二十二两七钱零，官庄租银一万二千四百一十二两三钱零”。根据当年丈量各处已种田地情况，并通盘核计，云南可征收钱粮，约为原来定额的六成八分[③]，则可大致推算出这一时期云南田地耕种之情

① 王树槐：《咸同云南回民事变》，（台湾）“中央研究院”近代史研究所1980年版，第316页。

② 《穆宗实录》，同治十三年十二月辛未条。

③ （清）岑毓英撰，黄振南、白耀天标点：《岑毓英集》，广西民族出版社2005年版，第162页。

况，应该有三成以上的田地未能耕种。至光绪十四年（1888年），云南再次进行全省的田亩耕种情况统计，经过十多年的恢复发展，全省共有民田、屯田8946236余亩，另有夷田百余段，其中有1960798亩田地仍被抛荒[①]，可知经过10年努力，已有不少田地复垦，但云南全省荒芜田地的比例仍高达20.9%。至于云南全省可耕田亩数量减少的情况，可以从道光和光绪两朝的比较得知，道光后期云南各项田地共9400011亩，外有不计亩数的夷田883段，为晚清时期云南田亩统计之最高值[②]，与光绪十四年（1888年）全省共有田地8946236亩相比，可计田亩数减少了453775亩，减少4.8%。至于减少的原因，则可以昆明县耕地情况为例说明："昆明县田地原额定自明朝共二十一万一千五百八十一亩八分，今丈量得成熟田地十五万六千八百三十九亩七分零四毫，荒芜田地二万七千六百二十一亩九分三厘五毫，计短少田地二万七千一百二十亩零一分六厘一毫。委因世远年湮，屡经水冲沙埋，无人开垦所致。"[③]可知在当时的云南，耕地减少主要是因为田地被长期抛荒后，再加上水冲沙埋等原因，地方百姓无力维护修整，最终失去了耕种的价值。田地的抛荒和可耕种土地面积的减少，从一个侧面反映出此时期云南社会经济的衰退情况。

最后，农业相关配套设施严重损毁。水利工程和赈灾仓储，是晚清云南社会生产和生活的重要保障设施，遭到破坏也意味着对正常社会生产生活的冲击。原来昆明附近可以灌溉田地数十万亩的水利工程，"咸丰丙丁以后，昆明祸患频仍，沿河堤埂闸坝，折毁居多，水利全荒，农民失业，国家额赋亦无从征收"[④]。再如"昆阳州之海口大河，为滇池出水咽喉，疏通则均受其利，壅遏则即受其害……兵燹后，年久失修。同治十年，

① 牛鸿斌、文明元、李春龙、刘景毛点校：《新纂云南通志》七，云南人民出版社2007年版，第10页。

② 牛鸿斌、文明元、李春龙、刘景毛点校：《新纂云南通志》七，云南人民出版社2007年版，第10页。

③ （清）岑毓英撰，黄振南、白耀天标点：《岑毓英集》，广西民族出版社2005年版，第186页。

④ （清）岑毓英等修，陈灿等纂：《云南通志》卷52，光绪二十年（1894年）刊本，第16页。

大水泛溢”[①]。此次水灾对滇池周围百姓造成的危害，在后面还会具体论述，兹不赘述。另一项为云南各地赈灾仓储的损毁，就云南一省而言，除战乱之外，根据相关的资料记录，咸丰、同治、光绪年间自然灾害频繁，如水灾、旱灾、暴雪、冰雹、霜冻，大风、火灾、瘟疫等，几乎是无年不有。[②]另外云南山地多平坝少，且土地贫瘠，人民生活较为困苦，家中鲜有盖藏，难以抵御天灾人祸的打击，再加上交通不便，运输困难，所以地方上一旦遇到灾祸，则粮价飞腾，百姓挣扎在死亡线上。为预防灾害之后的饥荒，云南各地多建有常平仓、社仓等，储存谷物，以备不虞。然而清中期以后云南地方政府统治逐渐腐败，遂使此项设施遭到不断破坏，至咸同时期云南全省形势动荡，由于“军务繁兴，寇盗所至，每以粮尽城陷。推原其故，且由各州、县恣意侵挪，忍令仓谷空虚，遇变无以依赖。又或闻警逃遁，赍盗以粮，以致守御无资，生民涂炭”[③]。云南地方的仓储“有因军事急需，借充兵糈，拨还无日，或地方变乱，积谷荡然，致囷庾亦因而破坏者”[④]，以云南府的广备仓为例，早年间省城绅耆为备荒赈济，陆续捐资购买谷物，积存小西门外的旧府仓。至道光二十九年（1849年）昆明地区歉收，总督林则徐、巡抚程矞采倡导捐资赈灾，事后剩余银7552两。加上旧府仓所存谷物平价卖出，得银12000两，二者合计银19552两，再次采买谷石，收贮旧府仓内。咸同军兴后，地方绅士等恐义谷贮存于城外不安全，改存于城内府仓，至咸丰七年（1857年）省城昆明被围时，云南府粮路不通，饿殍载道，遂由官绅设局减价粜卖，拯济难民，但卖得的资金，被巡抚桑春荣提归团防局，作为添制守城器械及勇丁守城之经费，遂使此项储备荡然无存。[⑤]其他地区如蒙自县“额贮常平仓原储

① 牛鸿斌、文明元、李春龙、刘景毛点校：《新纂云南通志》七，云南人民出版社2007年版，第369页。

② 牛鸿斌、文明元、李春龙、刘景毛点校：《新纂云南通志》（二），云南人民出版社2007年版，第470—537页；《新纂云南通志》（七），云南人民出版社2007年版，第498—504。

③ 牛鸿斌、文明元、李春龙、刘景毛点校：《新纂云南通志》七，云南人民出版社2007年版，第446页。

④ 牛鸿斌、文明元、李春龙、刘景毛点校：《新纂云南通志》七，云南人民出版社2007年版，第442页。

⑤ 牛鸿斌、文明元、李春龙、刘景毛点校：《新纂云南通志》七，云南人民出版社2007年版，第451页。

九千石，社仓谷六千一百九十五石，自兵燹以后，常平仓、社仓之谷尽行无存”。又如楚雄府“额贮常平仓谷一万石，社仓谷五千七百九十四石六斗二升。……咸丰七年兵燹城陷，常平仓、社仓俱毁”。军兴时期，云南地方各府、州、厅、县的仓储，绝大部分都遭到了不同程度的破坏。[①]

从以上这些史实我们可以清楚看到，咸同时期的战乱，导致云南地方人口锐减、田地荒芜、农业生产及社会保障的基础设施损毁殆尽，对云南地方社会经济的破坏全面而深远。咸同军兴之后，岑毓英凭借他的才干和勇气，与云南地方军民紧密团结，为云南地方社会经济的恢复而努力。根据相关资料的记载，岑毓英在此时期云南地方经济的恢复和建设上，由于措施得当，取得了较好的效果，下面具体展开论述。

二、蠲免钱粮休养生息

由于咸同军兴对云南地方社会破坏非常严重，因此地方的经济恢复与生产发展，可谓任重而道远，但岑毓英知难而进，在云南战后社会的恢复和建设工作中，显示出过人的才干和巨大的勇气。岑毓英在地方经济恢复与生产发展方面的思想主张，可以概括为8个字：“与民休息，培植元气。”据笔者统计，三十卷《岑襄勤公奏稿》中，提到元气27次，其中有25次是讨论关于如何在云南恢复和发展民生，较有代表性的观点有：“使吏治得修，民困得苏，学校得兴，元气可望渐复”（卷八）；“亟宜选精明干练之才，力行教养之政，庶元气可复，渐有向治之机”（卷十）；“厚民以培元气为先，通商惠工随其后；绥疆以清内匪为本，练兵简器固其藩”（卷二十九）等。从岑毓英在云南恢复建设的具体事迹来看，这些思想主张贯穿始终。

在岑毓英看来，云南地方社会经济的恢复与建设，根本的问题当然是要使滇省“民困可苏，元气易复”，长年战乱之余的云南百姓，亟须一个安定宽松的环境来休养生息和发展生产，因此地方政府首要的任务就是撙节开支，轻徭薄赋，减轻百姓的负担。而减轻负担，效果最直接的措施就是蠲免百姓所承担的粮赋。除因各地受灾而进行的局部减免外，同治十二

① （清）岑毓英等修，陈灿等纂：《云南通志》卷61，光绪二十年（1894年）刊本。

年（1873年），岑毓英奏请清廷蠲免云南全省“积欠”的钱粮：“自军兴以来，各属久遭兵燹、饥馑、瘟疫，百姓死亡过半，田地多有荒芜，各州县征册亦多遗失，所有积欠钱粮，实系无从著追。……臣拟请将同治十一年以前民欠钱粮，吁恳天恩概行豁免。”[①]岑毓英的行为，体现出中国传统社会里官吏“明德亲民”的思想，他这种爱惜民力的做法，当然是应该肯定的，但所谓豁免云南人民历年“积欠”官府钱粮的说法，则比较牵强，有必要做专门的说明。

咸同军兴以前，云南地方百姓应承担政府的粮赋如下：正赋为民、屯条丁等银19.9万余两。在清代实行摊丁入亩的税制改革后，田赋数额基本固定，后来由于财政支出增长，需要增加税收，但碍于“盛世滋丁、永不加赋”的祖训，不能随意增加正赋，于是借口银两和粮食在运输、保管、折变、熔铸中有损耗而增加杂税。云南地方的耗羡，包括奏平、公件、火耗、粮耗等名目，其中奏平系按条征收，每条1两，征银1钱，公件系按粮摊征，数目多寡不一，火耗系按条征收，每条1两，征银7分，粮耗系按粮1石征银8分。另外还有积谷、运脚等名目，都属于加派加征，充作云南地方政府的运作经费。云南省一年征收的耗羡合计银约107510两。此外还有盐税银372620余两，牲畜交易税银53330余两，各厂矿税银41000多两。以上各项合计，为云南省一年的财政收入，通共合银76万数千两。[②]另还征米、麦、荞、豆233500余石。

而在咸同军兴时期，云南地方百姓实际的负担远高于前面所列的数据，据云南省政府官方统计的数字，从咸丰六年（1856年）至同治十二年（1873年）底止，18年间云南全省人民被征收的团练经费和厘谷折米，合计银10749923两[③]，平均每年要承担59.7万余两白银。就当时云南的社会生产条件来说，18年1000多万两的粮赋，无疑是一个惊人的巨额数字，而

① （清）岑毓英撰，黄振南、白耀天标点：《岑毓英集》，广西民族出版社2005年版，第119页。

② 牛鸿斌、文明元、李春龙、刘景毛点校：《新纂云南通志》七，云南人民出版社2007年版，第276—277页；（清）岑毓英撰，黄振南、白耀天标点：《岑毓英集》，广西民族出版社2005年版，第142页。

③ （清）岑毓英撰，黄振南、白耀天标点：《岑毓英集》，广西民族出版社2005年版，第163页。

云南地方百姓实际承担的，还远不止这个官方公布的数据。第一，这项统计只是云南人民向清政府交纳的粮赋，没有包括云南省内其他武装政权征收的钱粮。第二，云南地方百姓还承担着地方政府没有公开统计的各项苛捐杂役，比如夫马，除实派夫马外，还要征收夫马折价，根据当时在云南省内任职的官员唐炯和史念祖的调查，此项费用的征收一年达100万两之多（相关内容可参考本书“裁革夫马”一节），按前面的统计，正常年份云南全省一年财政收入合银76万多两，而仅夫马一项，就远超过云南一年财政收入。第三，云南地方武装战争中所劫掠的财物，数字也是惊人的，如同治十三年（1874年）后，“清政府官吏，把掠夺来的财物投资于工商业……杨玉科拍卖财物，得银370余万两”[①]，为其中典型的代表，另还有“丁槐在镇压各旗人民抗清起义斗争期间，借处理所谓的‘逆产’之名，侵占了很多田地房产。步步膺升晋级之际，又掠夺兼并了较多的土地。在鹤庆、丽江、大理、漾濞、保山、昆明、重庆、泸州、武汉、湖北孝感等地均有他的成千上万亩的土地。单是在鹤庆，就有一千五百三十亩田地，年收租三四十万斤。有九大院计二百间房屋。据说，漾濞大部分田地被他占领，腾越的很多田产被他兼并，湖北孝感半个县的田地也被他霸占。他又以掠夺到的财产为资本，开设了丁氏敦和堂商号，在保山、下关、鹤庆、昆明、四川、武汉、北京诸地设有分号，贩卖货物，以势转运违禁物品，从中牟取暴利。因此，丁既是大官僚，又是大地主，也是滇西巨商”[②]。这些官员在战乱中掠夺财物，多来源于所谓的“叛产”，自然是不会统计在官方的数据内。第四，前面提到咸同军兴时期云南人民所交纳的厘谷数目，被地方政府“照部价每石作银一两”[③]计算，远低于当时云南的市价，据岑毓英的另一道奏折记载，昆明地区在同治十年（1871年）水灾之前的正常年景，“斗米百斤，犹卖银三两数钱”[④]，价格上相

① 国家民委《民族问题五种丛书》编委会编：《中国民族问题资料·档案集成 》第2辑，中央民族大学出版社2005年版，第158页。

② 中国人民政治协商会议大理白族自治州委员会文史资料研究委员会：《大理州文史资料》第4辑，1987年版，第159—160页。

③ （清）岑毓英撰，黄振南、白耀天标点：《岑毓英集》，广西民族出版社2005年版，第163页。

④ （清）岑毓英撰，黄振南、白耀天标点：《岑毓英集》，广西民族出版社2005年版，第89页。

差惊人，可知当时云南百姓的实际负担，远大于官方统计数字。第五，此项费用是云南百姓的额外负担，也就是说云南人民被征收巨额的团练经费和厘谷外，原来的正赋及杂税还必须交纳。据岑毓英奏报："滇中变乱日久，百姓逃亡甚众，田地多有荒芜，所收条丁等款，截长补短，不过有定额十分之五。"[①]云南地方百姓承担了巨额的团练经费及厘谷等粮赋后，仍得完成原赋税定额，这显然已超过民众的承受能力，地方政府多方盘剥，也只能收到原赋税定额的一半，约合白银38万两，其余不能完成的部分，便成了所谓的"积欠"。

对比以上数据我们可以看出，咸同军兴时期云南百姓承担的各种粮赋，较正常年份官府应征的数额多出一倍多，再考虑到多年的战乱、饥馑和瘟疫，"百姓死亡过半，田地多有荒芜"[②]，可知咸同军兴期间，战乱中的云南百姓为维持地方军政运转，实际的负担已远超过他们的承受能力，广大人民已挣扎在死亡线上，所谓"军费不足，则加赋税，赋税不足，则抽厘金，厘金不足，则逼捐输，以至猛虎伤人，哀鸿满野，民穷财尽，产破家亡"[③]，这正是当时云南社会情况的真实写照，连岑毓英自己都感叹咸同民变之后的云南已是"民力凋敝"，可见苛政对社会经济的摧残。云南人民在咸同战乱的十余年间，只有超额的付出，并不存在所谓的"积欠"。因此所谓的"积欠"，实质上是站在专制剥削者立场上的蛮横说法。通过以上讨论，我们就能明白岑毓英蠲免"积欠"粮赋的做法，实质上是在一定程度上减轻传统中央集权社会对人民大众的残酷压榨，厘清这一问题，使我们对岑毓英这一历史人物及当时云南的社会情况，能够实事求是地分析和评价。

针对当时云南社会民生凋敝的情况，岑毓英苏民困的另一项重要举措就是停止抽收厘谷，云南咸同军兴之后，负责维持清王朝地方统治秩序的绿营兵迅速崩溃，遂由各地方征调团练乡勇来维持军事行动，其粮饷名义上由地方绅民自行筹捐，按月发给，实际上多由地方豪绅练首勒索强捐，

① （清）岑毓英撰，黄振南、白耀天标点：《岑毓英集》，广西民族出版社2005年版，第142页。

② （清）岑毓英撰，黄振南、白耀天标点：《岑毓英集》，广西民族出版社2005年版，第119页。

③ 白寿彝编：《回民起义》第2册，神州国光社1952年版，第72页。

然而战乱之余的云南地方经济凋敝，所征钱粮不足以维持练勇所需，后仿照川省津贴、黔省义谷，于钱粮外，又按成熟田亩约十分抽其一二，就是所谓的厘谷。因厘谷的抽收由各地强势者把持，漫无定章，其中多有对地方百姓残害过甚的事情，同治七年（1868年）岑毓英就任云南巡抚后，特拟订《征兵筹饷章程》八条，其中厘谷的抽收，规定由政府统一调控，在全省政府控制的区域内，按州县之大小，收成之丰歉，酌量征派，相关事务一律由府、厅、州、县官员经理，避免地方绅弁营私舞弊。然而抽收厘谷的政策即便有岑毓英如此严格规定，由于各武装首领的专横跋扈，仍时有残害百姓之事发生，如同治朝后期，杨玉科军驻大理，“凡民田既征钱粮矣，而再加厘谷，抽额复重，每亩以五斗，是时岁又荐饥，民无所得食，皆觅食螺蛳，逃亡者不可胜数。邓川设二粮刍局，以饷北军十数万人，邓绅李景阳、段邦俊、潘毓芹、杨绍曾主办焉。玉科军令严，凡所需粮刍，皆欲咄嗟立办，不则胥邑绅坑之”①。当时大理邓川一带遭逢饥馑，百姓只能依靠寻觅螺蛳等杂物充饥，苟延残喘，杨玉科所部犹逼迫地方供应十数万人的军粮，追索急迫，不从则以活埋地方士绅相威胁，这则史料深刻反映出云南地方百姓在厘谷等弊政压迫下的生活惨状。

岑毓英蠲免粮赋以苏民困的主张，得到清廷的支持，同治十二年（1873年）闰六月清廷谕旨：“将同治十一年以前民欠钱粮概行豁免。……该省前因军务紧要，调派各属乡勇，协同官军助剿，抽收厘谷，接济军糈，闾阎不无苦累。并着自本年以后，永远停止，以纾民力。该督、抚即刊刻誊黄，遍行晓谕，务使实惠均沾，毋任吏胥舞弊，用副朕轸念民艰至意。”②清政府不仅宣布将云南同治十一年（1872年）前的民欠豁免，还规定云南地方立即废除征收厘谷的弊政。要求地方政府将此项命令张榜公示，让云南百姓均得享此善政，也使地方上的贪官劣绅无机可乘。

同治十三年（1874年），岑毓英领导下的云南政府对全省田地进行丈量，并核查各地农业生产情况，通过全省范围的农业普查，他对长期战乱

① （清）杨琼：《滇中琐记》，载方国瑜主编：《云南史料丛刊》第11卷，云南大学出版社2001年版，第301页。

② 《穆宗实录》，同治十二年闰六月丙戌条。

后对云南社会的残破情况有了较为全面清楚的认识："滇省久遭兵燹，饥疫频仍，各属地方被害稍轻者，户口十存七八，或十存五六；其被害较重者，十存二三；约计通省户口，不过承平时十分之五。且村舍邱墟，既无可糊口，亦无可栖身，触目伤心，不堪言状。"因为对云南社会所受到的战争创伤有深刻了解，更出于对挣扎在死亡线上的广大人民深深的同情，岑毓英大胆建言："今清查所种田地，更得其详，非讲十年生聚之谋，难救百姓饥寒之苦。拟请奏恳恩施，自同治十三年起，予限十年，将各属钱粮按照此次清查已种田地成数，分别征收，其余荒芜田地应纳钱粮，暂行减免，俟十年后百姓元气稍复，再察看情形，照旧征收。"[①]根据战后云南省农业生产的恢复情况，岑毓英建议自同治十三年（1874年）起，云南的钱粮按照原全省粮赋定额的六成八分来征收，将全省农业生产者承担的政府方面的粮赋，减轻近三分之一，这一部分将免征十年，十年后再根据云南百姓休养生息后恢复的情况来决定。岑毓英代表云南地方政府提出减免粮赋的请求有凭有据，合情合理，当年底清廷谕旨："将钱粮照常征收，民力实有未逮。加恩著照所请，即自同治十三年起，予限十年，将滇省各属钱粮，按照此次清查已种田地分别征收，其余荒芜田亩，各按成数将应征钱粮暂行蠲免，以苏民困。"[②]战后云南地方百姓一定程度上得到休养生息。

从这些记述来看，咸同军兴之后，云南地方百姓实际上是到同治十三年（1874年）才正式按章向清政府交纳粮赋，岑毓英的这一努力，使战乱之后的地方民众有了宝贵的休养生息的机会。据罗养儒记《岑毓英奏请豁免条粮正供》载：战乱之后岑毓英与总督刘长佑"一再奏请于朝，邀恳将同[治]十三年以前云南全省积欠之条粮正供七百余万两，完全豁免，以舒民困。嗣得朝廷报可，滇民缘此昭苏，是种泽惠及民，黎庶焉得不感戴"[③]，可知当时云南百姓对岑毓英的治滇政策持肯定的态度。

---

① （清）岑毓英撰，黄振南、白耀天标点：《岑毓英集》，广西民族出版社2005年版，第162页。

② 《穆宗实录》，同治十三年十二月辛未条。

③ 罗养儒撰：《纪我所知集（云南掌故全本）》，云南人民出版社2015年版，第447页。

三、设赈济以救穷黎

同治朝后期，随着云南省内的局势渐趋稳定，岑毓英也开始考虑地方社会生产的恢复和发展工作。然而在同治十年（1871年）六月，昆明地区却遭遇到一场百年不遇的大水灾，给地方百姓的生命财产造成了巨大的损失，岑毓英领导地方军民积极抢救，并努力做好灾后重建工作，与云南地方百姓一同渡过了难关。关于这场洪水造成的损害及地方军民应对的情况，岑毓英是这样向清廷奏报的："本年四月以前，滇省各属州县雨旸时若，所种田禾俱好，满冀秋后丰收，军食有赖，讵料五月下旬连日大雨，昼夜不息，河水骤发，冲坏河堤，附省四面田地概被湮没，水势汹涌，直灌入城，冲倒东门月城及城厢内外村寨民房数千所，呼号之声，耳不忍闻。臣等连日冒雨登城，督饬营员带领船户水手分处援救，虽全活多命，而压毙漂泊者亦不少。……日内天色微晴，水势渐退，省城分设粥厂赈济灾黎，而经费万分支绌，恐难久济，各属饥民甚众，抚恤维艰，此滇省从来未有之奇灾也。"[①]对于这场突如其来的空难，相关文献也有具体的记录，有概述昆明城遭受水灾的情况，"大水灾，先是霪雨浃旬，冷水洞暴洪，六河涨溢，东南城不没者数版，浸坏东城小鼓楼，圮民居无数，出入城门，咸以舟济，越六日始退"[②]。也有讲具体细节的描述，"斯时，站立城头下望，竟不见江流，只见到一片汪洋，城墙则淹尽三分之一，若大树营若东庄等村之屋庐，俱被洪水淹没去一半，惟锁眉庵基址较高，能独现于水中央。是时之灾情已严重若是，而天公复不做美，接连着大降滂沱，因而东门外的水竟继长增高。在水位最高时，揆之可能高过盘龙江岸七八尺，在一切低洼处，可能高过一丈。……已而调查人口之失去，约有二三百，庐屋之漂没，大致为二千余栋，实为一场重大之水灾也。而且为近三百年昆明地方从未遭过之一场巨灾"[③]。

这场洪灾到底严重到什么程度？杨煜达在《清代云南的季风气候与天气灾害》一书当中，曾对清朝昆明地区两百年间（1711—1911年）雨季

① （清）岑毓英撰，黄振南、白耀天标点：《岑毓英集》，广西民族出版社2005年版，第83页。

② 李春龙、江燕点校：《新纂云南通志》二，云南人民出版社2007年版，第483页。

③ 罗养儒撰：《纪我所知集（云南掌故全本）》，云南人民出版社2015年版，第665页。

降水进行科学的分级考订，其中关于这一年的暴雨成灾的程度是这样描述的："水灾范围极广。对降水的时间，时人有记：'乃入夏辄雨昼夜不辍，滇池水溢，及城半门，盖百年未有也。'（2071《尺泽斋诗钞》卷8）这说明本年的雨季开始是较早。5—6月份降水为5级，7—8月份降水为5级。方志中有：'同治十年辛未秋，大雨连绵，海水泛滥，田禾淹没。'"（《县志》卷2大事记）则9—10月份降水亦为4级，全雨季降水为10级。为百年难遇的大水。"①由此可知其危害甚巨。面对昆明地区突发的特大洪水，岑毓英亲自指挥军队救援受灾群众，他自己也连日冒雨登城，督饬将士带领船户水手分头救援，挽救了不少百姓的生命。当洪水稍退，虽然经费非常紧张，岑毓英仍然想办法分设粥厂，赈济灾民，帮助百姓渡过难关。岑毓英在救灾行动中的积极表现，赢得了时人的赞许，有人作《彦卿制军老夫子德政》诗颂扬其事迹曰："昆池倒挂石惊飞，百日连阴雨作威，舸舰浮空群鸟绝，闾阎扑浪大鱼肥，可为舟者可为鼎，由已溺兮由已饥，百万生灵齐救济，谁能寸草报晴晖。"②诗歌对岑毓英救灾事迹的描写虽然用了艺术夸张的手法，但在反映时人对岑毓英的救灾行动持肯定的态度，故有一定的参考价值。

而且此次云南省内遭受洪灾的面积巨大，并非昆明一地，"伏查滇省上年夏间，因大雨连旬，山水骤发，所有省城附近及东川、晋宁、嵩明、富民、河西、嶍峨等府州县被灾情形，曾经臣等奏报在案。嗣又续接安宁、呈贡、宜良、昆阳、罗次、武定、禄劝、元谋、河阳、路南、新兴、江川、南宁、宣威、罗平、陆凉、沾益、寻甸、弥勒、鲁甸、通海、宁州、宁洱、思茅、新平、楚雄、姚州、大姚、镇南、广通、丽江、鹤庆、剑川、浪穹、邓川、中甸、维西、宾川等府厅州县禀报，均称水灾较重。当即饬司委员分投前往查勘，各属被淹田地自四五成以至七八成不等，村舍亦多漂没，饥民甚众，赈恤难周"③。从各地上报

① 杨煜达：《清代云南季风气候与天气灾害研究》，复旦大学出版社2006年版，第334页。

② 云南省水利水电勘测设计研究院编：《云南省历史洪旱灾害史料实录（1911年〈清宣统三年〉以前）》，云南科技出版社2008年版，第145页。

③ （清）岑毓英撰，黄振南、白耀天标点：《岑毓英集》，广西民族出版社2005年版，第89页。

的情况来看，各地农田被淹的面积，从四五成到七八成不等。受灾的具体情况，各地方志也有所记录，如民国《嵩明县志》载："当同治辛未暮春之初，大雨连绵，洪水暴涨，举目泽国，豆麦失收，栽插失时，沿海六十五村人民，比户流离，哀鸿遍野，州牧陆绍孙请委赈恤，并免粮一千一百六十二石。"[①]又如民国《昆阳县志》载：今云南省晋宁县："辛未秋，大雨连绵，海水泛溢，田禾淹没，免本年钱粮。"[②]再如《云南通志馆征集云南省各县蠲恤资料》载："安宁夏间，安宁等属雨水过多，田地被淹，著将各属被淹田地，应征钱粮，分别蠲免。"等等。此次暴雨成灾的区域，主要集中在滇中、滇东及滇西地区，多数为人烟稠密区，也是云南省的农业主产区，因而对地方社会生产造成的冲击巨大。综合来看，此次水灾范围之广，危害之大，在云南历史上少有，对于灾害将给地方百姓生活造成的冲击，岑毓英心中充满忧虑，他向清廷奏报说：昆明地区在上年秋收之后，斗米百斤，犹卖银三两数钱，而今春青黄不接之际，百姓的生存更为艰难。"值此军务方殷，百姓疮痍未起，加以连年饥馑，深堪悯恻。"因此请求将云南省内各地区受灾田地同治十年应征之钱粮，分别给予减免。岑毓英这种关爱百姓的主张得到清廷的继续支持，要求云南省政府将各受灾田地应免钱粮数目，汇编成册奏报朝廷核实。同治十一年（1872年）二月，清廷谕旨："减免云南……四十四府、厅、州、县被水地方上年额赋。"[③]

由于此次洪灾得到以岑毓英为首的云南地方政府的积极救助，清廷减免钱粮的政策也一定程度上减轻灾害对百姓生活所造成的冲击，有利于地方百姓生活生产较快恢复，此方面的情况可以从同治年间的米价反映出来。之所以选择米价来考量，是因为在中国传统农业社会当中，米价是可以用作反映地方社会经济情况的晴雨表，陈度先生曾撰《昆明近世社会变迁志略》，在记述同治云南省城昆明地区的经济状况时，就专辟一节来记录了当时的米价情况，他认为"日用百物价值胥以米价为低昂，米价一贵，百物随之，中人之家且犹不支，贫民其何以聊生乎？"以此作

---

① 李景泰倡修：《嵩明县志》卷13，1935年版，第213页。

② 李群杰等修，彭嘉霖撰：《昆阳县志》卷2《大事记》（稿本）。

③ 《穆宗实录》，同治十一年二月辛巳条

为衡量当时云南地方的经济情况，当云南地方“军务渐平，农民复业，得安耕凿，岁比洊丰，米价日趋平稳，迨同治十年，淫雨为灾，昆明大水灌注入城，四乡田亩尽被淹没，米价又复大涨，然一时偏灾，恢复为易，同治十一、十二、十三迭年皆稔，米价遂落至银一两一斗，有时且至八钱”[①]。前面相关研究已有较为科学的定义，此次洪灾为百年一遇，生命和房屋财产的损失较为严重，并非一些记录中所言为易于恢复的“偏灾”，但随后三年米价持续回落，从岑毓英报称的受灾当年秋天的“斗米百斤，犹卖银三两数钱”，到陈度所记的“米银一两一斗，有时且至八钱”，则可以从侧面反映出当时云南地方政府减灾和灾后重建工作的成效，而且这工作应该是在全省范围展开的，因为如果周边地区灾后重建工作不好，昆明地区的米价也不可能持续回落。

四、重建社会保障救助体系

同治十年（1871年）的大水灾，使身为云南巡抚的岑毓英意识到恢复省内保障救助体系在保障民生方面的重要作用。在中国传统的农业社会里，由于社会生产能力低下，人们对自然和社会环境变化造成的不利影响，缺乏必要的抵御能力，所谓的水旱靡常，灾荒代有，在中国传统农业社会时期是很普遍的现象，如果处于社会动荡时期，则有可能进一步激化社会矛盾，因此无论是政府还是民间组织，都把赈饥济困当成是维护社会稳定发展的一项重要任务。为抵御天灾人祸的侵袭，中国各地方社会都有一套相对完善的社会保障体系，包括基础设施建设及在此基础上形成规章制度。清代云南省的农业生产水平相对内地而言较为落后，且“地形以山地高原为主，占全省总面积的94%，坝子仅占6%……境内大部分地区山高谷深，高差悬殊”，因而陆路交通不便，水路方面因江河的“河岸坡度陡、河床比降大、急流险滩多的山区河流特点”，也缺乏舟楫之利[②]，因而无论是在省内还是与省外交通往来都很不方便。一个地区在人员往来和物资运送方面如果没有便利的交通，则抵抗灾祸的能力就会非常脆弱。因

① 陈度撰：《昆明近世社会变迁志略》，云南省图书馆馆藏稿本。

② 云南省地方志编纂委员会总纂，云南师范大学地理系编纂：《云南省志》卷一《地理志》，云南人民出版社1998年版，第1—2页。

此，云南各地方政府除努力劝课农桑发展经济外，还未雨绸缪，大力建设仓储以备不时之需。各地除官府建设的常平仓外，还有地方官绅士民于“乡、村立社仓，镇、店立义仓”[①]。各地的仓储名目不一，性质上大体可以分为官办、官民合办及民办等三种类型，各地在建立仓储的基础上，形成了官府与民间合作进行的平粜、赈恤、蠲恤、义赈及工赈等救济保障制度。晚清以后，由于地方政府的统治日趋腐朽，仓廪多有空虚，至咸同军兴时期，各地的仓储又有不少毁于兵燹，各地在此基础上建立起来的保障救济制度也随之瓦解。同治十年（1871年）的洪灾，由于民间保障救济系统的残缺，只能主要靠政府从万分紧张的经费中挤出资金，设粥厂救济受灾百姓，虽然也救了不少人命，但由于“饥民甚众，抚恤维艰”，使岑毓英认识到重建地方救济保障体系的必要性，将恢复地方仓储的工作提上了议事日程。

同治十一年（1872年），也就是洪灾发生的次年，昆明地方绅士王焘等人禀请政府拨一笔资金，以恢复云南府的义仓。早在同治八年（1869年）时，为解省城昆明之围，云南省政府曾向藩库印票汇借军饷银5万余两，此次岑毓英会同总督刘岳昭批准，将当年政府所欠军饷中的3.28万余两银票拿出，由社会各界报捐，以政府授予职衔作为回报，共得白银8662.4两，作为恢复义仓的专项资金，购得稻谷1696石，初步恢复了昆明地区的义仓。此后社会各界继续支持：光绪六年（1880年），前署大理提督杨玉科个人捐义仓银1500两；光绪九年（1883年）总督刘长佑、巡抚杜瑞联据地方绅士的申请，命善后局拨银2000两作为义仓的建设资金；光绪十五年（1889年），总督云南巡抚谭钧培应绅士罗瑞图等之请，由厘金款内两次提银15000两。这些资金交给管理义仓的绅士，大部分用来按年籴买谷米，陆续增厚储积，其余的款项则存放在商号，所得利息作为仓库的管理经费，仓库定名为丰备仓。后昆明地区遇到水旱荒歉之年，政府便将仓库中的谷米运到市场上平价粜卖，丰年谷价低廉的时候再籴买稻谷储藏于仓库中，在平抑昆明地区的物价及维护社会稳定等方面，都起到了积极的作用。为保证地方仓廪充实，岑毓英还于同治十三年（1874年）会同云

① 牛鸿斌、文明元、李春龙、刘景毛点校：《新纂云南通志》七，云南人民出版社2007年版，第443页。

南地方官员制定了政府对秋粮的征收一律为实米，不许折征银两的政策。此后岑毓英一直关注云南地方仓储的建设和管理，在中法战争中他率领滇军进入越南与法军作战期间，风闻昆明县地方官员又有将秋粮折征银两的打算，专门给云南巡抚张凯嵩写信说："查昆明县应征秋粮旧制原系全征实米，自嘉道以来地方官员往往折征，大约每三石折银二两四五钱以至三两不等，而每年所折之银又只按兵数买米支放，余银均系挪移公用或藉饱私囊，以致咸丰七年省城被围仓储空虚，饿毙军民数万人，迨同治十三年全省肃清，英与琴帅（笔者注：指潘鼎新，时任云南布政使）诸公始允绅民所请，永禁折征，出示泐石在案，盖有鉴于前也，现在风闻该县复有折征之举，未确识否？倘该县果以此事禀求，尤恳大公祖批驳不行，则地方幸甚！"[①]由于有严格的制度保障，丰备仓作为昆明地区民生保障的重要设施，一直沿用到民国初年才废止。[②]此时期在岑毓英及云南地方官员的努力下，各地方上的仓储也部分得到恢复。[③]

从相关的资料记录来看，由于岑毓英及其领导下的云南地方政府用心经营，措施得当，大灾之后灾区并没有发生大规模的疫病流行。晚清时期的云南由于没有科学的疾病预防手段而常有疫病肆虐，发生灾害之年就更为严重，就此而言非常难得；此外洪灾过后灾区人口也没有大量减少，可知百姓没有因为饥馑、瘟疫等原因大规模死亡逃散，这显然和地方上的民生保障措施得力有关，百姓顺利渡过难关后，地方上生产生活迅速得到恢复和发展。当然，我们也不能过于美化中国传统中央集权的专制统治，忽视了晚清政府统治中存在的各种腐败现象。当地方上遭遇到灾荒饥馑，虽然中央和云南地方政府采取了蠲免政策，但某些地方的州县官吏，在大灾之年"追比钱粮更加紧急。省中大吏，概不得知"[④]。部分地方官员统治的腐朽残暴，也是不能否认的事实，但从整体上来看，清政府减免钱粮的

---

① 虞和平主编：《岑毓英档》第三卷，大象出版社2011年版，第286—287页。

② 牛鸿斌、文明元、李春龙、刘景毛点校：《新纂云南通志》七，云南人民出版社2007年版，第451—453页。

③ 关于清代云南各地仓储的损毁及恢复的具体情况，可参阅《新纂云南通志》卷159《荒政考一·仓储》。

④ 中国科学院历史研究所第三所编：《云南杂志选辑》，科学出版社1958年版，第306页。

政策，在一定程度上确实缓解了自然灾害对广大百姓的冲击，地方政府官员主导的灾后恢复重建工作，其中的积极作用应该给予肯定。

第二节　云南地方社会的恢复与建设

一、裁撤练勇

当滇省军务逐步肃清后，岑毓英开始处理善后首要任务——练勇的安置问题。事实上这支队伍的数字是难以准确统计的，同治八年（1869年）岑毓英上奏清廷时说“现在滇省兵勇乡、民团已调集八万有零”[①]。但这只是一个大致估计的数字，因为当兵部要求云南省上报兵勇数目时，岑毓英答复：“滇省兵勇，多由各属征调，增减靡常，且迤南思普一带及迤西中甸、维西等属，距省窎远，道路梗塞，兵勇尤难稽查，故未能依限咨报”[②]，可知当时云南省内并没有准确的兵勇统计数字。至同治十二年（1873年）底，兵勇的裁撤工作基本告一段落，岑毓英才报上了云南地方武装的准确数字：“查滇省各标、镇、协、营、连、部，臣议准新设澄江一营，共额设兵丁三万七千二百零六名。”[③]按照这一数据，则军兴时期云南地方组织的团练武装，能编入国家正规编制兵士的还不到总数的一半，大部分练勇必须重新安置，因此云南军务肃清后，数万练勇的重新安置，就成为岑毓英在云南进行善后工作的头等大事。

光绪年间云贵总督崧蕃论及岑毓英咸同年间在云南的经营，认为其“得力于乡团者居多”[④]，肯定团练武装在云南军务肃清中所起到的关键作用。关于团练武装成分的驳杂及对其驾驭的困难，前面也已做说明，这些将士有不少出身草莽，在滇征战多年，出生入死，多为桀骜难驯之辈，

① （清）岑毓英撰，黄振南、白耀天标点：《岑毓英集》，广西民族出版社2005年版，第34页。

② （清）岑毓英撰，黄振南、白耀天标点：《岑毓英集》，广西民族出版社2005年版，第37页。

③ （清）岑毓英撰，黄振南、白耀天标点：《岑毓英集》，广西民族出版社2005年版，第142页。

④ 李春龙、王珏点校：《新纂云南通志》六，云南人民出版社2007年版，第430页。

稍不顺意，则据地戕官，反戈为仇，全赖岑毓英等人善加抚驭，能得死力，但兵骄将横，并不是一支可以挥之即去力量。要裁撤这支成分驳杂的地方武装，重新建立一支正规的国家军事力量，需要极高的智慧和极大的勇气，这对岑毓英来说，无疑是一个巨大的考验。

善后需要大批款项，但中央及周边省份应拨给云南的协饷却总是迟迟不能到位，同治十二年（1873年）据布政使宋延春会同军需局司道查明，各省所欠拨之协饷，截至同治七年（1868年）止，共计800万余两。而自同治八年至十二年（1869—1873年），共应解银580余万两，但到位的仅141万余两，还有440万余两不能到位，合计不到总款项数额的三分之一，以上两项相加，则各省欠拨云南省协饷1240万余两，这就意味着兵勇的饷银被大量拖欠。岑毓英上奏清廷说："云南省分之边僻，地方之穷苦，事势之艰难，与甘、黔情形虽异，而所得饷需不及甘、黔十分之一。……军民实形交困，刻下遣散兵勇，欠饷不能不照数补发；安抚百姓，赋役不能不量予减免，加之地方应办各项事件，应修各项工程，非有巨款实无以善其后。"[①]语气多少有点抱怨的意味，讲的却是一个不容回避的问题。当时因欠薪而导致兵勇哗变的事情时常发生，如光绪元年（1875年）九月，补用副将李棠秀前往四川领取兵勇积的饷银、恤赏，结果守候多时却不曾领到分文，反赔上许多旅费，最后发了张白条又被打发回云南，到云南善后局向司道请领，也无银钱可发，终于鼓噪滋事，被岑毓英派人捕捉后押入县衙，就是其中的一例。[②]虽然事情仍在管控范围之内，但不扭转这一形势，星星之火，终有燎原之势，岑毓英只好上奏清廷，反复陈述困难，请朝廷向各省严旨督促拨款，同时还派官员前往各省催拨协饷，可谓费尽心力。同时采取一系列强有力的措施，裁撤练勇并设法解决欠饷问题，以破解云南地方恢复和发展的困局。

对于战后裁撤练勇的行动，岑毓英以身作则，率先遣撤其所部之粤勇。前面已说，岑毓英所部之粤勇，实际上是他的亲军，被编为粤字、广

① （清）岑毓英撰，黄振南、白耀天标点：《岑毓英集》，广西民族出版社2005年版，第118页。

② （清）岑毓英撰，黄振南、白耀天标点：《岑毓英集》，广西民族出版社2005年版，第189页。

字、西字等营，共计3500余人，由军需局司道委员查点确认后，再由迤南道蔡锦青协同带队的副将许士坤、游击范桂兴等到省城军需局，领取部分补发的饷银，不足之数，则待队伍回到广西后，将广东省应拨云南的协饷项就近拨发。此外岑毓英所部的中军定字、安字各营，及杨玉科、李维述、张保和、何秀林、吴永安、任仕斌等率领的各营，多为滇籍人士，这部分练勇作为第二批次，或补为绿营兵丁，或遣回原籍，或就地安置。由于岑毓英的带头作用，云南团练裁撤工作得以稳步推进，但资金缺乏一直困扰着云南的善后工作。由于欠饷数额巨大，且久拖不能兑现，难免又引起练勇的骚动，虽有政府和部队中的官员极力疏导，甚至武力镇压，但终非善策。岑毓英也十分清楚，如果矛盾得不到解决，积累到一定程度，局面将会变得不可收拾。迫不得已的情况下，云南地方政府被迫采取了一些变通措施，以求能够平稳推进善后的相关工作。

首先为清理无主田产，安置勇丁。由于前后约20年的战乱冲突，加上瘟疫和饥荒，致使滇省人口急剧减少，大量田地抛荒；此外云南各地反抗晚清腐朽统治的各族人民，被镇压后也留下大量田地，后为政府没收，这部分田地被称为“叛产”。云南地方政府规定：这些田地“应化为十成，以五成分给无业官勇，饬令携家前往，自行耕种，照纳钱粮。以二成五，分别变价租息，作为该处昭忠祠等处修费，暨书院膏火卷金之资。其余二成五，无论房产田地，均由地方官督同公正绅耆，招佃耕种。每年收获租息，除纳钱粮外，分给历年随征阵亡及带伤残废各家属；如有余项，添发孤贫口粮”①，在一定程度上解决了练勇的欠饷及战后安置的问题。在今天云南楚雄姚安县，文物工作者发现一块当时云南省政府关于处理“叛产”的公示碑，除公布当时政府的相关政策外，碑后还附记姚安州清理出的八宗产业详细田亩数量及方位，为今天我们研究这方面问题提供了重要的资料依据。全文如下：

云南巡抚岑毓英告示②

头品顶戴太子少保兵部侍郎兼都察院右副都御史巡抚云南等处地方岑为出示晓谕事。

① 张方玉主编：《楚雄历代碑刻》，云南民族出版社2005年版，第296—299页。
② 张方玉主编：《楚雄历代碑刻》，云南民族出版社2005年版，第296—299页。

照得迤西军务，已经全行肃清，本部院钦遵谕旨，将善后事宜，妥为筹办，现在督饬各地方官次第举行。惟查各处逆匪，均已殄灭尽净，所遗叛产甚多。值此百姓凋零，难于全行耕种，若任其荒芜，不惟国赋虚悬，抑且旷废可惜。兹与各官绅筹议，所有各部兵勇，除民兵遣散归农，各部勇营将欠饷算明拨给后，如系外省投效之人，遣撤回籍，其余挑补绿营兵丁：此外尚多无业可归，必须设法妥为安置，以示体恤，而免滋事。今酌将各属叛产概行清查，内如顺宁、云州、蒙化、赵州、太和、永平、永北、宾川等处为数较多。应化为十成，以五成分给无业官勇，饬令携家前往，自行耕种，照纳钱粮。以二成五，分别变价租息，作为该处昭忠祠等处修费，暨书院膏火卷金之资。其余二成五，无论房产田地，均由地方官督同公正绅耆，招佃耕种。每年收获租息，除纳钱粮外，分给历年随征阵亡及带伤残废各家属；如有余项，添发孤贫口粮。俟至十余年后，该故弁兵等子孙成立，即行停止。此项租息应作地方何项公用?再由该官绅等妥议，禀请核办。至叛产较多之处，即勿庸安置兵勇，秖以壹半分别变价，租息为昭忠祠等处修费及膏火卷金，以壹半招佃纳租，养赡伤故弁兵家属。如此办理，庶田土不致荒废，兵民各有恒业，生顺死安，于地方善后，均有裨益。除附片奏明，并分札各州县，暨札迤西道督饬办理外，合亟出示晓谕。为此示仰各属军民人等知悉，业已札饬各府厅督饬所属，分别确查。州县实有叛产若干？历年随征阵亡残废弁兵家属又若干？并将昭忠祠及书院应如何培修之处，定限一月内分别造具清册，禀报迤西道，核明会商，各带兵镇将，分别安置官勇，妥为筹拨，出示勒石通报备案。至各属中，有前因被贼掴入，后已弃逆效顺，业经免究者，即不得借端妄指。如有寻仇报复，假公济私等弊，许即指名禀报，以凭重究。又各处叛产，如姚州、蒙化两属内，有前经记名提督署鹤丽镇杨，腾越镇李，变价接济军需者，即应删除不计，勿得妄向承买之户藉端寻事。倘有不肖官绅，希图隐漏侵渔，抑或从中磕索者，一经查觉，并即从重参办，决不姑宽。各宜凛遵，切切特示，遵奉两院宪批示四界九坊各该地抵补叛户门差田丘工数注明。

右仰通知

同治十二年五月二十六日示告示发姚州刊刻晓谕

一拨东界山遮抵补李家四，该地叛户门差田捌拾丘，计工肆佰陆拾贰个。

一拨昝家屯杨高地武都卫三处，抵补该地叛户门差田陆拾伍丘，计工壹佰贰拾叁个。

一拨南界山遮巡地等处各该地叛户门差田壹百捌拾玖丘，计工陆佰壹拾个，其田坐落巴蕉冲。

一拨大西界抵补石官村山脚村各该地叛户门差田壹佰零叁丘，计工贰佰捌拾伍个。

一拨正北山外抵补满海场叛户门差田肆拾捌丘，计工贰佰叁拾陆个。一拨三江口亦额坪二处抵补该地叛户门差田叁拾丘，计工贰佰个。一拨又北界花邑村官庄子二处该地叛户门差田伍拾丘，计工贰佰贰拾伍个。一拨城内九坊抵补叛户门差田大小拾丘，计工陆拾个，其田坐落阿哪苴。

关于此碑书中还附有说明："该碑原存姚安县城武庙，2003年12月10日考察时在仁和镇新恢复的观音阁后院内。碑高94厘米，宽73厘米。题衔全称：'头品顶戴太子少保兵部侍郎兼都察院右副都御史巡抚云南等处地方岑为出示晓谕事'。直行楷书27行。"

其次是劝导报效。由于各省协饷不能按时拨到，甚至有些省份就根本没打算拨发，而云南开展各项善后工作，整顿绿营兵制，急需要大量款项，但经费万分紧张，实在无款可筹，云南省政府只好命令各营勇丁将积欠的饷银报效。清统治后期由于社会矛盾尖锐，各地的反抗斗争风起云涌，中央及地方政府根本无法维持庞大的军费开支，因而劝导各地练勇将所欠的饷银报效，成为一种通行的做法，如同治五年（1866年）五月，李鸿章奏请将淮军水陆各营所欠饷银合计"三十万八千八百五十七两八钱四分三厘九毫六丝七忽"报效，不邀奖叙，只请加广安徽省文武乡试定额各一名及广卢州府一次，文武学额各四名。[①]至光绪九年（1883年）十月，又请将淮军“各营欠发饷银七十万三千六百九两二钱有奇”报效，加广安徽省文武乡试中额各四名，江苏省文武乡试中额各三名。[②]各省团练欠饷的报效，情况也大抵如此。云南各路勇营所欠之饷银，至同治十二年（1873年）底，虽经过多方筹措，仍积欠各营勇饷、恤赏、米折等项……银555万余两，因云南省政府方面前已将地方绅民捐输的银两奏请加广中、学额，所以此次滇军将士所欠饷银只能劝导报效了，经滇军各营带兵将官的开导，辖下的勇丁情愿将历年所积欠的432万两饷银尽数报效，分别核明上报，照各省报效勇饷章程，给予奖叙。另欠在滇粤勇各营月饷、米折、恤赏共银123万余两，则由带营将官记名总兵覃修纲、岑有富等奏报，情愿报效，不邀奖叙，只请加广西省文武乡试永远中额各2名，泗城府府学文武永远学额各2名，并廉、增各2名，西林县县学文武永远学额各2名，并廉、增各2名，这样就基本解决了云南地方各路武装的欠饷问题。[③]岑毓英及云南地方政府采取这个办法解决兵勇欠饷的问题，也实在是无奈之举，说白了就是政府要赖账，所谓情愿报效后给予奖励，只是体面些的说法，而加广中、学额，则对一地文化教育的发展有促进作用。

最后为借款发饷。由于被长期拖欠饷银，“夫各营现在之兵即从前之勇，如所汇各省欠饷能全数领获，纵目下新饷欠发数月犹可挪移，食用勉强支持；乃旧饷既无可望，新饷复多欠缺，佥谓血战数十年，得此余生，复受饥寒之苦，何以为情？纷纷哗噪，几生事端，幸各营官弁多系带勇之人，竭力开导”，才得以暂时平息。但长此以往，矛盾终会爆发。光绪二年（1876年），由于拖欠兵饷终于导致云南地方矛盾激化，“紧急军需，刻不容缓，先后向各商号借用银398100两，填给库收，令付各省分拨归还。……滇省库藏空虚，仅恃此商号二三家（笔者注：指天顺祥、云丰

① （清）李鸿章撰：《李鸿章全集》第一册，时代文艺出版社1998年版，第470—471页。

② （清）李鸿章撰：《李鸿章全集》第三册，时代文艺出版社1998年版，第1842页。

③ （清）岑毓英撰，黄振南、白耀天标点：《岑毓英集》，广西民族出版社2005年版，第164页。

泰、乾盛亨等票号）随时通融，稍免哗溃之忧”[①]。最后云南地方政府依靠各商号借款，才暂时缓解了危机。

岑毓英裁撤练勇、易勇为兵的工作虽有波折，但始终坚定推行，至光绪初年，此项任务才逐渐完成。

二、以工代赈安抚流民

以工代赈亦可简称为“工赈”，是慈善救济中一种较为特殊的形式，指政府用赈济资金为有劳动能力的救助对象开拓就业机会，主要是参加一些公共工程的建设，如兴修水利、疏浚河道、筑城、修路等等。工赈使被救助者可以通过劳动的收入来养家糊口，维持生存，其特点是不仅赈济了救助对象，解决了他们的实际困难，而且兴建了公共设施，促进社会生产的恢复发展，因而可以说是一举两得的社会救助办法。以工代赈的办法在中国古已有之，早在春秋时代齐景公和齐相晏婴就曾用“即工寓赈”的办法修筑道路陵寝，宋朝时更是屡屡以工赈征募灾民兴修水利，至明清时期则使这一救济形式逐步规范化和制度化。

从战后云南的社会形势上看，由于社会公共设施损毁严重，百姓的生产生活百废俱兴，工赈可以把地方建设和救济民众两项工作结合起来进行，无疑是战乱后云南最为理想的善后工作形式，不仅使具有劳动能力的百姓有谋生之处，可以养家糊口，有利于社会稳定，还使地方社会的公共设施得到恢复和建设，可谓一举多得，对战后云南社会生产的恢复和发展大为有利，岑毓英实行工赈可谓是“寓救济于善后”中，“善后”是“救济”的目的，“救济”则是“善后”的手段。岑毓英在战后云南的善后重建工作中大力推行工赈，不仅范围广，还能因地制宜，因而具有云南的地方特色。前文已谈及，岑毓英在战乱之后的云南多方筹措资金，召集地方百姓努力修复和建设云南地方社会的公共设施，如教育方面的书院、学宫、义学等，宗教方面的庙、庵、祠、堂、观等，社会公益方面的普济堂、敬节堂等，也属于地方政府工赈的范畴。此外云南蕴藏丰富的矿产，岑毓英在战乱之后的云南积极筹措专项资金，扶持云南各盐井的灶户恢复

① 清档：军机处《录附奏折》，光绪二年云南巡抚潘鼎新折片。转引自《中国近代金融史》编写组：《中国近代金融史》，中国金融出版社1985年版，第60页。

井盐的开采，又在清廷的协调下，由各省预先提供协助铜矿恢复开采冶炼的“铜本”，再由云南地方政府召集百姓恢复铜矿的开采冶炼，也是具有云南地方特色的工赈。

岑毓英在云南大规模实行工赈，还有更重要的一层用意，就是将具有劳动能力的青壮年集中起来，使其能通过劳动自食其力，避免其四散流亡于社会当中，一旦受到煽动起事，则有可能造成云南地方社会的再次动荡，实为维护战乱之后的云南社会稳定的一项重要措施。岑毓英在云南善后工作中，一直对流民的问题非常重视，他认为“此时保全一流民，他日即少一盗贼”①，此说法虽然不免带有统治阶级的偏见，但百姓不能安居乐业，则有可能铤而走险，也是不能否认的事实，可知岑毓英在流民对战后云南社会稳定影响的问题上有深刻的认识。岑毓英的这一思想主张，在恢复云南铜业开采冶炼的过程当中，表现得最为明显。清后期云南的铜业生产主要集中在东川一带，军兴之后，云南的铜矿基本停产封闭，此后滇铜生产中断近20年。铜作为国家战略储备物资，其开采冶炼工作一直深受政府的重视，同治七年（1868年）岑毓英任云南巡抚伊始，清政府就命其筹划恢复铜矿的开采与冶炼，但岑毓英担忧在云南战乱时期，矿区内如聚集成千上万的民众，可能存在地方政府难以控制的动乱风险，故将此事暂时搁置。到同治十二年（1873年）初，云南局势逐渐稳定，岑毓英开始积极推动此事，他主动上奏清廷请求将各省协助云南开采铜矿的资金“铜本”迅速拨往云南，由地方政府把社会上的青壮劳力召集起来，进行铜矿的采冶工作。岑毓英此举是因应云南地方社会形势的变化，军务肃清之后，铜矿的开采为劳动密集型行业，此时重新兴办刚好可以召集大量流亡百姓，以工代赈，既有利于云南社会生产的恢复，也有利于地方统治秩序的稳定。此外战后云南省政府积极恢复盐业生产，也包含有这一层的战略考虑。从战后云南省的社会情况来看，岑毓英大力推行以工代赈的效果是明显的，在促进社会生产恢复及维护地方秩序稳定等方面都起到了积极的作用。其中关于教育、宗教、公益等社会公共设施的修复和建设，盐业、铜业等矿产业生产的恢复，本书有专门章节论述，本节主要列举了岑毓英

① （清）岑毓英撰，黄振南、白耀天标点：《岑毓英集》，广西民族出版社2005年版，第424页。

推行以工代赈，在水利、城池、衙署、寺塔等公共工程建设方面的事迹。

表4–1　兴修水利

政区		名称	沿革	事迹
云南府	昆明县	六河	同治三年，大水冲决各堤岸，巡抚徐之铭督同署粮储道张同寿、署水利同知士光暨绅士王焘等筹款修浚。	（同治）十一年，巡抚岑毓英檄粮储道韩锦云、水利同知朱百梅大修堤岸、闸坝、桥梁、河道。
		海口	兵燹后，年久失修。同治十年，大水泛滥。	（同治）十三年，巡抚岑毓英檄粮储道韩锦云、水利同知朱百梅等大修海口堤岸、闸坝、河道。
		光村闸在城东南三十里光村；新村闸在城东南三十里左卫营；猪圈坝三闸在城东南三十五里宝山冲下	以上三闸，均马料河水所经。	同治十一年，巡抚岑毓英檄水利同知朱百梅疏浚修筑。光绪七年重修杜家营、小古城等村堤岸。
临安府	建水县	泸江堤	兵燹后，光绪元年，霪雨为灾，泸江三河堤坝冲决。	同治二年，兼署总督云南巡抚岑毓英发款，檄署知县李宾重修，后复决。
丽江府	剑川州	金龙河堤	螳螂河两岸皆沙，夏旱则水微，秋潦则泥沙俱下，河堤常溃溢为患。军兴后失修，东、西两岸民田淹没无算。	知州吴其帧禀请巡抚岑毓英发款，率绅民修浚，自同治十二年至光绪二年工竣，河水畅流，得免于患。

资料来源：《新纂云南通志》卷一百三十九《农业考二·水利一》、一百四十《农业考三·水利二》、一百四十一《农业考四·水利三》。

表4–2　修缮城池

政区	名称	沿革	事迹
云南府	云南府城（昆明县附郭）	同治十年大水，大东门城脚陷落，城楼垛口坍塌。	巡抚岑毓英筹修。
大理府	大理府城（太和县附郭）	同治十年，巡抚岑毓英统兵攻克，四面开掘地道，轰塌大半。	（同治）十一年，筹款重修。

续表

政区	名称	沿革	事迹
澄江府	澄江府城（河阳县附郭）	同治九年，巡抚岑毓英督师攻剿，开挖地道，崩倒城垣十余丈。	（同治）十一年，檄署知府胡毓璠、署知县朱为雨，同把总李占鳌筹修。十二年，巡抚岑毓英发款重修四门城楼，并补葺各城垣。
曲靖府	曲靖府城（南宁县附郭）	同治二年，为马联陞占据，克复后，四城楼圮。	布政使岑毓英檄知府程諴、知县唐湛春重修。（光绪《志》）
丽江府	丽江府城（丽江县附郭）	乾隆十六年，地震倾圮，知府樊好仁重修。（道光《志》）五十八年，复圮，奉文缓修。	（同治）十二年，巡抚岑毓英奏请改建砖城，曾经片奏在案。
昭通府	镇雄州城（旧为府，隶四川，为土司治，有土城。）	同治四年，城陷于苗民，垣毁过半。	（同治）五年，署布政司岑毓英督兵攻克，发款重修，以西北旷而难守，缩城墙数丈，添筑砲台二座，新建南、北城楼，南曰启文，北曰迎恩。
	彝良城		同治五年，署布政司岑毓英改建石城。（光绪《志》）

资料来源：《新纂云南通志》卷四十一《地理考二十一·城池二》、卷四十二《地理考二十二·城池三》。

表4-3　官署（附仓库、善堂）

政区		名称	沿革	事迹
云南府	昆明县	云贵总督署		（光绪）九年，总督岑毓英修建内箭道于西花厅左旁。（光绪《志》）
		云南巡抚署	同治二年，灯宵之变，折毁过半。	（同治）八年，巡抚岑毓英筹款重修。（光绪《志》）
		通省文武会试卷金所		一在抚署旁福照街，一在督署前甬道，均系巡抚岑毓英于总督任内，先后捐廉起盖铺面，收租借商，按月生息，以助公车北上之资。（光绪《志》）
		普济堂	咸丰七年，兵燹毁。	光绪二年，署总督岑毓英重修，规模仍旧。九年，复增修东廊平房二十间。（光绪《志》）
		敬节堂（在西城内）		清光绪九年，总督岑毓英、巡抚唐炯率官绅捐建。（光绪《志》）
		抚标两营公所		在抚署后。清光绪九年，总督岑毓英就围墙外余地，改建铺面，租息永作加操公费。（光绪《志》）

续表

政区		名称	沿革	事迹
大理府	太和县	督学考场	在城西北。原在打线街，久废，临考暂借县署。清雍正十二年，迁今地，即旧钱局街增建。（雍正《志》）咸丰六年，杜文秀踞城，残毁。	同治十二年，巡抚岑毓英平乱后，改建今署。（光绪《志》）
		云南提督军门总兵官署（在城内五华楼之南）	咸丰六年，杜文秀改建为府。	同治十一年，巡抚岑毓英堕其内城。
	赵州	知州署	经兵燹毁。	同治十一年，巡抚岑毓英移建学宫于旧署址，以厅署之基改置州署。
澄江府	河阳县	游击署		战乱后，岑毓英奏请增设兵弁半营，以资巩卫。光绪元年，增游击一员，督率标下中军暨九汛官弁。
	路南州	知州署	咸丰八年，夷民踞城，毁。	咸丰十一年，署知州岑毓英克之，重建镇雄坊。
蒙化直隶厅		游击署（在城内）		同治十三年，巡抚岑毓英奏准，移提标右营游击驻蒙化。（光绪《志》）

资料来源：《新纂云南通志》卷四十四《地理考二十四·官署一》、卷四十五《地理考二十五·官署二》、卷四十六《地理考二十六·官署三》。

三、整顿盐务

在云南省地方财政收入中，盐税和田赋是其中的两大支柱，食盐生产的恢复，对云南地方社会建设有重要影响，所以整顿盐务也成为岑毓英在战乱之后的云南恢复工作中的一个重点。作为内陆省份的云南，通过开挖盐井，采卤煎煮来生产食盐，在西南地区有悠久的历史，乾隆朝后期，还出现通过开采盐矿石来生产食盐的方法。到清后期，云南盐井数量达到30余口，各井的食盐产量在各个历史时期不尽相同，其中储量丰富，能够持续高产的盐井长期保持在20口左右，形成了滇中、滇西和滇南三足鼎立的滇盐生产格局。滇盐的销售，清初曾实行官运官销制，由于弊窦丛生，导致社会矛盾尖锐，于嘉庆初年改为灶煎灶卖、民运民销，政府向各盐井派驻专职官吏进行管理，建立了就井征课制度，至嘉庆八年（1803年）制定盐税务章程，云南省内盐井每年额征正杂课银37.26万多两。[①]

咸同军兴，云南的制盐业遭到沉重打击，各地盐井被不同的武装势力占据，食盐的生产和销售也被分别把持，地方政府的盐课无从征收。随着滇省军务肃清，云南地方政府决定将食盐的生产和销售改为官办，地方各井统归盐法道管理，并委派专职的盐务官吏提举、大使等到各井具体负责。然而战乱之后，各产盐区由于地方残破、灶户凋零、产量不高及薪本昂贵等原因导致盐价居高不下。另外滇盐主要在本省行销，但省内的东川、昭通二府主要为川盐的分销区，开化、广南二府又多食用粤盐、交盐，其他各府、厅、州、县，战乱之余人口稀少，经济萧条，加之省内交通限制，销售并不畅旺，一年所征得的盐税，数额不及原来的一半。

岑毓英于同治七年（1868年）任云南巡抚后，开始着手管理云南盐务，他"酌定章程，奏明委司道经理"[②]，但全面整顿云南盐务，则是在军务肃清后的同治十二年（1873年），当时由于相关的盐务章程档案在战乱中多已丧失，致使地方政府办理盐务无章可循，岑毓英大胆改革，他向清政府奏请，决定云南盐税征收不再遵循旧制，按照当年云南地方的食盐实际生产、销售情况来征收，同时也不对盐务官员提出具体的征收数额要求，能收多少算多少，征收数额不作为考核成绩，到三年期满后，再根据云南地方食盐实际产销情况，制定征收的章程，并以此为据对盐务官吏进行考核。岑毓英在云南盐务史上的此项改革值得肯定，首先，这种摸底式的征收方法有利于地方政府掌握当时云南食盐产销的真实情况，可以实事求是地制定出符合地方情况的征收章程。其次，不对官员进行征收考核，可避免地方盐务官员为了政绩而强征滥征，为战乱之余的灶户盐商赢得休养生息机会，有利于云南盐业生产的恢复和发展。后人对岑毓英的云南盐业史上的

---

① 牛鸿斌、文明元、李春龙、刘景毛点校：《新纂云南通志》七，云南人民出版社2007年版，第369页。

② 牛鸿斌、文明元、李春龙、刘景毛点校：《新纂云南通志》七，云南人民出版社2007年版，第174页。

这项创举评价甚高，认为“军兴后，尽征尽解，亦盐法史上一大改革”[①]。

岑毓英领导下的云南省政府整顿盐务，统一征收盐税，在经营各地盐井之外，还得与把持地方利益的各种势力做斗争。如在军兴期间，地方上“数年未失守及克复地方征收钱粮，或归提臣马如龙征收，或解军需局，自同治七年始，经酌定章程，委司道等经理，武弁不得擅收”[②]，可知到岑毓英任云南巡抚后，始实行将地方上的财税权收归政府的政策。军兴之后云南各地的盐务整顿，在滇中、滇西地区顺利开展，但在迤南普洱府属的石膏、磨黑、猛野等井的盐务，屡经地方政府设法整顿，却久无成效，究其原因，实为历史遗留的问题。他郎厅（今云南省墨江县）所辖的猛野、磨铺二井，由于地处边远的民族聚居地区，向由当地民众自采自食，并不准行销外地。道光初年，他郎武举孙开先等于猛野、磨铺二井界内私开井口，煎盐私销。因走私漏税，又在边境地区聚集不法势力，已影响国家的边防稳定，遂被云南省政府全行封闭。至道光朝后期，猛野井又被私采，因此后很长一段时期云南地方政务废弛，遂使此问题一直悬而未决。

岑毓英经过调查，发现他郎厅属之猛野井一直为附近土豪奸商把持开采，从未上交过盐税。地方政府虽多次前往查办，但因地势偏远，地方政府的控制能力有限，一直没有办法彻底解决地方上偷采私销的问题。岑毓英认为在附近的“石膏井虽原设有大使一缺，权轻职小，呼应不灵，必须如黑、白等井设一提举，督同管理，以专责成”[③]。他经过通盘筹划，考虑到琅井在此一时期卤淡薪贵，盐产量在逐渐减少，且所产之盐“硝重味苦涩”，销路不好，虽多方努力，但一直不见起色，遂决定将琅井盐课司提举裁去，琅井改归定远县（今云南省牟定县）地方兼管，另设石膏井提举，移驻石膏井，就近管理石膏、磨黑、猛野三井盐务，石膏井大使则改驻磨黑、猛野二井，往来巡查。

岑毓英的这项改革措施无疑是明智的，首先他吸取历史上的经验教

① 牛鸿斌、文明元、李春龙、刘景毛点校：《新纂云南通志》七，云南人民出版社2007年版，第163页。

② 牛鸿斌、文明元、李春龙、刘景毛点校：《新纂云南通志》七，云南人民出版社2007年版，第166页。

③ 牛鸿斌、文明元、李春龙、刘景毛点校：《新纂云南通志》七，云南人民出版社2007年版，第166—167页。（按：包含有此内容之奏折不见于《岑襄勤公奏稿》中，当为遗漏。）

训，对于边远地区难以管理的盐井不是一封了之，而是因势利导，增设石膏提举一职进行管理，一方面增加了政府的财政来源，另一方面加强了对边境地区的管控，可谓一举两得。其次，把开采价值不大的琅井归地方兼管，裁去琅井提举，节约了地方政府的资源，同时一裁一设，地方的财政负担并没增加，但管理效果大不相同。岑毓英在整理盐务的同时，也整顿了地方统治秩序，加强清云南政府在边境地区的行政管控能力，其影响不仅是盐务税收的问题，还涉及西南国防的巩固建设，因此意义重大，故后人评价此项设置时说："裁琅井提举，改设于石膏井，亦沿革一要事。"①

云南的盐业生产，由岑毓英于同治十三年（1874年）请准不设额数，尽征尽解，先试办三年，至光绪三年（1877年）底止，四年间平均每年征盐课银20.3万余两，清政府遂以此数为定额征收，考虑到各盐井的年产量起伏不定，决定只管征足全年盐课总数，不再硬性规定每口盐井的具体征额。至光绪六年（1880年）起，按清政府的要求，云南恢复征收旧盐课正额银26.1万余两，如有不足之数，则由盐厘项下拨补。而包括养廉、役食等的杂课，原定额年征11万余两，缓征三年。至光绪十年（1884年），岑毓英奏称滇省黑、琅、元、永四井，光绪八年（1882年）、九年（1883年）连遭水灾，灶民元气大伤，加之迤南边境地区形势紧张，商贾裹足，滇盐销路不畅，"惟有仍遵光绪六年奏案，先尽正课征解，如有不敷，在盐厘项下拨补足额"②。至于杂课再请免征三年，清廷再次准予缓征。至光绪十二年（1886年），岑毓英又再次上奏清廷，陈述云南盐业产销之困难，他说云南兵燹廿稔，元气大伤，肃清之后，又瘟疫流行，地方上户口凋零，且滇西、滇南因英法的侵逼，边防形势紧张，"本省既极凋零，客商更复不至，盐为计口授食之需，销售亦难畅旺"③，因而恳请清廷再缓三年，只征盐课正额。清政府复议后，"仍暂准缓征廉、役等款，照案自

① 牛鸿斌、文明元、李春龙、刘景毛点校：《新纂云南通志》七，云南人民出版社2007年版，第168页。

② 牛鸿斌、文明元、李春龙、刘景毛点校：《新纂云南通志》七，云南人民出版社2007年版，第177页。（按：包含此内容的奏折不见于《岑襄勤公奏稿》，当为遗漏。）

③ （清）岑毓英撰，黄振南、白耀天标点：《岑毓英集》，广西民族出版社2005年版，第391页。

光绪十二年起，予限三年”[①]。一直到光绪十五年（1889年）岑毓英病逝于云贵总督任上，终其一生，始终坚持不恢复征收云南盐课中的杂捐，以避免加重地方百姓的经济负担，坚持践行其在云南“与民休息，培植元气”的民生主张。

云南各盐井的生产次第恢复后，岑毓英又悉心筹划，努力复兴云南地方食盐的生产和销售。清光绪十三年（1887年），因“黑、元、永三井自九年被遭水灾，继以飓风侵水，迭次停煎，灶情日见艰窘，井情日见疲滞”。岑毓英命令地方盐务官吏“于本年征收黑、元、永三井盐课内分次借发，传集殷实柴户、灶户给领，上紧购采运井，预备供煎，借资调剂而顾课款”[②]，至光绪十四年（1888年），他又主持从各井征收的盐课中分别抽出资金，借给各进灶户作为购买柴薪的本金，支持当地的盐业生产，分别借发阿陋井柴本银600两，白盐井柴本银3500两，乔后井柴本银三3500两，为云南地方盐业持续发展提供保障。

中法战争后，法国殖民政府向中国政府提出照会，要求允许越南食盐入滇销售，岑毓英上奏清廷，建议清政府依据《中法通商条约》第十五条“食盐不准贩运进关，违者查拿钱罚”之规定，“坚持峻拒，悉归删除”，并奏明云南地方政府将援引山东兰山等州县缉私成例，派员到开化、广南等府及蒙自县等各边地方择要驻守，查缉交盐走私，复檄饬边防各营及地方府、县官吏协助查缉。岑毓英相信只要认真做到“信赏必罚，各顾考成，自可以收实效”[③]。光绪十四年（1888年），岑毓英又奏明清政府，云南地方政府仍将援引山东兰山等州、县缉私成例，派员在永昌府腾越、龙陵等厅，保山、永平等县，查缉缅盐走私。滇盐销售为事关云南地方百姓生计的大事，故岑毓英为保卫此项利权而一直坚持斗争，可谓不遗余力。

盐业是云南地方财政收入的支柱产业之一，岑毓英一直注重恢复滇盐生产，希望通过振兴滇盐的产销来发展地方经济，以改善地方民生，并进

① 牛鸿斌、文明元、李春龙、刘景毛点校：《新纂云南通志》七，云南人民出版社2007年版，第180页。

② 牛鸿斌、文明元、李春龙、刘景毛点校：《新纂云南通志》七，云南人民出版社2007年版，第180页。（按：包含有此内容之奏折不见于《岑襄勤公奏稿》中，当为遗漏。）

③ 牛鸿斌、文明元、李春龙、刘景毛点校：《新纂云南通志》七，云南人民出版社2007年版，第181页。（按：包含有此内容之奏折不见于《岑襄勤公奏稿》中，当为遗漏。）

一步达到增加政府财政收入和振兴地方文化教育之目的，为此投入了大量的时间精力。从以上史实可知岑毓英在振兴滇盐产销方面的努力，为其治滇事迹的重要组成部分，相关的史料对于岑毓英及近代云南历史的研究，都具有重要的参考价值，然而笔者在前面论述中所引用的岑毓英关于滇盐经营方面的奏折，大多没有收录于《岑襄勤公奏稿》当中，且至今无人关注及整理，不能不说是关于岑毓英及云南近代史研究中的遗憾。

四、征收盐厘

岑毓英整顿云南盐务的另一大改革，是开征盐厘。清代云南限于自身的经济发展，需要清政府及各省协饷的支持，才能维持地方政府的基本开支。军兴之后，饱受战乱冲击的云南地方经济更趋萧条，此一时期由于晚清国势日衰，社会矛盾渐趋尖锐，各地人民的反清斗争风起云涌，王朝需要大量的资金来维持统治。道光二十年（1840年）后与列强数次交战失败，不得不签订割地赔款的条约，财政上更是雪上加霜，因而各省支持云南的协饷多不能至。岑毓英在中国西南经营近30年，一直都处在“粮饷奇绌，财政拮据”的状态当中，催解协饷似乎成了他上给清廷奏折中永恒不变的主题。地方财政的困难，迫使其多方设法，广开财源，云南地方的盐厘开征，便是在这种背景下进行的。

云南设局征收盐厘始于何时，不见相关的档案记录。据《新纂云南通志》卷一百四十七《盐务考一》载：“光绪十四年云南巡抚谭钧培咨复户部行查光绪十二年分各井收支盐厘案内声称，滇省盐厘一项系自同治十三年设局抽收。”①按此说法不准确，岑毓英光绪二年（1876年）三月上给清廷的奏稿中声称：“臣于同治七、八等年督师援省，破贼解围，将附省州县城池暨黑、元、永各盐井克复之后，即与司道商酌，由黑、元、永等井按销盐一百斤抽厘金三钱，随收经费银五分，以厘金接济饷需，以经费发给生童膏火，并修理五华书院，增设学舍，又择城内空闲祠宇，改建育材书院，延院长二人，分任主讲，委教职二员，充当监院，每月所需膏火银两、院长束脩、监院薪水及月课卷价，约共合银五百数十两，均由盐经

① 牛鸿斌、文明元、李春龙、刘景毛点校：《新纂云南通志》七，云南人民出版社2007年版，第169页。

费项下发给。”[①]可知岑毓英在同治七年（1868年）四月任云南巡抚后，就开始筹划征收盐厘之制度。盐厘和经费随同盐课一道，在各盐井就地征收，不同于其他厘金，要在各地设卡征收。盐厘和经费（又称学堂经费）的名称和用途不同，但性质一样，都是将食盐作为商品流通时而征收的商业税，也有观点认为这些随盐征收的费用是一种“变相的人头税”[②]。盐厘在筹划之后具体何时开征，不见明确的时间记载，唯知官军收复黑、元、永各盐井的为同治八年（1869年）七月间之事；至同治十年（1871年），岑毓英与盐道沈寿榕重修五华书院；十一年（1872年），岑毓英又“奏准由黑、元、永、乔后等井每销盐百斤收经费5分，白井、云龙、喇鸡鸣、景东、镇沅。按板、石膏、磨黑、猛野等井每销盐百斤收经费3分，作五华、育材两书院束脩膏火之费”[③]。按常理来说，应该是先行征收经费，才可能有资金重修书院及分发束脩膏火费，可知岑毓英在云南地方征收盐厘及经费，当在同治八年到十年（1869—1871年）之间，在时间上早于谭钧培所说的“系自同治十三年设局抽收”。

盐厘的征收，最初仅是在黑、元、琅、永等近省盐进实行，主要为解决官府的部分办公、办学经费，至“光绪十二三年间，由滇督岑毓英以盐厘关系边防饷需，檄盐道合同布政司，查照每年销盐实数与各地盐厘比较，派遣公正委员前往整顿，按月以收厘数目校对课款数目，并将各井盐厘分别核定。计黑、元、永、白、乔、阿、草、琅等井，每硝盐百斤，均抽厘银叁钱；石、磨、抱、按、恩、景等井，每销盐百斤，均抽厘银贰钱；喇、云等井，每销盐百斤，均抽厘银壹钱伍分。统计年约收银壹拾叁万余两，汇解司库备供兵饷”[④]。此时开征盐厘，实因西南的边防形势危急，为筹国防经费而不得已为之。此前岑毓英因滇军粮饷无着，“饥军岂能枵腹以待？……暂行开办米捐，以实米运营，方免哗溃”[⑤]，并声明此

① （清）岑毓英撰，黄振南、白耀天标点：《岑毓英集》，广西民族出版社2005年版，第200页。

② 李珪主编：《云南近代经济史》，云南民族出版社1995年版，第170页。

③ 李春龙、王珏点校：《新纂云南通志》六，云南人民出版社2007年版，第524—525页。

④ 牛鸿斌、文明元、李春龙、刘景毛点校：《新纂云南通志》七，云南人民出版社2007年版，第320页。

⑤ （清）岑毓英撰，黄振南、白耀天标点：《岑毓英集》，广西民族出版社2005年版，第332页。

举限一年即行停止，盐厘也正是在这样一种历史背景下进行。当时云南滇越滇缅边境形势较为紧张，边防建设需要大量资金，外省的协饷不能按时送到，在这样的特殊时期里，岑毓英在全省范围内开征盐厘，为国家利益而加重民众负担，有不得已而为之的苦衷。

盐厘的征收对于缓解云南地方财政紧张的情况有一定帮助，就是在当时云南财政如此紧张的情况下，岑毓英仍坚持把盐井征收来的部分经费作为专项资金，专门“作五华育材书院、经正书院及附属算术馆经费”[①]，体现了他治滇思想中始终重视地方文化教育的主张。但岑毓英开征盐厘和经费也有其弊端，云南的盐井多处于大山之中，交通不便，且井盐的煎煮需要砍伐大量木材，随着时间的推移，柴薪成本日渐增加，加上较高的运输成本，致使滇盐的成本居高不下。而清统治者历来对滇盐课以重税，康熙三十二年（1693年）云贵总督范承勋就曾言：“滇省盐课最重，而黑井尤甚，较之他省竟至二十余倍……”[②]清前期滇盐价格高至每百斤银四两以上。乾隆初，因“边地百姓，物力艰难，僻壤夷民，更为穷苦，每盐价太贵，有终年茹淡之事”[③]，遂裁减盐课以平盐价，减至每百斤盐三两以下。岑毓英于同治年间开始在盐课外开征杂税，将会导致盐价再次上涨，实际上是开了个坏头，岑毓英本人后来也意识到此问题产生的不良影响，为了弥补，此后一直坚持主张既已开征盐厘，遂不再恢复征收盐课中的杂捐，因为“课厘之名目虽殊，而征收之在公则一”[④]。这也是岑毓英一生坚持不在云南开征食盐杂捐的另一个原因，此举基本稳住了滇盐的价格。

岑毓英去世后，继任者皆视盐课为利薮，不断增加在盐课中的杂税，以盐100斤为单位，光绪二十一年（1895年）征银7分至1钱，充作委员公费；光绪二十一年（1895年）征银2钱3分，为边岸经费；光绪二十六年（1900年）征银1两，充团练经费；光绪三十一年（1905年）征制钱500

---

① 牛鸿斌、文明元、李春龙、刘景毛点校：《新纂云南通志》七，云南人民出版社2007年版，第309页。

② 李春龙、王珏点校：《新纂云南通志》六，云南人民出版社2007年版，第148页。

③ 牛鸿斌、文明元、李春龙、刘景毛点校：《新纂云南通志》七，云南人民出版社2007年版，第151页。

④ （清）岑毓英撰，黄振南、白耀天标点：《岑毓英集》，广西民族出版社2005年版，第391页。

文，折银5钱，充滇蜀铁路经费；光绪三十四年（1908年）全国禁烟，停止征收鸦片烟税，盐课加征白银3钱2分，以充练兵经费。这些杂税不断推高滇盐价格，一方面致使百姓无力购买滇盐，以不得不忍受淡食之苦，另一方面滇盐价格不断上涨，使“交、缅盐价贱于滇盐数倍”[①]，因而云南省内食盐走私屡禁不绝。高价和走私盐的影响，使滇盐的行销更为困难，盐课和盐厘也日益减少，滇盐的产销陷入恶性循环。

五、恢复滇铜生产

云南的有色金属矿藏丰富，在清代以盛产铜、锡、铅、银而出名，其中铜矿的产量之大，全国首屈一指，有“滇铜甲天下”之称。清乾隆时期为滇铜生产的极盛时期，全省铜产量超过1000万斤，每年运出的京铜达600万—700万斤，运往其他省份的也有200万—300万斤，可供全国所需铜料之大半。但盛极而衰，到乾隆朝后期，云南铜业生产已呈衰落之势。道光初年，云南铜年产量降至600万斤左右，由于供应困难，每年解运的京铜数额减至200万斤。道光二十年（1840年）鸦片战争爆发后，各省先忙于筹措军费，后又急于筹措赔款，解往云南协助采办京铜的款项基本停止。战后由于洋货输入，白银外流，银贵钱贱的情况进一步加剧，再加上洋铜输入后逐步占领了国内市场，导致滇铜生产每况愈下。至“道光末年，滇铜产量实已不足称道了”[②]。

咸丰初年，云南的铜业生产主要集中在东川，军兴之后，云南铜矿一律被封闭，此后滇铜的生产中断近20年。铜是制造金属货币主要原料之一，且在军工民用方面有广泛的需求，属于国家战略储备物资，历来受清政府的重视，故一直在筹划恢复滇铜的生产，同治七年（1868年）岑毓英任云南巡抚伊始，清政府就命：“将该省招商开厂设局收买各事宜，迅于三月内妥议章程具奏。”[③]当时的云南，大部分铜矿产地仍处于战乱区，这个命令显然没有执行的可能性。岑毓英派员调查后奏报：各厂在军兴之

① 牛鸿斌、文明元、李春龙、刘景毛点校：《新纂云南通志》七，云南人民出版社2007年版，第185页。

② 严仲平：《清代云南铜政考》，中华书局1948年版，第43页。

③ （清）岑毓英撰，黄振南、白耀天标点：《岑毓英集》，广西民族出版社2005年版，第26页。

前砂丁以数万计，炉户、炭户以数百计，现在逃亡流离，存者不过数家。各厂逐一细勘，其矿硐之中，欀木全朽，荒土填塞，万难清理。东川矿区一带，间有可以兴办者，又多年被水淹没，另冶炼铜矿石所需的燃料也成问题。此个云南地方政府此时根本没有开矿的启动经费，各省一时也不能提供协助采办的铜本。除不具备开办的基本条件外，岑毓英认为最关键的问题是在云南战乱时期，矿区内聚集成千上万的人群，则可能存在地方政府难以控制的动乱风险。岑毓英做这样的判断，有其合理性，前面已说过，咸同年间云南各地的民变，在许多地方首先就起源于矿区，为了争夺资源利益，初为小规模械斗，继而互相劫掠，再引发为局部战乱，最终导致云南全省局面失控。岑毓英早年在广西办团练时，因争县丞一职与商人叶正邦火拼，失利后流亡云南，就曾在云南省罗平县的矿区内谋生，干过护矿队之类的事情，因此对云南矿区的情况有深入的了解。鉴于上述各因素，他建议到军务逐步肃清之时再筹划恢复云南省内的铜矿生产，届时“请部拨款解滇，宽发工本，酌加运费，并宽限四年，尽办尽运”[①]，此事遂搁议。

到同治十三年（1874年）初，云南局势逐渐稳定，各项生产陆续得到恢复，此时期清政府由于铸币和军工生产都急需铜料，遂再次下令命云南地方政府抓紧恢复铜矿的开采工作，岑毓英此次对清廷的命令积极响应，这时云南地方的形势已有所变化，在军务肃清之后，云南急需资金恢复生产和发展经济，而铜矿的开采冶炼历来就是滇省的经济命脉，为关乎全省民生的大事，也是岑毓英在云南善后工作的一个重点，正需要中央政府在资金和政策上的支持，因此中央和地方在恢复铜矿采冶这件事上的态度一致。岑毓英向清廷奏报说：滇省“铜务停办十余年，炉户逃亡，砂丁星散，各厂铜矿路或被荒土填塞，或被积水淹没，废弛已久，开办甚难。……若拨饷办铜，不惟可复钱法铜政，而滇省各属散勇游民藉此谋生，亦善后之要务”[②]。强调了战乱之后云南矿冶恢复之困难，希望得到

① （清）岑毓英撰，黄振南、白耀天标点：《岑毓英集》，广西民族出版社2005年版，第26页。

② （清）岑毓英撰，黄振南、白耀天标点：《岑毓英集》，广西民族出版社2005年版，第110页。

中央政府的支持，认为采矿这种劳动密集型行业，此时重新兴办刚好可以召集流亡百姓，以工代赈，不仅可以恢复和发展地方生产，还有利于维护地方统治的稳固。关于铜本，户部最初希望云南省政府能从各省助滇协饷中匀出部分，但云南往年所得之款项不到清政府指定的三分之一，地方军队曾因拖欠饷银而几乎哗溃，自然是不可能再有余钱来兴办矿业，所以岑毓英希望清政府能加紧筹拨款项，按照旧制定章，甲年制订征收计划，乙年拨到相应铜本，丙年按额征铜，使云南铜业生产尽快步入正轨。

岑毓英对于滇铜生产与征收，也提出自己的两点意见：首先是要随行定价，避免价贱伤民。兵燹之后，云南地方户口凋零，经济萧条，不单砂丁、炉户难以雇募，柴薪、器具也价增数倍，且滇铜京运，由各铜厂至四川泸州，陆运三四十站不等，运费高昂，按照以往官方所定铜价，则难以办理。其次不能预定产额，须量力而行。限于战乱之后云南省内经济残破，岑毓英认为地方政府只能督饬各厂人员尽力生产，开采多少解运多少，据实开报工价、运费，数年后地方经济生产恢复，再照定章征铜[①]。这些意见体现了岑毓英在治滇过程中一直强调的“与民休息，培植元气”的主张，作为一个专制集权政府体制内的官僚，他不主张官方的强制定价，认为应遵循市场规律按劳给酬。他也不主张通过强定数额来征铜，希望根据战乱之后的云南社会实际生产能力来经营，避免贪功冒进，残害民力。用这样的思想来治理云南地方，可能在“政绩”上不太突出，但对于地方百姓的休养生息、云南经济的恢复发展，则有一定的益处。

虽然中央与地方在恢复滇铜的生产问题上有共识，但在现实操作中却困难重重，同治十二年（1873年）底，岑毓英奏报清廷说户部原定从各省拨银100万两作为云南的饷银和铜本，但到此时“连月饷、铜本通共不及二十万之数，而道途遥远，至今尚未到齐，其余各省尚无拨解之文，以致各军欠饷不能补发，勇营遣撤维艰，其余地方善后及采办京铜等事，更无从措手”[②]。至同治十三年（1874年）八月，岑毓英又启奏说“各省仅

① （清）岑毓英撰，黄振南、白耀天标点：《岑毓英集》，广西民族出版社2005年版，第110页。

② （清）岑毓英撰，黄振南、白耀天标点：《岑毓英集》，广西民族出版社2005年版，第133页。

共报解过铜本银一十八万两，尚未全行到滇”[①]。希望清政府能催促各省将协助滇铜开采的资金尽快拨来。虽然大部分的资金不到位，但不管怎么说，滇铜生产总算有了启动资金。岑毓英在战后试办京铜，采取旧有的放本收铜的方法，由云南绅士牟正昌等人包办，官商约定：首批认交京铜100万斤，于同治十三年（1874年）十二月交铜50万斤，至光绪元年（1875年）三月再交铜50万斤，双方在省城昆明交割清楚，采办方不领取薪水工本等项，只适当添加铜价运费，政府暂不抽收铜课。由于滇铜的开采废弛已久，重新开办困难甚多，虽言恢复，但事同创办。岑毓英大胆尝试，先于云南省内选择了东川府属之茂麓厂、顺宁府属之宁台厂、永北厅属之得宝坪厂、易门县属之万宝厂等四厂先行试采，性质为官督商办，经营概由绅士经手，地方道、府官员不直接插手，以避免原来办铜政的弊端。至于其余各铜厂，由各地绅商自行招募砂丁、炉户，量力恢复开办，所产铜斤由官府采购后全数解运京城，不得通商私卖。作为优惠政策，各厂暂停抽收铜课，其以往由官发给役工薪水等项，亦暂行停发，试办一段时间后，再视生产情况看能否恢复旧有章程。

事实证明岑毓英恢复滇铜生产的政策有效，至光绪元年（1875年），云南省政府按计划采办到的滇铜100万斤，分批运往京城。此次所走的路线，为从云南省城昆明至广西百色厅，再从珠江水系直抵广州城下，由招商局轮船通过海路北上，原来滇铜京运是先送到四川泸州，再从长江水系转运，“以今比昔，运费相等。而改从海道较为迅速”[②]。云南省政府派出官员分别在百色、广州、上海、天津设局转运，往年运费统一由铜本内开支，此次由于云南经费紧张，且各省协滇采办的铜本亦未足额解到，因此做了一些改革，由沿途各省承担运费。从海道运输，最为艰难的是从云南昆明至广西百色这段路，总计1500多里，多为崎岖山路，必须用骡马驮运，按运铜100万斤，以1匹马能驮100斤算，共需用马1万匹，然而战乱之后的云南，因人口稀少，经济萧条，虽经地方官员到各府、厅、州、县多

① （清）岑毓英撰，黄振南、白耀天标点：《岑毓英集》，广西民族出版社2005年版，第155页。

② （清）岑毓英撰，黄振南、白耀天标点：《岑毓英集》，广西民族出版社2005年版，第182页。

方雇募，也仅凑得3000余匹，地方政府只好将铜分为两批，先后运输。

滇铜京运后，朝廷部议，认为此次滇铜采办价格过高，与原官方制定的价格不符，要求云南地方完成此次采办京铜100万斤的任务后，仍按原官方定价采办。云南地方政府对铜价运费认真核算，分别为：茂麓厂铜每100斤原定银8.151两，加价1.15两，运费每100斤原定0.856两，加0.143，通共合银10.3两；万宝厂铜每100斤原定银7.685两，加价1.15两，运费每100斤原定0.6两，加0.215两，通共合银9.65两；得宝坪厂铜每100斤原定银6.987两，加价0.4两，运费100斤自矿区运到下关银1.3566两，再由下关运至省城1.615，总共合银10.3586两；宁台厂铜每100斤原定银6.987两，运费100斤自矿区运到下关银1.615两，再由下关运至省城1.615，总共合银10.217两。岑毓英认为此次从各厂采办滇铜的价格和运费虽然有所增加，但符合云南地方"大乱之后，厂地糜烂，户口凋零，百物价值数倍于前"的社会实情，如果没有云南地方政府多方扶持，并制定免收铜税的优惠政策，则难以完成预定的任务。除上述4厂以外，其他各厂仍未能恢复生产，可知地方经济之凋敝，恢复还有一个过程，如果改用原来官定的价格和运费采办滇铜，势必难以完成滇铜京运的采办任务，故"拟请仍照前次奏准，变通章程，发给本、脚银两，责成各委员督同绅商接续办运"①。岑毓英坚持按市场价办铜，与他主张免征云南田赋和盐厘的杂课一样，都是在战乱之后的云南践行"与民休息，培植元气"的思想主张。这些维护地方百姓利益的行动，一些是他主动向清廷提出的申请，有些是清政府下令后，他认为不符合云南社会实际情况，因而拒不执行，继续坚持自己根据云南地方实际制定的政策。作为一名专制集权体制内的官僚，岑毓英自然清楚拒不执行清王朝命令可能给自己仕途带来的风险，但他仍坚持这样的风格，终其一生不变，对一个传统社会中的官僚士大夫来说，这种精神是值得肯定的。

自清中期后云南的铜业生产一直持续衰落，咸同军兴又对滇铜的生产造成巨大的破坏，战后在民力凋敝和铜矿资源逐渐枯竭的大背景下，岑毓英的恢复滇铜生产的成绩并不是很突出，但他坚持按市价办铜，拒不执行

① （清）岑毓英撰，黄振南、白耀天标点：《岑毓英集》，广西民族出版社2005年版，第196页。

清政府制定的较低的官价，避免了铜贱伤民，对恢复地方生产，发展云南经济有积极作用，他这种坚持“与民休息，培植元气”的思想主张，应该得到肯定。此后他因马嘉理案被迫去职，再督云贵后，主要的精力放在中法战争和战后的国防建设等方面，较少参与晚清云南的铜业经营。

本章结论

岑毓英统一云南政局后，在云南省内悉心经营，一方面努力发展农业、盐业、铜业等地方重要产业，以恢复云南经历近20年动乱后残破的地方经济。另一方面裁撤练勇，安顿流民，逐步解决战乱遗留下来的社会问题。岑毓英同情云南地方人民在战乱中的痛苦生活，他首先是请求清政府大量蠲免地方百姓的钱粮赋税，减轻专治集权政府对广大人民的剥削压迫，同时恢复中国传统社会的保障体系如积谷义仓等，积极求助遭到自然灾害侵袭的受灾的民众。岑毓英的这些努力取得一定的效果，相关资料记录表明此时期云南地方社会的民生有所改善，云南地方人士对岑毓英的努力也持肯定态度，将其视为岑毓英治滇善政之一。

咸同军兴之后，在善后资金缺乏的情况下如何安置大量练勇，成了能否继续维持云南地方社会稳定的关键。前面说过练勇曾经是滇省的大患，处理稍有不慎则可能再度引发地方社会动荡，岑毓英软硬兼施，恩威并用，一方面对闹事的练勇坚决镇压，另一方面通过安置勇丁、劝导报效及筹发部分饷银等手段，力求妥善解决云南战后遗留的社会问题，此项工作的顺利完成，显示了岑毓英在地方治理中的能力和魄力。在云南战后的恢复重建工作中，岑毓英以工代赈，并将恢复盐业、铜业生产和安辑流亡等社会工作结合在一起进行，显示了岑毓英治理地方的才能。

岑毓英推行云南战后恢复重建工作的过程中，一直坚持为民请命，如呼吁减免田赋钱粮，坚持不足额征收盐课，铜业开采随行定价等，屡屡与清廷的政策相抵触，岑毓英践行中国传统社会中官员应该为百姓做主的道德原则，并不顾及自己的政治生命，这种精神应得到肯定。

第五章 应对边防危机 巩固边疆社会

岑毓英在近代云南边疆的经营，一直面临英法列强殖民势力扩张的挑战，能否成功应对，成为岑毓英治滇工作顺利进行的关键，马嘉理事件最终导致岑毓英去职，是其在云南经营的一个转折点。浪穹教案的妥善处理使岑毓英的地方治理和边防建设的工作得以继续进行。岑毓英在边疆土司地区的经营，有利于保障云南地方社会稳定及建立巩固边防，使云南省成为中法战争中抗击法国侵略者的主要阵地之一。

第一节 马嘉理事件与云南边疆危机

一、背景及事件经过

19世纪下半期，英法两国在南亚、东南亚积极扩张势力范围，并进一步探寻进入中国西南地区的通道。实际上这个设想很早就已经提出。早在乾隆五十二年（1787年）法国主教百多禄在给法国国王路易十六的奏议中就建议说：如果能在交趾支那建立起法国的殖民地，不仅可以攫取这一地区丰富的天然资源，还可以“建设一条达到中国中部去的商道……将使我们获得那个人们不认识的国家〔中国〕的富源”[①]。英国探险家戴维斯也认为“云南是唯一能够成为联结印度和扬子江及中国东部的锁链”[②]，渴望通过云南向中国内地的广大区域进行势力渗透，建立起连接印度洋和太平洋的庞大殖民地。正是抱有这样的企图，以英法为代表的西方列强在南亚、东南亚积极扩张殖民势力，彼此相互竞争。19世纪下半期，英国以印度殖民地为依托，在通过第一、二次英缅战争控制了下缅甸后，开始积极探查从缅甸进入中国西南地区的道路，退役军官斯普莱父子曾提议修筑铁路，计划从仰光出发，经中国的景洪、思茅而达广州，后因难度大费用高而作罢。同治七年（1868年）闰四月，为重开滇缅之间的商路等目的，英国人斯莱顿率领代表团到达腾越（今云南腾冲）进行访问考察。法国也不

① 邵循正等编：中国近代史资料丛刊《中法战争》（一），上海人民出版社、上海书店出版社2000年版，第364页。

② ［英］H.R戴维斯著，李安泰等译：《云南：联结印度和扬子江的链环·19世纪一个英国人眼中的云南社会状况及民族风情》，云南教育出版社2001版，第14—15页。

甘落后，同治五年（1866年）由殖民政府安排，组成一支由特拉格来为队长、安邺为副队长的探路队，对澜沧江流域的交通、商贸进行考察，于同治六年（1867年）进入云南，在境内活动达半年之久，搜集了大量地方情报。

同治十三年（1874年）英国再次组织大规模武装探路队，以柏朗上校为队长，前往中缅边境地区探查。英驻华公使威妥玛照会清政府总理衙门，称有英国考察队自印度经由缅甸前往云南省境内考察商情，英方派时在上海的翻译官马嘉理前往迎接，并请发给护照。总理衙门给马嘉理颁发“游历”护照，并要求沿途各省及云南督抚等妥为照料，马嘉理于当年六月从上海出发，前往缅甸迎接英国探路队。十月十九日，马嘉理经汉口到达云南，云南巡抚岑毓英派员护送其经永昌（今云南保山）、腾越（今云南腾冲）进入缅甸。马嘉理与探路队在缅甸八莫会合后，于光绪元年（1875年）正月二日开始向中国云南进发。这支近两百人的武装探路队在中缅边境进行探查活动，引起了中国边境军民的关注和疑惧，纷纷组织起来准备进行抵抗。十七日，马嘉理带先行人员进入中国边境，遭到当地各族军民阻拦，马嘉理蛮横开枪打死一名无辜群众，引起群情激愤，遂将马及随行人员斩杀。柏朗所率的探路队遭到中国云南边境军民的顽强阻击，最终被迫退回缅甸。这就是所谓的马嘉理事件，又称“云南事件”或“滇案”。马嘉理事件发生后，英国政府借机大做文章，进行讹诈，身处云南的岑毓英就陷入了中、英两国政治交涉的旋涡中心。

二、岑毓英早期的边防思想

马嘉理事件在中国近代历史上有较为深远的影响，以往学界多有深入研究，如马嘉理事件的原因及经过、岑毓英在马嘉理一案中的角色和作用、英方从中获得的利益、中英《烟台条约》签订对中国近代历史进程中的影响等等，成果颇多。马嘉理事件发生后，岑毓英积极建设国防并主张坚决抵御西方殖民势力的入侵，本文主要就岑毓英边防思想形成及发展进行探讨。

发生于道光二十年（1840年）的中英鸦片战争，打破了国人天朝上国的迷梦，岑毓英作为那个时代的一分子，在思想上同样会受到一定程度的震动，而英法发动第二次鸦片战争的借口马神甫事件，正发生于岑毓英的家乡广西省西林县，这些历史事实使岑毓英对于近代以来西方殖民主义势力的不断入侵，无疑会有一定的警惕性。岑毓英在西南地区经营前期，英、法两国殖民主义者虽已在南亚和东南亚积极扩张势力范围，但云南因外有越南、缅甸两个传统藩属国的阻隔，人们对来自西方列强的威胁感受并不那么直接。同治十二年（1873年）二月，岑毓英向清廷奏报滇西战事情况时说："查顺宁府、云州地处极边，界连缅甸……臣等以各逆皆百战余孽，窃据边疆，倘稍延时日，坐失事机，尤恐勾结缅夷，则边患伊于胡底。"[①]说明在控制住云南省内的局势以后，岑毓英已开始考虑到边防的问题，但其注意力仍只是放在与缅甸可能发生的边患上，没有注意到英国殖民主义者通过两次英缅战争（1824—1826年、1852年）占领下缅甸后，经过半个多世纪的经营，缅甸立足已稳，正计划完全吞并缅甸后进一步打开中国的西南大门，两年多以后的柏朗探路队进入中缅边境地区考察，正是出于这样的目的。然而此时岑毓英关于滇西边防的考虑，没有重视到英国殖民势力扩张的问题，由于没有产生强烈的危机感，因此也没有树立起积极建设巩固国防的意识。这点可以从同治十三年（1874年）正月岑毓英向清廷上的《越南有警筹防滇边折》中看出，这是我们可以查找到的岑毓英筹划滇边防务最早的文件，岑毓英向清廷奏报云南的边防问题时说：十数年来，道路梗阻，声息不通，时值滇中多事，不能兼顾。可知当时云南由于长期战乱的影响，边防基本上处于废弛的状态。在奏折中岑毓英谈到其边筹划防的两点思路：一是查明地方情况及沿边形势，二是派滇军于边界堵剿越南各匪。并还要求总理衙门照会法国政府，云南地方政府的上述举动"与法兵不相干涉，勿生嫌疑"[②]。从这些内容来看，不能说岑毓英对英法列强的殖民扩张没有警惕性，但对英法两国在中国西南地区所抱有的野心，岑毓英此时期还没有清楚的认识，对于当时云南周边潜在的边疆

① （清）岑毓英撰，黄振南、白耀天标点：《岑毓英集》，广西民族出版社2005年版，第107页。

② （清）岑毓英撰，黄振南、白耀天标点：《岑毓英集》，广西民族出版社2005年版，第139页。

危机也没有足够的警惕。

在马嘉理事件之前，岑毓英及云南地方政府的官员们，已经与西方入滇人士有过一些交往与合作。如同治十年（1871年）后，法国军火商堵布益就数次通过红河航道运送军火入滇，提供给云南提督马如龙的部队使用。另有法国人罗舍，于同治十年（1871年）奉清廷之命，由福州兵工厂起程，护送一批军火入滇。罗舍精通中国话，因业务上的关系，与时任云南巡抚的岑毓英及云南提督马如龙有过较为密切的往来。同治年间云南省城被滇西反清武装围困时，岑毓英曾购买过一批西方的先进武器，并聘请法国人到云南教开花大炮等武器的使用，还到战场一线协助作战。此时期岑毓英还曾聘请法国人到云南府，设计和铸造开花大炮等武器，使用下来效果比较好。只是当时岑毓英与西方人士的这种交往，多为业务上的，而且是单向的，也就是说在西方人士进入云南后才有的交集。由于没有主动睁眼看世界的意识，岑毓英对云南外部形势的了解并不是很多，自然不可能未雨绸缪，采取一些有预见性的防御措施。

对于岑毓英这种相对模糊的边防意识，我们当然也不能苛求，此一时期云南地方政府官员和大多数民众一样，虽然对于西方列强势力的入侵有一定的警惕性，但还没有形成一种积极建设边防并御敌于国门之外的战略思想。此时期云南军民保卫国家领土主权的行动，主要为一些突发事件引起，如马嘉理事件就是英国探路队到中缅边境地区大肆进行探查活动，引起滇西人民的警觉，李珍国等人才开始号召地方武装起来齐团自卫。这一时期的云南地方民众还没有形成高度关注外界形势和自身命运的危机意识，这种思想要到中法战争之后才较为明显，并集中体现在《云南》杂志等进步刊物的文章当中，从这点来说，岑毓英的思想并没有超越他所处的那个时代。

三、处理马嘉理事件及整顿边防

光绪元年（1875年）三月，马嘉理事件发生后，中国西南的边疆危机日益明显，这使岑毓英意识到在边境土司地区经营的重要性和紧迫性，因而开始采取更为积极主动的治边策略。清廷在与英国交涉善后处理的同时，指示岑毓英，“英国注意云南等处，已非一日，现欲借机开衅，以为要挟之计，亟应加意筹防”[①]。岑毓英也认为“英、法二国皆视滇省各厂为利薮。英人欲由缅甸入滇，法人欲由越南来滇，故前有安邺，后有马嘉理，均在总理各国事务衙门索领执照，到云南游历，今两人俱死，而其心未甘。诚如圣训，亟应加意筹防”[②]。中央和地方在加强边防建设的问题上观点是一致的。岑毓英借处理马嘉理事件之机，加紧其在滇西边境地区的经营：一方面继续抚绥土司，滇西土司经过此次整顿，部分土司明确表示对清政府的效忠，如应袭孟定土知府罕忠邦、镇康土知州刀闷晟图、代办潞江安抚使线联奎等前来禀见，听候差遣。云南地方政府还派兵镇压戕害耿马宣抚使罕恩泽的罕恩正，并将其辖地交应袭土职罕荣升管理。此时期云南有不少土司在承袭职位时并未向清政府申报核准（称为请袭），同时也未及时汇报辖区内的情况，如干崖、陇川、南甸、孟连各宣抚使，遮放、盏达各副宣抚使，芒市安抚使，皆未照例请袭，而孟连、猛卯二处土司则杳无音信，这样的形势对滇西的边防来说实为一大隐患，因此岑毓英责成署提督杨玉科、迤西道陈席珍等地方文武官员，到滇西土司地区妥为抚绥，并加强对此区域的行政统治和军事管控。然而后来随着马嘉理事件持续发酵，岑毓英最终被迫去职，其对滇西土司地区的整顿也随之中断。

此时期岑毓英还加紧在腾越地区的军事布防行动。马嘉理事件发生后，岑毓英拒绝英方势力进入云南的态度非常坚定，他声称已委派记名提督开化镇总兵杨玉科酌带官兵前往滇西，会同迤西道陈席珍、候补知府徐承勋等人赶往永昌、腾越一带，督同地方文武在边境地区实地勘查，力求将马嘉理事件查个水落石出。同时强调英国政府官员及武装不得擅自进入云南，避免滋扰地方，激化事态，酿成更大的冲突。至于由缅甸前往北京的英国官员，也应改变路线，不能进入云南，以避免再枝外生节。岑毓英这一时期的思想主张，就是绝不允许外国势力染指云南，他此时已经能明显感到来自滇缅边界危机的压力，开始暗中调动云南提标及腾越、永昌、

① 《德宗实录》，光绪元年二月壬午条。

② （清）岑毓英撰，黄振南、白耀天标点：《岑毓英集》，广西民族出版社2005年版，第173页。

顺云各镇协营之官兵，以维持地方之名，到滇西边境地区择要布防。

此时期的岑毓英处理马嘉理事件思路明显与清廷不一致，由于此前英国下议院一直在努力推动开通滇缅商路，俄国自同治十年（1871年）占据伊犁后，也在一旁虎视眈眈，清王朝很担心英俄勾结，“英兵进滇，俄兵亦由伊犁进，使中国首尾不能相顾”[①]，引发更大的边防危机，因而主张实事求是，持平办理，使对方无机可乘，以期边衅可息，后患无虞，所以态度较为积极，很快就给英方官员办理了来滇督办马嘉理案的护照。而岑毓英却对英方入滇办案不抱乐观态度，他认为纵使此案办得十分平允，彼意仍在开埠通商，拒之则有兵连祸结之忧，听之则有蚕食鲸吞之患，不主张让英方势力进入云南，因而态度较为强硬，积极进行备战，并声称“英人不候查办，擅自派兵入关滋扰，亦惟有据险设伏以御之。窃意英人不过长于水战，而轮船仅能至缅甸之新街，由新街至腾越厅域，尚有一千余里，沿途深山密林，彼悬军深入，馈饷不继，断难久支。况滇省易勇为兵，各营皆百战之士，但得饷需稍裕，不患不能克敌也”[②]。岑毓英这种御敌于国门之外的主张，应该肯定其爱国性，但他对敌我两方军队战斗力的分析，则多少有点盲目轻敌的倾向。岑毓英在此时期关于马嘉理事件的处理意见，与清政府力主妥协退让以缓和局势的主张不相符合。

由于积极备战的主张没有得到清廷的支持，英方官员也将进入云南督办案件的审理，岑毓英只能改变策略，一方面继续在边境地区加强布防，一方面开始配合清廷派来的钦差大臣及英方官员办案，他言明“该国派来之兵，如驻缅甸地界，静候查办案件，臣自当督饬在事文武，妥速查办，并约束兵团毋与争斗”[③]。执行这样的政策，岑毓英心中多少有点委屈的，有人记述此时岑毓英的态度说：“毓英既忿英人之谋我，又内怀李四，不欲讨。游词往复，思以金帛释其憾。而英人借词由印度陈兵二千，驻缅境示恫吓。滇人大哗，争欲效死，毓英驰疏请战，清廷责勿妄动。廷

① 《德宗实录》，光绪元年三月戊午条。

② （清）岑毓英撰，黄振南、白耀天标点：《岑毓英集》，广西民族出版社2005年版，第173页。

③ （清）岑毓英撰，黄振南、白耀天标点：《岑毓英集》，广西民族出版社2005年版，第176页。

寄十四谕相继发，毓英得旨，拊膺流涕不已。”[①]这个记载虽然多少有点传奇色彩，但对岑毓英此时期思想态度的反映，还是比较准确的。

受马嘉理事件的影响，岑毓英还改变了原在滇越边境上的布防措施。光绪元年（1875年）三月，他命抽调广南、广西（今云南泸西县）、寻沾各营马、步战兵600名，并开化镇3营兵丁，改为练军，交总兵张保和认真操练，并计划等粮饷到位后，就派入中越边境越南一方，协助越方驻守北圻，以对抗法国殖民势力在这一带的扩张。这表明岑毓英此时已开始注意到云南周边列强殖民势力扩张的问题，采取了更为积极主动的防御策略，边防政策较以前有较大的调整。

岑毓英在此时期边防筹划当中，还提出了“抚绥土司以固藩篱”的重要主张。他说：“今洋兵由缅而来，既恐各土司被其引诱附和，更恐所属夷民及附近野人复阑路劫夺，致滋口实。臣拟即责成署提督杨玉科、迤西道陈席珍，将该土司等妥为抚绥，饬催照例承袭。如印信号纸遗失，查明奏请颁给。倘有不法情事，仍从严惩治，务使咸就范围，以固藩篱。”[②]在清代云南，抚绥地方土司的政策虽很早就已提出[③]，但主要是考虑到边疆稳定的问题。到近代殖民列强势力入侵至我西南边疆地区时，岑毓英提出“抚绥土司以固藩篱”的主张，成为在边境土司地区宣示国家领土主权的一项重要政策。在传统的宗藩体制下，云南与周边国家和地区的边界划分并不是那么清晰，政府对我边境部分地区的主权归属认定工作也不够重视，因此在边疆领土主权归属认定方面遗留下一些历史问题，如我滇西边境地区的土司曾给缅甸王朝进贡“花马礼”，《清史稿》中的《缅甸传》记载说：“土司亦稍致馈遗，谓之‘花马礼’，由来久矣。”[④]而滇南边境地区的“猛赖（莱州、伦州、琼崖州）、猛梭（昭晋州）隶于建水州未改，越南布置势力，亦未撤退，当地土长向两面应付，纳籽粒及岁银成为两属”[⑤]。历史上越南和缅甸曾因为试图控制这些地区而与清政府发生过

① 高拜石：《新编古春风楼琐记》第14集，作家出版社2005年版，第274页。

② （清）岑毓英撰，黄振南、白耀天标点：《岑毓英集》，广西民族出版社2005年版，第176页。

③ 参见中国第一历史档案馆整理：《康熙起居注》，中华书局1984年版，第1437页。

④ 赵尔巽等撰：《清史稿》，中华书局1977年版，第14663页。

⑤ 方国瑜：《中国西南历史地理考释》，中华书局1987年版，第1284页。

边界纠纷，到中法勘分滇越边界及中英勘分滇缅边界时，帝国列强借口这些地区曾经“两属”，要求清政府在边界划分上让步，妄图侵吞我边疆地区的领土。在此严峻的历史背景之下，岑毓英要求地方土司必须严格按照清政府规定的条例进行承袭，如政府委任土司时颁发的证书和印章丢失，也必须按程序重新申请颁发，原有的土司管理制度，在此时增加了国家主权宣示的内容，此项制度在新形势之下，对加强清政府在云南边疆地区的统治有积极作用。岑毓英对边疆土司政策在内容上的丰富，正处于中国与越南、缅甸等国家传统的宗藩制度行将解体，新的民族国家关系将要形成的时期，适应了此时期云南与东南亚各国家地区形势的新变化，后期逐渐演变成为中国政府边疆治理的一项重要政策，此政策在后来云南边疆治理中被不断应用并得到进一步充实其内容，其发展线索十分清晰。如光绪三十四年（1908年），清政府命夏瑚以“阿墩子弹压委员，兼管怒、俅两江事宜”的身份巡视怒、俅（独龙江）两江流域一带，夏瑚率领一支百余人的队伍，带着当地各少数民族生活必需的盐、布、针、线等物品，“每到一处，开诚布公，剀切劝谕，老少妇孺，咸给赏需，遴派火头甲长，给以印谕，赏以银牌、小帽、衣裤、盐布等项，俾餍其心，使之约束夷众”[①]。其中任命当地头人为官员，颁发委任状及官服帽等，就是一种宣示国家主权的行为，这实际上是岑毓英光绪初年提出的“抚绥土司以固藩篱”政策的延续。到1935年，中英重勘滇缅边界南段，著名学者方国瑜由李根源介绍，担任中央会勘滇缅南段未定界务中国委员随员，除负责提供参考资料和调查边地情况外，还兼有抚绥土司及宣示国家主权的任务，方国瑜根据此次考查所得，写成重要著作《滇西边区考察记》，其在自序中说“瑜同行者千余人，不辞艰苦”，可知是一次大规模的行动。当年12月1日，方先生到达班洪，向当地总管胡忠汉宣慰，他记载了到达班洪后的一个细节：“余至班洪之次日，土署悬党国旗以迎余，心为之快，询何自来，曰：内地得之，今卡瓦山塔亭甘塞光宗诸王地，亦于节令日悬国旗；汉族之光，已飘扬卡瓦深山，亦可庆也。”[②]对于国家民族观念在边疆土

① （清）夏瑚撰：《怒俅边隘详情》，载方国瑜主编《云南史料丛刊》第十二卷，云南大学出版社2001年版，第154页。

② 方国瑜：《滇西边区考察记》，云南人民出版社2008年版，第26页。

司地区深入人心，方先生快慰之情跃然于字里行间。方先生还在日记中详细记载其代表政府向土司宣示国家主权的经过："余宣读慰问公文，详为讲解，毕，询对余所讲有何意见？总管答：很好很好。随取孙总理像，讲总理生平及其主义，且嘱当挂在正堂，有事当在总理遗像及党国旗面前行礼。次出林主席、蒋委员长、汪院长像，亦一一讲生平及近况。总管答：中国有如此伟大人物，可期民安物阜也。次出礼服袍褂，告中央政府所规定礼服如此，以后有大礼，当以服用。次出银盾，上书'捍卫边疆'四字，讲解其意，告以往如此，今后永远要如此。总管等唯唯称是。又出十子枪交总管手，固善用枪，开机柄作射击状。余曰：此枪是要杀侵略我们的洋人。唯唯称是。又出镜子，余云：在这镜里，您看看您的相貌与我们中国人一样吗？总管答：一样。问与洋人一样吗？总管答：不一样。余云：以后照照镜子，不要忘了我是中国人。"①从这些文字记录可以看出，国民政府结合边疆土司地区的实际情况，用一种形象、直观的方法宣传国家主权观念，其内容和形式既有对岑毓英"抚绥土司以固藩篱"思想的继承，又有新的时代特色，读之饶有趣味，其中的经验在今天看来仍有借鉴的价值。

通过以上事例我们可以看到，自清光绪初岑毓英提出"抚绥土司以固藩篱"的主张后，此项措施遂演变成为经营云南边疆土司统治区域的重要政策，虽然在各个时期政府抚绥土司的方式各异，但强调国家民族主权等观念则是一致的。此政策使国家民族主权等观念深入边疆民众心中，形成维护国家主权和民族利益不容侵犯的自觉意识，在近代云南保疆固边的斗争中起到重要作用，英国殖民势力在向滇西边界入侵的过程中，不断遭到当地土司头人率众抵抗，先后参与此反帝爱国运动的民族英雄有早乐东、左孝臣、勒墨夺扒、刀安仁等人，便是很好的证明。

四、被迫去职

光绪元年（1875年）四月，岑毓英派遣的官员带士兵前往马嘉理被害现场查勘，岑毓英根据调查结果声称，经讯问当地百姓，得知马嘉理为当

① 方福祺：《方国瑜传》，云南大学出版社2001年版，第54—55页。

地土著山民所劫杀。六月，李珍国会同左营都司徐成林带领200名士兵至户宋山围剿，混战中杀死2人，抓捕到而通凹等9名地方百姓，并寻获马嘉理的洋枪等遗物。经审讯后得知尚有数十名参与此事的山民居住在户宋山后的云岩硐，清政府又派腾越镇总兵蒋宗汉带领1500名士兵前往支援，于八月初攻破云岩硐，混战中又杀死了4人，捕获腊都等8名地方百姓，并追回了更多的马嘉理遗物。至此，云南地方政府宣称迁延多时的马嘉理案告破。

岑毓英根据杨玉科、吴启亮等人的调查，得出“马嘉理实系死于野人”[①]的结论，但此结论并未得到英国驻华公使威妥玛的认可，威妥玛从案发之初便反复强调马嘉理被杀、柏郎被阻是中国官兵所为，清廷及云南地方政府应为此事负责，声称调“兵勇三千众”击杀英员的就是“腾越厅大员”，将矛头直接对准地方官员李珍国及其上司岑毓英，认为事件“其根由在朝廷大吏均以攘外为心。所以李珍国是奉宪谕，岑毓英是奉旨”[②]，极力在政治上进行讹诈。岑毓英与英方针锋相对，指出马嘉理一行从缅甸回云南之前没有先行知会，因“冒昧前来”以至“在途失事”，实属意外，又指出马嘉理一行曾在腾越厅受到中国官员“款待甚优”“并无嫌隙”，调兵拦击一说于理不合，极力将马嘉理案与云南地方政府之间的关系撇清。双方都提出一系列证据，进行激烈交锋。对于此案在云南省城会审的结果，英方毫不意外地表示不能接受。

威妥玛以云南地方审讯不公为由，要求将云南巡抚岑毓英及相关人员提到京城接受质讯，然而这个要求不能为中国政府所接受。在19世纪后半期，由于帝国列强的不断入侵，国内民族情绪持续高涨，马嘉理事件中的岑毓英，赢得当时朝野大多数人的同情和支持，王闿运在光绪二年（1876年）五月十四日的日记中记时人对岑毓英的评价说：“岑署督豪杰之士，颇读书，明史事，非但李钦差不及，虽今大吏鲜有及者。”[③]可知当时人们对岑毓英还是比较推崇的。虽然有个别大臣如署理兵部侍郎郭嵩焘不认

① （清）岑毓英撰，黄振南、白耀天标点：《岑毓英集》，广西民族出版社2005年版，第178页。

② （清）王彦威、王亮纂辑：《清季外交史料》卷6，书目文献出版社1987年版，第6页。

③ （清）王闿运：《湘绮楼日记》，岳麓书社1997年版，第479页。

可岑毓英的行为，曾向清廷上《奏参岑毓英不谙事理酿成戕杀英官重案折》，对岑毓英进行弹劾，认为他罔顾法理，行事贸然，导致酿成事端，要求将其交部严加议处，不过此举招致朝野人士的一片指责咒骂，事情自然也就没有了下文。数年后郭嵩焘对此事仍耿耿于怀，认为当日"办理洋务之不得其平，亦由士大夫太无学识之过也"[①]。

光绪二年（1876年）四月，岑毓英以回籍丁继母忧为由，申请开缺，清政府同意其请求，岑毓英终于有机会避开这场政治风波。当年六月初八，光绪皇帝命李鸿章为钦差大臣，"全权便宜行事"，前往烟台与英国驻华公使威妥玛就马嘉理案件的处理进行谈判。威妥玛提出"所拟条款须全答应，即转请本国结案，不必再说将岑毓英提京"，李鸿章"就势转圜"，同意英方提出的全部条款，以保全岑毓英作为交换，七月二十六日，双方正式签订中英《烟台条约》。

岑毓英因马嘉理事件被迫辞去云南巡抚一职，其在云南所进行的种种经营也因此被迫中断，可以说是其个人事业中的一大挫折。"岑毓英将此引为平身耻辱，对外国侵略者，无论英、法，从来就充满了仇恨。"[②]通过马嘉理事件的处理，岑毓英对西方殖民主义者的侵略本质有了进一步认识，后来再任云贵总督时，更加注意西南边疆的国防建设。

五、岑毓英与马嘉理事件的再思考

马嘉理事件与岑毓英关系密切，自是不容否认的事实，"马嘉理案发生在云南，岑毓英时任云南巡抚，无论如何，此案在他一生中都是挥之不去的一笔"[③]。在《岑襄勤公奏稿》的第11至13卷中，分别有《英国翻译官马嘉理在滇缅交界被戕委员查办折》《遵旨筹办边务折》《英员观审请敕勿由缅入滇片》《遵旨筹办边防折》《滇省碍难通商片》《抚绥土司以固藩篱片》《查明马嘉理被野人劫杀现饬拿办折》《英使威妥玛带兵赴汉口现饬查探片》《驻缅英兵尚未越界滇边仍加意设防片》《派员守催拿解

① （清）郭嵩焘著，杨坚校补：《郭嵩焘奏稿》，岳麓书社1983年版，第350页。

② 谢世诚：《论中法战争中的岑毓英》，载《江苏社会科学》2009年第6期，第192页。

③ （清）岑毓英撰，黄振南、白耀天标点：《岑毓英集》，广西民族出版社2005年版，前言第4页。

野人凶犯并调腾越官绅候讯片》《腾越拿获野人凶犯俟讯明起解折》《英员柏郎暂缓由滇赴缅片》《腾越拿获野人凶犯提省申办折》《野人凶犯题解到省日期折》等多道奏折，内容涉及岑毓英对马嘉理事件的处理，至今仍为研究这一历史问题的重要材料。

迄今为止所有关于马嘉理案的研究，都不能绕开岑毓英，而关于马嘉理事件中的岑毓英研究，又多集中于两个问题：一是岑毓英是否为马嘉理事件的幕后指使，二是对岑毓英在马嘉理事件中作为的评价。对于第一个问题，至今仍是一个未解之谜，而且不仅是对于今人而言，与岑毓英同时代的人亦同样感到迷惑难解。马嘉理事件发生以后，当时人们论及此事件，有肯定岑毓英为事件主使者称：其“遣弁戕英人马加里”[①]；存疑者云：“当其督滇时，英人马加利探路遇害，致成交涉，传为所嗾使而虚实莫辨。”[②]岑氏后人编的族谱谈及此事时这样写道：“事后，英国驻华公使威妥玛说马嘉理被杀是参将李应珍布置的，李是奉岑的命令，要求将岑毓英以及各官各犯提京审讯。光绪二年（1876），毓英公借继母谢氏病故，报告朝廷解任回乡，清廷亦允许他回乡避过风波”[③]，对问题的因果同样不置可否。今天的学者在研究此问题时，大部分研究者认为应该存疑，但也有部分研究者根据掌握的材料提出了自己的看法，有趣的是这些观点常常截然相反，但又不能够令持不同观点者信服。认为岑毓英就是事件的幕后主使者，较有代表性者为王开林，其在《雪拥蓝关》一文中认为“云南巡抚岑毓英为人险躁，对这些不速之客表面上热情款待，并派兵护送出境，暗地里却指使部将李珍国在途中伏兵截杀”[④]；熊月之在《论郭嵩焘》一文中说：“在马嘉理持有总理衙门护照的情况下，先是热情款待，护送出境，然后伏兵围杀。事后又极力掩饰，欺骗朝廷，造成外交上的极大被动，致使国家

① 费行简：《近代名人小传》，收录于沈云龙主编《近代中国史料丛刊》第八辑，（台湾）文海出版社1983年版。

② 邵镜人：《同光风云录》上篇，收录于沈云龙主编《近代中国史料丛刊》续编第九十五辑，（台湾）文海出版社1983年版。

③ 广西岑氏族谱编纂理事会编：《岑氏族谱》（未出版），1997年8月印，第507页。

④ 王开林：《雪拥蓝关》，载《书屋》2003年第12期。

遭受极大损失。这即使是出于义愤，也是无知误国”[①]；张静：《刍议郭嵩焘与滇案和〈烟台条约〉交涉》中说“岑毓英却指使部属李珍国挑拨离间，致使当地群众与马嘉理等人发生冲突”[②]。认为岑毓英与此事无关的有王叔武的《十九世纪英、法侵略云南史述略》，他在文末注释中说“据作者于1959年在铜壁关调查，杀死马嘉理的系铜壁关副抚夷雪烈山官所率领的以景颇族人民为主的各族人民自卫武装”[③]；赵启重在《“马嘉理案”述评》中赞同此观点，说“这种说法可能比较接近事实”[④]；孙代兴在《马嘉理事件之历史考察》中论及岑毓英为马嘉理案主使时说：“这仍然是当时的民间传说，并不是马案发生的真正原因。”[⑤]其实关于岑毓英是否为马嘉理事件幕后主使的讨论，所有肯定或否定的结论，都是基于推测的观点，因为到目前为止，学界并没有找到岑毓英与此事直接关联的材料。甚至连当事人岑毓英自己对此事件也讳莫如深，“或有询其颠末者，但笑而不答”[⑥]，这个意味深长的笑而不答，遂使问题的答案至今笼罩于迷雾之中。关于此问题的最新研究成果为屈春海和倪晓一的《马嘉理被杀案件的审理》，作者依据中国第一历史档案馆馆藏外务部的相关档案，重点讨论了案件的审理过程，但对岑毓英是否为事件的主使者，作者结论为：“用事件中的疑点来推敲马嘉理事件中的疑点，主使人为岑毓英的说法更为可信。即令他不是马嘉理案的主使，上述情节也表明，至少他事先知情，事后又设法捏饰、隐匿了真相。……认为岑毓英是这场事件主使人，尚缺乏直接的证据。”[⑦]为目前学界对此问题做出的较为全面和客观的判断。

对于岑毓英在事件中的评价，肯定者说“他在滇案中的坚决抵抗和侃侃力争，表达了一个爱国者的赤胆忠心，仅这一点，就值得后人褒扬，名

① 熊月之：《论郭嵩焘》，载《近代史研究》1981年第4期。

② 张静：《刍议郭嵩焘与滇案和〈烟台条约〉交涉》，载《绥化师专学报》2001年第3期。

③ 王叔武：《十九世纪英、法侵略云南史述略》，载《思想战线》1980年第6期。

④ 赵启重：《“马嘉理案”述评》，载《松辽学刊》1988年第2期。

⑤ 孙代兴：《马嘉理事件之历史考察》，载《云南社会科学》1987年第3期。

⑥ 费行简：《近代名人小传》，收录于沈云龙主编《近代中国史料丛刊》第八辑，（台湾）文海出版社1983年版。

⑦ 屈春海、倪晓一：《马嘉理被杀案件的审理》，载《历史档案》2007年第4期。

垂青史了”[①]；否定者则认为“案发后滇抚岑毓英随意捏造案情，把这一事件的责任推给‘野人’和‘匪徒’滥杀无辜”[②]，由于“受命办理此案的岑毓英对交涉的危机漠然视之”，及清政府处理问题上一系列的失误，最终导致“英国的贪欲得到了满足，而清朝外交遭到了沉重失败”[③]，这些观点见仁见智，本文对此问题不深入探讨。

其实岑毓英与马嘉理事件之间的关联，有无直接的证据并不重要，笔者认为此问题应该从当时中国的内外形势及岑毓英的治滇思想来考察。本章开始已介绍到，随着英法在南亚、东南亚的积极扩张，越南和缅甸逐渐沦为其殖民地，地处西南边疆的云南藩篱尽失，堂奥洞开，成为列强进入中国西南地区的滩头阵地，以英法为代表的西方殖民势力积极向云南省内渗透，彼此间争夺势力范围已是不能回避的事实。就英国方面而言，通过第一、二次鸦片战争后签订不平等条约所攫取的在中国境内通商、税收等方面的特权，已经不能满足英国商人的要求。至同治七年（1868年），《天津条约》签订已满十年，按照约定两国政府代表举行修约谈判，中国政府虽已做出重大让步，但《新修条约》的内容仍远不能满足英国商人的贪婪胃口，条约最终没有得到英国政府的批准。“中英修约的失败，使双方十年中积累的矛盾变得更加尖锐，双方的重大分歧已经难以通过正常的外交途径来加以弥合。这种日趋紧张的矛盾，终于在一个时间和地点，以武装冲突的方式爆发出来，而未发生在沿海及沿江的繁华地区，而发生在云南省腾越厅边境的一个敏感地点，这并不是偶然的。”[④]前面已提及，英国一直企图从云南打开其进入中国西南地区的大门，所以从这个意义上来说，马嘉理事件发生在滇西有其内在的必然性。就当时云南省内的形势而言，此时期岑毓英通过清除地方势力，统一云南政局，已成为滇省的主政者，并开始展开一系列恢复和重建工作。此时英法侵略势力在中国西南地区的不断扩张，已影响到云南省内的统一和稳定，对于正在云南悉心经

① 雷英章：《岑毓英爱国之二义举》，载《广西右江民族师专学报》2003年第2期。

② 郭大松：《滇案议》，载《山东社会科学》（双月刊）1994年第3期。

③ 尹小红：《从“滇案”的处理看晚清外交》，载《贵州师范大学学报》（社会科学版）2002年第4期。

④ 于乃仁、于希谦编著，德宏自治州史志办公室编：《马嘉理事件始末》，德宏民族出版社1992年版，第14页。

营的岑毓英而言，这是同英法列强不可调和的矛盾。从岑毓英一贯的主张来看，他在维护国家民族利益及反对西方势力入侵等方面，始终态度坚定，较少会做出妥协和退让，从这一点来说，岑毓英与英法殖民势力的矛盾冲突难以避免。

马嘉理案虽为一偶然事件，但也反映出此时期清政府与殖民列强在中国西南地区的战略利益上存在根本性的矛盾冲突，因而此事件的发生有其内在必然性。晚清在中国西南地区这种中外的矛盾性，在中法战争前表现得尤为突出，当法国殖民势力在越南北圻大肆扩张，影响到中国西南国防战略安全，中法两国政府在越南问题上就出现了难以回避的矛盾，当问题不能通过协商解决，战争便难以避免。发生于云南省的马嘉理事件，也是同样性质矛盾的产物，从事件前英国殖民主义者在滇西地区多方探寻进入云南的道路，至事件后通过签订《烟台条约》取得在中国西南地区的各种特权，都反映出英国在此地区有战略利益诉求，可以说即使没有马嘉理事件，英国政府也会寻求其他机会来达到目的，而这样的事例在中国近代史上并不少见，比如咸丰六年（1856年）英法发动第二次鸦片战争，英方的借口为亚罗号事件，法方的借口为马神甫事件，都是典型的小题大做并借机发端的例子，因此从这个意义上来说，马嘉理事件未必如人们普遍认为的那么重要，事件的发生与否，并不能真正改变历史的进程。从这个角度来看，有部分研究者认为如果岑毓英对此事件的处理不要那么“险躁”“无知”，在事件发生后如果能积极配合英方处理问题，则中国就可以避免在主权和利益上遭受如此重大的损失。持这样的观点源于研究者在考察事件的过程中，过于关注事件的细枝末节，昧于晚清中国西南及东南亚地区形势的新变化，没有看到事件背后隐藏的中外在中国西南地区的战略利益冲突，因而不能抓住问题的实质，得出的结论多少流于肤浅，实际上只是重复晚清郭嵩焘所说的，若能妥善处理，则“腾越及宜昌各处通商可以不置议，亦必无今日法人之祸矣”[①]的陈旧观点。

认识到近代以来，中外在中国西南地区的战略利益存在不可避免矛盾，我们就不会再纠缠于岑毓英与马嘉理事件的关系及责任等问题，而对

① （清）郭嵩焘著，杨坚校补：《郭嵩焘奏稿》，岳麓书社1983年版，第350页。

其为维护国家民族权益所做出的种种努力予以肯定。

第二节　再督云贵

光绪八年（1882年），法国殖民主义者在越南北圻不断扩张势力范围，其前锋已进逼至越南与我国滇、粤交界处，因“边事日棘”，清政府急需得力的官员筹办边境防务，时任云贵总督的刘长佑已向清廷数次请辞，清政府一边温旨挽留，同时开始物色接替的人选。两广总督张树声与李鸿章等商量后，决定向清廷推荐岑毓英办理云南防务，他认为：“筹办越事，重在得人……惟有福建抚臣岑毓英，壮猷远略，英武冠时，昔在云南，赤手治兵，荡平全省，滇中将吏兵民，至今犹畏威怀德。……经营越南北圻，似舍岑毓英莫与属者……如蒙圣明采纳，将岑毓英量移重镇，驻扎滇边，居上流之重，收建瓴之势，并令粤省关外各厅，听其调度，则滇中将士，既皆乐这尽力，与广西亦联为一气……岑毓英智略足以理盘错，威望足以慑殊方，驾熟就轻，必能因地因人，次第规画，宏济艰难，以仰会圣主固圉保藩之至意。”[①]清廷经反复权衡，决定将建设中国西南边防的重任委托给岑毓英，于光绪八年（1882年）五月初七日降旨，谓：“法越构衅，滇省边防至为紧要。岑毓英久历戎行，于该省情形尤为熟悉，接奉此旨，着即迅速交卸起程，前赴署任，将一切防务妥为经理，以副委任。”[②]岑毓英被再次任命为云贵总督，又承担起经营中国西南边疆重任。

一、办理浪穹教案

岑毓英再督云贵后，首先面临的考验不是外忧而是内患，光绪九年（1883年）三月，岑毓英接到署迤西道翁道鸿、署大理府知府王邦彦的报告，称二月二十一日，滇西浪穹县（今云南省洱源县）发生百姓围攻天主教堂事件，此事已惊动法国天主教云南区副主教罗尼，并向大理官府投书

① 诸家编：《道咸同光四朝奏议选辑》，（台湾）大通书局1984年版，第179—180页。

② 《德宗实录》，光绪八年五月壬辰条。

施加压力："据浪穹教民刘玉壶面禀，司铎张若望在浪穹县长营地方议买木料，欲造教堂。二月十九日三更后，被团丁二百余人打门入室，将教堂烧毁，致毙男女大小十四人，并将张若望杀毙，恳请查办等语。"[①]光绪元年（1875年）因马嘉理事件引发的政治风波犹历历在目，值此中法关系微妙之时，发生如此重大事件，已有过教训的岑毓英自然是不敢大意。岑毓英对罗尼的说法不置可否，随后列出大理地方政府的调查材料，"据该县山后团长文生李炳南等呈称，因张若望前到山后设立教堂，串同素常敲磕之李九等，勒民入教，有不从者，捆缚威胁，乡民积恨太深。漾濞民人亦被司铎盛姓逼勒入教，心怀不平，遂与上下江民人暗地邀约，于二月十九日齐集多人，将长营教堂焚毁，伤毙在教男女十命，乡民亦受伤五人。该文生等难于劝阻，呈请解散等情"。岑毓英以署浪穹县知县叶滋浚、浪穹汛外委千总李顺于在辖境内发生如此重大的事件，事前茫然不知，事发时又不能有效管控，致使烧毁教堂，伤毙人命，将二人暂行革职，以儆效尤。又以盐法道钟念祖素有威望，于迤西情形尤为熟悉，派往查办。相对马嘉理事件过早地、先入为主地下结论，导致局面的被动，岑毓英此次在浪穹教案的处理上，显得沉着老练许多。

天主教在清初康熙年间就已传入云南，第二次鸦片战争以后，西方列强获得在中国内地"自由"传教的权利，在云南的势力及范围迅速扩大，据《续云南通志稿·洋务志》统计，从同治三年（1864年）至光绪十九年（1893年）间，英法两国在云南共建教堂约53所。同治六年（1867年）至光绪二十五年（1899年）间，英法美日等国到云南游历的人士约400余人，其中传教士、牧师共247人。[②]后外国传教士的活动中心由滇东北向昆明转移，并逐步进入滇西，"1873年，法国天主教'昆明传道会'云南区副主教罗尼设到大理传教，设立教堂。1876年，法国人又在洱源设立天主教堂两处。法国便以大理作为据点，不断派人到白族地区遍设教堂。……自此以后，邓川、宾川、祥云、风仪、漾濞、巍山、永平、保

① （清）岑毓英撰，黄振南、白耀天标点：《岑毓英集》，广西民族出版社2005年版，第262页。

② （清）王文韶等修，唐炯等纂：《续云南通志稿》卷87，光绪二十七年（1901年），四川岳池刻本。

山、腾冲等广大白族地区，都先后设立了天主教或基督教教堂，大理随之成为基督教‘内地会滇西教区会督’的驻所。”[①]由于外国来华传教人士身份背景各异，素质良莠不齐，借传教之名行不法之事者，时有发生。而一些社会上的不法人员入教后，也与不良传教士勾结，借助教会势力为非作歹，导致云南一些地方民众与教会矛盾尖锐。“法人自到滇来传教，所收男女入教皆无赖穷民及曾经犯事匪类，以教堂为渊薮，幸良民不为所惑，法人亦知百姓不服，尚有畏心。无如入教莠民辄恃彼为护符，怂恿法国司铎每择愚懦可欺者，勒索污辱，肆行扰害，良民咸皆侧目。”[②]浪穹教案就是在这样的背景下发生。

关于浪穹教案的相关情况，当代编的《洱源县志》中记述较为详细：“光绪七年（1881年），又有一所小天主堂在下江约沙凤村建立。外国传教士以此为据点，勾结恶霸，霸占土地，强迫村民入教，强奸妇女，危害人民。光绪九年（1883年）沙凤村200多民众在吴大发、博小八带领下，群起烧毁天主教堂，杀死法国传教士张若望等。此事震动朝野，法国副主教罗尼亲自过问。”[③]而关于法国传教士张若望本人事迹，在另一部地方史志《白族简史》中这样记录：“洱源天主教司铎张若望，勾结地主豪绅，他还活动于永平、巍山等地，向群众敲诈勒索，私订教规强迫人民遵守，甚至规定女教徒在结婚前夕要到教堂祈祷过夜，借此进行奸污。”[④]则案件的事实较为清楚。由于云南发生的浪穹教案正处于中法为越南问题交锋的非常时期，清政府的态度较为小心谨慎：“现值法越构衅之时，出此重案，尤应及时妥办，免生枝节，不得稍涉迁延徇隐，致误大局。”[⑤]要求岑毓英等官员审慎办理案件。岑毓英对于此案的办理思路清晰，他紧紧抓住案件中的一个关键的细节，法国副主教罗尼在给清政府的信中有一句话说得很微妙，烧杀法国教堂者，为“团丁二百余人”，这一说法无非

① 《白族简史》编写组：《白族简史》，云南人民出版社1988年版，第160页。

② （清）王文韶等修，唐炯等纂：光绪《续云南通志稿》卷87，光绪二十七年（1901年）四川岳池刻本，第7页。

③ 云南省《洱源县志》编纂委员会编纂：《洱源县志》，云南人民出版社1996年版，第588—589页。

④ 《白族简史》编写组：《白族简史》，云南人民出版社1988年版，第160页。

⑤ 故宫博物院编：《清光绪朝中法交涉史料》卷3，1936年排印本，第43页。

影射此事件有组织有预谋，为以后进行威胁讹诈留下伏笔。此说法让岑毓英倍感压力，如果确定为团民所为，将来法国人大做文章，则极有可能成为另一个马嘉理事件。而云南地方政府提供的一份关键材料，为民团首领文生李炳南呈禀，也是很不利的，以至清廷谕旨中也询问：该处团民究系何人为首？如果此问题坐实，轻则案件难以秉公审理，百姓的冤屈不能伸张；重则可能引发中法间的外交或军事冲突，使岑毓英经营西南边疆的计划再次落空。

岑毓英派的盐法道钟念祖和当地官员一道迅速搜集各方证据，牵头的群众吴大发（即吴独眼）投案自首，钟念祖又将牵涉案件的傅老八、傅老四、黄牌首、闻老六、满老三、陈银廷等人捕获，并召集曾经被污辱妇女作为证人，以备传唤。岑毓英奏报清廷称：经过核实，教民刘玉壶向罗尼所提供之情报，为无真凭实据的一面之词，已查明民团首领赵灿南等人地方绅士良民并未参与其事，与本案无关，不过既然有教民指控，无论虚实，都应带到省城质询，好让法国人心服口服。另将司铎张若望的尸首交由副主教罗尼设自行收殓，并派专人护送并监控。岑毓英将整个案件的侦办办得迅速彻底，滴水不漏。至五月初一日，涉事民众及证人等共计20人被带到省城，云南省的司法官员及署云南府知府邓华熙、署大理府知府王邦彦等共同会审，并传法国司铎布尔雅到堂观审。从马嘉理一案的审理不许英国官员入滇，到浪穹教案主动召集法方人员观审，可看出岑毓英自马嘉理事件之后东山再起后，经过在福建经营闽、台海防的历练，对当时国际通行法则已相当熟悉，并能加以有效利用，对涉外事件的处理较原来老练许多。

经过审讯，案情逐渐明朗，教案的起因为法国天主教司铎张若望（又称张神虎）与盛司铎方姓等，收用匪人李九、刘玉壶等多人，平日奸淫掳掠，无恶不作。如浪穹县属下齐村余秋之妻余周氏被其掳去奸污，余秋前往寻妻，被其殴打致死。又有文大顺之妻文吴氏，亦被张若望等抢去奸污，文大顺前去找人，亦被殴打致死。教民王二，从前因犯人命官司，投入教堂后，仗势横行，如此种种，不一而足，乡民为之侧目，积怨已久。光绪八年（1882年）十一月间，吴大发之表侄女文张氏被张若望等劫去奸污。九年（1883年）正月初八，吴大发之妻吴罗氏与其女傅吴氏路过教堂，又被张若望与教民刘玉壶、李九、李杂货、李斗篷、龙回子、刘豆腐等抢人奸淫。次日吴大发前往理论，声称要去官府告状，刘玉壶等却说奉教人不怕官管，并以吵闹经堂为由将吴大发吊打关禁，吴大发再三哀求，夫妇二人方得脱身，但其女傅吴氏仍被关于教堂之内。吴大发到浪穹县衙告状，浪穹县政府的官员不敢经办，反恨吴大发三番五次控告，竟欲将其捉来处死。吴大发被迫躲避山中，悲愤不已，遂邀约其女婿傅小八、亲友傅老四、满老三、黄牌首、陈云亭等人商议对策，傅小八、傅老四、满老三均因傅小八之妻傅吴氏被张若望及教民霸占，黄牌首、陈云亭则是因为曾被敲诈殴打怀恨在心，遂决定于二月十九日晚共同前往要人。当晚，吴大发等6人分拿刀棍到教堂大门外高喊要人。张若望等从墙洞内向外开枪，忽有不识姓名者多人口喊报仇，各执器械赶到，张若望亦带人各执洋枪、刀矛出与相斗。傅小八、陈云亭因见人多势凶，力小胆怯，先自逃回。吴大发用刀背打落张若望洋枪，张若望拔刀砍伤吴大发左脚踝，吴大发情急之下，拼命还击，向张若望肩、膊、胸、腹连砍数刀，并将其首级割下。傅老四、黄牌首、满老三各因受伤，先后逃离现场。当时人多手杂，教堂又已起火，现场一遍混乱，究系何人放火，教民为谁所杀，吴大发等人均已记不清楚，后经绅团赵灿南等赶到后，局面才得以控制，人群逐渐散去。后据教民李天伦供明，教堂内杀死、烧毙张若望及男女教民共计10人，副主教罗尼所声称的杀死14人及抢劫等内容，不过是教民刘玉壶等人的一面之词。是月二十一日，永平县属被害乡民，亦闻风群起报复，漾濞教堂盛司铎（即方姓）因已先期得信，与教民携带资财逃至大理躲避，教堂门窗被乡民拆毁，又在麦地、干庄等地杀死教民王二夫妇两人。

笔者将此案审讯内容的梗概列出，是因为从中我们可以发现一些很有意思的东西，此案的审理与马嘉理一案在风格上颇有相似之处，延续了岑毓英办理涉外案件独有的“岑氏风格”。细读整个案件的审讯内容，我们就会发现：首先，案中有姓名的人犯，除吴大发之外，其他的根本不能算关键人物，傅小八、陈云亭因胆怯先自逃回，傅老四、黄牌首、满老三各等因受伤，也先后逃离现场；其次，突然冲出杀人放火者，全为“不识姓名者”，且吴大发等均记不清楚；再次，曾被指控的乡团首领赵灿南等人，为打斗发生后才赶到现场，他们到达后局面才得以控制，人群逐渐散去，所以他们不但无罪，反而有功；最后，在这份看似条理清晰的审讯记录中，我们发现，为教民所指控的团丁200多人，也就是岑毓英坚持认为是自发而起的乡民，作为案件的关键所在，则全都隐没于岑毓英一手制造的迷雾之中。

笔者在此所说的“岑氏风格”是指岑毓英在类似的案件审理过程中，擅长于制造迷雾，隐藏真相，使事态向有利的方向发展。光绪二年（1876年）八月十二日，李鸿章与威妥玛签订中英《烟台条约》后不久，在给云贵总督刘长佑的信中说：“闻彦卿去滇后，案犯口供顿翻，威使灼知其情，必欲将彦帅及腾绅提京复讯。政府不以提京为然，弟不得不与力持，以维国体。迨成议之日，威始密告以李珍国眷属在其新街领事处留养，是此案巅末固所深悉。”[①]后给两江总督沈葆桢的信中又说：“岑中丞去滇后，犯供全翻，与威访查情节一一吻合，足见彦卿手眼神通能障蔽家兄（笔者注：指当时清廷派到云南督办马嘉理案的钦差大臣李翰章）等耳目，而几贻国家之大祸，可不惧哉!”[②]李鸿章的这一说法，目前并无材料可进一步证实，但他所说的岑毓英在案件办理中能手眼神通、掩人耳目的风格，则是事实。如果将马嘉理案侦办及审理的材料通读，就可以明显感受到岑毓英掌控案件进程及走向的能力，可谓收放自如，游刃有余。在此案件的办理过程中，岑毓英再次应用此手法，使事态向有利于浪穹地方民众的方向发展。晚清国势日衰，鸦片战争后遭到西方列强的连环侵逼，被迫与多国签订不平等条约，不断丧权失地，云南作为积贫积弱的省份，情况更甚。岑毓英在这样的历史背景下，应用其智慧和能力，与殖民侵略势力展开周旋，在维护国家利益的同时，还很好地保护了地方百姓，其行为有值得肯定的一面。

对于相关案犯的判决，岑毓英认为，吴大发（即吴独眼）在浪穹教案中虽是首要发起人，但各处乡民乘势报复，并非其预谋召集，而乡民

① （清）李鸿章撰，顾廷龙、戴逸主编：《李鸿章全集》31《信函（三）》，安徽教育出版社、安徽出版集团2008年版，第483页。

② （清）李鸿章撰，顾廷龙、戴逸主编：《李鸿章全集》31《信函（三）》，安徽教育出版社、安徽出版集2008年版，第490页。

之敢于群起滋事，则为其带头所致。遍查大清律例，并无与教案相关的法律条文，因此岑毓英按照清律中关于民众确有冤情，但不到官府控告，擅自聚众至四五十人，但尚无影响官府办案的情节来量刑，判处吴大发杖一百，流三千里。傅老四、黄牌首、满老三均为被害者，虽随吴大发前往滋事，但没有参与杀人放火，量刑又减一等，判杖一百，徒三年。傅小八因妻被霸占，陈云亭也是受害者，虽从吴大发同行，均因胆怯力小，先行走回，并未参与事端，各判杖一百。在晚清就如此规模的教案来说，岑毓英这样的判决算是比较轻的，参与斗争的百姓无一人危及性命，至于其他的惩罚，只要得到岑毓英等政府官员同情支持，一般不会太严厉。岑毓英在上给清廷的奏折中声称，起来反抗的吴大发等乡民是“激于义愤”，而被杀的法国传教士张若望是“祸由自取”，为非作歹的教民“均有应得之罪”，清楚表达了自己同情弱者反抗及痛恨横行者不法的态度。案件的处理他有过反复的考虑，“乡民报复出于义愤，若概置重典，恐失民心；若稍示姑容，又恐小民无知，效尤生事”[①]。反映出他处理此案件的矛盾心态，岑毓英对地方民众的遭遇非常同情，却又担心不适当处理会引起地方民众的效仿，引起更大的中外冲突，使其在云南地方治理和边防建设的计划再次受阻。从处理的结果来看，在当时的形势之下，这应该是他在能力范围内对地方百姓做到的最好保护，参与浪穹教案的绝大部分地方乡民和绅士，在案件中没有受到任何株连，作为一名中国传统社会的官僚，岑毓英再次践行了其“明德亲民”的理想。我们对岑毓英治滇事迹的评价，应充分考虑到其所处的时代背景，尽量做到实事求是及不苛求古人。

事实上法国云南教会方面对岑毓英案件的审理不无怀疑，主教古若望曾给云南政府官员递过一信：既谓犯供不足信，复谓王法无私，请照华律拟办。又面称不必重办罪犯，免伤和谊。或许是自知理亏，希望能够息事宁人。案件审理完毕之后，云南地方政府开始与法国教会方面讨论如何处理善后事宜，法国主教古若望等以被害的张若望等人均有家属，必须抚恤，被毁教堂亦须重修，并引四川等省赔偿教堂旧事为例，欲壑难填，云南政府官员有理有节，软中带硬，“该司道等当与该主教古若望等反复辩

① （清）岑毓英撰，黄振南、白耀天标点：《岑毓英集》，广西民族出版社2005年版，第273页。

论，且告以此次百姓动众，官处力为保护，祸且不测，始议定拟给银五万两以作赔修教堂及抚恤之费。由该主教古若望自行经理，从此结案，不再过问翻异，该主教业已乐从，出具笔据，盖用图记"[①]。以较为合理的条件达成协议，至此浪穹教案的侦办、审理及善后工作全部完成。

岑毓英再督云贵之后，一方面认真吸取处理马嘉理事件的经验教训，另一方面经过担任福建巡抚时在台海地区的历练，对晚清时期的中国周边的形势有较为清楚的了解，初步积累了一些与西方列强打交道的经验，故而在浪穹教案的处理上显得成熟老练许多。从马嘉理事件中拒绝英国人进入滇境调查，到浪穹教案审理中主动邀请法国方面旁观案件审理，在这过程中我们可以看到岑毓英的巨大转变，由于浪穹教案的妥善处理，法国方面在此事件中没有寻找到任何借口，岑毓英成功应对了这样一个巨大的政治和外交风波，其在云南边疆治理和国防建设的事业也得以继续推进。

二、裁革夫马

我国早期的赋税制度规定人民要承担赋税和徭役，官府有权征用辖区内的人民当差服役，即所谓力差。后赋役制度简化，允许人民输银代役，称为力差银，复演变为将力差银摊入粮赋中一并征收，"粮赋而外，一切杂派差徭俱从田出，谓之公件"[②]。公件银随粮赋征收，又称为"均徭银"，此后官府凡有差使，即用这笔款项自行雇人充任，遂形成制度，"载在《会典》及《赋役全书》，历久遵行"。可是云南咸同军兴之后，地方政府因军务方殷，财政拮据，遂恢复向民间征发劳役（称为派夫），又复派马，二者合称夫马。至云南局势稳定，当局并未取消此项弊政，反而加收夫马钱，出现"既派夫马，又复折价"的现象，地方百姓"佥称夫马之害，最为民病"[③]。成为当时云南对百姓危害最为严重的社会问题。主要表现在三个方面：

首先，是地方官员之苛派。当云南地方的官员，凡抬轿、敲锣、打

① （清）王文韶等修，唐炯等纂：《续云南通志稿》卷87，光绪二十七年（1901年）四川岳池刻本，第7页。

② （清）倪蜕辑，李埏校点：《滇云历年传》，云南大学出版社1992年版，第587页。

③ （清）岑毓英撰，黄振南、白耀天标点：《岑毓英集》，广西民族出版社2005年版，第259页。

旗、撑伞、把扇、看门看堂、看监守犯、扫地、喂官马，以及上任、离职、出差，都要派夫，少则数十名，多至一两百名。派马则有跟班马、听差马、送差马等各种名目。甚至官员办差之家丁、书役、庖人无不用马。这种旷日持久名目繁多的差使，对于必须按时耕作的农民来说，危害是巨大的，“民间支应夫马，亦不无旷废农功”[①]，可谓是竭民之力。

其次，是地方官员的苛索。至光绪年间，云南善后局制定章程，规定一马折钱六百，一夫折钱三百，由官行文到各地之夫马局承办，如果出差的地方远离州县城，如外出巡查地方或催办钱粮等，则费用可翻数倍，所得非常丰厚。咸同年间云南百姓饱受动乱饥疫之苦，社会经济凋敝，人民生计艰难，官府规定的赋税徭役本已不堪负担，而贪得无厌的官员仍不知足，除派实夫实马外，还索要夫马钱，百姓出力之外还得出钱，索取的数额超出规定很多倍，甚至连官员们相互送礼的费用，也要摊在百姓头上。清政府明文规定云南全省人民所应承担的赋役，正供约合银20余万两，据云南布政使唐炯等人的调查，云南地方官员每年仅搜刮夫马钱一项就达银100万两之多，负担之沉重，已到了骇人听闻的地步！可谓是竭民之财。

最后，官绅勾结致使云南地方吏治败坏。由于有夫马之役，云南各地无论是交通要道还是偏僻的州、县，皆设有夫马局，多由当地的土豪劣绅把持，官所派已经苛刻，这些人又变本加厉，从中大肆渔利。而所派这夫马，仅限于平民百姓，地方上的文武绅士、衙门兵差，是一概不交银、不当差的。地方豪绅鱼肉百姓所得之钱财，地方官员亦得分一杯羹，因此官绅紧密勾结，在云南社会中形成特殊的利益集团，瞒上欺下，横行地方。[②]岑毓英对夫马差役的害民，有清楚的认识，他“在云南巡抚任内，办理军务即深知此弊，只以军务吃紧，饷需奇穷，故所用夫役，不能不藉资民力。……拟俟军务告竣，再为请命”[③]。当时岑毓英的计划是先裁民

① 阮元、伊里布等修，王崧、李诚等纂：道光《云南通志稿·食货志九》卷78，道光十五年（1835年）刊本。

② 牛鸿斌、文明元、李春龙、刘景毛点校：《新纂云南通志》七，云南人民出版社2007年，第367—368页。

③ （清）岑毓英撰，黄振南、白耀天标点：《岑毓英集》卷18，广西民族出版社2005年版，第259页。

兵厘谷，再革夫马积弊。遗憾的是由于光绪元年的马嘉理事件影响，岑毓英被迫去职，回籍丁忧，继任官员腐败无能，此项弊政遂一直相沿承袭，直到光绪八年（1882年）岑毓英再任云贵总督时，对此项弊政的处理才提上议事日程。岑毓英对征用民间夫马差役持反对的态度，光绪六年（1880年）他丁忧之后复出任贵州巡抚，在贵州地方校阅各营练军时，就曾专门向清廷奏报自己要“轻骑减从，不用民间夫马”[1]。表明了自己爱惜民力和与民休息主张，正是有了这样的思想基础，才会有他再任云贵总督后大刀阔斧裁革夫马的举措。

云南地方政府对夫马的裁革，还与云南布政使唐炯的推动有很大关系。唐炯（1829—1909）字鄂生，晚号成山老人，出生于贵州遵义（今贵州省遵义市）的一个官宦世家，父亲唐树义累官至湖北按察使，在太平天国运动中因与太平军作战失利，跳长江自殉。父亲亡故后，唐炯至京师纳资报捐知县，被清政府签发四川省任用，历任南溪县知县、绵州知州、绥定府知府等职，同治七年（1868年）率川军入黔，镇压贵州苗民起义。光绪初，获得四川总督丁宝桢的支持，整顿四川盐务，卓有成效，于光绪四年（1878年）升建昌道，光绪八年（1882年）超擢云南布政使。唐炯在赴云南上任的过程中，有机会近距离观察云南地方的民间疾苦，他沉痛地说：“乃本司本年由蜀赴滇，既又出历临安、开化、广西各境，所过沿途，田地荒芜，城市萧索；乡民衣服褴褛，妇女至不能蔽体；民食多用包谷，稻米则留待旅客。凋敝情形，良可哀叹！历引父老问其疾苦，率称夫马之害，最为民病。……傥非痛心疾首，安能众口一辞？夫既征均徭，又复用民，是失信也；徭银之外，又复折价，是重征也。揆诸圣朝立法之意、恤民之心，将毋大谬？况乱后之民，既远不如前之富庶，今者用民转较以前烦多，奔走道途之不暇，何时得尽力田间？门户钱粮之不赀，客民亦闻而裹足，民稀土旷，职是之由？窃计云南承平时岁入赋役，正供不过二十余万，乱后犹不及二十万。以今所派夫马约计，民间所费岁不下

---

① （清）岑毓英撰，黄振南、白耀天标点：《岑毓英集》，广西民族出版社2005年版，第219页。

百万！末大本小，务私害公，厥弊伊于胡底？”[①]唐炯关于云南省内夫马差役“所费岁不下百万”的估算，无疑是一个非常惊人的数字。曾任云南布政使的史念祖也证实了这一点，他撰写的《弢园随笔》中有《云南裁夫马钱纪略》一文，记录了史本人向云南地方士绅了解征收夫马钱的具体情况：“余曰：‘闻通省夫马岁约摊五十万串，有诸？’众曰：‘承平时数诚不逾此，若近年之明增暗长，奚止倍蓰？’”[②]按照这一时期云南的银钱比价，一两银约合钱1300文来计算[③]，咸同之前云南夫马钱的支出为白银30余万两，战乱之后“奚止倍蓰”，则有可能达到百万两之多，从这个数字来说，夫马差役的确是云南劳动人民的沉重负担，使地方百姓生活痛苦。

针对此情况，唐炯建议：“非尽数裁革，无以纾民困。将局章从新更定，别筹闲款，提归善后局经理。嗣后，大小差使一经奉委，悉由局按往返程途核发，照市雇募。通饬各地方官，不得派一民、折一夫，各属夫马局一律裁撤。庶积弊全清而民力可裕，然后徐责令各厅、州、县招集流亡，劝课农桑，务和民心，勿挠民力。庶期衣食裕饶，自然祸乱不作。是所费实少而所裨为甚多矣。”[④]他的建议与岑毓英的主张可谓不谋而合，因此岑毓英很快上奏清廷，请求：“将云南通省夫马自光绪九年正月起永远裁革。以后督抚、学政、提镇、司道各要差，均由善后局照章酌给夫价，自行雇募。即各府厅州县有紧要差使，俱照章给价自雇，不准科派地方，违者从严参办，庶民困可苏，元气易复，边疆幸甚!”[⑤]

此建议得到清廷的赞许，得以批准实施，云南地方政府遂张榜公示，为使此项规定众所周知，行之久远，使贪官劣绅无机可乘，云南地方政府

① 牛鸿斌、文明元、李春龙、刘景毛点校：《新纂云南通志》七，云南人民出版社2007年版，第368页。相关内容并见（清）唐炯撰：《成山老人自撰年谱》卷6，宣统二年（1910年）京师刻本。

② 徐一士：《近代笔记过眼录》，山西古籍出版社1996年版，第202页。

③ 相关内容可参见牛鸿斌、文明元、李春龙、刘景毛点校：《新纂云南通志》七，云南人民出版社2007年版，第438页。

④ 牛鸿斌、文明元、李春龙、刘景毛点校：《新纂云南通志》（七），云南人民出版社2007年版，第368页。相关内容并见（清）唐炯撰：《成山老人自撰年谱》卷6，宣统二年（1910年）京师刻本。

⑤ （清）岑毓英撰，黄振南、白耀天标点：《岑毓英集》，广西民族出版社2005年版，第259—260页。

还将此项内容勒石告告，以“通饬永远遵行”。今在云南楚雄州元谋县博物馆内，还收藏有这样一块当时云南省政府所立的石碑，相关内容如下：

太子少保头品顶戴兵部尚书署理云贵总督部堂福建巡抚部院一等轻车都尉岑兵部侍郎兼都察院右副都御使云南巡抚部院杜

为通饬晓谕事，照得滇省夫马最为民害。今本署部堂部院饬司局别筹闲款，釐定章程，所有学院考试，各郡及查灾提案委员，一切要差夫马，均由局照章核计往返程站给发，自行雇备。此外提镇司道以及地方文武各衙门，向来派用夫马，自光绪九年正月起一概裁革，各州县不准再设夫马局。除会奏立案，通饬永远遵行外，分行晓谕。为此，谕仰合省军民等知悉，嗣后如有地方文武衙门，仍前派用民间夫马，土豪劣绅，藉端设局苛派，一经委员查出，或被尔等控告，定即从参办治罪。尔等其各安生业，尽力田亩，勿负本署部堂、部院体念民休之至意。其各凛遵毋违。特示通省夫马，饬明禁革，所有夫局一律裁撤。倘有绅约擅行私派，立即拿究严惩不贷。

右谕通知

光绪九年二月吉日　立[1]

当时云南的夫马差役形式有三种，“或挨户轮充，或按粮摊派，或种田当差”。夫马差役废除后，遗留下不少原承担差役的田地，其来源有三类：“一则原有田亩以供夫马，如迤东、西之堡田、迤南之塘田是也；一则民间自行捐置田产，或在本境以抵轮摊，或在他属名为协济，如保山县六分在城置田、大姚县在姚州置田是也；一则肃清后，将绝、逆产拨充夫马是也。”地方政府对这些土地认真清查，力求做到“勿任土豪把持隐占，以期于民有济”[2]。

其实对于夫马差役之弊，清人是早有认识的，乾隆朝人恽敬撰《三代因革论》时就曾言：“差役则民劳而财日匮，雇役则民逸而业

① 张方玉主编：《楚雄历代碑刻》，云南民族出版社2005年版，第293—295页。

② 牛鸿斌、文明元、李春龙、刘景毛点校：《新纂云南通志》七，云南人民出版社2007年版，第370—371页。

可常。”[①]而云南自同治十一年（1872年）军务逐渐肃清，到光绪九年（1883年）由岑毓英主持裁革夫马，前后超过十年时间，夫马差役对社会生产的危害，不可能没被地方政府的官员们意识到，唐炯初入云南，就看到夫马差役致使云南地方百姓“兵燹之后不堪苦累，相率逃避，不敢归业，以致乱定十余年犹然田野荒芜，往往经行百数十里都无人烟”[②]。可见其危害人尽皆知，但却无人提议裁革，实质上是因为“官即知弊，中馁而不便过问；民虽怨讟，畏势而不敢上告。是官以夫马病民，而奸民复以夫马自相病也”[③]。因为官绅勾结，中饱私囊，在云南地方事实上形成一个特殊的利益集团，成为云南地方政府改革弊政的最大阻力。

自岑毓英光绪二年（1876年）四月交出云贵总督和云南巡抚关防，回籍丁继母忧，到光绪八年（1882年）八月在云南省城接受总督关防再督云贵，期间云南地方的军政事务由云贵总督刘长佑和云南巡抚杜瑞联负责。刘长佑督云贵六年多的时间里，根本无心经营云南。接任岑毓英留下的云贵总督职位不久，因马嘉理事件处理完毕，光绪二年（1876年）刘“长佑以滇事渐定，屡疏引病乞罢，优诏慰留”。至七年（1881年），法国侵略势力在越南北圻扩张，并进窥滇、粤边境，当此边疆形势危急之时，一直闹着要走的刘“长佑屡以病乞罢，慰留未许。八月，入觐，予假两月，九年，乃许开缺回籍”[④]。终于得以开溜。可知其在云贵总督任内，始终抱着抽身走人打算，对于云南的地方治理和边防建设，自然难以悉心筹划。杜瑞联于光绪三年（1877年）任云南巡抚，至光绪九年（1883年）因云南军需奏销案被罢职，关于其抚滇六年的作为，有记载说“杜氏出任云南

① （清）恽敬撰：《大云山房文稿》（初集）卷1，四部丛刊初编，第23页。

② （清）唐炯撰：《成山老人自撰年谱》卷7，宣统二年（1910年）京师刻本，第6页。

③ 牛鸿斌、文明元、李春龙、刘景毛点校：《新纂云南通志》七，云南人民出版社2007年版，第369页。

④ 赵尔巽等撰：《清史稿》，中华书局1977年版，第12128—12129页。

巡抚，有书画癖，抚滇期间，无显著政绩，平日专事收藏书画”[①]。可知其在云南巡抚任内，也不是一位勤于政事的好官。正是由于主政官员的因循应付，导致裁革夫马一事被旷日持久地拖延。与两位同僚形成鲜明的对比，岑毓英上任云贵总督仅两个月，便奏清廷请裁革夫马，展现其大刀阔斧改革弊政的勇气和魄力，在同一道奏折中，巡抚杜瑞联也讪讪地加上一句“上年臣瑞联会商本任督臣刘长佑，以为弊先去其太甚，督饬司道将夫马章程认真核减”[②]，只是这种敷衍的态度，不可能从根本上解决夫马差役带来的社会危害，这样的说法多少有点自我解嘲的味道。

裁革夫马当年就有了明显的效果，按唐炯的说法：“是年学使按临五棚，需费不及四千，两文武差使不及二千两，转运军火不及二千两，而民间岁省费无虑三百万矣。”[③]政府相关的开支不到8000两，民间一年省下的费用竟达300万之巨，则云南地方百姓的负担大为减轻。不过夫马银作为灰色收入[④]，其准确的数字是难以确切统计的，唐炯的说法也只能是估算的结果，或许有所夸张，但裁革夫马使云南地方百姓受惠巨大，却是不能否认的事实。

但任何事物的发展有其多面性，岑毓英彻底裁革夫马，也给清政府在云南的统治造成了一些困难。由于云南地方经济本身发展的相对滞后，以往就需要各省协饷才能维持云南军政的正常开支，咸同战乱又遭沉重打击，一直未能恢复元气，所以裁革夫马的政策实行不久，政府财政入不敷出的情况进一步加剧。中法战争爆发后，云南军民在中法越南战场的西

① 李友仁主编：《历代宦滇督抚生平概略》，云南美术出版社2006年版，第59页。按此书载杜瑞联为清名臣杜受田孙，同治年间巡抚云南，实据民国罗养儒所撰《纪我所知集》卷十七《逸事堪传》，皆误。杜受田为山东滨州人，其孙有庭琛、庭珏、庭璆（参见《清史列传》卷四十一《大臣传续编六·杜受田》）；瑞联为山西太原府太谷县进士，同治年间曾任浙江道监察御史、湖南宝庆府(治今湖南邵阳市)知府（参见秦国经编：《清代官员履历档案全编》卷二十六，页六四一下及六四三下），光绪二年（1910年）任云南布政使，三年升任云南巡抚，九年因失察于云南布政使奏销案而罢职。（参见刘贯文、任茂棠、张海瀛主编：《三晋历史人物》第三册，书目文献出版社1995年版，第510—511页）

② （清）岑毓英撰，黄振南、白耀天标点：《岑毓英集》，广西民族出版社2005年版，第259页。

③ （清）唐炯撰：《成山老人自撰年谱》卷7，宣统二年（1910年）京师刻本，第7页。

④ 笔者按：“灰色收入”一词，大约在20世纪80年代开始流行于中国社会当中，其含义的解释至今仍有分歧，一般“人们把介于合法与违法之间的收入，称为灰色收入”（参见《现代管理词典》第2版，武汉大学出版社2009年版，第347页）。

线英勇抗击法军，为保卫国家利益做出了重要的贡献，也付出了巨大的代价，地方财政更形拮据，省内的各项公费支出如举行乡试、查案勘灾、押解人犯等都难以承担，政府几乎到了不能正常运转的地步。当时滇中一些官员如史念祖和张凯嵩，就曾指责唐炯将夫马差役和夫马钱一并革除的改革过激，脱离了云南的社会现实，“未暇远谋，几难善后”[①]。后经云南司道官员与地方士绅反复协商，报由岑毓英斟酌，决定仿照四川省三费章程，随粮征收夫马钱，每秋米1升抽钱3文，所纳米折、荞折、条公等项以银1两合米1石的标准来折算。每年加收得制钱5万余串，约为云南承平时期所征收夫马钱数额的十分之一，虽然又恢复征收，但有章程可循，与原来的滥收滥征相比较而言，云南地方百姓的经济负担还是有较大程度的减轻。光绪年间云南裁革夫马的关键之处在于废除了实夫实马，保证了劳动人民正常的耕作时间，对于缓和云南地方社会矛盾，恢复和发展生产，有积极的作用。

裁革夫马差役的举措，较为集中体现了岑毓英治滇的一些思想特点：首先，此项措施反映了岑毓英作为一个传统官吏中的一员，具有同情民间疾苦，减轻人民负担，让百姓休养生息的民本思想。其次，他还敏锐觉察到此项弊政中隐藏的巨大社会矛盾，非常清楚云南咸同时期的战乱，主要原因就是当时的统治腐朽和吏治败坏，导致社会矛盾空前尖锐。有鉴于此，他果断出手废除弊政，做到防微杜渐。再次，由于夫马差役和夫马钱的有利可图，云南部分官绅互相勾结，在地方形成特殊利益集团，加上主政者的因循，使得此项弊政长期延续，但岑毓英不惧阻力，不怕得罪人，上任伊始就一举革除，显现其个人在政治上的强势风格。最后，岑毓英的此项举措实为顺应民心之举，在中法战争爆发前夕这个特殊时刻，对于争取民心、动员云南人民起来固边御敌有积极的影响。

三、再查田亩及续请蠲免

到光绪十年（1884年），云南地方经过10年的休养发展，却仍未能完全恢复元气，年征收条丁、公件、官庄等银仅为原定额的六成六分

① 徐一士：《近代笔记过眼录》，山西古籍出版社1996年版，第202页。

零，征收税秋米、麦、荞折也只达到原定额的6成5分3厘零，对于问题所在，再任云贵总督的岑毓英认为“因各处户口多寡既殊，而土地肥瘠亦异，加以水旱疾疫，人多逃亡，成熟之田又多荒废，因而实征钱粮不能与奏定减成之数相符”[①]。从这个解释上，可以看出岑毓英个性复杂的一面，他既是作风干练的能吏，又是老于心计的官僚，关于云南粮赋不能征足原数额6成8分的原因，他说得含糊其辞，并未触及问题的根本，与其平素的行事风格明显不符，我们可以通过相关事实探寻其中的原因。云南省经过10年的休养生息，仍无法足额征收原定额6成8分也就是三分之二强的粮赋，原因是否为岑毓英原来核定的成数过高？答案显然不是。首先，从咸丰六年（1856年）起，岑毓英经营云南多年，通过努力，他从一个基层的小吏逐步成为主政云南的重臣，对云南的社会有着深刻了解，不至于对地方上的农业生产能力产生大的误判。其次，作为一个强势的官僚，他手下的官员在各地进行田地耕种情况调查，不大敢胡编数据，蒙混过关。再次，要说岑毓英好大喜功，多报钱粮征收成数，与其主张10年内减免云南地方部分钱粮的做法明显有矛盾，不符合情理。最后，奏报了过高的征收成数，最后却收不上来，实际上就是自我否定，岑毓英显然也不会干这样的蠢事。由此可知，云南地方钱粮不能征收足额，原因在其他地方。

在裁革夫马一节里，笔者已谈到过，云南地方上有部分贪官劣绅，通过派夫马和征收夫马钱等陋规弊政，攫取巨额钱财，共同利益使其紧密勾结，形成一个特殊的利益阶层，长期存在于云南地方。对于他们来说，面对战乱之后经济承受能力有限的地方百姓，同时征收国家规定的粮赋和夫马钱等陋规，存在一定的矛盾性，为满足自己的私利，他们选择少征粮赋，以保证他们一年能征收到百万两白银的夫马钱。把盘剥百姓的巨额钱财装进自己的口袋，地方财政收入的不足则由中央政府拨款补助，对于这个集团来说当然是两全其美，但对于整个社会来说则是祸国殃民。岑毓英对于此问题采取的措施是做而不说，一方面着手解决实际问题，同时又不让矛盾表面化和扩大化。他先于光绪八年（1882年）裁革夫马，彻底清

① 牛鸿斌、文明元、李春龙、刘景毛点校：《新纂云南通志》七，云南人民出版社2007年版，第239页。

除地方特殊利益阶层生存的土壤，又于光绪十年（1884年）严饬地方官员认真核查各地田亩耕种情况，“不准稍有欺隐遗漏”。结果查出光绪五年（1879年）后垦种开种及光绪九年（1883年）新垦田地应征条丁、公挺、官应等银37479两，连同前10年实征数量，约为原数额7成5分零。应征税秋米、麦、荞折共28515石零，加上原来征收，达到原数额约7成8分零，事实上已超过岑毓英原报的6成8分定额。岑毓英所做的还不止于此，他又监督地方官员查出各处暂荒田地中条件较好者，可征条丁、公耗、官庄等银28798两零，税秋米、麦、荞折18085石零。“现仍严饬该地方官务须设法招徕，分限三年，悉行垦种成熟，统于光绪十三年一律起征，不准再事迟延，以重正赋。”这部分钱粮合原定额数的7分，米、荞折合原定额数的8分。将以上数据相加，可知经过努力恢复，到光绪十三年（1887年）云南可征钱粮将达到定额数的8成3分，米、荞折达到原定额数的8成6分。至于其余短期内无法复耕的田地，岑毓英实事求是，他查实其中部分田地在长期战乱中，或因水冲石压，或已积水成湖，已难以复垦，这些田地原征赋税48387两，他从维护云南地方百姓的利益出发，大胆呼吁清政府放弃征收这部分田地的钱粮。至于还有复垦希望的部分田地，钱粮约占原定数额1成5分零，米、荞折占原定数额1成3分8厘9毫零，岑毓英请清廷暂行蠲免，再予宽限10年，让百姓继续休养生息。

岑毓英在云南继续推行休养生息政策的主张，得到清廷的支持，光绪十年（1884年）九月谕内阁：云南田粮减成“十年限满，查明各属荒、熟田地实因肃清未久，户口尚稀，荒芜未能复额。若将应征钱粮照常征收，民力实有未逮。加恩著照所请……查出各属永荒田地……暂行蠲免，再予宽限十年，以苏民困”①。岑毓英上任后的清查田地行动，大大增加了云南政府的年财政收入，而地方百姓交纳政府的钱粮虽然有所增加，但与被废除的夫马等陋规的盘剥相比，人民的负担还是有较大减轻。因此岑毓英在云南的这些改革措施，可算得上是利国利民。同时岑毓英也用事实证明了前任官员的不作为及地方官绅的贪腐。

关于岑毓英光绪十年（1884年）再次清查云南全省土地，分别征收

① 《穆宗实录》，同治十三年十二月辛未条。

和蠲免钱粮的这段史实，在其上给清廷的奏折中有集中反映。岑毓英治滇之一大特点，就是为恢复咸同军兴后凋敝的云南地方经济不遗余力，他在同治十三年（1874年）奏请清廷，请以10年为限，减免云南地方部分钱粮。至光绪九年（1883年）满10年之期，岑毓英再次奏请清廷，请以10年为限，减免云南地方部分钱粮。可知此道奏折的内容承上启下，有比较重要的参考价值，如缺失则不能完整反映岑毓英治滇事迹中在农业方面与民休息的主张，然而这道重要奏折却被奏稿编辑者遗漏，实为憾事。光绪三十一年（1905年）云南课吏馆编辑铅印本《全滇纪要》时，在卷十《财政门》（第四百五十号）摘录了此道奏折中的部分内容，而民国时期编修的《新纂云南通志》卷一百五十《财政考一》则将这道重要奏折的全文收录，此道奏折记录了自同治十三年（1874年）至光绪九年（1883年）间，云南省农业生产的发展情况，并提出了自光绪十年（1884年）起云南地方未来10年的粮赋征收方案，对云南近代社会经济史有极为重要的参考价值。在此以《新纂云南通志》中收录的内容为底本，将此道奏折附录于下，作为研究岑毓英治滇历史的重要参考。

云贵总督岑毓英、云南巡抚张凯嵩奏为滇省钱粮减成限满，体察情形，征收尚难复额，分别荒熟、实应征应缓数目，恭折仰祈圣鉴事。窃查，滇省钱粮前经臣毓英在巡抚任内查明，各属已种田地统计约可征收六成八分，自同治十三年起征，其余荒芜田地钱粮额吁请暂行减免。奉上谕："云南甫就肃清，若将应征钱粮照数征收，民力实有未逮。加恩着照所请，自同治十三年起，予限十年，将各属钱粮按照已种成数征收，其余荒芜田地应纳钱粮暂行蠲免，以苏民困。俟十年限满，百姓元气稍复，荒芜开垦，再照旧额征收等因。钦此!"遵即刊刻誊黄，晓谕遵照在案。节经前督臣刘长佑、抚臣杜瑞联奏，委道员钟念祖等督同各地方官，认真招徕开垦。上年将届限满，檄由前升藩司唐炯行饬各府、厅、州、县，逐一清厘，荒芜是否一律垦复，钱粮能否足额去后，兹据署藩司李德莪、粮道刘海鳌会详，称钱粮原额每年应征条丁、公耗、官庄等银三十一万四千三百八十五两零，税秋米、麦、米折、荞折共二十二万四千八百九石零。自同治十三年起，按六成八分核计，每年应征条丁、公耗、官庄等银二十一万三千七百八十一两零，税秋米、麦、米折、荞折一十五万二千九百二十七石。现经通盘核算，自同治十三年起，各属有按减成之数征足者，有征收不足减成之数者，核计节年实在征收条丁、公耗、官庄等银一十九万九千七百一十九两零，约计共有六成三分零。又实征税秋米、麦、荞折一十四万六千九百七十七石零，约计六成五分三厘零。因银、米等则不同，是以征收米石不能与条、公等银成数悉归一律。前项钱粮委因各处户口多寡既殊，而土地肥瘠亦异，加以水旱疾疫，人多逃亡，成熟之田又多荒废，因而实征钱粮不能与奏定减成之数相符。此次督饬各该地方官详细澈查，分别荒芜，不准稍有欺隐遗漏。现经查出各属自光绪五年后垦种升科及光绪九年新垦田地应征条丁、公耗、官庄等银三万七千四百七十九两零，连前旧熟并算，总共应征银二十三万七千一百九十八两零，约七成五分零；应征税秋米、麦、荞折共二万八千五百一十五石零，连旧熟并算，总共应征秋米等项一十七万五千四百九十石二零，约七成八分零。应请于光绪十年为始，一律入额起征。其余田亩仍未垦复，而荒芜之情形轻重不一，开辟之为力难易迥殊。兹查出各属暂荒田地应缓征条丁、公耗、官庄等银二万八千七百九十八两零，税秋米、麦、荞折一万八千八十五石零。此项田地或以土稍瘠薄，或以人丁故绝，垦种尚易，只因肃清未久，户口尚稀，力难遍及，而外来客民、商贾多而农夫少，招徕亦觉无方。现仍严饬该地方官务须设法招徕，分限三年，悉行垦种成熟，统于光绪十三年一律起征，不准再事迟延，以重正赋。又查出永荒应暂免征条丁、公耗、官庄等银四万八千三百八十七两零，此项田地多因水冲石压，人力难施，或因水无去路，汇为巨泽，欲开修河工，筹款既难，民力更有未逮。现在可种之地尚且废弃，此等永荒断难遽求垦复。节经遴派委员并饬该管府、州详细覆查，各州、县所报均无捏饰情弊，惟有宽以年限，俟生齿日繁，流亡尽复，外来人户较多，再行随时查看，陆续设法开垦，以期归复旧额。现在查出旧熟、新垦田地应征条丁等银七成五分零，秋米、荞折等项七成八分五毫零。即饬于十年分照数起征，分别缮具清单。请将查出暂荒田地应征钱粮七分零，秋米、荞折八分零，请缓至光绪十一年至十三年，陆续分别入额征收。其永荒田地骤难垦复，拟请奏恳恩施，将应征钱粮一成五分零，秋米、荞折一成三分八厘九毫零，暂行蠲免，再予宽限十年。俟户口增繁，民力充足，即由各地方官督饬修复河道，开辟田亩，随时具报，陆续升科。总期正赋无亏，民力亦不致拮据，以副国家嘉惠黎元之至意。沿边各土司地方应征钱粮、差发等银，向归土司征收，交地方官转解。肃清之后，各土司犹复仇杀相寻，民人伤亡故绝，凋残实甚，每年应纳钱粮尚多短绌。迭经行催，至今荒、熟田粮应征、应缓数目尚未到齐。现行饬该管地方官分别催查，另行详办，用示怀柔之意。合将各属应缓、应征成分数目，造具清册呈送等情，具详前来。臣等查现在通省肃清甫经十载，地方被害过重，户口凋零，元气尚难尽复。经前升任藩司唐炯立法，严查其暂荒、永荒两项田亩一时不能开垦，应完钱粮未能骤复原额。臣等周谘博访，委系实在情形。合无仰恳天恩，俯准照此次查出旧熟、新恳田地应完钱粮，统于十年分起征；暂荒田地缓至十一年至十三年，随时分别入额征收；其永荒田地暂行蠲免，再予宽限十年，视民力充足陆续升科。俟奉到谕旨，即行敬谨刊刻誊黄，通行晓谕，俾众周知，以杜官吏私征匿报之弊。新任藩司臣刚毅综核精密，臣凯嵩日与讲求利弊，总期实事求是，次第清厘。除将荒熟、征缓数目缮具清单恭呈御览，并将清册送部查核外，所有查明滇省田粮、旧熟新恳起征、荒芜尚难复额各缘由，谨合词恭折具陈，伏乞皇太后、皇上圣鉴，敕部核复施行。谨奏。①

按：此道奏折从内容和行文来看，为云贵总督岑毓英与云南巡抚张凯嵩合奏，未标明具体日期，《全滇纪要》注为光绪十年（1884年），奏折内容主要讲述云南光绪十年（1884年）的情况，按张凯嵩于光绪十

① 《新纂云南通志》卷一百五十《财政考一》。

年（1884年）三月调任云南巡抚，另文中有“新任藩司臣刚毅”的字句，据《岑襄勤公奏稿》载，刚毅到云南任藩司为光绪十年（1884年）八月事，则此折就为光绪十年底上奏，此折不见于《岑襄勤公奏稿》，亦不见于张凯嵩的《抚滇奏疏》。《新纂云南通志》中收录此道奏折，在文后注有“全滇纪要”的字样，然查《全滇纪要》全书，仅在卷十《财政门》（第四百五十号）摘录了此道奏折中部分内容，可知《新纂云南通志》中收录的内容另有出处。

四、经营滇越边境地区

为应对法国殖民势力在越南北圻的扩张，岑毓英提出了攘外必先安内的主张，他认为滇省与越南接壤的临安、开化、广南三府，生活着不同的族群，或是相互杂居，或是跨境而居，情况较为复杂，筹划滇越边境防务，首要为安抚当地民众，选择酋长，分类编查，严加约束，经使外人无机可乘。对此岑毓英充满自信，“臣毓英昔年结以威信，兹复笼络为用，无事则耕凿相安，有警则各自为守，庶无内顾之虞，得以专筹御侮，于防务实有裨益”①。岑毓英的自信是有道理的，在滇越边境上，以苗民首领项从周为代表的边境地区民众，从中法战争至滇越勘界，在维护国家主权利益方面一直都起着重要的作用。

此时期滇南地区最大的不稳定因素，是临安府治下纳楼茶甸司内部对土司之位争袭的问题。纳楼土司为临安府治下最大的一家土司。历史悠久，“唐蒙氏为茶甸。元初置千户，隶阿宁万户。至元中改隶善阐宣慰司。后分为二千户，隶云南行省。寻改隶临安宣慰司，又改纳楼茶甸”②，至“明洪武十五年，金朝兴定云南，司酋普少赍历代印符纳款，授长官司副长官”③，纳楼土司辖地广阔，“与滇东北的乌撒土司、四川的水西土司，号称中国三大彝族土司”④，其管辖的范围为“三江八里又三猛（内、外三猛）”。其中“三江指元江（红河）、藤条江（贝那大河）、李仙江（小

① （清）岑毓英撰，黄振南、白耀天标点：《岑毓英集》，广西民族出版社2005年版，第257页。

② （明）刘文征撰，古永继校点：《滇志》，云南教育出版社1991年版，第56页。

③ 牛鸿斌、文明元、李春龙、刘景毛点校：《新纂云南通志》七，云南人民出版社2007年版，第731页。

④ 建水县政协文史资料委员会编：《建水文史资料选辑》第2辑，1991年，第23页。

黑江）；八里为：复盛里（今建水的官厅一带）、崇道里（今建水坡头一带）、钦崇里（今建水陈官镇及东坝乡一带）、乐善里（今元阳马街乡一带）、永顺里（今元阳乌湾一带）、太和里（今元阳牛角寨一带）、敦厚里（今元阳新街、移衣树一带）、安正里（今元阳滥衙门地及排沙河一带）；三猛中的外三猛为猛蚌、猛赖、猛梭（中法战争后全划给了越南）。内三猛是上猛（今绿春哈德一带）、中猛（今绿春平河乡及中法战争后被法方强占的洛马地区）、下猛（今属越南和老挝的衙门坡、冷水、老街和普方、里方地区，亦为中法战争后被法方强占）”①。纳楼土司辖地北靠临安府城，南部的外三猛紧邻黑河（李仙江下游）“临安南境旧与越南以黑河为界”②，因此在国防建设上具有重要价值，此地的治与乱，事关滇南边防的安危，因而成为中法战争爆发前岑毓英边疆建设工作中的一个重点。

纳楼土司争袭案起源于咸丰十一年（1861年），土司普永年病故后，其子卫邦尚未承袭，旋亦病故。时值云南咸同军兴，清政府无力兼顾，族内人员普保极等人为争夺土司之位，各自纠结党羽，互相仇杀，普永年的祖父普维垣，继妻陈氏所生承薪及其四子鹤年、春年、舜年、浩年，还有普永年的父亲普承恩同母弟锦年，都相继被杀，土司一家后嗣遂绝。此后20年间，土司内部相互仇杀，报复不已，地方动荡，民不聊生，这样的惨剧的发生，与清政府在云南基层统治的涣散有直接关系。光绪四年（1878年），普保极纠集千余人赴江外（笔者注：指红河以南）各土司地区烧杀掳掠，后经云南地方政府剿抚并用，普保极等投诚，手下各大小土目亦均就抚，局势略有好转。然而不久普保极再次起事，临安府知府刘毓珂于光绪七年（1881年）冬间设计将普保极、普尧年、普应芳等诱入城中关押，只有普应昌一人脱逃，地方局势才逐渐平静下来。

由于纳楼土司普永年一家后嗣已绝，对其辖地应如何处置，岑毓英有过反复权衡，“历办土司事宜只有两法，内地则改土归流，边远则众建而分其势”，然而岑毓英根据实际情况分析，认为改土归流和别支承袭皆

① 建水县政协文史资料委员会编：《建水文史资料选辑》第2辑，1991年版，第28—29页。笔者按清光绪年间临安府派员核查纳楼土司的管辖区域，并不包括文中所列之外三猛，可供参考；另文中所列元阳地名移衣树中的“移”当为“多”字之误。

② 牛鸿斌、文明元、李春龙、刘景毛点校：《新纂云南通志》七，云南人民出版社2007年版，第553页。

不可行：如在纳楼土司地改土归流，则必须设官安营，建城修署，经费不赀，当时云南迤西、迤南边防压力很大，资金万分紧张，地方政府已无暇顾及其他，且纳楼地处极边烟瘴，若设流官治理地方仍有许多窒碍。若以别支承袭，则恐难服众，若有族人以此为借口寻事，则土司之位的争夺又将无休无止。因此岑毓英认为分封众建是处理纳楼土司地最好策略，他认为将土司改为土舍，选择族人有能力威望者分管地方，地方势力因分散而弱小，再由地方政府来主导其事务，彼此的争端较为容易平息。岑毓英这一做法无疑是明智的，在条件不具备前不对地方的政治和经济结构进行过于激进的改革，有利于维护地方的安定，也符合中法战争前保障边疆稳定的战略需要。政策制定之后，岑毓英命藩司唐炯督办，由临安知府刘毓珂负责。

首先，选定土舍人选，划定管理区域。由地方政府召集族中大小头人开会，在土司的四房分支当中，当场每房选定一人，以长房普尧年之子普卫本、次房普崇之子普文礼、三房普保极之子普应元、四房普照之子普应隆分别充当土舍。又委派阿迷州知州光进德、云南巡检岳汝林、把总马如珍、正后营哨官徐士蛟等率领练军至纳楼，勘明土司所管八里三猛的范围，东至黑江交趾界，南至元江直隶州界，西至石屏州界，北至临安府南关纸房铺界，中有浑江（红河）、藤条江，其中崇道、复盛、钦从等三里在浑江之内；乐善、永顺、安正、敦厚、太和等五里在浑江之外，藤条江之内；上、中、下三猛，在藤条江之外。共计种人三百余寨，每年额征秋米二百四十九石九斗六升五合，差发银六百五十两零五分六厘四毫。根据调查结果，又召集头人何文蔚、陶有、李汝芳、杨起发、张朝恩、普应林、石春芳、张青燕等会同公议，将八里地方平均分配，以长房普卫本驻吉祥寨，管乐善、永顺二里，即为长舍；以二房普文礼驻西底寨，管安正、崇道二里，即为二舍；以三房普应元驻官厅寨，管敦厚、复盛二里，即为三舍；以四房普应隆驻牛角寨，管太和、钦从二里，即为四舍，仍统称为纳楼。至于藤条江外之三猛地方，毗连南掌，皆崇山峻岭，密林深沟，烟瘴甚盛，分管不便，因其地近乐善里，拨归长舍兼辖，长舍普卫本年富力强，也堪担此重任。任命完成后又要各土舍出具认完钱粮、办理公务、严禁滋事保结。地方官员再次召集族中各大小头人，剀切开导，并拟定条规，分别出示晓谕。

其次，免除积欠钱粮，恢复发展生产。岑毓英以纳楼地方经过多年内部争斗，民众死亡过半，田土荒废，困苦异常，若应征钱粮照常征收，民力实有未逮。奏请清廷将所有各里自光绪七年（1881年）底以前积欠钱粮及光绪八、九、十三年（1882年、1883年、1887年）钱粮分别豁免，俾夷众得资生活。光绪九年（1883年）四月奉旨："纳楼地方应征钱粮，着照分别豁免。"①

最后，惩戒动乱分子，保障地方安定。对于叛服不定的普保极、普尧年、普应芳等人，岑毓英决定，由建水县监禁10年，限满之后，察看纳楼地方情形，如能从此安静，再予释放。此后若再有结党仇杀情事，定严惩不贷，以昭炯戒。对于在逃的普应昌，则不应姑息，继续悬赏缉拿，并责成各土舍共同协办，以遏乱萌。后普应昌潜回原籍，于光绪十四年（1888年）八月被临元镇左营都司刘全忠拿获，清政府将其就地正法，纳楼土司职位争袭案至此平息。

有学者评价说："岑毓英在处理纳楼土司争袭问题上，采用析大为小，众建而分其势，可谓是一箭双雕之策略，一是使得分支感恩朝廷之赐，二是弱化单个土司势力。"②从这点上来说，岑毓英处理纳楼土司承袭问题的策略无疑是正确的，执行的官员也很好地贯彻了他的主张，地方各阶层人士对清政府的处理心悦诚服。更为重要的是，此时期中法两国因越南问题矛盾日益加剧，战争冲突的风险进一步加大，"且现值办理边防，亟宜加意抚恤，以安反侧而收众心"③。岑毓英在中法战争爆发前将地方上遗留多年的问题彻底解决，恢复了边境地区的安宁，使民众安居乐业，赢得他们对政府的支持，对于清政府稳定边疆形势、建设巩固国防有较为积极的影响，在即将到来的中法战争中免除了后顾之忧。

---

① 《德宗实录》，光绪年四月丁巳条。

② 陈元惠：《岑毓英督滇土司治理之策略》，载中共西林县委县人民政府、广西文物考古研究所、广西历史学会编《句町国与西林特色文化》，广西人民出版社2009年版，第356—363页。

③ （清）岑毓英撰，黄振南、白耀天标点：《岑毓英集》，广西民族出版社2005年版，第263页。

事实证明，岑毓英在滇南边境地区的经营是成功的，地方社会各阶层对于国家和民族的认同，会转化为对外来侵略者的仇恨和抵抗，哪怕是在腐朽无能的清政府已经妥协和退让的情况下，纳楼土司和民众仍然为维护国家主权而奋起斗争。据载："滇越边界第五段的三猛地区，包括上猛、中猛、下猛，在中法定界前属中国的临安府纳楼土司管辖。清光绪二十一年五月二十八日（1895年6月20日）清政府在与法国签订的《续议界务专条附章》中，承认法方无端指认的蓝线界为'滇越第五段'界线，将下猛全部和中猛大部分地区划给越南，纳楼土司由于'未奉明文'，不知国界线划在哪里，仍对'三猛'行使管辖权，照旧例收纳钱粮。因此，在历史上造成了长期的边界纠纷。从1910年至1945年的35年间，几乎每年皆因征粮纳税，行使管辖权，土司普国泰都要与法国殖民者发生纠纷，其中武装冲突达5次之多，双方各有伤亡。如1943年9月16日，法军进驻纳楼土司普国泰在'中猛'的司署后，又继续向前推进，妄图攻占中国境内的大马角、下哈德等地，普国泰派兵及边民百余人，在牛龙后山防堵。17日，法兵200多人向普的防御前沿蜂拥而来，防堵兵民进行抵抗，将法军击退。25日晨，八名法军官率兵二三百人来犯，用三挺机枪向普的前沿阵地扫射，普国泰的兵民以树木为掩护，沉着勇敢应战，打死法军官一名，打死打伤法兵数名，迫使来进犯的法军向猛行、倮梅等地溃逃。"[①]在1943年战斗中，纳楼土司和民众用自己的鲜血和生命捍卫了国家领土主权完整，使法国侵略者企图进一步侵占我国境内大马角、下哈德等地的阴谋不能得逞。

纳楼地方土司和民众不仅保卫了国土不遭侵犯，他们甚至还努力把沦丧土地夺回来，纳楼末代土司普国泰的儿子普增辉说："今绿春县南部至越南猛叠（在猛蚌西部的黑江北岸）的黑江两岸一带，原来称为三猛，属纳楼永乐土司管辖。三猛中的上猛和中猛的一半，解放后划为绿春县第四区；下猛和中猛的另一半，则在今国境线外。据说，去今越南奠边府的路上有地名衙门坡。纳楼土司曾在那里建立衙门，所以叫衙门坡。其地在黑江南岸。三猛中的下猛先被法国人占去，后来又把界碑移进来，占去中猛

① 云南省绿春县志编纂委员会编纂：《绿春县志》，云南人民出版社1992年版，第614页。

的一半。抗日战争前，我父亲普国泰曾向龙云提出：自己带兵去打了夺回下猛和中猛的那一半。但龙云说怕引起国际纠纷，不准。后来我也曾带兵去打过，打不赢法国人，只好退回来。”①

这些史实说明，经过岑毓英等云南地方官员的悉心经营，在滇南边境线上建立起了一道维护国家主权和民族利益的人民长城，这道长城自19世纪下半期至20世纪上半期近100年的时间里，经受住了帝国主义殖民浪潮的多次侵袭，将列强侵略势力挡在了国境线之外，对中国西南边疆的巩固和发展起到了积极的作用，与今天云南边疆的形成与发展，亦有很大关联。

本章结论

光绪初年，当云南地方社会形势趋于稳定时，中国西南的边疆危机却日益显现，关于岑毓英与马嘉理事件之关系，人们多关注于岑毓英在事件中扮演的角色及应承担何种责任，当我们将视野进一步拓宽，就会发现英帝国主义控制缅甸后将侵略势力进而延伸至滇西边境地区，与岑毓英在中国西南边疆的经营存在难以调和的矛盾，双方的冲突在所难免，马嘉理事件实质上是引发此危机的导火线。就当时中国西南边疆的内外形势而言，岑毓英维护国家民族利益的行为无可厚非，在此我们主要从边疆治理的角度出发，探讨岑毓英处理马嘉理事件的经验得失。马嘉理持有清政府颁发的护照，却在滇缅边境地区被杀害，就使得清廷及云南地方政府在问题的处理上陷于被动局面，岑毓英拒绝英国方面入滇调查，并不符合当时的国际惯例，且得出的结论不能让英方信服，就给英帝国主义留下大肆要挟的把柄，将岑毓英调离西南边疆及签订《烟台条约》，实际上是清政府对英帝国主义势力在中国西南地区扩张的妥协，但此事件进一步坚定了岑毓英抵抗西方殖民势力入侵的决心。

当清政府与法国殖民主义者在越南问题上矛盾日益尖锐，中国西南边

① 《尤中文集》第5卷，云南大学出版社2009年版，第363—364页。

疆危机空前加剧时，岑毓英再任云贵总督，重新主政云南。通过对相关史事的分析，我们可以清楚看到，岑毓英离开和重回云南，都与清政府同西方列强势力在中国西南地区的博弈有关。岑毓英重回云南后，中国西南边疆的危机更为严峻，但经过历练的岑毓英此时与殖民列强打交道更为沉着冷静，在尽可能保护国家和民众利益前提下，岑毓英妥善处理浪穹教案，成功化解了一场迫在眉睫的外交冲突，使其地方治理和边疆建设的工作得以继续进行。岑毓英对马嘉理事件和浪穹教案的处理，始终坚持维护国家民族利益的原则，其思想应得到肯定，不同的是对浪穹教案的处理更为成熟老练，懂得遵循和利用国际法则及惯例，使形势的发展有利于我方，这表明岑毓英在边疆治理能力上有大的进步，采取的策略更为高明。

当缅甸、越南沦为英法殖民地以后，中国西南边疆藩篱尽失，堂奥洞开，岑毓英因时而变，在王朝传统的边疆土司抚绥政策突出了宣示国家主权的内容，对巩固清政府在边疆土司地区的统治有积极作用，是我国边疆地区治理的宝贵历史经验，对我们今天认识和处理边疆问题仍有重要的参考价值。在此边疆政策的主导下，纳楼土司问题得到妥善处理，保障了滇南边境地区的形势稳定，有利于滇南边防建设，为岑毓英率领云南军民入越抗法奠定了坚实的基础。

第六章 保滇护越　滇军抗法

光绪九年（1883年）十一月至光绪十一年（1885年）四月间，中法战争爆发，中法战争是世界近代历史上有重要影响的历史事件，对于中、法、越三国的近代历史发展进程产生了重大的影响，与今天中国西南边疆面貌的形成，也有重要的关联。

在中法战争爆发之前的光绪八年（1882年）三月，清廷以法越兵端已起，谕各省督抚通筹边备之策。清廷朝野上下展开了越南问题大讨论，一时众说纷纭，各持一端。激进者为清流代表人物侍讲学士张佩纶及山西巡抚张之洞，主张为越南问题不惜与法国一战，保守持重者为广东巡抚裕宽，他认为越积弱已久，已不能自立，中国若卷入其中，难免与法国产生外交乃至军事的冲突，难以善后。岑毓英此时任福建巡抚，也奉命参加讨论，遂与左宗棠、彭玉麟、何璟等人联合上奏，主要讨论了福建海防问题，对于滇越问题并未涉及，岑毓英后人在整理出版《岑襄勤公奏稿》时，也没有将相关内容收录。①此时清政府不甘放弃与越南的宗藩关系，又无决心与法国全面展开武装斗争，决定采用直隶总督张树声之议："红江为法所注意，北圻尤我所必争，守在四境，备在事前"，惟当持衅而动，不即与法开战，其办法为"令滇粤防军守于城外，以剿办土匪为名，藉图进步"②。并推荐福建巡抚岑毓英负责越南问题，从相关的资料记录来看，岑毓英在接任云贵总督一职后才开始认真考虑滇边防务及中越关系等问题。中法战争在岑毓英经营中国西南边疆的历史当中，也是一个标志性的历史事件，岑毓英率领滇军进入越南北圻，与装备精良的法国军队在战场的西线进行较量，最终力挫强敌，取得围攻宣光和临洮大捷的辉煌战绩，达到其个人事业的巅峰，也使岑毓英成为中国近代历史上维护国家和民族利益的英雄。中法战争对云南近代历史的影响深远，表现在滇军的早期现代化建设、滇南国防优势的构筑、云南社会近代化开端等方面。

岑毓英在中法战争的历史，历来为学界研究之重点，成果颇丰，但仍有一些问题关注较少，如岑毓英再督云贵时国防建设思想的发展变化，中

① 相关内容参见诸家编：《道咸同光四朝奏议选辑》，（台湾）大通书局1984年版，第182—184页。（清）彭玉麟著，梁绍辉等整理：《彭玉麟集》上《奏稿·电稿》，岳麓书社2003年版，第319页。

② 故宫博物院编：《清光绪朝中法交涉史料》卷2，1936年排印本，第26页。

法战争与滇军现代化的关系等，为本章重点讨论的内容。

第一节　岑毓英国防思想的发展变化

一、清政府在越南问题的交涉上错失先机

岑毓英再督云贵时，中法在越南问题的交涉上，中方实际上已错失有利时机。中国与越南在历史上长期维系着宗藩关系，但法国在越南南圻也有长时期的殖民经营。早在16—18世纪，法国就打着宗教的旗号侵入越南，传教士和商人进入越南后，法国东印度公司也随之进入，发展殖民地经济。自18世纪中期始，法国开始以一种更为积极的姿态在越南扩张殖民势力，乾隆五十二年（1787年），法国国王路易十六就根据主教百多禄的建议，拟制了"法兰西东方帝国"的殖民计划，其主要内容为：把越南变为法国独占的殖民地，并以越南为基地入侵中国。目的在于：一是使法国在交趾支那建立殖民地与英国势力抗衡，阻止英国人将边界进一步向东方扩张，努力削弱英国在印度的商业贸易；二是利用越南的地理位置，在战时垄断中国的贸易；三是掠夺印度支那的战略物资和一切生活必需品，补给法国在远东的军队及其他法属殖民地的需要；四是使法国获得其他的相关利益。最终目标是将中国西南的滇、桂、川、黔数省及整个印度支那一道，组成其"伟大的法兰西东方帝国"，使之成为法国的原料供应基地和商品倾销市场，这是近代以来法国在东亚、东南亚经营的重要战略目标。由于法国大革命的爆发，这一计划没来得及实施。革命后法国资本主义迅速发展，新上台的资产阶级更加急于扩展海外殖民地，咸丰九年（1859年），法国攻占越南南部，同治元年（1862年）又逼迫越南阮福王朝签订了不平等的第一次《西贡条约》，开始取得在越的各种特权，其中最为关键的一步是迫使越南同意建立"支那交趾殖民地"。此一时期法国利用不平等条约获得权力，试图探索从湄公河流域进入中国内地的途径，后因河道航行困难未能得逞。同治十一年（1872年），通过堵布益向云南运送军火，法国政府发现通过红河航道可以进入云南，由于在普法战争中失败，

法国的政界及商界急于在东方世界挽回尊严并转嫁战争的损失，“大港口的商业界早在70年代初，就提出中国南部市场有很大的潜力，因为那里的农业生产发展较快，矿业资源很丰富。他们的一种期刊《法国经济学家》1873年和1874年发表了记者封帕维斯的文章，他的文章是叙述云南、广西和越南北圻的，说这些地方到处有天然金块，到处有好生丝，交通很方便，法国商业若开发这些地区的资源，能得到巨大的利益，这样可以补偿普法战争中的损失”①。在此背景下，同治十二年（1873年）底安邺率领法国远征军占领越南河内，安邺在后来的战斗中被刘永福率领的黑旗军打死，但河内一直被法国人占领。为了让法国归还河内，同治十三年（1874年）正月，越南与法国签订第二次《西贡条约》，法国取得占领越南南圻六省、在越南自由传教、领事裁判权及在红河流域等地航行通商等权利，条约中还承认越南有独立主权，不必向任何国家臣服，此项内容实际上是要割断越南与中国的宗藩关系。

遗憾的是自中英鸦片战争以后，清政府一直处于内外交困的境地，对法国殖民势力在越南的扩张，未采取积极有效的应对措施，当时有观点认为清政府“于法越条约所经不加否认，亦不请法政府解释者，并非默认法越间已成之事实；实以当时中国不愿多事，又不谙法所谓保护国为何物”②。使法国得以轻易控制越南的外交和内政。条约签订后，法国开始在越南北圻大肆扩张势力范围，至光绪九年（1883年）七月十二日攻陷越南顺化，二十三日，法国威逼越南阮氏王朝签订了《顺化条约》，取得了对越南的保护权，至此越南已基本沦陷。此时期法国殖民主义者在越南北圻的顺利扩张，使他们对于中国西南地区的资源和财富有着更为热切的盼望，“红河是海洋和中国南方各省——云南、贵州和广西之间的一条天然通道。仅这几个省便拥有5000多万居民。云南省富有铜和锡，广西省出产中华帝国最好的丝绸。我们的商业必然会在这些地区获得一个巨大的交易市场”③。就此形势而言，法国殖民势力将强力进入中国西南地区，已是

① ［法］玛丽亚娜·巴斯蒂-布吕吉尔：《十九世纪八十年代法国的经济政治概况》，载《广西社会科学》1986年增刊号，第223页。

② 邵循正：《中法越南关系始末》，河北教育出版社2000年版，第72页。

③ 张振鹍主编：中国近代史资料丛刊续编《中法战争》第四册，中华书局2002年版，第129页。

不可避免的事情。对于法国殖民势力在越南的侵略扩张，中国方面迟至光绪六年（1880年）才由驻法公使曾纪泽与法国政府就越南问题正式展开交涉，但在法国事实上已控制了越南的内政外交的背景下，中国的外交斡旋多少显得苍白无力，这就使得中国在越南问题上与法国的交涉实际上处于一种被动的状态。

二、岑毓英国防思想的发展变化

关于岑毓英在中法战争中西南国防思想的研究，较有代表性的研究成果为谢世诚的《论中法战争中的岑毓英》，文章中提出这样一个观点：岑毓英在中法战争中的战略目标与清王朝不同，他“对清廷的完全驱除法国势力出越，帮越南复国、恢复越南的封建统治，以维护传统的中越封藩关系的目标，从一开始就难以接受”。岑毓英对于清王朝恢复越南的主张不赞同，主要基于当时中法越南形势的判断：越南方面，由于当局统治腐朽，特别是吏治腐败，导致民生凋敝，依靠越南军民进行反法斗争的希望不大，而作为后方基地的云南，咸同军兴后的残破经济并没有得到很好的恢复，难以支持长期和大规模的军事斗争，中国军队与现代化装备的法军相比较，在战斗力上尚有很大的差距。岑毓英基于上述情况，提出自己在中国西南的战略目标是“护边而非护越”①。此观点的提出，在岑毓英的思想研究成果中无疑是一个很有价值的创见。但遗憾的是文中论证岑毓英的“护边”思想时，没有注意到岑毓英关于中国西南国防建设的构想，实际上有一个发展变化的过程。

19世纪下半期，当法国殖民势力控制越南南部以后，又不断向越南北圻扩张，通过签订不平等的第二次《西贡条约》取得在越南北圻通商及设立领事的权利后，法国殖民势力开始在越南北圻大肆扩张，并逐渐危及中国的领土主权安全。当法国殖民主义者在越南北圻扩张势力范围时，光绪元年（1875年）六月，岑毓英上奏清廷认为“越南乃为国家外藩，滇粤屏障，唇齿相依，理宜相助”②，此时岑毓英关于越南问题的考虑，主

① 谢世诚：《论中法战争中的岑毓英》，载《江苏社会科学》2009年第6期。

② （清）岑毓英撰，黄振南、白耀天标点：《岑毓英集》，广西民族出版社2005年版，第179页。

要基于中国传统的宗藩思想，认为中国与法国在越南问题的交涉上，应坚持保藩固圉的基本主张，其思想的实质是“护越”，由于此时云南地方局势刚趋于稳定，岑毓英仅是派滇军加强对滇越边境地区管控，并没采取更进一步的防御措施。到光绪八年（1882年）五月，由于中国西南“边事日棘”，福建巡抚岑毓英被再次赋以经营中国西南边疆的重任，在从福建到云南的赴任途中，岑毓英开始考虑如何建设中国西南边防的问题，途中他先后与署两广总督裕宽、广西巡抚倪文蔚会面密谈，仔细阅读清政府搜集的有关法国方面的情报，了解中法两国关于越南问题交涉的最新进展。后又与新任两广总督曾国荃等书信联络，商讨滇、粤边防的相关事宜。抵滇后，岑毓英与前任云贵总督刘长佑暨现任云南巡抚杜瑞联共商滇边大计，形成“沿边事宜，节节布置，不独能固我边疆，更可以壮越南声援”①之共识。

同年底，因中法两国战和未定，清廷又命滇、粤地方大员就中法越南交涉问题各抒己见，随着中法关于越南问题的斗争全面展开，一方面岑毓英对法帝国主义吞并越南进逼滇疆的野心渐有清醒认识，另一方面越南与法国签订一系列不平等条约后，已承认法国的保护国地位，阻断了中国与越南数百年的宗藩关系，此时期岑毓英开始放弃保存中越宗藩关系的不切实际的想法，转而全力对抗法国殖民势力在北圻的扩张，他认为中法就越南问题进行交涉，应坚持“疆界可分，而北圻断不可割；通商可许，而厂利断不容分；土匪可驱，而刘永福断不宜逐”②，这段话可视为是岑毓英就中法越南问题正式提出自己的主张，其中“北圻断不可割”的观点，反映了岑毓英坚决反对法国殖民势力在越南北圻的扩张的态度，表明其抗击法国侵略者的坚定决心。此时岑毓英的边防思想已倾向于“护边而非护越”，他认为“滇、粤之屏翰，实倚越南之北圻”③，因而主张保留越南北圻作为中法之间缓冲的“瓯脱”之地，以防止法国殖民者的进一步入

① （清）岑毓英撰，黄振南、白耀天标点：《岑毓英集》，广西民族出版社2005年版，第257页。

② （清）岑毓英撰，黄振南、白耀天标点：《岑毓英集》，广西民族出版社2005年版，第261页。

③ 郭廷以、王聿均主编：《中国近代史资料汇编·中法越南交涉档》，（台湾）“中央研究院”近代史研究所1962年版，第1400页。

侵，达到维护中国南部边疆领土安全的目的。事实上在整个中法战争及战后筹备滇越划界过程中，岑毓英一直把经营越南北圻作为维护中国西南边疆安全的重要步骤。在中法战争初期，岑毓英就主张在清军坚守越南北宁和山西等地的基础上，“号召十洲三猛义勇，多树法敌，或可存越宗社，固我藩篱，以仰副朝廷继绝存亡之至意”[①]；至中法战事结束，在越南已沦亡为法国殖民地的事实前提下，岑毓英又主张抚绥三猛十洲的土司刁文撑等人并控制这一区域，使“滇疆之门户益坚，即使法人背盟，战守皆有余地”[②]，以达到构筑西南国防战略优势之目的。

岑毓英主张坚守北圻以保存越南宗社，并进一步巩固中国的南防，此目标虽最终未能实现，但对于晚清滇越划界及今天云南边疆的形成和发展有重要影响，应引起研究者的高度重视。

三、岑毓英在越南问题上与清廷的分歧

岑毓英“护边而非护越”的思想，其重点在经营越南北圻，构筑中国西南边防的优势，与清政府坚持“恢复全越”的不切实际的观点不尽一致，与同时期在云南经营边防的唐炯在思想主张上也有明显区别，在此分别讨论。

在法国殖民势力已经控制越南外交内政的情况下，清政府虽强调“目前事势，总以保守北圻，力固滇、粤门户为最要”[③]，但在政策实施的过程中却一直坚持恢复与越南的宗藩关系，就当时的形势而言，这样的主张多少有点不切实际。岑毓英与清廷在越南问题上的分歧，我们可以从中法战争中清廷交给岑毓英办理的任务中看出：光绪九年（1883年）十一月，在得知越南国内发生宫廷政变，国王阮福昇被害后，清廷认为这是一个宣示中越宗藩关系的大好机会，遂命两广总督张树声率军前往越南首都顺化，戡定动乱，监督越南当局择贤嗣位，并奏请清廷册封，希望能通过这

① （清）岑毓英撰，黄振南、白耀天标点：《岑毓英集》，广西民族出版社2005年版，第278页。

② （清）岑毓英撰，黄振南、白耀天标点：《岑毓英集》，广西民族出版社2005年版，第331页。

③ （清）岑毓英撰，黄振南、白耀天标点：《岑毓英集》，广西民族出版社2005年版，第286页。

一举措来强化中越两国传统的联系。当时中越两国海上通道也被法国海军封锁，陆路通道也变成了战场，清廷却要让地方大员率军深入法国军队控制的越南顺化，可以说相当不明智，被张树声坚决推辞，不甘心的清廷又"改派岑毓英前往越南，宣布威德，削平祸乱，并令该国择贤继位，奏请册封。至该督统兵赴越，应由何路前往，即著随时相机，务期稳慎"①，岑毓英本来就不认为恢复越南藩属国地位是切实可行的战略目标，亦婉言拒绝清廷的任命；光绪十年（1884年）十月，滇军围攻宣光激战正酣，翰林院待读龙湛霖突发奇想，建议在云南地方招募夷人中英勇善战的"猢狠"，并以刘永福的黑旗军为奇兵，绕道泰国攻打西贡，此主张正合清廷"恢复全越"的主张，遂命岑毓英等人商议其可行性。岑毓英列出四条理由证明此建议不可行：①云南并无"猢狠"这样一个族群；②黑旗军在中法战争前期的怀德、丹凤及山西等战役中损失巨大，并无能力远征；③法国殖民势力早已进入泰国和老挝等国家地区，并长期经营，势力较为巩固，无机可乘；④孤军深入乃兵家大忌，且组织滇军进行如此长距离大规模的远征，就当时的国力而言根本就无法办到。岑毓英讲的都是事实，实际上也否定了清王朝"恢复全越"的可行性②；同年十一月又有内阁学士周德润建议滇军从哀牢山绕道老挝，进攻越南顺化，仍是不切实际的空想，岑毓英自然是拒绝执行。③这些史实都反映出岑毓英对清廷"护越"主张的不认同。清王朝此时期在越南问题上仍坚持"保藩固圉"的政策，缘于对当时世界发展的形势认识不清。随着19世纪末西方列强从自由资本主义向垄断资本主义过渡，全世界正为西方殖民主义掀起的第三次殖民浪潮所激荡，中国及周边的藩属国即将作为殖民地将被西方列强瓜分，资本主义推出的条约体系，正在破坏并蚕食东方古老的宗藩体系，此时"整个中国的统治集团还在那里精雕细刻地经略'华夷秩序'，恐怕就只能成为

① （清）岑毓英撰，黄振南、白耀天标点：《岑毓英集》，广西民族出版社2005年版，第2909页。

② （清）岑毓英撰，黄振南、白耀天标点：《岑毓英集》，广西民族出版社2005年版，第316页。

③ （清）岑毓英撰，黄振南、白耀天标点：《岑毓英集》，广西民族出版社2005年版，第319页。

一种盲目和庸庸碌碌的作为了”。①

四、岑毓英与唐炯建设云南边防思想的异同

中法战争爆发前，岑毓英在制定滇边防御方案时，充分考虑到了当时云南的省情，他再任云贵总督之后，根据实地了解的情况上奏清廷说：云南自咸同军兴以后，虽历经十年的恢复建设，但“兵燹之后，继以瘟疫，各属田地多有荒芜，城市萧索，乡民衣服褴褛，不能蔽体，民食多用包谷，糊口维艰，凋敝情形，深堪悯恻”②。战乱对云南的社会生产造成严重破坏，战后恢复过程中又频遭水、旱灾及瘟疫的持续打击，加上前面所说的官僚不作为及夫马弊政，致使云南动乱之后的重建工作进行得很不顺利，所以地方经济萧条，民力凋敝。岑毓英认为以当时云南的社会情况，难以建立起牢靠的国防战线。针对云南的社会问题，岑毓英领导云南地方政府采取了建设边疆和巩固国防并重的方针，从《岑襄勤奏稿》反映的内容来看，在兼顾国防问题的前提下，岑毓英这一时期把主要的精力放在云南省的内政建设方面，重点进行了裁革夫马、办理浪穹教案、处理中越边境纳楼土司纷争、核查云南报销案及整顿云南地方武装等几项工作，这部分内容在前面相关章节已有论述。岑毓英在边疆建设过程中，正式提出“建设边疆以杜绝外患”的观点，他认为：“滇省地瘠民贫，洋货难销，亦无土货堪行外洋，于商务毫无益处……所请将土货运往保胜，窒碍难行。而彼族藉口通商，实系垂涎厂利。臣等现已将厂务整顿，遴委官绅分投开办，使彼无可争之利，亦足伐其觊觎之谋。”③只要云南地方社会建设好，就足以让法国殖民主义者无机可乘。

岑毓英再督云贵时，清廷为加强中国西南地区的边防力量，任命唐炯为云南布政使，令其前往云南筹划边防。唐炯主要依靠镇压人民反清斗争起家，他先后参与了镇压李永和、蓝朝柱起义军及太平天国石达开余部

① 何芳川：《世界历史上的大清帝国》，载《史学理论研究》2004年第1期，第29页。

② （清）岑毓英撰，黄振南、白耀天标点：《岑毓英集》，广西民族出版社2005年版，第259页。

③ （清）岑毓英撰，黄振南、白耀天标点：《岑毓英集》，广西民族出版社2005年版，第261页。

的行动，因“与李蓝义军作战顽固凶悍，被义军称为‘唐拼命’”①，在带兵打仗方面小有名气。清廷对唐炯经营西南边防曾寄予厚望，认为“唐炯素称知兵，著准其酌带旧部两营赴任。该藩司经朝廷特简……著刘长佑等体察情形，随时与该藩司商酌办理”②。唐炯到达云南后，清廷又命令“唐炯酌带小队出关，前赴保胜查看情形……所有在防各将领，一体听候该藩司调遣，毋误机宜”③，可知唐炯负责滇边防务，实为朝廷钦点。然而唐炯在中法越南问题的处理上，并不认同清王朝保全越南及维护中越宗藩关系的主张，他认为“耗三省之力而为越南守土，在彼无丝毫之益，在我有邱山之损。窃谓出境兴师，甚非长算”，不主张与法国在越南北圻展开军事斗争。关于滇边防务，唐炯认为“我军只宜分布边内要害，暗资刘永福以军饷器械，使之固守，以拒法人……是我不过岁弃四五万金，而法人终为永福所困。”所谓的“我军只宜分布边内要害”，就是说滇军应放弃在越南北圻的驻防，回撤至国内边境沿线。可知唐炯在云南边防的经营上虽也主张“护边”，但他的“护边”主张是要放弃北圻，不为越南守土，与岑毓英的边防主张有很大不同。

唐炯的云南经营边防，主要是基于其“攘外必先安内”主张。唐炯这一思想的起源，是因其在由四川到云南赴任途中，看到云南省内“乱定十余年，犹然田野荒芜，往往经行百数十里，都无人烟”④，唐炯还以马嘉理事件后中英签订的《烟台条约》为例来说明他的主张，他说当年订立条约时允许英国人自光绪二年（1876年）起以五年为限考察，选择在云南的大理或其他适宜的地方开关通商，但期限满后英方却毫无举动，根本原因是大理与缅甸之间交通不便，中间还有地方各族群把持交通，不准人员货物随意过境，致使英方无利可图。“至于法人通商，注意在我厂利。我既已开办，彼复何所觊觎？……越南自兴化、宣光以上至滇南边境二千余里，陆路则万山丛杂，深林大箐，道路崎岖，水毒风恶，烟瘴终年不解，

① 四川省地方志编纂委员会编：《四川省志·大事纪述（上）》，四川科学技术出版社1999年版，第33页。

② （清）唐炯撰：《成山老人自撰年谱》卷6，宣统二年（1910年）京师刻本，第1—2页。

③ （清）唐炯撰：《成山老人自撰年谱》，宣统二年（1910年）京师刻本，卷6，第2页。

④ （清）唐炯撰：《成山老人自撰年谱》，宣统二年（1910年）京师刻本，卷6，第6页。

法人岂肯冒此危险？水路则黑水江、宣江，水急滩多，商贾不行。惟红水江水势稍大，然自三月半以后、霜降以前，江水发时，瘴疠即作，商贾绝迹；十月以后瘴疠渐消，而江水又落，内地商船可以往来，彼族小火轮亦不能驶；加以刘永福抗守甚力，必不能让其驶上大滩，自取灭亡。云南地瘠民贫，民间终岁衣食不给，彼族之货无从销售，此与英人大理通商事势无异。"[①]认为法国人也如同英国人一样，因为自然条件的限制，最终不能实现进入云南的目的。针对云南省内情况，唐炯认为云南建设的当务之急，是开办厂务以裕生计、整顿练军以收实用、裁革夫马以苏民困、归并厘卡以通商贾，通过励精图治，争取民心，达到固圉安边的目的。云南地方只要做好自身的发展工作，即便同意法国方面在云南通商要求也应无大碍。[②]

持建设云南以绝外患这一观点者，不仅有岑毓英和唐炯这样负责地方经营的大员，当时参与清廷军机事务的李鸿章也认为越南可以放弃，云南可以通商，他说："滇境通商，他日果得人妥办，于国民决无大损，可于各海口通商之事验之。法人既得越南，形隔势阻，岂能遽入滇粤？但使妥订约章，画界分守，当能永久相安，可于中俄接壤之事验之。"[③]岑毓英、唐炯、李鸿章等人的筹划中国西南的边防建设，充分考虑到了云南的地方省情，他们认为云南地瘠民贫，且与外界联系的交通道路多有艰难险阻，除矿产资源外西方列强在此无利可图，因此只要云南地方政府通过勤修内政，开矿冶炼以利民生，就可杜绝法国等殖民主义者的觊觎之心。他们的经营主张，充分考虑到云南的地方情况，故有一定的合理性。不过他们的主张局限性也十分明显，最突出者为昧于当时东南亚国际形势之新变化，当时英法都在南亚、东南亚积极扩张殖民势力，并彼此展开竞争。就法国殖民主义者而言，云南的重要性在于是其进入中国西南地区的大门，此时期法国在越南北圻的积极扩张，只是其计划中的一步，而远期目标，则是要实现其建成包括越南、老挝及中国云南、四川等省在内的"法兰西

① （清）唐炯撰：《成山老人自撰年谱》卷6，宣统二年（1910年）京师刻本，第4—5页。

② （清）唐炯撰：《成山老人自撰年谱》卷6，宣统二年（1910年）京师刻本，第4页。

③ 故宫博物院编：《清光绪朝中法交涉史料》卷14，1936年排印本，第2页。

东方帝国”的美梦。岑毓英等清政府官员认为由于云南的客观自然条件限制，西方殖民者难以涉足其间，因此只要做好地方治理工作，建设稳固的边疆，就可让西方殖民列强无机可乘。因而在一开始并没有积极构筑云南对外防御的优势，以抵抗法国殖民势力在越南北圻的扩张，主要原因是对法国殖民主义者将在中国西南地区扩张势力范围的野心没有清醒认识。

中法战争结束后，法国通过不平等条约迫使清政府在云南开关通商，并攫取了云南地方的铁路修筑和营运权，至宣统二年（1910年）初滇越铁路全线开通营运，法国殖民势力已在云南省内全面渗透。在此期间英法两国还投资合办英法隆兴公司，于光绪二十八（1902年）与清政府外务部签订《云南隆兴公司承办七属矿务章程》，攫取了云南地方的矿产开采权，此后英法两国政府及商界纷纷组织人员，在云南省内考察，疯狂搜寻矿产等资源，为岑毓英等人始料未及。历史证明，由于对于南亚、东南亚国际形势新变化没有足够的了解，岑毓英、李鸿章、唐炯等清政府官员在中法战争全面爆发之前，对于中国西南国防建设的构想，缺乏远见卓识。

第二节　滇军边境布防及首次入越抗法

一、滇军消极防御

中法战争前滇军在云南国境线上的防守，主要由岑毓英筹划，分为开化、广南、蒙自三路，其中开化、广南二路，由岑毓英带回的2000余名黔军及云南练军4营驻防，由记名提督开化镇总兵蔡标和记名提督何秀林带队，这些黔军其实是当年岑毓英任贵州巡抚时从云南带过去的，“虽系黔军，而实则滇人，类皆百战余生”[①]，为岑毓英所部之精华。另以唐炯所部记名提督周万顺督带安定2营，并云南地方练军2营，分守蒙自一路，各专责成。云南的关外前线防务则是唐炯具体负责，他基于自己提出的“我军只宜分布边内要害”战略主张，与岑毓英商议之后，开始收缩滇军防线，于光绪八年（1882年）八月，将驻守于越南馆司关的滇军副将谢敬彪

① （清）岑毓英撰，黄振南、白耀天标点：《岑毓英集》，广西民族出版社2005年版，第256页。

1营调回云南河口驻防，又于光绪九年（1883年）四月，将原驻扎于越南归化州、田鸡塘的游击龙文藻1营移回云南马关县境内的木厂屯守。唐炯将滇军先后撤回国境线内驻防，实行消极防御，寄希望于刘永福的黑旗孤军对红河上游一带的控制，以阻止法国殖民势力对越南北圻的扩张，与法国军队此时期在河内建立巩固的据点，并积极筹备在越南北圻扩张军事行动的政策形成鲜明的反差。此时期滇军关外的布防固然是唐炯具体负责，但仍是在岑毓英的领导下进行，所以岑毓英对滇军这一时期的防御仍负有不可推卸的责任。由于岑、唐二人此一时期的消极防御，使岑毓英关于“北圻断不可割，而刘永福断不宜逐”的国防主张，话虽说得斩钉截铁，实际上近于纸上谈兵。

面对法国殖民势力的扩张，清廷也摆出军事对抗的架势，于光绪九年（1883年）二月命令：“岑毓英、杜瑞联、倪文蔚督饬关外各营，择要扼守，妥筹防御，固不宜深入越境，必不可稍有退扎，以期固边疆而维大局。”[①]此后清廷又多次命令滇、粤清军进军中越边境地区，如在三月“该两省现在驻越兵勇若干？著查明确实具奏”[②]，四月“饬令唐炯……迅速前往开化督军进扎，相机备御”[③]，“前谕唐炯出省统率防军，目下当已起程，总期扼要驻守，足资备御”[④]，此后催促进军的命令屡屡出现在清廷的谕旨中。但云南地方政府却动作迟缓，迟至四月初才“拟即派参将张永清、游击林大魁挑带能耐烟瘴之练军二三营，前往兴化、山西附近一带驻扎，相机因应，以壮声援”[⑤]，至五月才抵达越南山西。负责前线指挥的唐炯也是消极应付，至四月二十五才行抵蒙自，驻扎在新安所，而此地距越南保胜尚有100多公里的路程。

地方大臣之所以这样消极应对，和此一时期清廷战和不定的态度有关。由于在第二次鸦片战争中吃过法国的大亏，所以清政府在越南问题的处理上显得格外小心翼翼：一方面令滇、粤地方大员“迅即出省，统率防

① 《德宗实录》，光绪九年二月癸丑条。
② 《德宗实录》，光绪九年三月戊子条。
③ 《德宗实录》，光绪九年四月己未条。
④ 《德宗实录》，光绪九年四月甲戌条。
⑤ （清）岑毓英撰，黄振南、白耀天标点：《岑毓英集》，广西民族出版社2005年版，第264页。

军，择要扼守……总期滇、粤两省互相联络，力保越南北圻，即以固吾边圉”[①]，和法国殖民者势力在越南北圻扩张行动针锋相对。另一方面又强调“第法人并未与我失和，我军总以剿办土匪为名，未可显露助战之迹，致启衅端”[②]，竭力避免与法国侵略势力在越南北圻产生正面冲突，“表现出清政府既想派兵保藩固边，又不敢正面接触敌人的矛盾心理”[③]。清廷这种游移不定的态度，使得岑毓英与唐炯在滇越边境如何布防的问题上缩手缩脚，“数月来，钦遵谕旨，不敢深入越境，恐启衅端”[④]。对于在清廷的反复催促下派往越南前线的滇军，为避免出差池，成为朝廷怪罪的对象，岑毓英与唐炯反复交代滇军将领，部队的驻防，“总在刘永福前军之后，断不准轻率启衅，上烦宸廑”[⑤]。内阁学士周德润在奏折中描述了清廷模棱两可的态度之下，地方大臣不知所措的窘境：“法越构兵，朝廷虑远忧深，可和可战之机，不明言御法，特纡其说为防边；不明言救越，特祕其事为暗助。虽豫留一议和之地，而其可和可战之机，已微露于言外。惟宸谟微妙，疆吏难窥，终以无所禀承，而罔知设措。势必有误启衅者，将以战获罪；有误于不启衅者，将以不战获罪。”[⑥]这正是当时前线将领岑毓英、唐炯等人处境的真实写照。这种非战非和的政策，让前线的将领多少有点无所适从，时任广西巡抚的倪文蔚就向清廷抱怨这种政策说：“畏首畏尾，终无了期。”[⑦]光绪九年（1883年）七月，法国军队攻占越南南部的顺安，越南当局被迫和法国政府议和，签订不平等的第一次《顺化条约》，越南沦为法国的保护国，越南政府的这种转变，让清政府入越抗法的形势一下变得复杂而微妙，“更虑南人狡诈，一旦与法和好，

---

① 《德宗实录》，光绪九年三月乙未条。

② 《德宗实录》，光绪九年七月辛卯条。

③ 黄振南：《山西之役起因与败因初探》，载《军事历史研究》1999年第4期。

④ （清）岑毓英撰，黄振南、白耀天标点：《岑毓英集》，广西民族出版社2005年版，第264页。

⑤ （清）岑毓英撰，黄振南、白耀天标点：《岑毓英集》，广西民族出版社2005年版，第265页。

⑥ 王钟翰点校：《清史列传》，中华书局1987年版，第4588页。

⑦ 张振鹍主编：中国近代史资料丛刊续编《中法战争》第一册，中华书局1995年版，第603页。

则一切推之我军，岂不代人受咎？”[①]清军前线将领纷纷萌生退意，负责西线指挥的唐炯就认为“越南不自居藩封，归附法人，我何必强为保护，不如全师还保边境”[②]，而东线的徐延旭则致函倪文蔚，称“我师骤退固不可，我师久驻亦无味”[③]，都提出了撤军的问题，在这种形势下前线清军还削弱了援助黑旗军抗法的力度。新任云南巡抚唐炯在没有得到清廷明确命令的情况下，擅自“札饬参将张永清克日回驻大滩”[④]，将原驻防于越南山西城的滇军二营后撤数十里，粤军亦随之撤退。负责在前线指挥滇军的唐炯，更是借口旋省接篆，跑回昆明庆贺自己升任云南巡抚。清军的这种动摇和退缩，无疑是把刘永福黑旗军纸桥大捷以及怀德、丹凤等战役的战果给断送了，以至刘永福也不禁惊叹：“谓黑旗一军，原足防守省城（笔者注：指越南山西城），但滇军一退，粤军继离，值此人心惶惶之秋，岂不更形解体？”[⑤]清廷觉察到前线清军的这种动摇和退缩后，异常震怒，于光绪九年（1883年）九月降旨申斥：“滇军遽行退扎，以致刘团解体，有回驻保胜之议。彼国将益思狡逞，边事安可问耶？岑毓英、唐炯调度乖方，贻误大局，著传旨严行申饬。即著懔遵前旨，督饬防军，扼要进扎，严密布置。傥仍怠缓从事，定将该督抚治罪！”[⑥]语气之严厉，是不多见的，后又直接将新任巡抚唐炯摘去顶戴，革职留任。

或许是觉察到清廷对滇军在越南前线的布防工作的不满，或许是不认同唐炯在越南前线的消极防御的主张，清廷申斥的谕旨还没到达之前，岑毓英于十月九日向清廷上了《遵筹越事请统兵出关调办折》，主动请缨，准备率领滇军入越抗法，岑毓英此时态度积极的转变，成为他在清军北宁、山西失败后，没有遭到清廷重责的原因之一。对于岑毓英思想的突

① 张振鹍主编：中国近代史资料丛刊续编《中法战争》第一册，中华书局1995年版，600页。

② （清）唐炯撰：《成山老人自撰年谱》卷6，宣统二年（1910年）京师刻本，第27页。

③ 张振鹍主编：中国近代史资料丛刊续编《中法战争》第一册，中华书局1995年版，第601页。

④ 邵循正等编：中国近代史资料丛刊《中法战争》（五），上海人民出版社、上海书店出版社2000年版，第217页。

⑤ 邵循正等编：中国近代史资料丛刊《中法战争》（二），上海人民出版社、上海书店出版社2000年版，第303页。

⑥ 《德宗实录》，光绪九年九月丁酉条。

然转变，清人文廷式曾言："岑毓英初极诋李鸿章，后乃认为师生。其卦［赴］任云南也，遣其子往合肥见李，请授心法。李云：越南非中国所急，又朝廷方重用唐炯，尔可让之。故岑初到两奏，力言救越南之非计。迨奉严旨督责，始惶悚请视师，而不知前此为李所欺久矣。岑本边徼人，于中朝无一相熟，以谓李之言处处可用，遂入其彀［彀］中。固其识之不足，亦可哀也。"[①]此可聊备一说。按光绪九年（1883年）三月时清廷曾有旨："现闻法人在越势力日张，越南孱弱之邦，蚕食不已，难以图存。该国列在藩封，不能不为保护，且滇、粤各省壤地相接，倘藩篱一撤，后思何可胜算？……惟此事操纵缓急，必须相机因应，亟须有威望素著、通达事变之大臣前往筹办，乃可振军威而顾大局，三省防军进止，亦得有所禀承。著派李鸿章迅速前往广京督办越南事宜，所有广东、广西、云南防军均归节制。应调何路兵勇前往？著该大臣妥筹具奏。"[②]但李鸿章借口需往上海统筹全局，并不南下赴任，后又把前线军事统一指挥权这副重担转交给了岑毓英，可见当时李鸿章对于越南问题的处理，确实有和清廷不一致的看法，鉴于当时法国对越南的控制已成事实，他认为到这个时候采取行动保护藩属国越南，多少有点不切实际，尤其是还要通过与欧洲强国法兰西进行军事较量来达到这一目标，成功的希望更属渺茫。光绪九年（1883年）七月，法国军队攻占越南顺安，胁迫越南当局签订《顺化条约》，承认并接受法国的保护权。法国原希望通过此举迫使中国放弃对越南的宗主国地位，却使得清政府与法国在越南问题的交涉上变得更加强硬。当时中国国内保藩的论调一度高涨，认为中法不免一战者大有人在，当时由于日本侵略势力在朝鲜不断扩张，中国与朝鲜的宗藩关系也岌岌可危，以李鸿章为代表的主和派认为中国不能同时兼顾朝鲜越南，鉴于当时的形势，应当以"朝鲜为重，越南为轻，朝鲜为急，越南为缓"[③]，主张继续同法国就越南问题展开外交斡旋，所谓"越南非中国所急"，一定程度上反映了李鸿章当时的思想，不一定是他欺骗岑毓英的违心话，且清廷对于唐炯的任用有专门的谕旨，即便没有李鸿章的提示，岑毓英也不方便

① 汪叔子编：《文廷式集》下，中华书局1993年版，第711—712页。
② 《德宗实录》，光绪九年三月乙巳条。
③ 邵循正：《中法越南关系始末》，河北教育出版社2000年版，第113页。

对唐炯在前线的指挥随意干涉。就岑毓英再督云贵初期的战略主张而言，与其说是完全被李鸿章蒙蔽，倒不如说岑毓英在中法交涉越南问题上的某些看法与李鸿章相近。岑毓英在中法战争开始之前提出“护边”的主张，是基于他在中国西南地区多年经营的经验，并对当时中国西南国内外形势分析后做出的判断，这个主张有一定的合理性。至于最初滇军在越南前线防御的被动消极，主要有两个因素影响：一个是清廷战和不定的态度，致使前线大臣有动辄得咎的担忧，所以岑毓英在入越抗法问题上态度显得小心翼翼；二是唐炯是清廷专门指派的滇越前线的军事指挥官，也使得岑毓英不好过多插手干涉。实际上此时期唐炯在滇越前线上的作为，清廷应该负主要之责任，清军在越南山西失守、北宁溃败及太原沦陷之后，清廷严惩在前线指挥不力的官员，徐延旭、唐炯自然是罪无可逭。两广总督张树声虽有先见之明，数次向朝廷奏参徐延旭在越南前线军事布防上处置乖方，但作为上司没有积极干预，也负有一定的领导责任，被清廷革职留任。举荐徐延旭的清流派官员张之洞、张佩纶等，亦被朝廷申斥追责。而云贵总督岑毓英却未被过多牵连，除了他积极主动地要求率领滇军入越抗法外，清廷也为自己知人不明承担了部分责任。

二、滇军首次入越抗击法国侵略军

岑毓英决定率领滇军入越抗法后，表现出极大的决心和勇气，他雷厉风行，一方面积极着手组织出征大部队；一方面派记名总兵丁槐先统带驻省3营滇军共1000余名为先锋，迅速出关到越南兴化驻扎。而此前退驻兴化的参将张永清所部滇军3营，奉命再次前往山西城外择要驻扎，随时支援城内刘永福的黑旗军。光绪九年（1883年）九月清廷谕旨：“越南久列藩封，历经中国用兵剿匪，力为保护，为天下各国所共知，今乃侵陵无已，岂能受此蔑视？倘竟侵及我军驻扎之地，惟有开仗，不能坐视。”①这是清政府对法国迫使越南签订《顺化条约》的强硬回击。岑毓英明确表态，一旦越南山西的黑旗军遭到攻击，协助防守的滇、粤军各营皆可明与拒敌。光绪九年（1883年）十一月十五日，法军进攻山西，滇、粤两军与

① 《德宗实录》，光绪九年九月丁未条。

黑旗军一起与法军展开激战，有学者据此认为中法战争始于山西之役。①

岑毓英将滇军1万余人，按375人一营编为27营，于光绪九年（1883年）底起程开赴越南前线，然而大队人马还在途中，山西城就已失守，光绪十年（1884年）正月，滇军改在兴化驻防，岑毓英命滇军在兴化构筑坚固地营，并亲自坐镇指挥，其余各部滇军在周围各关卡扼要驻扎，严密布防。此时清廷有旨，命岑毓英节制越南前线中国军队各部，统一指挥军事行动。此方案实为刘长佑于光绪七年（1881年）十二月所提出，他奏请朝廷于"南北洋大臣内特简一员驻广西，为之督办，广东、云南之军并归节制"②，清廷认为最佳人选应为北洋大臣李鸿章，但李本人对入越抗法并不积极，故于光绪九年（1883年）十一月复奏："前敌各军事权散漫，兵家所忌，岑毓英现已行边，应请旨将黄桂兰、赵沃、刘永福各军均归该督节制"③，把指挥清军与法国军队作战的责任推给了岑毓英。然而清廷的这一决定遭到粤军前线将领黄桂兰、赵沃等人的抵制，广西提督黄桂兰致函广西巡抚徐延旭声称："又接钧谕，备知我军各营及调防诸军概归彦帅节制调度，并要吾兄和衷商办，无存意见等因。在朝廷之意，不过虑军事分歧，用归画一耳。但我军各营，嗣后一切兵机，仍当悉听尊处指挥，方有把握。否则，难免陨越之虞，更多失据，益觉不胜其任。"④公开抗拒朝廷的成命。广西巡抚徐延旭对于越南情况比较了解，著有《越南辑略》（光绪三年刊本）一书，但对行军打仗却是外行，为一名平庸无能的官吏。黄桂兰侈谈能战，部下兵骄将横，徐延旭不能控制，赵沃及部下党敏宣等人，对其也是一味欺瞒。黄、赵等人坚持要求归徐延旭统率，无非是觉得他软弱可欺，在他手下做事好蒙混过关。徐延旭本人身为清军越南战场东线主帅，在整个战争过程中长驻中越边境的谅山，竟不曾踏入过北宁前线一步，任由黄、赵等人在前线胡作非为，正是徐、黄、赵等人在军事

① 参阅黄振南：《中法战争史热点问题聚焦》，广西人民出版社1994年版，第3—7页。

② （清）刘长佑撰：《刘武慎公遗书》卷21，光绪十七年（1891年）刊本，第1页。

③ （清）李鸿章撰，顾廷龙、戴逸主编：《李鸿章全集》10（奏议十），安徽出版集团、安徽教育出版社2008年版，第332页。

④ 邵循正等编：中国近代史资料丛刊《中法战争》（一），上海人民出版社、上海书店出版社2000年版，第364页。

防御上虚与委蛇，最终导致清军在北宁的大溃败。[①]岑毓英对这些情况自然是心知肚明，他历来治军严厉，在战斗中“以诸将为指臂，诸将又以弁勇为爪牙”，故能令行禁止，纵横沙场。粤军不愿听其指挥，而他“才不想领像黄桂兰这样的‘老油条’兵呢”[②]，所以岑毓英对清廷的圣旨予以婉拒，主要提出了两条理由：一是他对粤军将不识兵，“诚信未孚，难期用命”；二是滇、粤两军相距太远，交通信息不便，“军情百变如云，不能遥制”。岑毓英认为与其贻误战机在后，不如明确事权在先，所以不能接受此任命。由于他提出的理由都是军事指挥中应遵循的基本原则，清廷遂不再勉强。

这一时期法军的进攻重点转向粤军驻防的北宁等地，岑毓英觉察敌情变化后，命刘永福率所部黑旗军4000余人前往支援，刘永福到北宁后，发现粤军在北宁经营多年，竟无可靠的防御工事，岑毓英得到消息后又急忙派哨弁何自学等带兵200名，携带锄锹等工具及弹药等赶往支援，指导粤军挖掘地营，以防御法军即将发动的军事进攻。地营为滇军在多年实战中创制出的一种军事防御工事，同治十年（1871年）底，滇军进攻滇南临安府属的馆驿，当地抗清武装“徧掘地窖，入处其中，隧道以通来往，隙孔以施枪炮，我兵用西洋炸炮轰寇，迄不能伤，寇且伺懈而击我，乃如其法穴地以自卫，相持至明年秋始葳事。鏖兵九地，极战阵之奇苦，然滇军地营之规因是役而讲求益精云”[③]。经过不断完善后，到中法战争时期，滇军所掘地营之坚固，已完全能够经受住西方先进枪炮之攻击。据《清史稿》列传载：“蔡标，字锦堂，贵州威宁人。……以胆略称。久之，充练目。从岑毓英军……［光绪］十年，法越事起，标募旧部出关，宣光、临洮数战皆利。其守富良江，遍掘地营，法炮不能中，岑军驻河内者遂不为所窥。著有《地营图说》，甚明晰。”[④]唐景崧在《请缨日记》卷三中，详载其所见滇军丁槐部所构筑之地营：“其制，掘地作方坑，深六尺，大小度地势为之。坑内四周密竖大木，出地尺许，开枪眼，上铺大木，覆

① 相关内容可参阅《清史稿》列传二百四十五之《徐延旭》及列传三百一十四属国二之《越南》。

② 黄振南：《北宁之役中清军将领之劣迹》，载《安徽史学》2004年第6期，第23—26页。

③ （清）赵藩编：《岑襄勤公年谱》卷3，光绪己亥（1899）年刻本，第13页。

④ 赵尔巽等撰：《清史稿》，中华书局1977年版，第12654—12655页。

土，取其低不受炮，遥见不知有营也。坑背开地槽（向敌为坑面），通入坑，坑口有栅，一人闭栅坐，则坑内数十人皆不得出，既可避炮，且免溃走。……或回环掘数营，皆于地下开槽。营营可通，互相策应，水米药弹均绪其中。又于地营外开曲折明槽，人顶齐地，宽仅尺五，长至一丈即转，太宽弹易落入，一丈即转，弹虽落亦仅击及一丈也。明槽所以护地营，恐军全在暗坑，不明敌情也。地营三丈外用槎枒树枝，以藤缠之，密排三层，是谓鹿角架，防敌冲突。再于四角埋置地雷，尤为有备。但须离本营二十丈远，始不自轰。"[①]如果此时粤军黄桂兰部能按滇军教授的样式层层构筑地营工事，当能有效阻挡优势装备的法军进攻。岑毓英随后又派出2000名滇军作为后续援军，由记名提督吴永安、参将马维骥、游击刘映华等带领赶往支援。据岑毓英的奏报，他带往前线的滇军将士共有1万余人，除留4000人负责后防外，前线实有滇军6000余人，此次支援粤军，除先前派遣的刘永福黑旗军4000余人外，后又续派滇军2000余人增援，则留守兴化一带的滇军只剩4000余人，可知当时滇军为粤军协防北宁已是竭尽所能。然而滇军增援部队尚未到达，粤军和黑旗军仅各筑两座地营，且尚未完工，光绪十年（1884年）二月十五日法军大举进攻，黄桂兰、赵沃所部之粤军一触即溃，经营多年的北宁城竟不能做一日之守，岑毓英也不由惊呼："北宁防军共计四十营，不为不多；经营防备，不为不久，乃因敌势猖獗，竟不能固守待援，殊非意料所及！"[②]荒唐可笑的是北宁已经陷落，株守谅山的徐延旭仍不知情，还在向清廷发奏折粉饰太平，而清廷事先接到李鸿章的电报，已知道清军在北宁的惨败，不免怒火冲天："徐延旭发此折时，北宁业已失守两日，该抚竟未得信，其于前敌军情形同聋聩，殊堪痛恨!"[③]战后黄桂兰自知罪责难逃，在谅山军营中服毒自杀，党敏宣等败军之将，事后也被清廷严惩，于军前正法，指挥无方的徐延旭、赵沃等被判斩监候，徐延旭后病死于狱中。清廷后虽积极调兵遣将，但清

① 邵循正等编：中国近代史资料丛刊《中法战争》（二），上海人民出版社、上海书店出版社2000年版，第106页。

② （清）岑毓英撰，黄振南、白耀天标点：《岑毓英集》，广西民族出版社2005年版，第295页。

③ 邵循正等编：中国近代史资料丛刊《中法战争》（五），上海人民出版社、上海书店出版社2000年版，第294页。

军在越南北宁、太原等地的防线彻底崩溃，形势已无可挽回。

粤军防御的北宁、太原等地失守，致使滇军成为深入之孤军，岑毓英“顷据探报，法人将分三大股于三月十五日来攻兴化”①，其中一路法军将从粤军失守之越南太原绕道宣光，准备截断滇军的后路，形势万分危急，岑毓英当机立断，于光绪十年（1884年）三月初将兴化军营的防御工事摧毁，全军回撤至红河上游之大滩、保胜、河阳及中国境内河口一带，各营在滇越边境地区择险要之地防守，在越南战场东线的清军溃退之后，滇军稳住了西线的局势。

岑毓英及时做出的战略选择无疑有其合理性，正是由于主力得到保全，才使得滇军再次入越作战并在宣光和临洮挫败法军成为可能。清政府对岑毓英率领滇军主动后撤的行动也表示理解，然而岑毓英此举却遭到清政府内“清流”代表张佩纶的攻讦，清廷“寄谕将张幼樵副宪原折抄给阅看，内有轻率退师，仅守门户，新饷百万不能任其坐糜等语”②，清廷此举显然有保护岑毓英之意，岑毓英遂于光绪十年（1884年）五月二十二日附片上奏，再次言明滇军退守实为形势所迫，并请将清廷拨给云南方面的军费白银100万两立即截止，避免留下让“清流”继续诟病的话柄。清廷对岑毓英未奉命后撤的行为仅给予降二级留任处分，实质上是一种象征性的惩罚，至此岑毓英第一次入越抗法斗争告一段落。

第三节　岑毓英入越抗法思想一度动摇及事实被隐藏

在“中法之乍和乍战”③时期，滇军正待命准备再次进入越南前线，岑毓英入越抗法的思想却一度明显动摇，他上奏朝廷请求辞去云贵总督一职，以率领滇军远赴上海吴淞口抗击法国海军为由，企图逃避率兵入越抗法之责。由于岑毓英的后人在汇编《岑襄勤公奏稿》时对相关内容进行了

① 虞和平主编：《岑毓英档》第一卷，大象出版社2011年版，第28—29页。

② 虞和平主编：《岑毓英档》第三卷，大象出版社2011年版，第278—279页。

③ 此说法为邵循正所提，很好地归纳了此时期中法两国就越南问题展开斗争的历史特点，包括中法两国签订《天津条约》及中法两国军队在北黎发生军事冲突等重大历史事件。（参见：《中法越南关系始末》，河北教育出版社2000年版，第149—193页。）

精心的删改，将事情隐藏起来，遂使得这一段历史至今鲜为人知。今笔者通过相关史料努力将事件还原，努力对岑毓英这一历史人物进行实事求是的研究。同时也就中国近代史研究中存在大量奏疏、函牍、日记、回忆录等所谓的一手材料进行研究，兼议当事人史料可信度的问题。

一、岑毓英抗法思想一度动摇

在滇军撤回滇越边境后的几个月里，中法两国就越南问题继续进行外交努力和军事较量，双方边谈边打，此一时期岑毓英奉命驻守在滇越边境的马白关（今云南省马关县）一带，训练滇军，为继续进行军事斗争做准备。光绪十年（1884年）七月初三，中法马江海战爆发，中国福建水师遭到重创，七月初六清廷发布上谕："该国专行诡计，反覆无常，先启兵端。若再曲予含容，何以伸公论而顺人心！用特揭其无理情节，布告天下，俾晓然于法人有意废约，衅自彼开。各路统兵大臣暨各该督抚，整军经武，备御有年，沿海各口如有法国兵轮驶入，著即督率防军合力攻击，悉数驱除！其陆路各军应行进兵之处，亦即迅速前进。"[①]正式对法宣战。当日清政府还连下数道谕旨，要求各区域的中国军队立即展开军事行动，其中有命令专门要求岑毓英、潘鼎新督率所部星驰前进，迅速挺进越南战场。此时滇军第二次入越抗法已是箭在弦上之事，岑毓英却突然于光绪十年（1884年）七月初八向清政府上一折两片，其中一片的内容为："再，法人现侵犯内地海口，心存叵测，凡属臣僚，皆宜枕戈待旦，况臣身受重恩，岂可株守边关，不思图报万一？夙夜忧思，欲进兵越南，而烟瘴正盛，稻谷未登，饷更难筹，件件掣肘，如何制敌？且外轻内重，未便舍己芸人。臣愚与其边关驻防，不如集重兵于吴淞口，察看敌势，可南可北，较为便捷。臣所部滇勇，虽不及楚淮各军，亦可稍效微劳。可否仰恳天恩，简员接任滇督，赏准微臣带所部各营，由贵州、湖南、［湖］北一路驰赴吴淞口，听候调遣，趁此年力未衰，尚可勉图报效。至滇越边境，拟留得力镇道，酌带兵勇，暗为刘团声援，扼要守御。现值秋初，转瞬红江水涸，彼族兵轮难来，谅无疏虞，谨附片密陈，伏乞圣鉴训示，谨

① 《德宗实录》，光绪十年七月戊申条。

奏。”[①]岑毓英上此道奏折时，可能尚未知晓清廷下令开战的消息，但此前的三个月里，中法两国从越南的“北黎冲突”（又称观音桥事变）到法军进攻台湾基隆再到福建马尾海战，两国展开大规模军事斗争已是不可避免的事实，此时岑毓英却提出不再担任云贵总督一职，并请求带兵赴东部沿海地区抗击法国军队，就当时的形势而言，提出这样的要求无异于临阵脱逃。发出这道奏折后，岑毓英按清廷的命令率领滇军主力再次进入越南战场，此时岑毓英一方面因生病需要休息调养，一方面也在等待清廷的答复，所以从马白关至越南保胜一路缓行，约150公里的路程，却整整走了一个月。岑毓英临战动摇的行为，对于已决意开战的清廷来说当然是不能接受的，八月一日清廷降旨命毓英：“即著督饬刘永福及在防各营，边图进取，迅赴戎机……该督务当极力筹办，不准藉词迁延，自干重咎！”语气十分严厉，至于岑毓英提出率赴吴淞口一事则“著毋庸议”[②]。或许岑毓英的思想动摇只是一个短暂的过程，或许他对局势判断后觉得自己并不可能置身事外，当然也有可能受到忠君报国及维护国家民族利益等思想的鼓舞，总之岑毓英在八月初进入越南后，开始积极指挥向法军进攻的军事行动。八月二十二日收到朝廷拒绝其要求的谕旨后，岑毓英在回复的奏折中，对此事没有做任何辩解，此后的资料记录中也未再见到他提及此事。岑毓英绝口不再谈及此事，在笔者看来，颇有引以为耻的味道，毕竟他是一个性格强势跋扈的人。

二、相关史实的隐藏

如果没有相关的材料对比，人们将很难弄清此事的来龙去脉，好在清政府有一套较好的档案保存制度，比如宫中档、军机处档、清史馆档、实录、起居注等，此外有机会接触这些公文的人，也会在私下有意识地通过各种渠道搜集并整理成资料汇编，最有代表性者便是王彦成、王亮父子整理的《清季外交史料》。就云南省而言，晚清中国西南边疆问题成为时人

① 郭廷以、王聿均主编：《中法越南交涉档》，（台湾）“中央研究院”近代史研究所1962年版，第2050页。中国近代史资料丛刊续编《中法战争》（二）第257—258页转录此折片。

② 邵循正等编：中国近代史资料丛刊《中法战争》（五），上海人民出版社、上海书店出版社2000年版，第548页。

关注的焦点，关于边疆问题处理的公文资料也成为时人整理研究的重点，代表者有黄诚沅编的《滇南界务陈牍》、沈祖燕编的《案事编》等等，此外李根源编的《永昌府文征》及于乃仁、于希谦编的《马嘉理事件始末》中，亦辟有专章收录相关资料。此时期官员的奏折函牍，也多有汇编成集者，如姚文栋之《云南勘界筹边记》下卷、陈灿之《宦滇存稿》等。这些材料在相关史实的考辨上可以相互印证，对我们考察相关史实有很大帮助。

岑毓英光绪十年（1884年）七月初八提出赴吴淞口的折片，在台湾"中央研究院"近代史研究所影印出版的《中法越南交涉档》中保留有完整的内容，共有一折两片，这些资料"系据清代总理各国事务衙门及外务部之有关越南部分'清档'编纂而成"①。将《中法越南交涉档》和《岑襄勤公奏稿》中收录的折片进行内容对比，可以确定为同一道奏折的不同版本。清代官员上奏朝廷的公文有一定的范式，一般是一事一折，如同时有几件重要事情需要汇报，则有可能出现同时发出数道奏折的情况，如果是相对不太重要又需要汇报的事情，则会以片的形式附录于折后，片虽附录于后，但从内容到形式都是相对独立的，除内容上是另议一事外，还有单独的抬头与结尾，所以很好区分。《中法越南交涉档》中岑毓英请赴吴淞口一片，就附录于当日的折片中间。通过内容对比，可知岑毓英的后人在汇编《岑襄勤公奏稿》时，保留了前面一折和后面一片的内容，将中间请赴吴淞口一片共计238字的内容小心地删除了，为了不露痕迹，编辑者同时还将这道奏折的名称由《遵旨训练各军并请率部赴吴淞口御敌折片》改为《遵旨练兵候调并联络广西防营折》。奏稿的编辑者为了隐瞒整个事情，不单删改了岑毓英的奏折，甚至还删改了朝廷谕旨的内容，在九月初二岑毓英上给清廷的奏折里，录有清廷八月一日上谕的内容："岑毓英奏'遵旨训练各军听候调遣，并请准带所部驰赴吴淞口各折片'等因，钦

① 郭廷以、王聿均主编：《中法越南交涉档·例言》，（台湾）"中央研究院"近代史研究所1962年版，第1页。

此！”[①]《岑襄勤公奏稿》的编辑者将上谕的内容改为：“岑毓英奏‘遵旨训练各军听候调遣’一折览奏已悉……等因。钦此。”[②]除将上谕中的“吴淞口”三字隐去外，还将“折片”改为“一折”，这样从字面上就看不出任何破绽，在《岑襄勤公奏稿》中将岑毓英请赴吴淞口一事就完全隐藏起来。《岑襄勤公奏稿》的编辑者虽煞费苦心地删改内容，企图将岑毓英临阵动摇的事实隐瞒，但由于这些文件在清政府各机构中分别存档，我们通过不同版本文件的内容进行对比，可以将事件的本来面目还原。

从《岑襄勤公奏稿》的编辑者删改奏折及清廷上谕的整个过程来看，此举并非简单的粗心疏漏，而是精心细致的修改。笔者为考证此史实，共查到五条关键史料：第一条为《岑襄勤公奏稿》的编辑者删去的请赴吴淞口一片，从《中法越南交涉档》中抄出，前面已列出；第二条是将清廷拒绝岑毓英请赴吴淞口的上谕，亦抄录于前；第三条为岑毓英回复清廷圣旨的奏折中被删改的内容，前面已引用；第四条为河南道监察御史黄自元在清军北宁溃败后向清廷上《请早决进剿之计疏》，认为“岑毓英虽习知兵事，闻自办马加利一案后亦复稍存迁就，应请诰诫及之，庶终始一心，别无瞻顾”[③]；第五条赵藩编撰的《岑襄勤公年谱》，记载岑毓英于光绪十年（1884）七月“初八日……附片奏恳准带兵赴吴淞口驻防”[④]，八月二十二日又将朝廷拒绝其赴吴淞口的谕旨全文抄录[⑤]。通过这五条史料，我们可以将《岑襄勤公奏稿》中隐瞒的史实还原出来。

笔者在考证此事件时还发现了一个有意思的现象，替岑毓英隐瞒此事的，除了岑毓英的后人外，还有清政府及相关知情人。对于岑毓英请赴吴淞口一事，知情者当不在少数，至少包括他身边的幕属及清廷参与军机的

---

① 邵循正等编：中国近代史资料丛刊《中法战争》（五），上海人民出版社 上海书店出版社2000年版，第606页。按清廷八月初一上谕的内容，又见于《清实录》第五十四册《德宗实录》三（中华书局1987年影印）第689页，但不见于中国第一历史档案馆编《光绪宣统两朝上谕档》（广西师范大学1996年版），笔者曾查阅光绪朝上谕档光绪十年七、八两月的内容，不单此道上谕不见记载，七月六日清廷对法国宣战的上谕亦不曾收录，可知《光绪宣统两朝上谕档》遗漏的内容较多。

② （清）岑毓英撰，黄振南、白耀天标点：《岑毓英集》，广西民族出版社2005年版，第309页。

③ 诸家编：《道咸同光四朝奏议选辑》，台湾大通书局1984年版，第243页。

④ （清）赵藩编：《岑襄勤公年谱》卷7，光绪己亥年（1899年）刻本，第18页。

⑤ （清）赵藩编：《岑襄勤公年谱》卷7，光绪己亥年（1899年）刻本，第22—23页。

大臣。然而就笔者检索的资料来看，对岑毓英身生平事迹的记述，包括正史方志中的传记、清廷谕赐的祭文碑文、名流为其撰写的碑铭、僚属友人的回忆录等，大家对此事都避而不谈，只有赵藩编撰《岑襄勤公年谱》时记述此事，或可算是一个特例。

笔者认为岑毓英的后人、政府及民间对岑毓英在抗法战争中动摇一事避而不谈，与中国传统社会中通行的“为尊者讳，为亲者讳，为贤者讳”的观念相关。陈援庵先生曾从史学研究的角度出发，对中国历史上的避讳现象进行深入系统研究，写成《史讳举例》《通鉴胡注表微·避讳篇》等著作，为这方面最早的研究成果，他认为“避讳是中国特有之风俗，其俗起于周，成于秦，盛于唐宋，其历史垂二千年”①，陈先生的研究让我们了解到避讳这一习俗在中国历史上源远流长，原因多样而形式复杂，为中国传统文化中颇为独特的一部分。这一做法的盛行，与中国东周春秋时期著名的大思想家、教育家孔子有很大关系，孔子曾说：“父为子隐，子为父隐，直在其中矣。”（《论语·子路第十三》），并在编纂《春秋》一书时践行这一主张。《公羊传·闵公元年》曰：“《春秋》为尊者讳，为亲者讳，为贤者讳。”意思是说圣人孔子编修史书《春秋》，对尊长、亲属、贤人的缺点错误，讳而不言，隐恶扬善的目的，是为了敦化社会风气。由于圣贤的提倡和人们的认可，避讳的做法在中国传统社会里蔚为风气，上至王朝帝国下至百姓人家都有避讳的讲究，成为大家普遍认可的行为。从这一角度来看，我们就好理解当时的这些知情者们，不论是因公还是因私，都不约而同闭口不谈岑毓英临阵动摇之事。岑氏后人这样做有其合情理处，但治史者不察，则难免致误。

目前所查到的资料中，只有赵藩在为岑毓英编撰年谱时没有避讳此事，赵藩是近代云南历史文化名人，据相关资料记载，赵藩早年就与岑毓英有往来，岑毓英对他的才华非常欣赏，欲辟为幕僚，但赵一直推辞不就，至光绪十二年（1886年）赵藩第五次进京赶考落第，始“入云南总

① 陈垣：《史讳举例·序》，励耘书屋镂板，1933年。

督岑毓英幕府"[①]，后"参与机要。凡宏猷硕政，多出公之规划"[②]，及"襄勤薨于位，为草遗疏，纪理其丧。巡抚谭钧培兼督篆，仍辟公。公以受襄勤深知，当护其丧归籍，流涕陈辞，谭公动容称叹"[③]。可知两人的关系非同寻常。为感谢知遇之恩，在岑毓英生前，赵藩曾为其编撰《岑襄勤公勋德介福图谱》，作为岑毓英六十大寿的贺礼，岑毓英死后，赵藩不但为其扶丧，还受岑毓英后人之托，为其编撰年谱。赵藩编撰的岑毓英年谱有一个明显的特点，就是按时间地点记下了岑毓英一生上奏朝廷的折片名称，笔者曾将年谱的记录与《岑襄勤公奏稿》目录对比，发现奏稿中遗漏的内容不在少数。根据赵藩所撰年谱记载，以赵藩与岑毓英之关系，何以不肯为其避讳？答案或许在赵藩为岑毓英年谱所写的序言中可以找到，他说："考公所为，或迅厉潜移而隐患以消；或审敌蓄威而便宜是守；或心迹几难自明而久乃大白；或措施不求共谅而徐无异词。此类颠末无隐无饰，务存其真，使后之景公生平考求边事者有所征信焉。"[④]由于岑毓英在祖国西南地区经营的事迹较为复杂曲折，为使后人了解其原委，赵藩践行了中国史学中秉笔直书的传统，在年谱中"无隐无饰，务存其真"，为我们今天考证相关史实留下了极为重要的线索。

三、从《岑襄勤公奏稿》内容被删改兼议当事人资料的可信度

《岑襄勤公奏稿》收录岑毓英一生上给朝廷的奏疏，多与中国近代重大历史事件有关，如晚清政府镇压西南各族人民反清起义、马嘉理事件、中法战争、滇越划界等等，不仅是研究岑毓英最为重要的资料，亦对中国近代史、西南边疆史等领域研究有重要的参考价值，因而被研究者频繁使用，然而鲜有人关注其资料的可靠性问题。关于岑毓英遗留下来的奏疏，赵藩在编撰年谱时声称"其存者为批谕奏疏六十卷"[⑤]，而我们现在看到

① 罗开玉、李兆成主编：《"攻心"联与赵藩》，四川科学技术出版社2005年版，第228页。

② 中国人民政治协商会议云南省剑川县委员会文史资料委员会编：《剑川文史资料选集》第1辑，1988年，第1页。

③ 卞孝萱、唐文权编：《民国人物碑传集》，凤凰出版社2011年版，第418页。

④ （清）赵藩编：《岑襄勤公年谱》卷1，光绪己亥年（1899年）刻本，第2页。

⑤ （清）赵藩编：《岑襄勤公年谱》卷10，光绪己亥年（1899年）刻本，第11页。

的《岑襄勤公奏稿》仅为30卷，与《岑襄勤公年谱》的记录比较，《岑襄勤公奏稿》中收录的岑毓英个人奏折有大量遗漏，在此我们仅就本文涉及的内容，谈谈《岑襄勤公奏稿》内容缺失的情况。

《岑襄勤公奏稿》内容的缺失，就目前的情况来看，大概可以分成两类，一类为散佚，另一类是有意识地删改。关于散佚的内容，本文涉及过三处较为重要的内容：其一为光绪十年（1884年）岑毓英上奏清廷，陈述云南自同治十三年（1874年）以来社会农业的生产情况，同时提出自光绪十年（1884年）起，云南地方粮赋的征收方案，为研究云南近代社会发展的重要资料；其二为咸同军兴之后岑毓英为恢复云南盐业生产上给清廷的奏折，有数篇为《岑襄勤公奏稿》所遗漏；其三是岑毓英在云南国防建设的构想中，多次提到滇越边境地区的十洲三猛，他曾在一片中列出十洲三猛具体地名，《岑襄勤公奏稿》汇编过程中却将此内容遗漏。笔者根据查阅到的资料，将上述内容收录于本文的相关章节中。至于有意识地将奏折删改遗漏，第一个原因是为尊者讳，除前面已述及的“请赴吴淞口”一片外，岑毓英还上过《参将覃修纲被讦各款查无实据请免置议》一折[①]，亦被《岑襄勤公奏稿》的编辑者给删除了。据说覃修纲的父辈曾搭救过岑毓英，岑毓英飞黄腾达后对覃修纲一直着意栽培，覃本人则为岑毓英的心腹，岑毓英的后人未收录此道奏折，或许有维护覃修纲的用意，仍属于避讳的范畴。另一个原因则为回避恩怨，这点可以从岑毓英对援助刘永福抗法一事的态度来说明，中法战争前夕，清廷准备联络越南当局及刘永福黑旗军共同抗击法国殖民主义者，岑毓英对此主张并不认同，他认为“刘永福本中国叛民，乃吴亚终、黄崇英之类，而枭雄狡黠尤为过之，观其无事则负固自强，事急则叩关内附，是其首鼠两端，惟知自谋其穴，未必终为我用……纳之则敌且寻仇，拒之则彼复生变，于边防制敌之策似无所益”[②]。到中法山西、北宁之战以后，清政府决心与法国展开军事斗争，明确下令要求刘永福率部来归，岑毓英仍坚持自己的观点，他上奏清廷说：“吏部主事唐景崧与刘永福共事最久，深知其为人，屡与臣言其视财太重，待下少恩，毫无纪律，恐致覆事。臣初未遽信，迨相处数月，始知

① （清）赵藩编：《岑襄勤公年谱》卷7，光绪己亥年（1899年）刻本，第18页。
② 故宫博物院编：《清光绪朝中法交涉史料》卷3，1936年排印本，第21页。

其言不谬。上年怀德之战，法将李威利人少轻敌，以致败亡，而刘永福部下最得力头目如杨著恩等，均已战死，小头目亦伤亡不少。其后法人添兵报复，永福一败而失丹凤，再败而失山西，嗣后派援北宁，又不能力战，徒拥虚名，辜负天恩。臣目击时艰，亟欲搜罗将才，共图报效，而既知其人不可靠，不敢缄默欺隐，谨据实缕陈。"①这些内容在《岑襄勤公奏稿》中当然是见不到，但不查阅相关资料，我们又怎能对岑毓英与刘永福之间的历史进行实事求是的评价？随着中法在越南问题上的对立逐渐加剧，中国西南边疆危机的日益恶化，在中华民族与法国殖民势力的巨大矛盾面前，岑毓英开始与刘永福黑旗军联合抗法，但二人的关系始终难以融洽，岑毓英在上给清廷的奏疏中，常评价刘永福"智虑短浅""犬羊成性"等，中法战争结束后由于岑毓英的排斥，刘永福和黑旗军将士，除少部分留在滇越边境的红河及南溪河沿岸一带外，大部分返回两广。到岑毓英后人编《岑襄勤公奏稿》时，昔日在岑毓英眼里流窜越南的"匪"类刘永福，已贵为清军提督，故编辑者不得不将岑毓英对刘永福的蔑视的内容尽量隐去。

为了避免恩怨，岑毓英的后人还将其奏疏中对唐景崧不利的评价也删去了，吏部主事唐景崧本是一个籍籍无名的小京官，中法战争期间他主动请缨，要求到越南动员越南当局及刘永福黑旗军等各路武装抗法，他的计划得到清廷的赞同，但因当时中国尚未与法国政府正式开战，清政府不便公开支持唐景崧的入越行动，便降旨派其到云南由岑毓英量材录用，并将唐景崧计划到越南经营的奏折抄送岑毓英观看，然而岑毓英并不认同唐景崧的主张，认为其"所陈各条，于中外交涉事件，尚未能尽合机宜"，请清政府将唐景崧"饬令回京，照旧供职"②，拒绝为唐景崧提供施展抱负的机会。在稍后给总理衙门的信函中，岑毓英说得更直白："观其原奏，欲使南将纠合群雄，直捣南圻，为围魏救赵之计。毓英等虑其张扬启衅，已请旨饬令回京供职。"③被拒绝的唐景崧处境一下变得尴尬起来，因为

① 郭廷以、王聿均主编：《中法越南交涉档》，（台湾）"中央研究院"近代史研究所1962年版，第1848页。

② 故宫博物院编：《清光绪朝中法交涉史料》卷3，1936年排印本，第21页。

③ 郭廷以、王聿均主编：《中法越南交涉档》，（台湾）"中央研究院"近代史研究所1962年版，第530页。

清廷并没有给他正式到地方任命的命令，云南去不了，回京又不甘心，唐景崧便改道广东，他拜谒两广总督曾国荃并陈述自己的主张，得到曾的支持，资助其到越南经营。唐景崧经过一番努力后，终于成功招抚刘永福，后又率领粤军与刘永福的黑旗军共同参加山西保卫战，再与滇军联合进行宣光攻坚战，成就一番事业，后官至台湾巡抚，时人对其在中法战争中作为评价甚高。岑毓英后人为避免恩怨，在编《岑襄勤公奏稿》时便将岑毓英拒绝其入滇的内容删去。《清史稿·唐景崧传》这样记述这段历史："光绪八年，法越事起，自请出关招致刘永福，廷旨交岑毓英差序。景崧先至粤，谒曾国荃，韪其议，资之入越。"[①]将岑毓英拒绝其入滇一事含糊带过。唐景崧本人在《请缨日记》中讨论这段历史时说："余之疏请入越也，而敕下往滇，盖中旨谓滇、越毗连，刘在保胜，尤与滇近，其命入滇，未尝非暗寓用刘之意也。而余意非亲入越，必不能相机筹措，入滇终属隔膜。于是展转而有假越入滇之计，亦可谓一意孤行者矣，后幸获留边，而用刘亦著有明效，岂不可畅行其所志哉！"[②]声称自己入越而不入滇是明智之举，表功之余，还有几分自我解嘲的意味。某一研究刘永福的专著中根据唐景崧的记述，认为清廷命唐景崧入滇的命令是为掩护他"入越说刘抗法的烟幕弹"[③]，显然没弄清事实的真相。

与此前各历史时期相比，"清代之史料，具有自身之特点，可以概括为多、乱、散、新四字……其数量之庞大、品类之多样、涵盖之宽广、内容之丰富在全世界之文献、档案中实属罕见"[④]。由于时代相隔较近，大量的文献、档案或为当事人所记，或为事件亲历者所记，即所谓的一手材料。这些材料在为我们研究重要参考的同时，也提出了材料可信度考证的难题。大量的当事人材料，虽可以为我们研究史实提供帮助，但各人的立场不同，且在撰述的过程中夹杂的各种考虑，有意无意间就会为研究者探寻事实的真相造成各种障碍，除了本文探讨的《岑襄勤公奏稿》外，唐景

---

① 赵尔巽等撰：《清史稿》，中华书局1977年版，第12733页。

② （清）唐景崧撰：《请缨日记》卷1，光绪癸巳年（1893年）刊于台湾布政使署，第31—32页。

③ 廖宗麟：《抗法名将刘永福》，广西人民出版社1991年版，第151页。

④ 戴逸：《国家清史编纂委员会文献丛刊》总序，载谢本书主编《清代云南稿本史料》（全二册），上海世纪出版股份有限公司、上海辞书出版社2011年版，第1—4页。

崧的《请缨日记》也可算是又一典型。作为中法战争中一位重要的历史人物，唐景崧根据自己亲身经历撰写的《请缨日记》，也是人们研究这段历史的重要参考资料，然而有研究者提出："唐景崧所撰《请缨日记》，既冠名'日记'，自然让人认为可信程度较高，而据我考证，此书其实是一本回忆录，其中的记载，大多经过撰述者的增删改篡，非经缜密考证，不可轻易使用。"[①]清代的史学研究，不仅个人撰述材料的使用上会遇到这样的问题，官方的资料使用也不能掉以轻心，例如《清实录》，为官修的编年体史料长编，包含了有清一代的政治、经济、军事、文化、外交等方面的史实，其参考价值不言而喻，"但因当时记录史事的宫廷臣僚，讳忌甚多，雍正以后又屡有删改，故多歌功颂德、文过饰非之词"[②]。

著名历史学家方国瑜先生曾就当事人资料价值评论道："自古以来史料……往往以当事人第一手资料为可信，安知私心自用，无中生有，犹言之成理，以自欺欺人，百无一是者，逐处皆然。考究史事之有无是非之间，只凭现象列论，无有不受欺骗者。"[③]方先生的论述可谓发人深省。当事人的史料，由于各种原因，有可能出现做假等问题，因此考究史事者，应当严谨慎重，只有对相关文献资料进行深入的辨析，以求"挖掘隐藏于文字后的景"[④]，方可拨开重重迷雾探寻到真实的历史。

第四节　岑毓英思想产生动摇的原因

关于岑毓英中法战争期间抗击法国侵略者的思想一度动摇，与其同时代的黄自元认为源自马嘉理事件，对此笔者持不同观点，马嘉理事件之经历，固然会对岑毓英的思想产生一定影响，但岑毓英东山再起后，积极参与福建和台湾的海防建设，再督云贵后虽在一段时期内将边防事务交由唐

---

① 廖宗麟：《中法战争史·自序》，天津古籍出版社2002年版，第3页。

② 云南省历史研究所编：《〈清实录〉有关云南史料汇编·前言》卷一，云南人民出版社1984年版，第1—2页。

③ 方国瑜：《云南史料目录概说》第二册，中华书局1984年版，第596页。

④ 徐杰舜问，王明珂答：《在历史学与人类学之间——人类学学者访谈之二十八》，载《广西民族学报》2004年第4期，第68页。

炯具体负责，但危急时刻仍能挺身而出，主动请缨，率领滇军入越抗法，可见其抵抗西方殖民势力入侵者的思想并未动摇，笔者认为他的动摇，准确地说应该是对入越抗法行动的动摇。前面已有论述，岑毓英在中法战争中的主张，主要是护边而不是护越，基于这样一种考虑，当法国殖民势力尚未直接威胁到滇边安全时，岑毓英未必能下决心与法国军队展开全面军事斗争。从《岑襄勤公奏稿》相关内容来看，岑毓英对率领滇军再次进入越南作战有一些担忧，主要有两个因素：一是滇军与法国军队在装备及作战能力方面存在较大差距，并无取胜的把握；二是在滇越边境地区肆虐的瘴疠，对滇军将士的生命形成很大的威胁。下面分别论述。

首先，我们来看中法两国军队在作战能力方面存在的差距。岑毓英一生以军事武功起家，生平经历大小战阵无数，在沙场上纵横驰骋，是一位叱咤风云的将帅，在中法战争爆发之前，他对自己麾下滇军的战斗力还是比较自信的。在侦办马嘉理事件中，岑毓英对屯驻于滇缅边界的英军颇不在意，他声称“英人不候查办，擅自派兵入关滋扰，亦惟有据险设伏以御之。窃意英人不过长于水战，而轮船仅能至缅甸之新街，由新街至腾越厅域，尚有一千余里，沿途深山密林，彼悬军深入，馈饷不继，断难久支。况滇省易勇为兵，各营皆百战之士，但得饷需稍裕，不患不能克敌也”①。由于地处祖国西南边疆，再加上外有越南、缅甸两藩属国的隔离，在滇越铁路通车前的云南省，相对而言较为闭塞，此时期岑毓英由于对西方政治、军事及经济等方面情况了解不多，盲目轻敌的思想还比较严重。马嘉理事件的风波平息后，岑毓英东山再起，在担任福建巡抚期间，他主要负责经营闽台海防，有机会了解到西方列强的综合实力。光绪九年（1883年）底岑毓英初次率领滇军入越抗法，在中法战争爆发之前，由于历史的原因，滇军并没有机会大量装备现代武器，使得滇军与同在越南战场上的粤军及淮军相比，武器装备较为落后，更不要说与拥有先进武器的法军相比了，此外还有交通、通信及战略战术等有形、无形的因素影响。岑毓英初次率领滇军入越抗法，他本人于农历十二月赶到越南保胜，然而行动仍远远落在后面，当时滇军的粮食和武器装备运输主要依靠人背马

① （清）岑毓英撰，黄振南、白耀天标点：《岑毓英集》，广西民族出版社2005年版，第173页。

驮，如有水道则可以利用小型木船，由于滇南崇山峻岭和水流湍急的大江大河阻隔，使物资的运送非常困难。在越南战场上中法军队作战的条件差距悬殊，“查洋人用兵，恃有电线，数万里军情，瞬息可达；又有轮船载运粮饷军装，数十万斤之重，数日可至。故其军火充裕，每战辄数昼夜不停。官军文报既多迟滞，挽运更属艰难，以滇、粤比较，则滇军尤难。臣到保胜将及十日，而各营弁勇到者未及一半，军火军装亦赶运不及，焦灼万分！”[①]滇军远征越南北圻，面对优势装备的法国军队，此时的岑毓英，已没有了马嘉理事件中的盲目自大。

首次入越抗击法军，岑毓英率领的滇军虽没能与法国军队在战场上展开直接的军事较量，中法两国军队在越南山西和北宁的战斗，让岑毓英有机会了解到法军的实际作战能力。中法两国军队在越南战场上的较量，始于山西保卫战，关于这场战争，黄振南在《中法战争诸役考》一书中的相关章节进行了详细考证[②]，山西与河内同处富良江（红河）的右岸，山西城在河内上游约40公里的地方，距河岸约2公里，刘永福的黑旗军在此地进行过长时间的经营，山西城实际上是黑旗军的一个重要军事据点，山西城地势险要，城市有内外两层城墙，高大坚固，墙头还有向外伸出的竹子，防止敌人攀爬上来，外面环以护城河，城内外密布黑旗军构筑的战壕、地堡、炮台等工事，并修有可相互支援的火力据点，其中配备了100多门大炮，可谓易守难攻。是役以刘永福的黑旗军3000多人为主力，滇、粤清军约1600人亦参加战斗，另有部分越军主要负责后勤支援。进攻的法军约6000人，分两路进攻山西城。在战斗开始后，法军先以舰炮和哈乞开斯枪的优势火力，将山西城内外的防御工事逐一摧毁，地面部队则在优势火力的掩护下发动进攻。对于法军的强大火力，战争的亲历者唐景崧在《请缨日记》中描述了这样一幅惨烈景象：“枪炮复震，细弹雨落，洒遍内城，余寓左右炮弹著地开花，不知所避，厨下盂盘粉碎，满空鸥鸣……

---

① （清）岑毓英撰，黄振南、白耀天标点：《岑毓英集》，广西民族出版社2005年版，第289页。

② 黄振南：《中法战争诸役考》，广西师范大学出版社1998年版，第73—150页。关于山西之战的相关资料，主要参考此书，并以中国近代史资料丛刊《中法战争》中的资料参证，本文不再一一注明出处。

西门，炮最烈，城崩楼毁，军无立地。”[①]关于这场战争，中外相关档案资料中记录不少，“用血和火的文字写出了敌我两军实力悬殊、中法两国科技的差距”[②]。在山西之役前，刘永福的黑旗军与法军进行过数次军事斗争，由于巧妙的战术和无畏的精神，黑旗军取得了挫败法军并击毙其将领安邺、李维业的辉煌战绩，也创造了黑旗军不可战胜的神话。但山西保卫战中，黑旗军与滇、粤军队一道经过三天的拼死奋战，在部队遭到重大伤亡情况下，被迫撤出了山西城。山西失守“是黑旗军与法军作战第一次遭到惨败，对于后来事态的发展产生了很大的影响。它打破了黑旗军乃至清军强悍能战的传说，提高了法军作战的信心和进攻的勇气，埋下后来法军攻打北宁及以后扩大对中国侵略的祸根”[③]。在北宁之役中，清军40余营防军在北宁城经营多时，竟不能做一日守，在国内引起巨大震动，对岑毓英等前线将领来说更是如此。作为清军西线的军事统帅，岑毓英肯定会对前线的相关的军事情报进行搜集和分析，法国军队在实际战斗中表现出的强大的战斗力，无疑会给岑毓英留下深刻印象，清楚认识到滇军与法军在作战能力上的巨大差距。当岑毓英再次奉命率领滇军入越抗法时，考虑到滇军战力与对手的巨大差距，双方进行军事较量实无必胜的把握。想到一世英名可能毁于一旦，拥有的功名利禄亦可能由于军事斗争上的失利而付诸东流，岑毓英在战场上虽是一名勇毅果敢的统帅，但也是一位有着复杂情感的常人，此时如果说他没有任何犹豫和彷徨，不考虑更为稳妥可靠的策略保护自己和滇军，倒未必符合常理，对于岑毓英这一历史人物的研究，我们应当以实事求是的态度，并抱以同情之理解。

其次是瘴疠的威胁。滇军将士到越南出征的主要行军路线，是从昆明经蒙自到蛮耗，再取道水路经保胜（今越南老街）进入越南，其中自蛮耗以下，属于云南开化府辖地，“气候炎热、自然环境原始的河谷及深菁密林区即是瘴气密集之所”[④]，为著名的持久瘴区，史料多有记录，如

① 邵循正等编：中国近代史资料丛刊《中法战争》（二），上海人民出版社、上海书店出版社2000年版，第104页。

② 黄振南：《中法战争诸役考》，广西师范大学出版社1998年版，第143页。

③ 廖宗麟：《中法战争史》，天津古籍出版社2002年版，第235页。

④ 周琼：《清代云南瘴气与生态变迁研究》，中国社会科学出版社2007年版，第198页。

"开化以南，其山多瘴，秋暮而瘴始轻。红江以北，其水多毒，冬来而毒始解"[①]，再如蛮耗至保胜必经之地坝洒，号称"烟瘴极重之地"[②]。关于红河谷地的瘴疠肆虐情况，以晚清官员贺宗章所记较为详细，他曾于光绪二十九年（1903年）在这一带围剿三点会，他记述说："蛮耗为红河流域，一名富良江，发源猛地，可通小舟，自蛮耗下至河口，出越南，能通千斛舟，流甚急，水涨时，日下千里。两岸山岭重复，草木蓊翳，四季不凋，亏蔽天日，虫蛇鸟兽，卵育其中，致生烟瘴，春夏雨盛，新水发生，瘴毒尤甚，非所服习，犯之即死。……时已五月中旬，烟瘴愈盛，保胜附近百里，驻有法军三千名，安南兵三千余名，每日瘴故者百余人……是以此役值暑雨烟瘴最盛之际，所部士卒，搜山坐草，艰苦异常，前、后、中三营及各散团，计共阵亡、瘴故二百八十余名，余亲兵瘴故三十五名，士弁七名，轿班十一名，倒毙骡马十余匹。七月初，转蒙自，驻城外书院，余幸未死，而面目全非，左右惟余谭啬农、罗书识等十数人而已。"[③]而地方志书的记载更为可怕："光绪二十九年（1903）九月至卅二年（1906），滇越铁路修路民夫（河口至老范寨一线）死于疟疾者达4万人，其中越南人占1万人左右。"又载："民国6年（1917），外地来的木偶剧团20余人在河口卖演，几天内，除一人外均死于头昏、发烧之症。"[④]古人所说的瘴故和近人确定的疟疾之间的关系在此姑且不论，但恶劣的自然条件导致的超高死亡率，却是不争的事实。

中法战争爆发前，光绪八年（1882年）五月，经云贵总督刘长佑推荐，布政使衔云南迤南道沈寿榕奉旨率滇军出关，驻守于马白关外的都竜社，此时烟瘴正盛，滇军将士先后瘴故文武员弁20余人，练兵340余

① 王钟翰点校：《清史列传》，中华书局1987年版，第4587页。。

② 道光《云南通志》卷43，《建置志》五之一，《关哨汛塘四·开化府·文山县》。并见《滇南志略》卷四，《开化府》。

③ （清）贺宗章：《幻影谈》上卷，《兵事》第五，《蛮河之役（光绪二十九年初次）》，载方国瑜主编《云南史料丛刊》第十二卷，云南大学出版社2001年版，第97—101页。

④ 河口瑶族自治县地方志编纂委员会编：《河口县志》，生活·读书·新知三联书店1996年版，第685页。

名，[①]沈寿榕本人也身染瘴疠，“积劳呕血，以疾解官，卒于成都”[②]。两广总督彭玉麟奏报广西兵勇瘴疠情况时说：“疫气盛行，死亡枕藉。竟有一营不数日而一空者，后至无棺可敛，掘地为巨坑，累群尸而掩之。计前后死者不下一二万人……据遣撤弁勇过粤佥称：黑夜鬼哭，天阴则闻。”[③]瘴疠之可怕，已到了让人闻之色变，可知其对清军将士生命的威胁，已远超过战场上的枪炮。

滇军第一次入越抗法，进兵虽在冬春之际，未受到瘴疠的威胁，但至次年四五月间烟瘴转盛之时，驻扎在滇越边境地区的滇军将士们，便随时都生活在瘴疠的死亡的阴影当中。清王朝为保护滇军将士避免瘴疠的侵害，特赐御制平安丹10匣共120瓶。平安丹的配方首创于清雍正年间，后不断完善，主要成分有麝香、灯草灰、猪牙皂、闹羊花、冰片、细辛、西牛黄、明雄黄、朱砂、草霜、大腹子、炒苍术、藿香、陈皮、制厚朴、五加皮、茯苓等，古人认为此药疗效不凡，“凡一切中寒、中暑，中风、中湿，感冒触秽，湿郁热蒸，山岚瘴气，瘟疫邪毒，绞肠霍乱，每遇卒症，并皆治之，真有捍灾御患之功也”[④]。从文献记载来看，平安丹在清代宫廷大内记录中最为丰富，皇帝对该方也非常重视。由于肩负戍边、保卫江山任务的军队处于经常流动之中，加之卫生条件不良，常感染各种疾病，号称疗效广泛的平安丹便在清军中大量使用，然而经过现代药理试验，此药主要对于“防治晕动病，治疗急性单纯性胃炎方面有卓效”[⑤]，效果似乎也没有那么神奇。虽然有御赐的平安丹，滇军中的将领和士兵还是大量病亡，岑毓英在光绪十年（1884年）闰五月奏报滇军因染瘴病亡的情况时说：“入夏以来，先后瘴故将弁百余员，勇丁千余名，患病未计内。”[⑥]

① （清）岑毓英撰，黄振南、白耀天标点：《岑毓英集》，广西民族出版社2005年版，第266页。

② 江燕、文明元、王珏点校：《新纂云南通志》八，云南人民出版社2007年，第66页。

③ （清）彭玉麟：《彭玉麟集》一，岳麓书社2008年版，第444页。

④ （清）太医院编：《太医院秘藏膏丹丸散方剂》，中国中医药出版社2008年版，第204页。

⑤ 陈维养主编：《陈可冀医学选集——七十初度》，北京大学医学出版社2002年版，第516页。

⑥ （清）岑毓英撰，黄振南、白耀天标点：《岑毓英集》，广西民族出版社2005年版，第304页。

同日又附片奏报新增瘴故官员补用参将王森等15人，后岑毓英率领部分滇军移驻到马白关等地势高爽之处，以避开瘴疠的威胁，留下滇军中能耐烟瘴的粤勇2500人，与刘永福的黑旗军共同驻扎于越南的文盘州、大滩一带，一个多月后又奏报提举贺起清等17人瘴故[①]，后两次虽未明确上报瘴故士兵的确切数目，但根据第一次奏报的数字来看，滇军因染瘴身亡的将弁和士兵的比例大约为1:10，则后期滇军士兵的瘴故人数当在300—400人之间，瘴疠造成滇军非战斗减员的情况，可谓触目惊心。从这个意义上来说，滇军最可怕的敌人，不是战场上的法军，而是游荡在滇越边境地区的瘴疠死神。岑毓英希望赴吴淞口抗击法国侵略者的请求，正是此时提出的，从这点来看，岑毓英避免进入越南战场想法，和这一时期瘴疠的肆虐有很大关系。

岑毓英作为一个有荣誉感的将军，其在思想上的动摇是短暂的，事实上他向清廷提出率部赴吴淞口的请求后，并没有坐等清廷的答复，而是整顿军队，从马白关继续向越南战场进发，此时正是盛夏瘴疠肆虐的可怕季节，在路上岑毓英本人也没能够避免疾病的侵袭，“臣于七月十二日自马白关起行，因连日大雨，军士多有患病。臣冒暑遄征，旧伤新疾，牵连触发，不得已沿途小住数日，赶紧调治”。[②]这是岑毓英在奏折里首次向清廷报告自己的病情。岑毓英自幼文武双修，“读书之隙兼习弧矢剑槊，引道气血，久之遂娴武技”[③]，因而体格较为强健。他出身行伍，常年统兵东征西讨，出入阵仗，虽受伤亦不曾稍有退却，且长期行军在外，鞍马劳顿，风餐露宿，待遇虽比一般兵士好，但也要承受异于常人的辛苦，身体没出过什么问题，便得益于良好的体质。到中法战争爆发前，岑毓英主动请缨入越，以替换与自己同龄的唐炯，还说唐炯“论其才略胜臣数倍，而身体稍逊”[④]，可见他对自己身体状况的自信。然而再次入越抗法的途

① （清）岑毓英撰，黄振南、白耀天标点：《岑毓英集》，广西民族出版社2005年版，第306页。

② （清）岑毓英撰，黄振南、白耀天标点：《岑毓英集》，广西民族出版社2005年版，第307页。

③ （清）赵藩编：《岑襄勤公年谱》卷1，光绪己亥年（1899年）刻本，第6页。

④ （清）岑毓英撰，黄振南、白耀天标点：《岑毓英集》，广西民族出版社2005年版，第280页。

中染瘴生病后，岑毓英的身体似乎就再也未能恢复，在越南战场上由于“瘴深水毒”，更是元气大伤，至战后光绪十二年（1886年）夏滇越划界时，因为染瘴患痢疾，岑毓英竟到了要人搀扶才能坐立行走的地步，只是为了保护滇边利益不失，才勉力支撑，在烟瘴繁盛的河口、南溪一带督办中法滇越界务谈判。此后岑毓英的身体时好时坏，他临终前上奏清廷说自己“出师越南，驻扎边关，三易寒暑，受瘴成病，迄未痊愈”①，讲的就是此事，此后岑毓英虽努力调治，但医药无效，最终于光绪十五年（1889年）溘然长逝于云贵总督任上。而“身体稍逊”的唐炯，却直到宣统元年（1909年）才去世，比岑毓英整整多活了20年。

如果说率滇军与法军在越南战场上对垒，岑毓英担心的主要是胜负问题，那滇越边境的瘴疠肆虐却让他切实感受到了死亡的威胁。进行一场胜负难测的战争，自己此行也生死未卜，岑毓英的犹豫和动摇，有可理解之处。岑毓英的可贵之处在于他能迅速克服心中的犹豫和动摇，全力投入到抗击法国殖民主义者的斗争中去。岑毓英主动请缨入越抗法时说：“当此强邻侵犯之时，誓当驰驱效死。”②再次入越抗法时又向朝廷剖明心迹说自己“趋公存勇往之忱，临事无畏难之日”③。当国家利益受到威胁时，岑毓英激于民族大义，率领滇军与优势装备的法军展开激战，践行了中国传统社会官僚忠君报国的道德标准。在中法战争还有一些清军将领，平时高喊口号，当面临强敌时，却因贪生怕死而怯懦畏缩，最终因临阵脱逃而致身败名裂者，并不在少数，从这点来说，岑毓英虽有暂时的动摇，却最终在中法战争中经受住了考验，极为难能可贵。

---

① （清）岑毓英撰，黄振南、白耀天标点：《岑毓英集》，广西民族出版社2005年版，第425页。

② （清）岑毓英撰，黄振南、白耀天标点：《岑毓英集》，广西民族出版社2005年版，第282页。

③ （清）岑毓英撰，黄振南、白耀天标点：《岑毓英集》，广西民族出版社2005年版，第331—332页。

第五节　滇军再次入越抗法

不仅是岑毓英，在死亡的阴影之下，滇军将士中对于瘴疠的恐惧亦不在少数，再次入越抗法的征途中，部分滇军将士就以“瘴故颇多，均求缓进”[①]，岑毓英一方面严明军纪，一方面以身作则，带所部能耐烟瘴的粤勇先行进入越南文盘州、大滩等地，督促滇军及刘永福黑旗军向法军发动进攻。随着滇军各部的反攻，法军及所属之越南武装不断退缩，光绪十年（1884年）九月双方在宣光城附近展开激烈的争夺战，最后滇军对宣光城形成合围之势。宣光城地势险要，三面环山，一面临水，易守难攻，滇军在河两岸构筑地营，阻击法国援军。此时滇军最大的敌人仍是瘴疠，在围攻宣光的一个月之内，“馆司、文盘、夏和一带，因上游山水暴发，各山箐污秽毒气顺流而下，军士饮者皆病，一月之内瘴故官弁四十余员，勇丁七百余名，患病未愈者尚有十之四五。……病者相继，医药鲜效”[②]。滇军克服各种不利条件，展开艰苦的攻坚战，“官军皆在城边昼夜开挖地道，并未收队。敌由城垛以铁钩官军旗帜，被官军夺钩，以枪狙击，敌不敢露面，死守城内铁炮台，多用洋料瓶装书，用蜡封口，由城河流出，欲往河内等处催赶援兵，皆为官军截获，敌势极为穷蹙”[③]。

在宣光围攻战中，刘永福及黑旗军主要负责阻击法国援军的任务。刘永福对法国殖民主义者侵略越南深恶痛绝，率领黑旗军坚决抵抗，曾于同治十二年（1873年）和光绪八年（1882年）在越南河内城外两次击败法军，击毙法军将领安邺和李维利，成为名闻海内的民族英雄，也缔造了黑旗军不可战胜的神话。后法国殖民军大举进攻，与黑旗军在越南的怀德、丹凤及山西等地展开激战，黑旗军英勇奋战，但均未能获胜，还损失了不

① （清）岑毓英撰，黄振南、白耀天标点：《岑毓英集》，广西民族出版社2005年版，第307页。

② （清）岑毓英撰，黄振南、白耀天标点：《岑毓英集》，广西民族出版社2005年版，第316页。

③ （清）岑毓英撰，黄振南、白耀天标点：《岑毓英集》，广西民族出版社2005年版，第322页。

少精锐，队伍力量遭到严重削弱。中法战争爆发后，岑毓英按照清廷旨意，出钱出枪让刘永福重新发展壮大黑旗军，然而重新组建的黑旗军斗志及战力均不如从前。滇军第一次进入越南作战时，法军进攻粤军驻守的越南北宁，岑毓英命刘永福率领黑旗军前往支援，战斗中清军一触即溃。战后清军将领黄桂兰在给广西巡抚徐延旭的报告中指责刘永福及黑旗军说："正在得手之际，讵刘永福袖手旁观，未肯进兵。嗣闻其前军黄守忠业已带队往助，而刘团竟复勒令退兵调回守伊机围，实不解伊是何意见!"[①]另一清军将领赵沃也指责说："该匪复整队而来，刘团黄守忠略为退却。职道亲赴刘团，饬令次队稳扎……讵不一时，遥见涌球以下火船直上，即将涌球山顶之砲台三座尽行占踞，涌球各营勇丁陆续逃散，教民四起。……当此事势已迫，商之刘团，许赏花红银二万两，夺回涌球山顶砲台，乃刘团再三不允。职道复单骑入城，营官林苑生等随至，而张总督、黄统领均已出城，刘团亦退。"[②]有研究者认为黄、赵二人的说法，是为了推卸战败的责任，但战斗中刘永福及黑旗军未能奋勇杀敌，却也是不争的事实。岑毓英向清廷奏称刘永福及黑旗军在北宁战役中"大炮全行失落，各项小枪，亦多遗失"[③]。战后刘永福向徐延旭汇报情况也说："伏查此次职员所部各营弁勇多生畏惧，竟夹带十三、十七等响及二箍后膛洋枪、呛枪等逃走甚众，伏冀宪台饬下各要路，密为盘诘拿究，以儆将来，并随带洋枪逼码，一体收存，以预后用。"[④]也说明黑旗军在北宁之战中确有溃散的现象。

当滇军第二次入越抗击法国侵略者时，刘永福及黑旗军并没有表现出高昂的斗志，岑毓英向清廷奏报刘永福及黑旗军的情况说："臣叠奉谕旨，派刘永福进攻宣光，激励进兵。时关外烟瘴甚大，臣以游击张世荣等各营粤勇助之，满拟该提督驾轻就熟，早日成功，讵料进兵两月，

① 邵循正等编：中国近代史资料丛刊《中法战争》（二），上海人民出版社 上海书店出版社2000年版，第396页。

② 邵循正等编：中国近代史资料丛刊《中法战争》（五），上海人民出版社 上海书店出版社2000年版，第402页。

③ （清）岑毓英撰，黄振南、白耀天标点：《岑毓英集》，广西民族出版社2005年版，第288页。

④ 邵循正等编：中国近代史资料丛刊《中法战争》（二），上海人民出版社 上海书店出版社2000年版，第408—409页。

仍距城十里数里，不能制敌死命。”后滇军主力进入越南，丁槐所部进攻至宣光，经与唐景崧和刘永福协商，“永福情愿堵截法援，是以丁槐认攻城池”[①]。然而在滇军奋力攻打宣光城过程中，负责坚守左域以截断法国援军的黑旗军，由于“黄守忠守对河同章，不遵调度，不安地雷，被敌攻破。敌据对河高山，用开花炮、格林炮连环横击，刘永福所扎地营不能如滇军坚固，伤亡甚多，日暮遂溃”[②]。黑旗军的溃败，使增援的大队法军于光绪十一年（1885）正月冲入宣光城内，宣光城内法军力量大增，战场形势发生转变。由于无法攻克宣光城，滇军苦战三个多月的成果化为泡影，被迫后撤休整。后岑毓英评价刘永福及黑旗军在宣光战役中的表现说：“论者采刘永福虚声，以为有众万人，所向无敌，而不知只有三千余人，精锐伤亡过半，即如此次进攻宣光，本是驾轻就熟，尚烦谕旨催迫，多方鼓励，始见进兵；又有滇军各营助剿，虽获胜仗数次，究未克复城池。”[③]左域溃败之后，刘永福的队伍失散不少，“其部下散归阮光碧、王玉珠、汤宗政各部者不下千人，其部将朱冰清、刘文谦、刘志雄则率数百人归敝军（笔者注：指滇军）何元凤、黄俊芳、梁茂林”[④]。由于部下溃散后分别投奔越南义军及滇军各部，刘永福“所部仅存五百余名，续后募回不过千人。其部将黄守忠失营逃匿”[⑤]。士气较为低落，后未再参加重要战役。

刘永福及黑旗军在中法战争爆发前于河内两次大败法军，此后又在怀德、丹凤等地孤军奋战，至山西之役才得到清军的暗中支持，此时期刘永福及黑旗军抗击强大的法军，并付出了重大的牺牲，极大鼓舞了中越人民反帝反侵略的斗志，不愧为中国近代历史上的反帝爱国的民族英雄。至中法战争爆发以后，刘永福及黑旗军虽仍战斗在第一线，但由于实力受损及

① （清）岑毓英撰，黄振南、白耀天标点：《岑毓英集》，广西民族出版社2005年版，第323页。

② （清）岑毓英撰，黄振南、白耀天标点：《岑毓英集》，广西民族出版社2005年版，第324页。

③ （清）岑毓英撰，黄振南、白耀天标点：《岑毓英集》，广西民族出版社2005年版，第317页。

④ 虞和平主编：《岑毓英档》第一卷，大象出版社2011年版，第7页。

⑤ （清）岑毓英撰，黄振南、白耀天标点：《岑毓英集》，广西民族出版社2005年版，第326页。

刘永福与部将黄守忠不和等原因，没有能够成为战场上的中坚力量，此时岑毓英率领的滇军才是抗击法国侵略者的主力。然而长期以来，人们对中法战争中越南西线战役的研究，多强调民族英雄农民起义领袖刘永福及所部黑旗军的贡献，对岑毓英及滇军在中法战争中的作用多避而不谈或一笔带过，并不利于我们实事求是地认识这段历史。

光绪十一年（1885年）二月，法国大批援军陆续赶到，与滇军李应珍部在临洮对垒，滇军将领覃修纲率部增援，滇军奋勇出击，至初八日，“阵毙白帽法匪二百余名，红衣鬼四百余名，教匪千余名。战至亥刻贼大败四面冲溃。查点兵丁阵亡三十九名，员弁兵勇受伤一百二十余员名。共计夺获洋枪、器械、食物、皮匣、红白衣裤、鬼帽共计一千四百余件，地图、书籍数百件，并解到营。越民无不称快，佥谓自法匪入越未有如此次大受惩创者”①。二十日，覃修纲率滇军收复广威府城、不拔县暨梅枝关、黄纲、鹤江各隘。至此滇军取得震惊中外的临洮大捷，与东线的镇南关大捷一起，对法国侵略军造成沉重打击。包括滇军在内的清军在中法战争中的表现出来的英勇无畏精神，让西方世界大为震惊：“黄种的军队第一次同欧洲人短兵相接而没有丢脸。鲍恩在1885年初写道，一种前所未有的磅礴的民族气节表现了出来：1860年时，我们在作战中要用多少小工就能用到多少小工，可是在1884年时，香港却没有一个中国人肯替法国修船；有许多人认为，这次战争将证明是‘中国现代史的转折点’”。②

宣光攻坚战和临洮大捷，使滇军士气大振，也坚定了岑毓英战胜法军的信心，他派总兵覃修纲率领滇军乘胜追击，先后收复越南红河北岸部分地区，打通通往红河南岸的道路。“法人自宣光围战、临挑挫衄之后，伤亡不少，屡战皆败”，正是岑毓英实行他保有北圻以对抗法国殖民势力入侵中国西南的有利时机，岑毓英拟派骁将丁槐率滇军渡江南下，准备在东南方向的山西、河内、宁平、南定、兴安等地驻扎布防，牵制法军在北圻军事行动，以进一步扩大滇军的战果。经岑毓英派人在滇南临安府属十洲三猛的猛梭、猛赖一带招徕，奠边府知府刁文撑等人亦率越南军民奋起

① （清）岑毓英撰，黄振南、白耀天标点：《岑毓英集》，广西民族出版社2005年版，第327页。

② ［英］季南：《英国对华外交》（1880—1885），商务印书馆1984年版，第187页。

反抗法国侵略者，并遣其子莱州知州刁文持、伦州知州刁文操、枚州知州刁文抱各率数百人前来投效，愿随总兵丁槐渡河，认守猛德河口，并为丁军转运粮械。此一时期越南地方军民斗志高涨，越南义军丁文成、丁功任等亦率众支援，进围兴化城，山西布政使阮文甲亦收复永祥府等地。[①]正当岑毓英积极筹划下一步军事行动时，却接到光绪十一年（1885年）二月二十二日朝廷发布的谕旨，宣布与法国政府议和停战，约定两国在越南战场上的军队“宣光以东，三月初一日停战，十一日华兵拔队撤回，二十一日齐抵广西边界；宣光以西，三月十一日停战，二十一日华兵拔队撤回，四月二十二日齐抵云南边界”[②]，这道命令使得滇军不得不中断正在展开的军事行动，“岑毓英犹以未能大张挞伐，引为私憾”[③]。对岑毓英而言，在滇军已取得战场优势的情况下，却要完全放弃越南北圻退入关内，坐等法军长驱直入，进逼云南边疆，使滇南边防处于岌岌可危的境地，这是他无论如何也难于接受的事实，故对于执行清王朝停战撤兵的命令，他是有所保留的。岑毓英一方面表示将谨遵圣旨，按期撤兵回国；另一方面又奏请清廷，希望清政府能力争越南北圻的宣光、兴化以西至十洲三猛等区域。他认为这些地区如不为法国人所侵占，则有安顿越南反法义民、安置刘永福旧部、遂十洲三猛土知府刁文撑等人内附愿望等“三善”，且“各隘即归我辖，则我得布防其间，重门扃钥，护守更严。若舍此不图，仅绸缪于滇境，则弃门关之要隘而设卫于堂奥，得失判然”[④]。为达到上述战略目的，岑毓英还派总兵覃修纲、游击张世荣、梁松生、都司梁禹福、何元凤、李应珍、韦云青等人率7000粤勇驻防越南北圻。[⑤]清廷却对岑毓英建设祖国西南边防的努力很不满意，于光绪十一年（1885年）四月十八日降旨：“撤兵之期，早经约定，且云军路远，已议展十日，现在条款不日画押，爽约之衅，岂可自我而开？岑毓英惟当懔遵迭次谕旨，将全

① （清）岑毓英撰，黄振南、白耀天标点：《岑毓英集》，广西民族出版社2005年版，第331页。

② 《德宗实录》，光绪十一年二月壬辰条。

③ 王钟翰点校：《清史列传》，中华书局1987年版，第4626页。

④ （清）岑毓英撰，黄振南、白耀天标点：《岑毓英集》，广西民族出版社2005年版，第334页。

⑤ （清）岑毓英撰，黄振南、白耀天标点：《岑毓英集》，广西民族出版社2005年版，第337—338页。

军按期速撤至界，并与张之洞严催刘永福一军如期撤回滇界，再赴思、钦。中外交涉，惟以信义为主；况中旨屡降，大计攸关，在远疆臣，未能深悉情形，何得于事及垂成，再生异议？将来设有贻误，致蹈上年覆辙，该督等岂能当此重咎耶？”[①]至五月十二日又降旨说：岑毓英“奏拟将宣、兴以西归我，及馆司设马头两相保护各节。该督于目前办法殊属误会！”[②]彻底否定了岑毓英经营北圻巩固滇防的努力。

在清廷的重压之下，岑毓英只好命令滇军将士后撤，至五月中旬全军才基本回撤至云南边界，较原规定的时间推迟近一个月。滇军将士对于侵略越南并危及滇边的法国殖民主义者，是极为痛恨的，所以能在战场上同仇敌忾，凭着窳陋的武器与优势装备的法军进行殊死搏斗，“宣光之围，于霪雨泥淖中苦战三十六昼夜，强敌夺气；临洮之战，以少击众，斩馘无算”[③]，表现出大无畏的民族精神，在取得巨大胜利的同时，滇军将士也付出了沉重的伤亡代价。当不惧流血牺牲的滇军将士们刚刚在战场上取得初步的胜利，清廷一纸和平协议却将来之不易的战果断送，滇军将士当然是不满的。20世纪60年代初，广西壮族自治区通志馆组成中法战争调查组，在滇桂两省搜集相关的历史资料，云南大学教授方国瑜先生接受采访谈到这段史实时说：“我听前辈说，越南战争结束，军队退回昆明，打了胜仗还要退让越南，上下一致愤慨，差点就闹起事来。当时丁槐也是闹事人之一。岑毓英是总督，他劝大家说：‘立功还有机会，欲取之，必先纵之，现滇缅边界多事，诸位再图建功吧’。”[④]才将滇军将士的不满情绪稳定下来。应该说岑毓英对当时滇边局势的观察是敏锐的，因担心法国人在云南取得优势权益并进一步危及英国在缅甸的利益，英国也正在积极策划吞并缅甸的行动，于光绪十一年（1885年）十月八日发动第三次英缅战争，此时中法两国刚签订议和的《中法新约》，且尚未最后批准生效，岑毓英迅速将从越南战场撤回的滇军丁槐部2000人派往滇缅边界，又开始了

① 《德宗实录》，光绪十一年四月丙戌条。

② 《德宗实录》，光绪十一年二月庚戌条。

③ （清）岑毓英撰，黄振南、白耀天标点：《岑毓英集》，广西民族出版社2005年版，第10页。

④ 广西壮族自治区通志馆编，广西壮族自治区博物馆修订：《中法战争调查资料实录》，广西人民出版社1982年版，第216页。

滇缅边界的国防建设工作。

本章结论

中法战争爆发前，岑毓英基于中国西南边防安全的考虑，提出了“护边而非护越”战略主张，与清政府“恢复全越”的主张不同，亦与唐炯等官员弃守越南北圻的“我军只宜分布边内要害”主张有别。滇军进入越南所采取的一系列军事行动，与岑毓英这一战略主张有直接关联，对中法战争中越南西线的战事发展有重要影响，是研究滇军入越抗法史实的一个重要切入点。中法战争期间，由于法军的强大战力，更由于滇越边境地区瘴疠肆虐的恶劣条件，使岑毓英及部分滇军将士的抗法思想曾一度产生动摇。但岑毓英最终能激于民族大义，率领滇军进入越南与法军奋勇作战，成为维护国家利益的民族英雄，岑毓英的后人因避讳而删改史料，将这段史实隐藏，本书本着实事求是的原则对这段历史深入探讨，力求做到对岑毓英这一历史人物进行客观公正的认识和评价。

关于清政府在中法战争中的成败得失，至今学界仍有争论，从云南的边防形势而言，滇军入越参战，在一定程度上保护了中国西南边疆的战略利益。滇军在宣光包围战和临洮大捷中狠狠打击了法国侵略者嚣张气焰，在一定程度了延缓了法国殖民势力吞并越南北圻并深入中国西南地区的步伐，扭转了滇南边防的不利形势。“中法战争也是中国近代史上第一次中国军队充分发挥传统陆权优势取得陆地胜利的战争，也是唯一一次主动出击御敌于国门之外并取得胜利的战争。战争的结局却让此后50年（1885—1937年）法国和英国不敢再从西南陆地进兵。”①

此外中法战争中云南军民入越参战，力挫强敌扬威域外，极大增强了云南军民维护国家领土主权的信心。在中法勘分滇越边界时，岑毓英

① 车辚：《地缘政治格局与清末滇军实力的变迁》，载《云南民族大学学报》（哲学社会科学版）2009年第26卷第2期。

在滇南边境地区“严兵以备不虞。法使不敢要挟，按图画界”[①]。英国吞并缅甸之后，其侵略势力不断向我滇西边境地区渗透，滇军驻扎于镇边直隶厅，有效阻遏了英国侵略者对我滇西边疆的觊觎心。从这个意义上来说，中法战争中云南军民进入越抗击法国侵略者，是应该充分肯定的历史事件。

① （清）岑毓英撰，黄振南、白耀天标点：《岑毓英集》，广西民族出版社2005年版，第7页。

第七章 勘分滇越边界 巩固滇南边防

岑毓英主持勘分滇越边界，并努力建设滇南边防战略优势的历史，与今天滇越边界线的走向及滇南边疆面貌的形成有很大的关联，为岑毓英在中国近代西南边防建设上的一大贡献。然而至今人们对这段史实中的部分内容仍缺乏清晰认识，因此对岑毓英边疆治理及边防建设思想在滇越划界中的实践，有深入探讨的必要。

第一节　岑毓英国防领土观的变化

中国和越南在历史上长期保持宗藩关系，就中国方面而言，这种关系一直持续到光绪十一年（1885年）中法两国签订《中法新约》为止。在传统宗藩体系内，作为宗主国的中国与周边的藩属国之间的关系，并不与今天主权国家之间的关系完全等同。同样，在传统宗藩体系内，中国与越南之间的疆界也不似今天这样有清晰的划分。有学者认为："中越两国山水相连，犬牙交错，许多民族又都跨境而居，历史上又有着特殊的'宗藩关系'，所以两国的国界虽有传统的习惯线，但长期以来并未有过明确的划分。"[①]当时滇越之间的界限主要依据一些关隘、河流和山峰来区分，这其中并没有一条明确的边界线。在中国传统的志书中，关于一地的疆域情况往往只是用较为模糊的"四至八到"来表述，如道光《云南通志》中关于开化府与越南接壤的情况记载算是较为详细，然而也仅是简单记述为：开化府"东至交趾界四百六十里……南至交趾界二百四十里，'（旧志）南至赌咒河与交趾界'……东南至交趾二百三十里……西南至交趾界四百一十里"[②]。岑毓英等官员正是依据"南至赌咒河与交趾界"这样一句话，确定了开化府滇越边界线，不过依靠这样的描述，我们当然很难对滇越边界的具体走向有一较为准确的认识。这种界线模糊的情况，在当时的文献记录中是有所反映的，比如乾隆年间，两广总督策楞在给朝廷的奏

① 龙永行：《纵论历史风云》，云南民族出版社2006年版，第61页。

② 阮元、伊里布等修，王崧、李诚等纂：《云南通志稿》卷9，道光十五年（1835年）刊本，第21页。

折中就说："安南列在藩服，不敢设险自固。"[①]光绪年间越南国王所上文书中谈及中越疆界亦声称："从前中外一家，人民往来居行相惯，习以为常，何曾防禁！"[②]岑毓英本人也认为："夫越南久列藩封，尺地一民，无不仰邀覆帱，又何庸更分疆界？"[③]在这种思想背景之下，在历史上当宗主国清帝国与藩属越南政权之间出现领土纠纷时，以天朝上国自居的清王朝往往会主动退让，体现其"抚藩字小"的精神。如清雍正年间，中越在今云南文山州境内发生领土纠纷，时任云贵总督的高其倬调查后发现，滇越应以马白关（今云南省马关县县城）以南120里的赌咒河分界，遂上奏清廷，要求将越南侵占的领土收回。雍正皇帝却下诏曰："朕思柔远之道，分疆与睦邻论，则睦邻为美；畏威与怀德较，则怀德为上。据云：都竜、南丹等处，在明季已为安南所有，是侵占非始于我朝也。安南自我朝以来，累世恭顺，深属可嘉，方当奖励是务，宁与争尺寸之地，况明季久失之区乎？……且两地接壤连境，最易生衅，尤须善处以绥怀之，非徒安彼民，正所以安吾民耳。即以小溪为界，庸何伤？贪利幸功之举，皆不可为训。悉朕此意，斟酌行之。"[④]继任云贵总督鄂尔泰秉承旨意，将中方边界线后撤80里，于马白关南40里铅厂山下小河内立界碑。雍正皇帝随后降旨给安南国王说："朕念安南累世恭顺，王能恪继职守，可嘉，且此地乃弃自明朝，安南之民住居既久，安土重迁，恐有流离之苦，朕心存柔远，中外一视，甚为不忍，已批谕将斜路村等处人员撤回，别议立界之地，务期久当。"[⑤]后安南国王上旨表示恭顺，雍正大喜之下，又下令说："此四十里之地，在云南为朕之内地，在安南仍为朕之外藩，一毫无所分别。著将此地仍赏赐该国王世守之。"[⑥]命清政府官员将滇越边界线又后撤40里，至马白关下立新界碑。雍正皇帝这种关于边疆领土主权的主

① 陈振汉等编：《清实录经济史资料（顺治—嘉庆朝）农业编第三分册（下）》，北京大学出版社1989年版，第348页。

② 郭廷以、王聿均主编：《中法越南交涉档》，（台湾）"中央研究院"近代史研究所1962年版，第136页。

③ （清）岑毓英撰，黄振南、白耀天标点：《岑毓英集》，广西民族出版社2005年版，第261页。

④ 《世宗实录》，雍正三年四月己丑条。

⑤ 《世宗实录》，雍正六年正月己卯条。

⑥ 《世宗实录》，雍正六年正月己卯条。

张，后来成为清政府处理边界领土问题的指导思想。有清一代，越南政权的统治势力不断渗入我滇南边境地区，如临安府的十洲三猛、开化府的都竜和南丹、广南府的三蓬等区域，清廷和云南地方政府官员多采取宽容和息事宁人的态度。①

在这样的历史背景之下，岑毓英在早期建设西南边防时，重点着眼于保护中越之间的传统宗藩关系，他认为“越南久列藩封，素称恭顺，虽在邦域之外，同是社稷之臣，且与滇粤毗连，深资屏障，倘为他族夺据，必致唇亡齿寒”②。把中国传统的藩属国越南看作是维护国家战略安全的一道屏障，同时清政府也应该为越南政权的安危负责，中越共同抵御西方列强势力在东亚东南亚的扩张。随着法国殖民势力逐步控制越南以后，岑毓英又提出力保越南北圻以巩固云南边防，保护滇省及中国西南边疆的安全。中法战后两国勘分滇越边界时，岑毓英认为“越为中国外藩要地……现在越几不能自存，何能为我守险？”③主张寸土必争，决心通过滇越划界建设云南的稳固边防，努力维护云南边疆军事防御上的优势。在不同的阶段，岑毓英的国防领土观有其明显的时代特征。

随着法国殖民势力逐步控制越南的内政外交，在越南已沦为法国殖民地的事实前提下，岑毓英的国防领土观由传统的“守在四夷”边防观念，转而踏踏实实地进行边疆治理，建设稳固国防，为在滇南边境地区构筑面对法国殖民侵略者的军事防御优势花费了大量心血。在中法战争结束后中法两国勘分滇越边界前，他委派熟悉边地情况的官员率领专业测绘人员在边境地区深入调查，搜集大量边地资料，并考诸文献志乘，为即将到来的边界谈判做了充分的准备。最终在岑毓英等人的努力下，中方代表滇越边界谈判占领先机，赢得主动，为维护滇边领土主权和建设滇边防御优势做出贡献。在此我们主要讨论在中法勘分滇越边界过程当中，岑毓英为构筑滇南边防优势所做之努力，以及在此思想主张之下进行的勘界谈判，对今天滇越边界线的走向和滇南边疆面貌的形成所产生的影响。

---

① 方国瑜：《中国西南历史地理考释》，中华书局1987年版，第1266—1310页。

② 虞和平主编：《岑毓英档》第一卷，大象出版社2011年版，第11页。

③ （清）岑毓英撰，黄振南、白耀天标点：《岑毓英集》，广西民族出版社2005年版，第353页。

第二节　按图定界

中法战争之后，与帝国列强打过一段时间交道的晚清政府，已经清楚意识到当时世界的发展趋势：“一个即将取代这一古代国际关系体系的新型近代国际关系体系——由近代西方资本主义推出的条约体系，正在破坏古老的‘华夷秩序’。”[①]所以在放弃与越南长期保持的宗藩关系后，清廷也试图通过勘界签约来确保国家的权益，因此在勘分滇越疆界的过程中，清廷及地方政府在力保滇南边境地区领土主权完整的问题上，态度是一致的。光绪十一年（1885年）七月清廷有旨，“著派内阁学士周德润驰驿前往云南，会同岑毓英、张凯嵩办理中、越勘界事宜。并著五品卿衔吏部主事唐景崧、江苏试用道叶廷眷随同办理，与周德润随带司员一并驰驿前往”[②]。为了方便谈判语言沟通，同时也为了了解西方世界的情况，清廷还专门为中方代表团配备了外籍人士，“其随同周大臣前往云南者，特派现任潮海关税务司哲美森（英国人）并粤海关四等帮办马谷（英国人）”[③]。

为保卫国家权益，清廷专门指示前往中越边境地区进行勘界的诸位大臣说：“越南北圻与两广、云南三省毗连，其间山林川泽，华离交错，未易分明。此次既与法国勘定中、越边界，中外之限，即自此而分。凡我旧疆，固应剖析详明，即约内所云，或现在之界稍有改正，亦不得略涉迁就。”[④]并进一步要求勘界官员在界务谈判过程中，要本着“分界一事，有关大局……多争一分，即多得一分之利益”[⑤]的原则，要求在勘界过程中做到据理力争，保我领土。在中法关于滇越边界划分的问题上，岑毓英也态度坚决，他向清廷表示将会与清廷派遣来的勘界大臣周德润一道，“自当按照会典及通志所载图说，并相度形势，设法辩论，断不敢略涉迁

① 何芳川：《世界历史上的大清帝国》，载《史学理论研究》2004年第1期。

② 《德宗实录》，光绪十一年七月丙辰条。

③ 郭廷以、王聿均主编：《中法越南交涉档》，（台湾）“中央研究院”近代史研究所1962年版，第3204—3205页。

④ 《德宗实录》，光绪十一年七月丙辰条。

⑤ 《德宗实录》，光绪十一年十月丙子条。

就，分寸让人，以副朝廷保重边疆之至意”[①]。

为保证在边界谈判中立于不败之地，岑毓英广泛搜集边地资料，他一方面派专人搜集查阅了大量有关中越关系和中越边境地区情况的文献资料，了解中越边界的历史变迁、滇南边境地区的建制沿革、疆域所至以及滇越边境地区的族群等方面情况，从文献上掌握了滇越边境地区的基本情况。同时又派出几队人马周历滇越边界，实地考察边境地区情况。龙膊河之西南一带，也就是十洲三猛之地，早在中法战争爆发之前，岑毓英就已委派知县徐凤池和附生罗金瑞二人在此地先期履勘。还有岑毓英的兄弟“于沿边地方尚称熟习”的道员岑毓宝，率领具有专业地理知识的人员，从开化府的龙膊河口起，沿红江以东，循河口汛、马白关外、普梅河等处，直至广西交界等各地方周历查勘。等清廷钦派的勘界大臣周德润到达云南开化府时，岑毓英已做了许多前期的准备工作，周德润对岑毓英卓有成效的工作赞赏不已，上奏清廷说：“派记名道员岑毓宝踏看沿边一带，均绘图贴说，粗具规模，足备临时考证。……岑毓英熟谙边徼，为口讲指画，备极分明。”[②]对于岑毓英提供的边界图说资料，也给予了积极的评价。他说：“岑毓英前呈滇越图说，于山川向背、道路险夷及犬牙交错之处，固已剖析分明。”[③]周德润抵达滇越边界后，会同福建台湾道唐景崧等人在马白关沿边一带勘察，他们一边打听法国勘界代表的行踪，询问他们由何路至滇越边界及已行至何处，为即将开始的划界谈判作准备，一面带领绘图人员向南方深入至都竜、南丹一带进行实地勘测并绘制地图。这支队伍通过考察，发现慢美有河名南灯河，再60里为黄树皮，有河名黑河，二水往西合流并转而南行，此外别无河道。按照府志所记的方位里数估算，南灯河应就是志书中记载的大赌咒河，为原来中越的分界线，为稍后中法关于都竜等地归属的谈判提供了有力的证据。在岑毓英及周德润的领导下，经各方面人员的共同努力，我方又获取大量滇越边境地区的情报

① （清）岑毓英撰，黄振南、白耀天标点：《岑毓英集》，广西民族出版社2005年版，第353页。

② 郭廷以、王聿均主编：《中法越南交涉档》，（台湾）“中央研究院”近代史研究所1962年版，第3321—3322页。

③ 邵循正等编：中国近代史资料丛刊《中法战争》（七），上海人民出版社、上海书店出版社2000年版，第36页。

资料，为中方的滇越边界谈判居于主动地位奠定了坚实的基础。

因为对滇边情况的熟悉，又有掌握相关资料的自信，岑毓英在中法滇越边界谈判中采取积极主动的策略，他以中法条约内有“订约画押之后起，限六个月期内，应由中法两国各派官员亲赴中国与北圻交界处所，会同勘定界限”之规定。请总理衙门催促已行动迟缓的法国勘界代表加快行程，前往滇越边境地区开展勘界工作。[①]然而有意思的是，法国代表的迟到，恰好又和岑毓英有很大关系。在中法战争进行期间，岑毓英曾在滇越边境地区组织地方武装协助滇军抗击法国侵略者，如十洲三猛世袭土职刁氏父子便是其中的代表，奠边府知府刁文撑响应岑毓英的号召，派遣其子莱州知州刁文持、伦州知州刁文操、枚州知州刁文抱各率数百人协助滇军作战，岑毓英发给他们饷银2000两。此外岑毓英还给越南北圻的地方武装发钱发枪，武装他们抗击法国侵略者，如给山西布政使阮文甲发给饷银1000两，越南义兵黎英秀、黎英明等愿作滇军先锋，发银2000两等[②]。为避免日后法国方面在此问题上寻衅，岑毓英上奏清廷说：“越民之屯扎山西、兴化、河内之各府、州、县地方者，闻法和议已成，或散或留，漫无归束，前经臣营发给之枪械旗帜，呈缴十无二三，应请旨敕下总理各国事务衙门传谕法人，此项旗械系未经停战以前发给，目下无从追取，设将来越、法有事，不得藉以为词。”[③]中法战争结束后，这些武装还坚持抗击法国侵略者，使得法国殖民势力在很长一段时期内不能控制住该地区的形势，更谈不上实地勘察和搜集资料了，岑毓英的努力虽然没能阻止法国殖民势力最终侵占越南北圻，却为中方在滇越划界中创造了有利条件。法国勘界代表团至光绪十二年（1886年）五月才抵达滇越边界，距原定时间晚了半年多，此时云南地方政府为了滇越边界谈判，已进行了大半年的准备工作，在谈判中占据了主动地位。两国正式开始滇越划界谈判时，岑毓英由于长期在滇边操劳，患上恶性痢疾，严重时竟要人搀扶才能行走，但他

① 牛鸿斌、文明元、李春龙、刘景毛点校：《新纂云南通志》七，云南人民出版社2007年版，第549页。

② （清）岑毓英撰，黄振南、白耀天标点：《岑毓英集》，广西民族出版社2005年版，第330页。

③ （清）岑毓英撰，黄振南、白耀天标点：《岑毓英集》，广西民族出版社2005年版，第332页。

仍与周德润往来函商，并提出自己的划界主张，同时“严兵以备不虞。法使不敢要挟，按图画界”[①]。在军事上为中国政府代表进行界务谈判提供了有力的保障。

法国殖民者的勘界代表进入越南北圻，一度也打算进行实地勘查并搜集地方资料，企图在谈判中霸占更多的殖民地，法国划界代表团成员就说：“我们也利用我们在工作上拖延的时间，去更仔细地研究勘察的工作地点。”[②]由于遭到当地民众持续而激烈的抵抗，勘界的官员和士兵在越南猛烘者兰地方被民众截杀，法方代表完全陷于困境中，“在老街周围，整个地方都被鼓动起来和外国人对抗。武装的匪徒自由流窜，好像他们是得到云南当局的准许和支持的一样。在此情形下，法方委员们的使命充满了困难和危险。从8月19日起，发生的一起小事件使得勘察和划界工作不可能在现场进行，被困在老街的委员会只好借助地图来划界了”[③]。法国人所说的1886年8月19日的“小事件”，正是者兰事件。法方代表详细描述了他们在者兰事件中的遭遇：“8月19日晨9时，在离仙蜂不远处，我们的帆船所处位置在三条相继涌来的急流上游，急流间距相隔不到100米，根据惯有的经验，为首的那艘帆船奉命停泊在第一条急流的上游，并派出船上的苦力去支援其他航行结构不甚理想的船舶上的船员。它很快锚泊在离船队其余船舶400米的地方，靠在一个小海峡后面，当排枪向它开火时，这一海峡成了它的掩蔽地。转瞬间，此船着火了。达吕少校带数名士兵纵身跳入水中，正当他发现自己无法营救前方时，却受到沿河射来的排枪火力的袭击，火力线拉得相当长，足可包抄船队的末尾。……8月19日晚6时，我们的小分遣队返回老街。”法国人怀疑是清政府的官员们在暗中阻止其殖民势力扩张的行动，“中国官员在此事上即便不算是不打自招的同谋者，至少也负有重大的责任”[④]。岑毓英在与其友人的信函中亦提

① 王钟翰点校：《清史列传》，中华书局1987年版，第4623页。

② 萧德浩、黄铮主编:《中越边界历史资料选编》，社会科学文献出版社1993年版，第937页。

③ 萧德浩、黄铮主编:《中越边界历史资料选编》，社会科学文献出版社1993年版，第499页。

④ 萧德浩、黄铮主编:《中越边界历史资料选编》，社会科学文献出版社1993年版，第916—917页。

及此事，他讲述的事件经过是：法国勘界代表于“七月十四日派员往勘龙膊，各循河岸而进，二十日法船抵越南猛烘之者兰地方，即被越瑶堵截，焚其前行一舟，杀其弁兵十余名，竿首林木。余舟悉退保胜”①。法国殖民主义者对岑毓英与者兰事件的关系深表怀疑，“该事件以后，怎能怀疑到河口就是发动反对我们的一切袭击尝试的始发点？这种情况发生在帝国钦差眼皮底下，而且又是紧靠在云贵总督行辕附近，这就更加令人诧异，对这种特别费解的现象应作何解释？1886年6月14日，我们在北河遇到了贝尔康少校所率的一支纵队，他们最近刚完成向黑河方面的行动。少校说，在历次战斗中被俘人员均供称，岑宫保（云贵总督）保证了匪众的枪枝弹药的供应”②。虽然有不少证据证明岑毓英与者兰事件有关系，但法国人最终还是因没有更为直接的证据而作罢。关于者兰事件，我们在《岑襄勤公勋德介福图》中《经界安边图第三十五》可以找到答案，曾任岑毓英幕僚的赵藩记载此事说：岑毓英“遣越人毁法兵船于者兰，法使有戒心，又慑我兵威，不敢要挟，愿听按图定界”③，这本图册是献给岑毓英六十大寿的礼物，其中的内容应得到他的认可，所以可信度较高，这段史料算是为我们解开了者兰事件的谜底。至于岑毓英为什么要迫使法国人按图定界，也是他自己道破谜底：“若待其驱散越民之后，领兵抵境，则兵力所及之地，岂肯尺寸让人？”④正是由于对法国殖民主义者侵略的本质有透彻的了解，岑毓英才有针对性地采取了这样的策略。最终法国代表决定让步，“法方界务委员会手头有的只有几份界图，因此，我们只能是：或者根据这些文件工作，或是立即撤退，但一事无成。因为援军须待相当长时间以后才能到达。上述两种方案中，第一方案从各方面看似乎较为有利，于是我们在周提出动议时，趁势请帝国政府界务委员会采取界图对比

① 虞和平主编：《岑毓英档》第一卷，大象出版社2011年版，第34页。

② 萧德浩、黄铮主编:《中越边界历史资料选编》，社会科学文献出版社1993年版，第928页。

③ （清）杨应选绘图，赵藩撰文：《岑襄勤公勋德介福图·跋》，光绪十七年（1891年）上海石印本。

④ （清）岑毓英撰，黄振南、白耀天标点：《岑毓英集》，广西民族出版社2005年版，第353页。

法研究勘界问题”[①]。按图定界对于事前有充分准备的中国代表来说，自然占有一定的优势。法国代表在谈判中拿不出什么像样的材料，而清“帝国界务委员却声称：它拥有全面正确的一套文献。他们说，在他们逗留开化期间，已派人踏勘了整个边界并测绘了边界图。唐钦差还亲自赴河安专门踏勘了明江水域。他说，他向我们出示的边界线系经过详细勘察的现场测绘结果，也是向当地居民问询后得出的综合结论。在他看来，这一论据是天衣无缝的，我们当时似乎只能诺诺称是，因为我们提不出任何证据，我们没有亲眼所见，而别人却是亲眼目睹”[②]。而在中方划界委员眼中的法国勘界代表却是这样的：“今法使贸然来滇。适北圻梗阻，未能踏看一步，日执市肆之图与滇图比较，鲜有不背而驰者，虽反复辩证，舌敝唇焦，几同凿柄之不入。嗣检开化、广南、临安等府志书示之，彼似稍悟，渐就我图，不敢自出其图，因而权其缓急，相机操纵，卒化龃龉，而相与有成。”[③]中方勘界代表经过艰苦努力，终于使滇越边界得以按原传统的分界线大致划定。

中法勘界代表商定将滇越边界分为五段：第一段自龙膊河入红河处起，至云南新店与越南北圻狗头寨交界处止，主要为今云南河口县与越南交界段。此段以红河、南溪河、坝吉河为标志，以河中为界，按图指划，线索较为清楚，六日即定。第二段自新店起，至老隘坎止，主要为今云南马关县、麻栗坡县与越南交界段。因为涉及雍正滇越界务遗留问题，中法双方争议较大，决定留待下一步协商解决。第三段自云南三文冲、北圻高马白相对处起，至云南澜泥沟、北圻竜古寨之间止，主要为今云南麻栗坡县与越南交界段。第四段自云南澜泥沟起，至徭人寨止，主要为今云南富宁县与越南交界段。此段在三蓬一带有争议，后经过谈判，将田蓬街等部分区域划归滇界。第五段，自龙膊河向西南沿黑江至木戛，主要为今云南金平县、绿春县与越南交界段。此段因争议甚大，中法双方决定暂时搁置

① 萧德浩、黄铮主编:《中越边界历史资料选编》，社会科学文献出版社1993年版，第919页。

② 萧德浩、黄铮主编:《中越边界历史资料选编》，社会科学文献出版社1993年版，第920页。

③ 郭廷以、王聿均主编：《中法越南交涉档》，（台湾）“中央研究院”近代史研究所1962年版，第3657页。

这段边界的勘分工作。[①]

滇越传统边界大多以山峰河流分界，在按图定界过程中，中国政府代表利用己方对滇南边境山川地形熟悉的优势，在一些边界线走向的划定上努力争取军事防御上的优势，这样就可以使滇军在滇南边境地区的军事防御中，与相对强大的法军在力量上形成一种平衡。对于中国政府在按图定界中取得的军事防御优势，法国侵略者也有所觉察，光绪十五年（1889年），法国印支总督在给中越边界划界委员会主任的指示中这样说："1886年时的双方委员会和1887年6月26日北京协定所指定的边界线，从防卫观点看，弊端是很多的。中国委员们因为利用他们对我们从未深入的地区的了解，所以能够轻易地让我们的代表接受一些走向，但假如我们的代表们当时拥有有价值的地形测绘资料，就永远不会同意了，结果是连接我们各地界哨所的，所有直接的路几乎总有段在中国境内。我们位于第一界线上的多个地方就这样被天朝的委员们巧妙地分隔孤立了。受到进攻时，这些地方就不能够相互支援了。"[②]这段话恰好说明以岑毓英为领导的云南地方军民，为争取滇南边防的优势，在按图定界中取得的成果。

第三节　争取边防战略要地

关于争取滇越边界国防战略要地的重要性，岑毓英在给署广西巡抚李秉衡的一封信函里说得较为清楚："查中越边境犬牙交错，往日越在守下，尚可任其通融，现在法既据越，边防正当吃紧，所有越地之在华郊者，滇境尤多，若仍划归越境，则兵在外而敌在内，防务几同虚设。"[③]从此信函中的内容可知，争回沦入越南的边防战略要地，是岑毓英在中法滇越勘界谈判中需要全力以赴的关键。

中法在滇越划界中，有两段界线存在争议，而最后争论的焦点在临

① 牛鸿斌、文明元、李春龙、刘景毛点校：《新纂云南通志》七，云南人民出版社2007年版，第552—553页。

② 萧德浩、黄铮主编：《中越边界历史资料选编》，社会科学文献出版社1993年版，第507—508 页。

③ 虞和平主编：《岑毓英档》第一卷，大象出版社2011年版，第35—36页。

安府南的猛梭、猛赖、猛蚌和开化府南的都竜、南丹及广南府的三蓬等地，这些地区恰恰是岑毓英此前一直关注并努力争取的战略要地。本着此战略意图，岑毓英提出："都竜、新街险峻异常，实为徼外之要隘，本在大赌咒河内，为云南旧境，失于明季。国朝雍正年间，督臣高其倬奏请查勘，奉旨撤回内地。后因越藩陈诉，奉谕以马白汛外四十里地赐之，而都竜遂仍归越南，云南即以小赌咒河为界。臣伏思越为中国外藩要地，归藩原系守在四夷之义，不必拘定撤回。现在越几不能自存，何能为我守险？应否俟勘界时，将都竜、南丹各地酌议撤回，仍以大赌咒河为界，以固疆圉而资扼守之处。"[①]此提议得到清廷的赞同。岑毓英并不只是口头上说说而已，在中法勘界之前，他就采取一系列行动捍卫国家领土主权，如开化府之马白关为入越要路，地面平敞，四路通达，无险可守，而其南界之都竜、新街，险峻异常，实为徼外之要隘，岑毓英遂命防营总兵何雄辉分兵驻守。法国人记述岑毓英在开化、广南府以南的经营时说："在明江一侧，他派正规军驻扎河阳，以便在安南境内的谭水（Tan-Thuy）河处安置界石，上面刻有'云南境界始于此'字样。"[②]

关于三蓬的问题，实因嘉庆年间广南府宝宁县侬氏土司嫁女于交趾州保乐土官，私下将三蓬村寨作为陪嫁[③]。"从领土主权的原则来说，国家的中央政府才能决定领土主权，而地方官吏不能决定国家领土。广南土司只是地方官吏，无权处理国家领土，私相授受，而把国家领土送与外国，这是原则问题。至于广南土司送地索还长期争议，悬案未决，保乐州土司据有三蓬地已造成之事实，并不能承认是有合法依据的。"[④]中法战争结束后，岑毓英曾认为广南三蓬的田棚一带"僻外一隅，大小船均不能行，未必在所必争也，然广南防务不容稍懈，刻拟在招挑万人内分拨兵四百名，夫四十名，交参将马应麟、守备王泽宽前往普梅、田棚等处扼要

① （清）岑毓英撰，黄振南、白耀天标点：《岑毓英集》，广西民族出版社2005年版，第349页。

② 萧德浩、黄铮主编:《中越边界历史资料选编》，社会科学文献出版社1993年版，第498页。

③ 云南省广南县志办公室编：《广南县志》，中华书局2001年版，第802页。

④ 方国瑜：《中国西南历史地理考释》，中华书局1987年版，第1308页。

驻守，以备不虞”[①]。但事实证明岑毓英对三蓬的战略价值估计不足，法国侵占越南后，声称三蓬属越方领土而出兵占领。法国界务代表对三蓬在军事防御上的价值有深刻的认识：“有争议的领土乃是位于一条高耸的石山山脉和玉溪河之间的一块东南—西北走向、长50至60公里、宽约20公里的区域。可以说这是一个宽大的高台，高出玉溪河约400米，靠河一侧的许多处乃是无法攀越的悬崖峭壁。……这是边界前的一个相当好的阵地。”[②]由于三蓬均据河之北岸，若为法国人占领，则普梅河全失其险，滇边将无险要可以设防，因此在滇越边界谈判时，岑毓英与周德润向法方提出交涉，要求法方退兵，把三蓬划归广南府。但谈判时由于我方出示滇图所标普梅河河流偏东，法国所持地图中普梅河的流向偏南，形势不同，界线因之迥别，致使双方的谈判陷入僵局。为争取谈判的成功，岑毓英决定彻底弄清广南府与越南之间的边界特别是三蓬的情况，他命令广南知府陈之梅认真调查，他强调：“务将某处至某处若干里数，及形势险夷、户口多寡，详细开载，只要真的，不在画好，事关奏报，毋得潦草塞责，切切！”陈之梅召集当地官员，将档案图册与实际调查的情况反复比对“中有不合之处，立即更正另绘，如是数次，始得现呈之图本”。陈之梅等人还查清了三蓬的历史沿革，此地原属云南管辖，后因当地土司为女陪嫁而沦入越地，当地官员经过慎重权衡后建议：“审形度势，指定同文大河（笔者注：即普梅河）分界，立说既非强勉，界限又极分明，虽一时之举，实万世之休。”[③]为中国政府进行边界谈判提供了可靠的依据。岑毓英后又密饬地方员弁绅管，告知田棚地区不愿接受法国殖民统治的百姓迅速改装易服，并沿河树立界牌，严密布防，为收回三蓬部分要地奠定基础。在谈判过程中，中方代表为解决三蓬问题的僵局，主动让步，提出关于三蓬划界的折中方案，法国代表却不肯让步，岑毓英也就不再退让，双方僵持40余日，最后法方代表“狄隆等出座密商，复入座定议部分归还，狄塞尔遂亲笔将北圻之苗塘子、龙潭、龙膊、田蓬街、沙人寨五处划入中

① 虞和平主编：《岑毓英档》第三卷，大象出版社2011年版，第300页。

② 萧德浩、黄铮主编：《中越边界历史资料选编》，社会科学文献出版社1993年版，第959—960页。

③ 尤中：《中国西南边疆变迁史》，云南教育出版社1987年版，第168—169页。

界，计拓地纵横约三十里”[①]。面对强大的法国殖民政府，中国方面的斗争和努力总算获得一些成果，在田蓬一带争取到有利的军事防御据点。

与岑毓英依靠边疆民众爱国热情与法国殖民侵略者进行斗争不同，岑毓英之后的清政府官员大多颟顸懦弱，如广南知府兴禄于光绪十九年（1893年）三月负责办理广南界务，“卑府到界之初，风闻越属之三蓬民人麕集，相率归附，意欲抗令法员，将三蓬地方划入中国。若是如此，不独阻挠界务，且恐变生临时，关系诚非浅鲜，当即密派随员，授以机宜，前趋安抚。幸不辱命，一律解散，声色无闻。”[②]兴禄阻挠边疆民众维护国家主权领土的爱国行动，还无耻地拿此事来表功，自称“幸不辱命”，让时人切齿。由于晚清政府及官员的腐败无能，三蓬最终没有能够回到祖国的怀抱。

在滇越谈判的过程中，关于都竜、南丹及十洲三猛等地，中法双方就这些地区的归属问题进行反复争论，久持不下，且在谈判期间，法军已开始逐步进入十洲三猛之地，鉴于此形势，岑毓英和周德润商量后认为“猛梭、猛赖一段，荒远瘴疠，弃之不足惜，岑毓英所见相同。至我所必争者南丹山以北、马白关以南，其中山川险峻，田畴沃美，如能划归中国，即可固我疆圉，亦可兼收地利”[③]。决定放弃对猛梭、猛赖等地的领土主张，以解决都竜、南丹的归属问题。光绪十三年（1887年）五月，中法双方签订《中法续议界务专条》五款，对已经勘定的边界线进行确认，对不能确认的边界线主张“应持另行会勘定线”，至此中法第一次滇越勘界工作结束。岑毓英和周德润对滇越勘界工作成果评价说：“当经总理各国事务王大臣与法使恭思当反复辩论，将猛梭、猛赖一段，准归越界，其南丹山以北，西至狗头寨，东至清水河一带地方，均归中国管辖。约计收回各地段，不下方四百余里。此事煞费唇舌，始克就我范围。”[④]对划界中取得的结果基本上是持肯定态度的。

① （清）王文韶等修，唐炯等纂：《续云南通志稿》卷85《洋务志·界务》，光绪二十七年（1901年）四川岳池刻本。

② 黄诚源编：《滇南界务陈牍》，载方国瑜主编《云南史料丛刊》第十卷，云南大学出版社2001年版，第7页。

③ （清）赵藩编：《岑襄勤公年谱》卷9，光绪己亥年（1899年）刻本，第11页。

④ 《德宗实录》，光绪十三年五月丙寅条。

边界谈判结束后，心犹不甘的法国殖民者小动作不断，不断派法军入侵开化府的都竜（今云南省马关县都龙镇）、猛硐（今云南省麻栗坡县猛硐乡）等地，一直相信民心可用的岑毓英积极支持当地民众的爱国要求："光绪十二年（1886年）底，岑毓英在马白关整顿边境防务和勘查国界时，都龙老街土司、聚隆正总黄国顺（又名黄庆宁）率领6社大小头目叩见岑毓英，要求回归祖国（聚隆原属越南宣光省安平府永绥县）。岑毓英应允，赏给黄国顺衣帽顶戴，升黄国顺为四品蓝翎。因开化府又增设一里，故名归仁里，委黄国顺为团总。安平厅同知覃克振根据中法勘界大臣面议决定及蓝线界图，遵照岑毓英命令，查明聚隆6社周围230余公里，共5500余户，22000余人，改8社为8甲，挑选壮丁2600名于都龙设团总，令黄国顺带兵戍守。"[①]岑毓英去世以后，覃克振等爱国的清政府官员继续在此地经营，光绪十九年（1893年）五月，中法再次联合实地查勘开化府境内的滇越边界，法国勘界代表在地图上另画一条红色的界线，要求中方按此线定界，覃克振向云南督抚禀报界务情况说：归仁里所属的聚义甲、聚隆甲、聚和甲、聚美甲下辖数十村寨，在重新勘界过程中"悉划在红线界外，计失去地方横阔一百七十里，直长四里。……通计归仁里八甲，现以红线定界，实失去三甲地方有奇。其线外聚仁甲地面尤为宽阔，约计八甲地方，实失去其半，而且膏腴之地，险要之区，悉归彼族，红线定界，我直无险可守。"[②]对法国侵略者侵犯我主权领土的行为表示愤慨。云南总督王文韶却认为他多事，指责说："查该丞前在安平任内造送归仁里八甲烟户清册，系光绪十四年四月间事，距本总署定议本省复奏均在一年以后，岂该丞本任经手事件而皆未之见耶？即就赍送清册原禀而论，明言归仁里共计八社地方，分为八甲，东西广三百五里，南北袤一百六十里，何以此次夹单禀内，既称红线界内归仁里四至，东西广三百二十五里，南北袤九十里，又称红线界外失去各甲地方，东西广三百二十五里，南北袤

① 云南省麻栗坡县地方志编纂委员会编纂：《麻栗坡县志》，云南民族出版社2000年版，第753页。

② 黄诚源编：《滇南界务陈牍》，载方国瑜主编《云南史料丛刊》第十卷，云南大学出版社2001年版，第10页。

一百五十里，以矛刺盾，又将何说？此毋庸置议可也。”[①]竟将此边界危机搁置不议。

虽然得不到腐朽无能的清政府的支持，当地民众仍为维护国家领土主权而坚持抗争，“光绪十四年（1888年），总理各国事务衙门按照《续议界务专条》下发红线界图。但归仁里8甲地方，只划入6甲，尚有奋武甲和聚仁甲在国界外，奋武甲和聚仁甲人民不愿入外域，扶老携幼到官府衙门请愿，要求回归祖国。光绪十九年（1893年），聚仁甲阮朝忠、黄胜利、黄九等头领率千余人攻入黄树皮，惨遭中法军队镇压，被迫退出。次年清政府催请法国派兵接管箐门，当地抗法义军连夜渡过黑河，准备拦截法军，结果遭清军三面伏击，死伤数百人，被迫退入河阳一带继续与法国殖民军作斗争。奋武甲在当地苗族头人项从周领导下，多次击退法国侵略军，法军不敢接管猛硐地区，只好向清政府另要其他地方。”[②]法国侵略者解释他们在此地失败的原因说：“漫美和猛峒两地由中国统治已很久了，居民们甘心做中国人。如果我们让中国占有这两处，我们就不需要耽心在这个新边境制造动乱了。”[③]可知漫美、猛硐等地方能够回归祖国，主要是边疆群众坚决斗争的结果。

边疆各族人民为捍卫国家领土主权而坚持斗争，表现出大无畏的爱国主义精神，这与岑毓英领导下的云南地方政府在边疆地区多年苦心经营有很大关系，显示出边疆民众在保障国家领土主权及边疆稳定方面的巨大作用。

第四节　构筑滇南边防战略纵深的努力

早在中法战争爆发之前，当岑毓英觉察到法国殖民势力在越南北圻的积极扩张势必危及滇南边疆时，就有了构筑滇南边防战略纵深以抵抗

① 黄诚源编：《滇南界务陈牍》，载方国瑜主编《云南史料丛刊》第十卷，云南大学出版社2001年版，第11页。

② 云南省麻栗坡县地方志编纂委员会编纂：《麻栗坡县志》，云南民族出版社2000年版，第753页。

③ 萧德浩、黄铮主编：《中越边界历史资料选编》，社会科学文献出版社1993年版，第909页。

法国殖民势力入侵的想法，其重点经营的区域是滇南的三猛十洲，“三猛十洲之地延袤五百余里，北接滇边临安府蒙自县、建水县界，西接元江、他郎、思茅、普洱各府、厅界，又西南达车里、南掌地方，其间设州治十四、县治四，实越地之要隘，滇疆之门户”①，为滇南的边防战略要地。关于三猛十洲的地方情况，由于岑毓英在此处悉心经营，故知之甚详，他缮写过一份三猛十洲的州县地名清单，上报给清廷，然而由于《岑襄勤公奏稿》的编辑者粗疏，将这份具有重要研究参考价值的地名清单遗漏，好在《清季外交史料》收录了岑毓英的这道奏折，且内容完整，今笔者将岑毓英缮写的三猛十洲的州县地名清单抄录于下，以供参考：

文盘州、昭晋州、莱州、遵教州、琼崖州、山罗州、枚山州、扶安州、伦州、安州、水州、陀北州、枚陀州、顺州、文振州、安立州、清山州、清水州。②

关于三猛十洲的历史地理沿革，方国瑜先生在《中国西南历史地理考释》中已有翔实周密的考证，可知早在元至治三年（1323年），中国即在此地置宁远州，延至明初。后安南亦在此地经营，设莱州（复礼州），宁远州因“其境域较广，因与安南接壤，且多受其侵凌也”，虽然有领土争端，但此地明代属沐氏勋庄，清朝隶建水州，政府设有掌寨土职统领，相关史实记录见诸历代史籍，斑斑可考，可知中国在此区域的领土主权不容置疑③。清咸同年间，由于云南省内爆发大规模民变，政府在边疆土司地区的统治废弛，“其猛梭地面籽粮，历年仍赴建水完缴。咸丰年间滇乱，道路梗塞停征，厥后催办承袭，又为越南昭晋州知州阮文光把持，上年大兵出关（笔者注：指光绪九年底至十年初岑毓英第一次率领滇军入越抗法），派员前往清厘，各猛土司均先后赴滇，照旧完纳籽粮，并具有甘结”④。岑毓英在中法战争爆发之前，就已委派知县徐凤池和附生罗金瑞

① （清）岑毓英撰，黄振南、白耀天标点：《岑毓英集》，广西民族出版社2005年版，第331页。

② （清）王彦威、王亮纂辑：《清季外交史料》卷57，书目文献出版社1987年版，第40页。

③ 相关内容参见方国瑜《中国西南历史地理考释》之“戊、临安府边境宁远州猛赖猛蚌猛梭等地事迹”记载，中华书局1987年版，第1266—1283页。

④ （清）岑毓英撰，黄振南、白耀天标点：《岑毓英集》，广西民族出版社2005年版，第370页。并见《续云南通志稿》卷85《洋务志》。

二人在此地经营招徕，二人的工作卓有成效，得到奠边府知府刁文撑等地方上层人士的积极响应，在中法战争期间，派遣其子莱州知州刁文持、伦州知州刁文操、枚州知州刁文抱各率数百人前来投效滇军，随同总兵丁槐参加清军抗击法国侵略者的斗争。

在越南战场上与法国进行军事斗争的过程中，岑毓英建设滇南纵深战略防御的主张逐渐形成。光绪十一年（1885年）初，在取得临洮大捷之后，正指挥滇军积极扩大战果的岑毓英，于三月初八接到清廷二月二十二日发布的停战谕旨："法人现来请和，于津约外别无要求，业经允其所请。约定……宣光以西三月十一日停战，二十一日华兵拔队撤回，四月二十二日齐抵云南边界。"[①]岑毓英对于这道命令滇军全师撤回关内的谕旨持不同意见，他说："至于论及撤兵入守，边地险要已失，藩篱洞开，毓英亦深虑及此，是以力争宣、兴以西之地，查滇疆东路，以越之道岸总、安平府、陆安州、安隆县，河阳、安边之渭川、永绥两县为要隘；中路则以越之保胜、龙鲁、文盘、大滩下至镇安县之馆司关为要隘；西路则以越之十洲三猛为要隘。"[②]正是基于这一战略考虑，岑毓英接到停战撤军的命令后迅速回奏朝廷，强调建设滇南纵深防御战略的重要性和必要性，"三猛十洲之地延袤五百余里，北接滇边临安府蒙自县、建水县界，迤逦而西，接元江、他郎、思茅、普洱各府、厅界，又西南遂达车里、南掌地方，其间设州治十四、县治四，实越地之要隘，滇疆之门户"。并言明他已预先派知县徐凤池、附生罗金瑞在此地进行经营和招徕，且地方土司刁氏父子，情殷内附，如能招徕，则"边外之版图稍扩，滇疆之门户益坚，即使法人背盟，战守皆有余地"[③]。

通过经营北圻使滇南边防"战守皆有余地"，使岑毓英构筑滇南国防优势的主张正式出炉，他希望总理各国事务衙门与法国政府代表交涉时态度坚定，断不允许法国殖民主义者涉足上述各区域。"各隘即归我辖，则我得布防其间，重门扃钥，护守更严。若舍此不图，仅绸缪于滇境，则

---

① 《德宗实录》，光绪十一年二月壬辰。

② 虞和平主编：《岑毓英档》第一卷，大象出版社2011年版，第3页。

③ （清）岑毓英撰，黄振南、白耀天标点：《岑毓英集》，广西民族出版社2005年版，第331页。

弃门关之要隘而设卫于堂奥，得失判然。”岑毓英认为此交涉若能成功，不仅有裨益于军事防御，对于建设稳固的边疆，消除滇南边疆隐患，也有好处。他认为若北圻不为法国殖民者侵占，于滇南边疆有“三善”：越南抗法义民有安居所，不患法逼，一善也；黑旗军旧部叶成林、陆东环等，散居保胜、龙鲁、文盘、安平、安隆者，亦与法无涉，不致别启衅端，二善也；三猛十洲之土知府刁文撑等，得遂内附之愿，三善也。为使清政府在即将进行的中法滇越边界谈判中处于有利地位，岑毓英不顾清廷关于四月二十二日滇军全面撤回云南的命令，命滇军将领总兵覃修纲，都司何元凤，游击张世荣、梁松生、梁禹福、李应珍、韦云青等率所部，滇越边境中路保胜以下红河两岸及东路马白关都竜以南分兵驻防。①

然而岑毓英经营北圻构建滇南边防优势的主张，并没能得到清政府的支持，急于媾和的清政府在法国政府的压力下，连下数道撤军的谕旨，还指责岑毓英说：“该督于目前办法殊属误会，前于三月二十四日、四月初八、十八等日叠次电谕该督撤兵入关，并无一字令在关外布置。迨四月二十二日该督奏到撤师日期折内，详陈关内外分扎各营，当经电谕令将关外各营一律撤回边界，勿逾定期。谕旨极为明晰，该督接奉后自应懔遵办理。……贻误大局，该督岂能当此重咎耶？”②岑毓英及滇军在此压力之下，被迫于五月中弃守北圻的战略要地，撤回云南边界之古林箐、都竜等隘口扼扎防守。

光绪十一年（1885年）八月，在越南与老挝边境坚持抗法斗争的越南阮朝第八任国王阮福明，派遣使臣礼部尚书充协督军务阮光碧等人至滇越边境的新街（今云南省河口县莲花滩乡一带），委托云贵总督岑毓英转呈国书，请求清王朝赐封颁印，恢复中越宗藩关系。越南国王投递国书一事，使岑毓英重新燃起经营越南北圻和建设滇南国防的希望之火，他再次上奏清廷，“请旨饬下总署开导法使退还北圻五省，还诸越南，亦正窃取瓯脱之义，越与法为界，我与越为界。界限分明，藩篱不撤”③。按瓯脱

① （清）岑毓英撰，黄振南、白耀天标点：《岑毓英集》，广西民族出版社2005年版，第334页。

② 《德宗实录》，光绪十一年五月庚戌。

③ 虞和平主编：《岑毓英档》第一卷，大象出版社2011年版，第43页。

一说，较早见于《史记·匈奴传》中，其文曰：“中有弃地，莫居，千余里，各居其边为瓯脱。”瓯脱本意指边境的防卫设施或两方的中立缓冲地带，岑毓英此处所指，显然是后一种意思。关于中法两国在越南实行瓯脱的设想，始于光绪九年（1883年）五月清驻法大臣曾纪泽与法国外相茹费理的一次谈话，曾“谓中法两大国接壤，风俗习惯不同，有种种困难，中间必须有缓冲地带”[①]，此想法一度得到法方的响应，曾向清政府建议在越南北圻建立中立地带，后双方各自立场不同，遂搁置不议。岑毓英此时重新提出瓯脱的主张，仍主要着眼于滇越边境地区国防战略优势的建设，他说：“中越疆土毗连，其险隘之区多在越地。越本属国，作为屏藩原属守在四夷之义。今越已入于法，循故辙则失险。”[②]基于此考虑，岑毓英奏请清廷命总理各国事务衙门与法国政府代表交涉，要求将越南宣光、兴化以西至谅山、高平各省还给越南，安置反抗法国侵略的越南百姓。岑毓英认为此主张一来可安置越民，保存越祀，符合清王朝扶持越南的抚藩政策；其次法国殖民政府将来在越南海阳、河内开埠通商，中法两国瓯脱，云南有通商之利而无边防之累，中外亦可相安无事，是为筹划滇南边防的上策。然而清政府对于岑毓英的建议不以为然，认为“越南从前与法私自立约，并未奏闻；此次和定后，又来求庇，是其首鼠两端，已同概见，目前该国与法人战斗情形，中国无从过问。若欲以口舌争还北圻数省，亦属事所难行”[③]。此时《中法新约》中规定的中越勘界已进入筹备阶段，阮福明不久之后被法国人俘获，流放到北非的阿尔及利亚，岑毓英的争北圻以存越祀和构筑滇南防御纵深的计划又告落空。

当强大的法帝国已完成对越南的吞并，其势力直逼滇南边境的情况下，岑毓英力保北圻不为法国殖民主义者占领，在滇南构筑对法军的防御优势，应该说符合当时滇南边疆的实际情况。晚清时期的中国是一个大国，但不是一个强国，而地处西南地区的云南，由于省内外的交通联系都被大山大川阻隔，进行快速有力的军事防御行动，显然存在诸多困难，如果实行纵深防御的军事战略，则可以以空间换取时间，达到御敌于国门之

① 邵循正：《中法越南关系始末》，河北教育出版社2000年版，第111页。

② 虞和平主编：《岑毓英档》第一卷，大象出版社2011年版，第44页。

③ 《德宗实录》，光绪十一年九月壬戌。

外的目的，在一定程度上可转变中方在滇南军事防御上的劣势。只是岑毓英幻想软弱无能的清政府与强势的法国殖民主义者通过谈判桌上的较量能够取得在战场上没有得到的东西，缺乏现实的考量。

此后岑毓英放弃在滇南的东路和中路经营边防纵深的设想，专心经营西路的三猛十洲。光绪十一年（1885年）七月，中法战争刚结束，接到筹备勘界事宜的谕旨后，岑毓英就命令勐赖土司刀文撑等人配合清政府，提前调查三猛十洲一带滇越传统边界线的实际走向，此时距中法正式勘分滇越边界线还有近一年的时间，当年底岑毓英又派罗金瑞、龙裕光、江琛等官员前往三猛十洲，在传统边界线上先行勘界立碑，由于事前已有充分的准备，刀文撑在给清朝官员的信函中说："经已照传各州官目，现已齐集勐赖边界，谅此边界于刊碑立可告竣。"[①]光绪十一年（1885年）十二月初二，委办边务委员刀文抱（刀文撑之子）同罗金瑞、龙裕光一道给岑毓英上禀文说："据该勐赖目民人等引领前往滇、越边界，逐一将界址勘明。查勐赖与越南莱州相隔黑江，勐赖在黑江之左，莱州在黑江之右，边界止处地名顺化，距蒙自县十五日程。卑职又复传集附近越南各州官目当同会勘，饬令石匠刘明等刊石立碑，以清边界，绘图呈阅。"[②]岑毓英在三猛十洲的经营，是一种对国家领土主权宣示的正当行为，同时也为中方在勘分滇越边界时赢得先机，他的行动无疑给法国殖民政府的勘界代表带来了压力，对此法国政府方面抱怨说："在委员会到达不久前，云贵总督擅自认为，在该省与东京之间可以确定一条分界线……他让人在Shans地莱州、丰梭放置了界石，并在丰梭张贴声明，宣称这块领土属于云南。"[③]

在后来的边界谈判过程中，法国勘界代表在前往龙膊河实地勘查的途中发生被抗法武装攻击的者兰事件，两国代表决定用按图定界的办法来勘分滇越边界，把将要勘定的界线分为五段，三猛十洲属于第五段，在谈判过程中，岑毓英与周德润商议后，决定与法方相互妥协让步，放弃三猛十

① 尤中：《中国西南边疆变迁史》，云南教育出版社1987年版，第216页。

② 尤中：《中国西南边疆变迁史》，云南教育出版社1987年版，第217页。

③ 萧德浩、黄铮主编:《中越边界历史资料选编》，社会科学文献出版社1993年版，第498页。

洲的勐梭及勐赖部分地区，争取战略要地马白关的都竜等地，遂使得岑毓英建设滇南边防纵深战略的主张再打折扣。

光绪二十一年（1895年），中法两国正式勘分滇越第五段界线，此时滇越勘界的形势已发生很大变化。前面已说过，中国政府长期管辖三猛十洲之地，拥有不容置疑的主权，中法战争期间，岑毓英以三猛十洲“刁氏世袭该地土职，民望所归，臣因遣知县徐凤池、附生罗金瑞前往招保。该奠边府知府刁文撑承命响应，并遣其子莱州知州刁文持、伦州知州刁文操、枚州知州刁文抱各率数百人前来投效，愿随总兵丁槐渡河，并认守猛德河口，为丁军转运粮械”①，共同抵抗法国侵略军。中法战争结束之后，刁文持等人仍坚守三猛十洲之地，光绪十二年（1886年）初“法人前袭踞越南三猛之昭晋州，复进攻莱州。经莱州知州刁文持击败，并克复昭晋州，杀毙法教五六百名，阵毙三圈一名、二圈一名，夺获枪炮数百余件”②。至七月中法勘分滇越边界，三猛十洲由于有阮光碧、刁文持等人坚守，法国勘界代表进入不了此区域，滇越边界第五段的勘分工作遂暂为搁置。后来中法达成协议，清政府决定放弃三猛十洲的部分地区，以换取都竜、南丹战略要地，当时中法还就三猛十洲的划界问题达成初步协议，并草拟了一份颇为模糊的界线图。此后法国殖民势力开始进入三猛十洲。至光绪十五年（1889年）初，刁文持等因难以抵抗法国侵略军的攻势，还一度“率三猛十洲之众连家属眷口约计二三千人，由黑江、藤条江等处投入建水、蒙自两县边境”③，这一年在滇越划界中起到关键作用的岑毓英去世，继任云贵总督的王文韶并无岑毓英的魄力和能力，主张对外妥协，“英、法并缅、越后，西南缘边防务益棘。文韶绥靖各路土司，令自为守”④。当英、法吞并缅甸、越南，云南的边防危机日益严峻时，王文韶却命令边境地区土司各自为守，放弃岑毓英在边疆积极经营的政策，这是

① （清）岑毓英撰，黄振南、白耀天标点：《岑毓英集》，广西民族出版社2005年版，卷23，第331页。

② （清）岑毓英撰，黄振南、白耀天标点：《岑毓英集》，广西民族出版社2005年版，卷26，第365页。

③ （清）岑毓英撰，黄振南、白耀天标点：《岑毓英集》，广西民族出版社2005年版，卷30，第424页。

④ 赵尔巽等撰：《清史稿》，中华书局1977年版，第12375页。

典型的不作为，造成了非常严重的后果。由于中国政府在三猛十洲地区没有强大的军事和政治力量，法国侵略军轻松顺利地进入此区域。在法国殖民政府的威逼利诱之下，刁文持等人坚决抗击法国侵略者的态度逐渐发生改变。1933年有学者到三猛十洲一带考察，写下《金河边区状况》一文，在附录二“法越殖边状况”中记录了当地关于清政府丧失三猛之地的传说：“越南亡后，猛梭猛莱一带，法人之势力，尚未达到，仍为该地土司刁氏所管辖，每年上粮三柱，一纳安南王，一纳临安府，一纳法人。后临元镇派遣军队镇摄猛莱，因不耐炎瘴，未及半年，死亡过半，不得已而撤回。该土司遂启轻视之心，于是临安之粮，抗不上纳。临安府尹亦无如之何也。后法人知其底蕴，诱之以利，调猛莱道台刁某至河内，为之筑刁公馆，所带从人，任其挥霍，刁氏乃言法人之好，法人遂得借此以来猛莱建筑营盘，设立邮电，而猛莱、猛梭一带纵横千里之地，法人不用一兵，不折一矢，竟于最短期中据而有之，此中法未划界以前之事也。”[①]所说的猛莱道台刁某，很可能就是莱州知州刁文持。关于三猛十洲得失的问题，当然不会如文中说得那样简单，但也说明了一个道理，边疆经营的关键在于边疆民众，边疆的人心向背关系到边疆的稳定和得失。越南沦亡之后，在法国殖民者的努力经营下，三猛十洲部分民众放弃抵抗，表示愿意做法国殖民统治下的顺民，“红河以西的那块边境区由丰梭区和莱州组成，这两个行政单位的居民已声明坚持保留自己的国籍，永远不同意做中国人。刁文持这位莱州的土著头人不愿使自己的领地四分五裂，决心求援所有的匪帮，以武力来保卫自己的领土。丰梭的土著头人多次表示效忠于法国，也发表了同样的政治声明。”[②]正是地方土司刁文持等人态度的改变，使中方在滇越第五段的勘定过程中处于不利地位。

光绪十九年（1893年）四月，中法开始勘分滇越第五段边界，“法使据某委员禀称，会同法员贝梓行抵猛赖，有驻扎该处之法二圈官，向贝梓献图一张，称系土职刁文持所呈，必要照此图勘绘。该委员与之争执，须照原图办理，贝不允。询之刁土职，据称所呈乃猛赖界图，或全归越南，

① 云南省立昆华民众教育馆编：《云南边地问题研究》，1933年，第379—380页。

② 萧德浩、黄铮主编：《中越边界历史资料选编》，社会科学文献出版社1993年版，第909页。

或全归中国，均属情愿，不肯画分等语”[①]。所谓的“全归越南，或全归中国，均属情愿，不肯画分”之说法，当然只是刁文持掩盖其投降法国殖民政府事实的借口。在中国传统文化里，献地图就意味着投诚归顺，“荆轲献地图”和“张松献地图”都是非常有名的历史故事，清政府官员对此当然是心知肚明，自然不会再有什么猛赖“全归中国”的幻想，而法国人对于刁文持的表现则十分满意：“由于刁文持的协助，更有效地保证我们对黑水河两岸的占领状况的时机可能特别有利。”[②]在勘界过程中，法方代表态度咄咄逼人，在尚未确定边界的情况下，就宣称越地有法国军队保护，命中国代表将中国军队后撤至王布田（今云南金平县城所在地）一带。事实证明，岑毓英当初关于法国殖民主义者“若待其驱散越民之后，领兵抵境，则兵力所及之地，岂肯尺寸让人？”的判断完全正确，而且从法国侵略者的行动来看，不仅不可能“尺寸让人”，还要得寸进尺。果然在勘界一开始，法国界务代表就狮子大开口，“远指王布田为界线”[③]，让中国勘界代表处于非常被动狼狈的地位。刁文持和法国人勾结所画的新界线，较岑毓英、周德润等人与法方代表于光绪十二年（1886年）商定的边界线（红线）大大北移，最终将勐梭、勐赖及勐蚌等皆划入越南境内。法国人对他们的阴谋得逞很是得意：“自龙膊河汇流点起，边界大体上朝偏西南方向，在大树脚东15公里，赛江与绵水湾交会处经过赛江。自大树脚起，边界顺藤条江下直到此河与金子河的交合处，然后顺金子河深泓线直到其源头，接着亦很自然地到黑水河的猛蚌渡，黑水河朝西的深泓线成了边界线。此渡往西约1600平方公里的区域以前未定界，因而其中的丰土和莱州就这样为我们所获。”[④]

从滇越第五段边界线的勘分结果来看，岑毓英构建滇南纵深防御的想法，最终并没有能够实现。

---

① 方国瑜主编：《云南史料丛刊》第十卷，云南大学出版社2001年版，第8页。

② 萧德浩、黄铮主编：《中越边界历史资料选编》，社会科学文献出版社1993年版，第911—912页。

③ 方国瑜主编：《云南史料丛刊》第十卷，云南大学出版社2001年版，第9页。

④ 萧德浩、黄铮主编：《中越边界历史资料选编》，社会科学文献出版社1993年版，第547—548页。

第五节　构筑滇南边防优势的成效

岑毓英在策划构筑滇南边防优势过程中，充分利用了云南省在地理上的优势条件，云南东、西部分属于不同的地貌区域，东部为高原地区，西部为横断山系纵谷区。其北部为青藏高原的南延，山川相间，山高谷深，山势呈“帚”状向南渐渐散开，谷地展宽。省内地势北高南低，地形以山地高原为主。境内大部分地区山高谷深，高低悬殊。云南的河流多沿断裂带发育，受山地控制，也呈“帚”状水系。①云南省的地形构造相对东南亚各国家地区来说，有较为重要的影响，“云南与东南亚的地理关系，以其折扇般山脉、帚状似水系与北高南低的地势相结合，使其无论从交通，还是从战略关系上看，都有所谓‘建瓴之形’，‘倒擎天下之势’。滇西北的横断山区如其手背的最高处，滇云大地似其手掌，从云南延伸至东南亚的河川山脉如同舒展伸开的五指，通向大海。而云南中部地带由云贵高原的主体和一系列丘陵山地组成，高山峡谷对交通造成的壁障，在云南中部大为削弱。云南与东南亚的地理格局必然造成云南对外交通和出海通道北阻南敞、中部贯通的大势”②。

具体到滇越边境地区情况，云南与越南接境主要为临安、开化、广南三府，另元江直隶州南部亦有小部分区域（今云南普洱市江城县东南）与越南接壤。清代临安府所辖区域大致与今云南省红河州境相当，总体为西北高东南低，红河大裂谷把境内地形分为西南和东北两部分，西南为横断山系的哀牢山区，哀牢山沿红河南岸蜿蜒伸展到越南境内，为州内的主要山脉，临安府西南端及元江直隶州为横断山系的无量山，区域地理特征为山高谷深坡陡，地形错综复杂；东北部属于滇东岩溶高原区，山脉、河流、盆地相间排列，地势较为平缓，岩溶地貌较为突出。开化府和广南府辖地大致与今天文山州境相当，属滇东南中山高原地区，为典型的石灰岩溶地貌，地形西北高东南低。境内山脉属云岭山

① 参阅云南省地方志编纂委员会编：《云南省志》卷一《地理志》，云南人民出版社1998年版，第1页。

② 陆韧：《云南对外交通史》，云南民族出版社1997年版，第6页。

系的余脉，境内比较大的山系有六诏山和结露山等，其中六诏山纵横全州。临安、开化、广南三府及元江直隶州境内河流主要分属红河、珠江两大水系。

笔者曾对滇越边境中的几个重要区域进行过实地考察，滇越边境地区中国一侧根据其特点，大致可以今天的河口县城为中点，分为东西两部分，东部主要为滇东高原地区，西部则为横断山系南部的哀牢山和无量山区，近代中法两国勘分滇越边界，就是以河口为中心向东西两个方向进行。河口县城东边紧邻越南老街，两地以南溪河为界，南边则隔着红河与越南姑柳遥遥相对，两河交汇处海拔76.4米，不仅是云南同时也是云贵川三省的海拔最低点。河口县城较越南老街县城地势略高，中法战争结束后，岑毓英为建设稳固的滇南边防，于光绪十二年（1886年）下令在河口县城东南南溪河与红河汇流处的三角地带修筑炮台一座，距界河南溪河仅50余米，炮台呈碉堡状，有炮位3个，高约12米，分上下两层，入门两道，炮台基座为椭圆形，直径12.5米，壁厚0.8米，基高1米，砖石混筑，坚实牢固。炮台上层为观察与瞭望之用，下层为炮位与弹药库。所使用的铁炮上分别铸有皇冠图案和英文字母等标记，属英制铁炮。几门铁炮中，最大一门长230厘米，前端口径有11.8厘米，重约千斤。①炮台海拔高度126米，坐北朝南、居高临下，彼岸尽在炮台火力控制范围之内，对法国侵略势力起到有力的震慑作用，法国殖民政府将河口炮台视为其入侵云南的巨大障碍，以至竟生出侵占河口的野心，“面临建立南西河桩顶处的中国炮台居高临下的威胁，老街阵地难以守住。然而保护国政府必须守住这一哨所，其目的是为了行使税收权并监守河流上游。占据老街上游、红河与南西河之间的岬角将为我们驻守这一带打下牢固的基础，迄今我们尚未

① 参阅河口瑶族自治县地方志编纂委员会编：《河口县志》，三联书店1994年版，第627页。红河州文化局编：《红河州文物志》，云南人民出版社2007年版，第144—145页。按前两书记录炮台建成时间为光绪二十六年（1900年），而李正有主编：《红河探奇·红河州文物古迹图录》（云南人民出版社2007年版，第185页）及遗址说明牌上介绍为光绪十二年(1886年)，从本文稍后引用的法国勘界档案内容来看，应以后者为准。20世纪60年代为方便防空射击，将炮台炸毁，仅存有基座，近年因房地产开发，该遗址被挖毁，炮台基座向西北方向移动约200米重建。

拥有这一基础”[①]。由此可看出岑毓英在滇南构筑边防优势的重要性和紧迫性。

从河口沿滇越边界无论向东向西，中国一方的地势都是陡然抬升。向东经桥头至马白关（今马关县城一带），海拔为1340米，此区域地势起伏较为平缓，正如岑毓英形容的那样枪弹可及无险可守。为构筑开化府南的边防优势，岑毓英才会在中法勘分滇越边界过程中，努力争回沦入越南的战略要地都竜和南丹。从马白关向南至都竜沿途主要为山地丘陵，从都竜再向南至滇越边界，海拔逐渐降低，最低处海拔仅有530多米，从都竜沿边境线向东至麻栗坡的船头（今麻栗坡县天保镇境内），与越南交界处海拔仅有107米，为滇越边界东线地势最低处。而这一区域山势却变得更为陡峭，如老山、者阴山、扣林山等皆以险峻著称，在军事防御上有居高临下易守难攻之特点，到今天为止仍是我滇南边防的战略要地。向西溯红河而上，至新街（位于今云南河口县莲花滩乡）海拔为100米，然而向北至蒙自坝区一带，海拔陡升至1300米，落差极大，仍具有居高临下易守难攻之形势。上述区域地形从总体来看，滇南边境的地区对越南相邻区域均形成了居高临下的“建瓴之形”。

岑毓英关于滇南边防优势的构筑，充分考虑到滇越边境中方一侧中间低两边高的特点，他说：“伏查滇省入越之路，以马白关为要；法人通商之道，以蒙自县为冲。由马白出越之安平、安隆一路，九日可达宣光，然皆陆路，鸟道羊肠，不通舟楫。由越屯鹤关溯三岐江沿流而上，至宣光换小船，可达河阳。至此由陆路入滇，五日可抵开化府城。但宣光以上，河身浅窄，滩势高陡，舟不易行。由屯鹤关三江口溯流而上红江，直通越之保胜，对岸即滇之河口。再西溯，则通新街、蛮耗各地，至此由陆路三日可至蒙自县，法人通商必出于此。”认为滇越交通往来，以马白关和蒙自为冲要，应为滇南军事防御的重点地区。中法战争刚结束，岑毓英便未雨绸缪，将中法战争中参战的滇军安排在滇越边境-带驻防，具体情况为：开化府，留定远十营驻扎；马白关，平远七营驻扎；蒙自，良字八营，启字一营，定字三营，以绥远七营并作怀远十营、诚字二营驻扎；从

① 萧德浩、黄铮主编：《中越边界历史资料选编》，社会科学文献出版社1993年版，第927页。

南溪河至红河沿岸，南溪、河口、南屏、新街、坝洒、石头各汛地，德字三营，田字三营，保字四营，忠字四营，元字十二营驻扎；天堡、交趾城（今云南麻栗坡县天保镇），安边十营驻扎。以上各营，官兵总计16000余人。[①]岑毓英向清廷解释他滇南边防布置的意图说："马白为入越之捷径，蒙自则为通商之要津，两路均应设立重防。一旦有警，敌出红江一路，则兵由马白出越之安平、安隆，扼馆司关、大滩、文盘以断其尾；敌向马白，则兵出红江，顺流而下，或由三猛出昭晋州，或由古林箐出龙鲁，皆可抵清波、夏和，以截其后路。是蒙自与马白两路奇正相生，有如常山之蛇，击首则尾应，击尾则首应。臣入关布防，即于两路密置重兵。"[②]也就是说岑毓英充分利用了滇越边境中方一侧的地形优势，除在河口建炮台以加强军事防御能力外，布重兵于河口的东西两侧，法军如有侵犯云南的野心，则无论向东向西，均处于仰攻险要的不利形势，且其主攻方向无论在东西那一方，均有被滇军包抄后路之危险。滇南边防优势的构筑，充分显示了岑毓英军事方面的优秀才能。

为使滇军对法国殖民军的在军事防御上的优势长期存在，岑毓英还对滇南原有的滇军军事建置进行合理调整："开化一镇，距马白不及二百里；临元一镇，距蒙自亦仅一百四十里，拟请每年于秋、冬二季，令开化镇出驻马白关，临元镇出驻蒙自县，督饬操防；春、夏两季烟瘴正深，边境无虞，即各回驻临安、开化府城。而移开化中营游击常驻马白关，添设后营游击一员，常驻开化府。以开化左营都司分防交趾城，右营都司分防古林箐。石榴红汛原设都司改为守备，并移一守备于长岭冈。其蒙自一面，则添设前营游击一员，常驻蒙自县。移驻蒙自之右营都司分防窑头水田，右营守备分防蒿枝地。"[③]使滇军对法国殖民侵略势力在军事防御上形成的压力常态化。

岑毓英构筑滇南军事防御优势的效果如何？我们可以从稍后的一件史

① （清）赵藩编:《岑襄勤公年谱》卷24，光绪己亥年（1899年）刻本，第340—341页。

② （清）岑毓英撰，黄振南、白耀天标点：《岑毓英集》，广西民族出版社2005年版，第348页。

③ （清）岑毓英撰，黄振南、白耀天标点：《岑毓英集》，广西民族出版社2005年版，第348页。

事上看出，光绪二十九年（1903年），云南个旧发生周云祥起义，法国殖民政府在越南保胜一带（今越南老街、谷柳）集结法军3000余人，安南兵3000余人，驮马2000余匹，欲寻找机会进兵占领个旧的矿山锡厂。在此过程中法国侵略者数次寻找入侵滇南的借口：第一次法国总督电告河口副督办黄河源，借口越南边民蒙大、王二在马鞍底被中国的黄少和等人杀害，向清政府提出限期捉拿凶手的要求，并声称“如我军不能如限办到，法军即自围缉”，蒙自道尹贺宗章迅速派人捉拿黄少和及党羽十多人并镇压之，法方派蛮耗经理博劳当核实以后无话可说；第二次则声称“因内乱，河口无粮，彼增军队数千名防边，无从购办，要至蒙自就食”。贺宗章又迅速组织各商号，从蒙自经蛮耗水路运去十余船粮食供应，法军又无话可说；第三次法国五圈军官照会黄河源，直言不讳地说：“保胜烟瘴过甚，所部军队，死亡过多，欲到蒙自暂行避瘴，特先知照，并无他意，幸勿惊疑”，终于露出了侵略者凶狠的面目。贺宗章亦不示弱，命驻防边境的滇军严阵以待，河口的炮台亦做好战斗准备，然后回电法军，义正词严地说：“我蒙自非避瘴之地，贵军队岂避瘴之人？迭次来电，幸未辱命，今所言直欲启衅，敝处惟守条约，他非所知，虽能力薄弱，然责任所在，无所逃命，业已下令戒严，如有外兵闯越界桥，勉尽所能捍御矣！”这时清政府已将周云祥起义镇压，贺宗章亦清除红河沿岸的反清武装及匪患，滇南边境地区形势趋于稳定。法军虽在滇边集结重兵，无奈慑于河口炮台的强大威力，更有东西线的滇军严阵以待，虽野心勃勃，然终不敢擅越雷池一步，最后不得不将军队回撤至越南河内、海防。[①]这段史事很好地证明了岑毓英构筑的滇南边防体系的战略价值，其在阻止法国侵略者妄图入侵我滇南边境地区起到了关键的作用。

滇南边防优势的建设是与岑毓英、周德润等中方勘界官员的艰苦努力分不开的。清代滇越边境地区多为严重的瘴区，在勘界谈判过程中，中国方面由于医疗卫生等方面条件的限制，官兵们随时都生活在死亡的阴影当中，勘界大臣周德润进驻河口时，岑毓英因其“护兵连日瘴故，遣回开化驻候，具见恻隐深衷。夫役难觅，业经饬弁招呼。台从护卫，出入必不可

① （清）贺宗章撰：《幻景谈》，载方国瑜主编《云南史料丛刊》第十二卷，云南大学出版社2001年版，第111页。

少，亦饬河口营拨兵伺候”[①]。周德润因手下兵士连续死亡，于心不忍，让他们回开化府以避瘴疠，自己却坚持在河口进行界务谈判，这种精神让岑毓英为之感动，由于难以雇到人员帮忙，便指派河口边防营的官兵前来照顾他。前期由于法国方面不愿按图定界，坚持要双方代表实地会勘，周德润只好留在河口与之磋商，随着“烟瘴日深，随从员役死亡过半，炊爨亦复无人，若再稽迟，势将人人不免，又何以堪？”周德润随从人员死亡过半，到了连做饭都没人的地步，处境之艰难可想而知，且拖下去，可能连他本人也难以幸免，后果更不堪设想，这或许也可以解释岑毓英为什么会通过者兰事件促使法国方面按图定界。事实上在勘界谈判过程中，岑毓英自身的处境亦十分艰难，“英泄痢尚未全愈，据医者云受瘴已深，非旦夕所能复元，现仍力疾办事，不敢稍存推诿”[②]。虽已病得元气大伤，但为了国家划分边界的大事，仍在勉力支撑。岑毓英虽然未直接参与划界谈判，但作为清政府任命的封疆大吏，一方面他守土有责，另一方面是他关心边疆建设的家国情怀，所以对滇越划界工作始终参与。此外岑毓英还负责边防工作，在保护好周德润等勘界官员人身安全的同时，还得做好随时与法国殖民者进行军事斗争的准备。且身为云贵总督，主持滇黔两省军政大局，责任重大，事务繁杂，其中的艰辛可想而知。由于南溪自然环境过于恶劣，加上周德润相劝，岑毓英后退至地势略为高爽的古林箐，但仍属瘴疠肆虐之区，“古林箐积阴凝寒，尤非善地，夫役病毙更复不少，尸气郁积，大不相宜，英拟暂移入八寨调理病躯，明日即当起程。缘近日腹疾不瘳，夜间尤剧，未能勉强支持也”[③]。岑毓英在向清廷请缨入越抗法时，还自称身体健壮，但在中法战争及滇越勘界期间，却因染瘴而疾病缠身，元气大伤，后一直未能康复，划界工作结束后仅过去3年，岑毓英便离开了人世。可知岑毓英对滇南边疆建设的贡献，是以牺牲了个人健康为代价。当然，为此项事业做出牺牲的，还有许多有名和无名的人士。

在勘界工作最为困难的时候，岑毓英给周德润去信说：“目下机局变幻，顷刻万端，仍赖卓裁审机肆应，大约有可占之地步不可放松，遇无谓

① 虞和平主编：《岑毓英档》第三卷，大象出版社2011年版，第228页。

② 虞和平主编：《岑毓英档》第三卷，大象出版社2011年版，第235页。

③ 虞和平主编：《岑毓英档》第三卷，大象出版社2011年版，第249—250页。

之纠缠必须摆脱，当此一言一动之间，即有戈矛，即有陷阱，舍《论语》忠信笃敬之训无可为。”[①]这段话可视为是岑毓英对周德润的勉励，也可认为是岑毓英的自勉，二人在非常困难的环境里相互鼓励支持。岑、周等人在如此复杂险恶的环境里为维护国家民族利益而奋斗，是什么样的信念在支持他们？那个时代人们的精神世界，与今人差别自然是很大的，但岑毓英等人在与殖民列强打交道时奉行的忠信笃敬之道，其中的忠诚、道义、担当等内容，作为中华民族传统道德的一部分，在今天仍为人们所接受和践行。近代以来中华民族内忧外患不断，国人提倡“天下兴亡，匹夫有责”，晚清名臣林则徐也曾有诗云：“苟利国家生死以，岂因祸福避趋之。”在滇越勘界过程中，岑毓英、周德润等人的事迹，正是这种精神的体现。晚清云南边疆的建设，其中的成败得失应辩证分析，而以岑毓英为代表的地方军民付出的艰苦卓绝的努力，我们也应该给予客观公正的评价。

第六节　设置临安开广道

光绪十一年（1885年）中法两国签订的《中法新约》第五款规定，两国应当在滇越边界指定一通商处，并言明在保胜之上，云南被迫开埠通商。为保障滇南边境的安全，岑毓英就在滇边何处开埠通商的问题，多次向清廷提出自己的建议，如“通商议定法人可就在馆司设马头，中国设关道，两相保护”[②]，又说“若在河内、海阳界上建设马头，转输商货，以宣光、兴化以西暨粤边之谅山、高平各省还之越南，安置越民，奠厥攸居，一无所占，兵戈自解，商务立可举办”[③]，他还进一步对自己的主张解释说“并欲求一无烟瘴之地通商。查红江沿边，自保腾以上，烟瘴更甚。越地烟瘴稍轻而可通小轮船者，莫如镇安县馆司关以下至河内、海阳。若馆司、大滩以上，既不能行驶轮船，纵设马头，亦无大益，久必自

① 虞和平主编：《岑毓英档》第三卷，大象出版社2011年版，第242页。

② （清）岑毓英撰，黄振南、白耀天标点：《岑毓英集》，广西民族出版社2005年版，第334页。

③ （清）岑毓英撰，黄振南、白耀天标点：《岑毓英集》，广西民族出版社2005年版，第347页。

悔”[①]。但这些建议并不符合中法两国政府关于应在越南保胜以上择一地开埠通商之约定，岑毓英又转而建议“由保胜南岸沿河而上百余里，至龙膊地方，地属越南，应从此路开勘，即将来通商设埠处所，亦应于此路指定，以符保胜以上之约”[②]，并强调说“岑毓英前奏请设埠拟在龙膊河以东之越地，亦是按照保胜以上之约持论”[③]。然而清政府迫于法国方面的压力，回复说“岑毓英前奏布置边防折内有蒙自为通商要津之语，现准蒙自设立领事，开办通商，正相吻合。至蛮耗系保胜至蒙自水道必由之路，准其分设领事属员，与中国分设之税司互相稽察”[④]，决定在云南蒙自设立通商口岸。当时不仅是岑毓英反对在滇边开埠通商，两广总督张之洞亦坚决反对在广西龙州开埠通商，结果惹怒了清廷，降旨斥责张之洞，并把岑毓英也捎带在内：“自中外交涉以来，沿江、沿海与西北各口防务、商务并行不悖，历有年所……今则一切条款，已饬总理衙门、北洋大臣反复熟商，分别准驳，与法使定约。龙州、蒙自两处，准其通商，事在必行，决无更改。此后该省所应办者，惟当慎择关道，晓谕居民，一切平允施行，免致横生枝节。倘不知悛悟，又思异议阻挠，以致官民承风，边疆多事，定治该督等以应得之罪，勿谓诰诫不预也。”[⑤]事情到了这一地步，岑毓英只能接受现实，“至通商埠头，臣毓英于上年七月十三日会同内阁学士臣周德润曾经奏明，以龙膊之东红江南岸越地为宜，适符保胜以上之约。今仰蒙天恩，不忍置两国官商于边荒瘴疠之地，俯顺法人之请，准于内地蒙自县开关，并于蛮耗分设税司，蒙自驻扎关道”[⑥]。但心里其实还是不情愿的。岑毓英为何反对在云南省境内开埠通商？他在私下给同僚的信函中袒露了自己的心迹：“今若在蒙自通商，计入内地水陆程途已三百

① （清）岑毓英撰，黄振南、白耀天标点：《岑毓英集》，广西民族出版社2005年版，第374页。

② （清）岑毓英撰，黄振南、白耀天标点：《岑毓英集》，广西民族出版社2005年版，第370页。

③ 虞和平主编：《岑毓英档》第一卷，大象出版社2011年版，第38页。

④ （清）岑毓英撰，黄振南、白耀天标点：《岑毓英集》，广西民族出版社2005年版，第394页。

⑤ 《德宗实录》，光绪十三年闰四月壬子条。

⑥ （清）岑毓英撰，黄振南、白耀天标点：《岑毓英集》，广西民族出版社2005年版，第395页。

余里，设防在外，通商在内，险要已失。如仍置外防，则虚糜饷项；如竟撤外防，则边要难守。……如能先在蛮耗试行开办，俟数年之后，北圻平靖，中外人民可以畅行，滇边汉夷尽释嫌隙，然后再到蒙自办理。”[①]可知岑毓英反对在蒙自开埠通商，实出于建设滇南稳固边防的考虑。在法国殖民势力进入云南已成为事实的情况下，他建议在越南境内的馆司关、河内、平阳及滇越交界处的龙膊河以东、蛮耗等地设立口岸，主要是为了给云南建设滇南边防争取宝贵的时间。

清政府决定在蒙自开埠通商后，法国殖民势力得以进入云南省，滇南边防形势也日趋严峻。在此背景之下，岑毓英开始考虑蒙自开埠通商后，地方政府如何加强对滇南边境地区管控的问题。他认为“现在临安府属之蒙自县奏准设关道通商，并准法人设立领事，中外交涉，必须有监司大员常川驻扎，方足以资控驭”[②]，而沿边的临安、开化、广南三府分属迤东、迤南两道管辖，事权不一，且“二道所辖府厅州县，汉夷杂处，均属地方紧要，未便移驻。”[③]岑毓英考虑再三，决定将与越南界连的临、开、广等三府单独划出，另设临安开广道，以加强对滇南边境地区的控制。光绪十三年（1887年），清政府正式设立临安开广道，主要负责滇南地方的治理及通商、边防事务，“以资驾驭而专责成”。临安开广道的辖境约为今云南红河州和文山州大部，还有通海、华宁、峨山等县地，添设巡道一员，治所在临安府蒙自县（今云南蒙自市文澜镇），道长官为道员，正四品，有属官若干，协助道员管理日常事务。雍正、乾隆以来，各道“俱准其照藩臬二司一体具摺奏事”，知府及其以下州、县各官奏事，必须经由道员批转，道员成为地方大员，管兵备、粮、盐、茶、屯田、水利等事务，不仅可以管辖府、州、县文职官员，同时节制所辖地区的守备、千总、把总等武职。此外临安开广道还特别兼管蒙自海关关务。岑毓英在写给兵部尚书彭玉麟的一封信中说：“专待新设临安开广道履任，料

① （清）岑毓英撰，黄振南、白耀天标点：《岑毓英集》，广西民族出版社2005年版，第395—396页。

② （清）王文韶等修，唐炯等纂：光绪《续云南通志稿》卷86，光绪二十七年（1901）四川岳池刻本，第2页。

③ （清）岑毓英撰，黄振南、白耀天标点：《岑毓英集》，广西民族出版社2005年版，第396页。

理开关。此后腥羶杂处，民夷疑忌，难免不生事端。法既南通，英将西入，日滋事变，莫决所穷，势惟有整顿两防，严为戒备。曲体朝廷柔远之意，亦不敢忘疆场御侮之经。”[①]表达了自己对打开国门后如何保障滇边疆安全的担忧，同时也表明自己坚决捍卫国家利权的决心。

岑毓英设置临安开广道意义重大，体现其治理边疆的远见卓识。蒙自开关后，英法各国纷纷在蒙自设立领事馆，许多经商、传教、游历的外国人士不断涌入蒙自，外交纠纷时有发生，临安开广道根据具体情况，依照相关条约及时进行处理，有利于维护国家的尊严和主权，并保障本国人民权益；另外临安开广道的设置，还有利于巩固边疆和加强国防，对防范法国殖民势力的入侵有重要的战略意义。临安开广道不仅具有治安和处理涉外事务的权力，还兼领兵备的道衔，统领南防。随着滇越边境近代管理体制的逐步建立，防区内的军事汛卡制度也得到完善，有力地抵制了法国殖民势力向我境内扩张之企图。总之，临安开广道的设立，在保卫边疆、加强边境地区管控及维护国家权益等方面，都起到了积极的作用。

本章结论

关于晚清中法勘分滇越边界的经过及得失，研究者多有探讨和评论，除岑毓英和周德润提出的滇越划界“拓地说”外[②]，还有方国瑜先生的“失地说”。方先生认为中法滇越划界中我方失地甚多，如临安府“经过两次的界务条约，把原属临安府的猛梭、猛赖、猛蚌三土司地断送法帝国。”；开化府“边界包有黄树皮、箐门、南丁、老寨、大牛、猛康等处。而在光绪十三年议定条款有都竜、南丹归中国，二十一年议定条款猛峒三村归中国，只为争议之一小部分，其余归法国，沦为殖民地也”；广南府“因法帝国强权侵略，而清政府颟顸……致使三蓬沦为法国殖民

① 虞和平主编：《岑毓英档》第一卷，大象出版社2011年版，第7页。
② 所谓的拓地是指收回历史上沦入越南的失地。

地”，我方仅索回田蓬一小部分地方。[①]认为中法滇越划界，我方损失很大。历史学家龙永行对滇越划界提出“符合实际情况说”，他认为：“在滇越的西部和东部边界，基本上沿用清初的界线，变动不大。尽管在历史上，好些地方如广南府属之三蓬，临安府属勐莱、勐梭等地，虽曾是中国的领土，但自明代或清代中期以后，有的赠予安南，有的被安南侵占，而近千年的中越历史关系又比较复杂，边界变化频繁，此时你占了我一块，彼时我又占了你一块，如果大家各执一端，仅以某时的边界为凭，那就必然增加谈判的难度，使会谈陷入无休止的争执中，要达成双方都能同意的协议就更困难了。历史的条件只能作为参考，而重视现实则才是谈判的基础。”[②]

而笔者认为滇越边界的划定，集中体现了岑毓英构筑滇南边防优势的战略意图。就从此次勘界的结果来说，由于没有能够阻止猛梭、猛赖、猛蚌等地沦为法国殖民地，岑毓英构筑滇南防御纵深的战略意图落空，但将自明末就被越南控制的都竜、南丹等战略要地收回，三蓬中收回田蓬等五寨，还是部分体现了岑毓英的构筑边防战略优势的主张。法国殖民政府官员在讨论滇越划界的结果时说：“这是一个很大的危险，因为防卫坚固的一个主要条件是不容置疑地有平行于边界线、所有的哨所之间的联系能方便快捷的一条总是畅通无阻的道路。在进入中国领土、因而我们不能使用的路中。可以举出……丰梭到莱州的路。委员会的一切努力应该倾向于放在边界的这些部分得到更正上，若边界线得到充分的说明，那么边界线最后定的走向必须是双方委员会所同意的才行。在其它不会使我们具有什么战略意义的地点作出某些让步，将会确保他们在争论中获胜，对此我深信不疑。”[③]这一段话正好解释了为什么中国方面要力争都竜、南丹和田蓬等战略要地，而法国方面却在十洲三猛的问题上咄咄逼人，双方都是基于自己战略利益的考量。最终面对强大的法国殖民主义者，岑毓英和周德润力争本属于中国的领土不得，被迫放弃具有战略纵深的三猛十洲部分地

① 方国瑜：《中国西南历史地理考释》，中华书局1987年版，第1291—1292、1302、1308—1309页。

② 龙永行：《纵论历史风云》，云南民族出版社2006年版，第71—72页。

③ 萧德浩、黄铮主编：《中越边界历史资料选编》，社会科学文献出版社1993年版，第508页。

区，争取到战略要地都竜、南丹和田蓬，这种基于边防优势构筑的取舍，最终确定了滇越边界线的走向，对今天滇南边疆的形成有深刻的影响。从这个意义上来说，龙永图认为滇越边界划分过程中“中国虽然没有完全收回大赌咒河的旧界，并以较大的代价，用猛梭换回了猛峒，但却使滇南得到了一条稳固的、可靠的边防”[①]无疑是一个极有见地的评论。

中法战争后清政府被迫同意在滇南地区开埠通商，岑毓英针对滇边形势的新变化，调整滇南行政区划，设立临安开广道，为云南建制沿革史上的一件大事，对云南近代历史的发展有重要影响。

① 龙永行：《纵论历史风云》，云南民族出版社2006年版，第71页。

第八章 创建近代滇军 巩固滇西国防固滇南边防

当前无论是关于岑毓英还是关于滇军研究，都鲜有人注意到岑毓英创建滇军的历史。滇军成长于岑毓英治滇时期，近代以来在稳定云南地方社会形势、巩固中国西南边防及保卫国家领土主权等方面都有重大贡献，然而目前学界对于滇军的研究主要集中于民国时期，对晚清云南绿营兵解体以后滇军兴起的历史缺乏深入探讨。滇军诞生于咸同军兴时期，在中法战争中经受住考验并逐步发展壮大，在滇越划界、经营裸黑山和设置镇边直隶厅等重大历史事件中发挥关键作用，面对英法殖民势力的不断入侵，岑毓英率领的滇军是一道维护滇边安全的稳固长城。

第一节　岑毓英与滇军的创建

一、滇军主要起源于岑毓英创建的武装

在中国近现代历史上，滇军是活跃于西南地区的一支极为重要的军事力量。滇军诞生于云南咸同军兴时期，是由岑毓英一手缔造并逐渐发展壮大起来的一支武装力量。早期的滇军，虽然有镇压各民族反抗晚清腐朽统治之罪，但在维护祖国西南边疆地区的稳定，捍卫国家的疆土权益不受侵犯等方面，也做出了不可磨灭的贡献。目前学界关于滇军的研究，除中法战争中滇军入越抗法史实考证外，主要成果都集中于民国时期，对于滇军的创建过程则较少关注到，有学者还将滇军定义为“作为专有名词的‘滇军’，并不是泛指任何时代的云南军队，而是特指中华民国时期（1912—1949年），由云南地方实力派组建、指挥、武装的一支相对独立的军队，这是民国时期的一大特色。这支滇军，不仅在于它的指挥官和士兵基本上是滇籍人士，而更重要的是，它直接受命于云南地方实力派的领导和指挥。……滇军的形成可以追溯到清末新式陆军（简称‘新军’）的组建”[①]。关于此说法有四点可以再商榷：第一，最早作为专有名词的“滇军”，是指咸同年间云南绿营兵被摧毁后，岑毓英重新建立起来以维护清王朝在云南统治的一支武装力量；第二，这支相对独立的军队，最早是由

① 谢本书：《民国劲旅 滇军风云》，云南人民出版社2004年版，第5页。

晚清云南地方实力派代表岑毓英组建并统率的一支武装力量；第三，这支队伍主要由滇籍人士组成，但是以岑毓英为首的粤人武装集团，在一定时期内发挥着核心骨干的作用，滇军中粤勇与滇勇的人数比例一度达到1:6；第四，滇军发展的源流应为营勇（又称“官勇”）→防军→练军→清末新式陆军（简称“新军”）→民国劲旅滇军。

滇军一词，有泛称和专称，泛称是指云南的军队，因云南简称为“滇”，故以“滇军”之名称呼云南军队。在清王朝大部分的时间里，全国军队分属八旗和绿营，有统一的建制，所称的滇军，主要体现其地域属性。而“滇军”作为专称，则是指云南地方绿营兵力量被摧毁后，以岑毓英为代表的地方实力派，建立起维护清王朝在地方统治的武装，这支武装力量的主体从晚清存续至民国，历经中法战争、护国运动、抗日战争等重大历史事件，对中国近代历史的发展有非常重要的影响。

岑毓英组建滇军的背景，与曾国藩组建湘军的背景类似，都是在绿营兵基本被摧毁的情况下，为镇压各地反清武装，维护清王朝的统治而创建。湘军的创立，实为晚清兵制一大变革，在晚清八旗和绿营力量基本被摧毁的背景之下，各地组织武装力量镇压人民反清活动时，都或多或少借鉴了曾国藩创建湘军的经验，故有“咸丰、同治军兴时，各省因绿营不可用，各募勇营以资战守，其制也都仿自湘军。故自咸、同以至光绪甲午为湘军制度时代，甲午战后为兴编新式陆军时代，而论其转变，则以湘军为枢纽。”[①]一说。岑毓英组建滇军，有对湘军兵制的借鉴，也有云南地方及岑毓英个人之特色。其基本特点是由将官自行招募兵勇并筹发饷银，即所谓的“兵为将有、饷由帅筹”，为具有相对独立性的地方武装力量。下面我们就岑毓英组建滇军相关史实进行简要梳理。

清咸同年间，云南各族人民掀起了反抗晚清腐朽统治的起义浪潮，燎原之火迅速席卷滇云大地，在各族人民声势浩大的反抗斗争面前，负责维护清王朝在云南地方统治的绿营兵疲弱无能，导致部分地区的统治秩序迅速土崩瓦解。关于晚清绿营兵制度腐朽的原因，有研究者认为其“衰溃的原因可归纳为两个方面：一是因绿营兵饷费低微、组织布防分散、差操

① （清）朱孔彰撰，向新阳、朱美士标点：《中兴将帅别传·序》，岳麓书社1989年版，第2页。

不分、绿营领导、管理的疲软腐化而导致的绿营组织涣散、战斗力软弱等自身弊端，使绿营兵逐渐丧失了维护封建统治的能力，其发展、生存的价值渐为营勇练兵所取代，这是绿营兵本身造成的；一方面是随着封建统治的日益腐朽、封建经济的日益崩溃，财政入不敷出，军费供给日绌，绿营发展生存的外部物质条件逐渐丧失，这是清中后期整个社会历史状况决定的”①。由于绿营兵的衰溃而丧失了负责维持地方统治的能力，地方政府“不得已而募勇助剿”②，而招募勇营的措施又进一步加速了绿营兵的解体，岑毓英论及咸同军兴时期云南绿营兵的情况时说：“查滇省绿营，额设马、步兵三万七千数百名，乃因承平日久，训练多疏，将不知兵，兵不知战。仓卒有事，则募勇以代兵，饷需支绌，即不能不后兵而先勇，于是兵丁益困，营务益弛，有改业而贸易者，有入营而当勇者，通省营兵，所存不及十分之一”③。岑毓英正是在这种形势下于咸丰六年（1856年）“带勇入云南”④，开始其在云南长达20多年的经营。

岑毓英初入云南时，先在迤西总兵福陞营中效力，后战不利，返回家乡广西西林进行休整，至咸丰九年（1859年）二月复募勇再入云南，云南巡抚徐之铭曾向清廷奏报此时期岑毓英统领武装的具体情况：“所带粤练大半系其族人，所以临阵用命。岑毓英以一附生从戎数载，未得实授实缺，亦未请练费。而立心报国，百折不回，现在滇南之事，非章句书生所在办理。”⑤可知岑毓英早期统领的武装为自己招募，军费亦是自筹，这个所谓的自筹，除在自己控制区征收捐输厘谷外，还会在战争中掠夺所谓的“敌产”，此方面内容前面已有所涉及，在此不再重复。占领宜良县城后，岑毓英在云南始有立足之地，“奉前督抚臣委办宜良、路南、澄江军务，所带粤勇、滇勇始自行编营。至同治元年奉调援省，代理藩司……值

① 秦树才：《清代云南绿营兵研究——以汛塘为中心》，云南教育出版社2004年版，第59页。

② （清）岑毓英撰，黄振南、白耀天标点：《岑毓英集》，广西民族出版社2005年版，第125页。

③ （清）岑毓英撰，黄振南、白耀天标点：《岑毓英集》，广西民族出版社2005年版，第34页。

④ 王钟翰点校：《清史列传》，中华书局1987年版，第4612页。

⑤ （清）奕䜣等修：《平定云南回匪方略》卷19，光绪二十二年（1896年）印本，第10—11页。

署提督林自清入川，其旧部弁勇纷纷散乱，既无饷整顿制兵，惟有权立勇营，藉资约束"[①]。通过收编林自清旧部，岑毓英的力量进一步壮大，成为在云南与提督马如龙并列的两大军事力量。为避免与马如龙两强相争，岑毓英于同治四年（1865年）率部离开省城，通过对云南省内的形势综合分析，岑毓英"思于东南先立不拔之基，乃以全力攻曲靖，曲靖为迤东大郡，扼黔、蜀入滇门户，省会粮运所自出，即克复，遂留屯弗去，修缮城池，简练兵马，劝农兴学，减税兴商，凡有经营，无所牵制，得行己意。联络东、昭、开、临，互相犄角，屹然为省东重镇"[②]。岑毓英向东发展的计划比较成功，通过在迤东根据整编训练，其所辖的武装力量进一步巩固壮大。同治六年（1867年）进剿猪拱箐胜利后，岑毓英终于赢得清廷的信任，赏头品顶戴，而此时马如龙西征失利，省城昆明反被滇西起义军围困。同治七年（1868年）清廷命岑毓英率部增援昆明，并擢任其为云南巡抚，岑毓英不负众望，成功解除省城的包围，更为清王朝所倚重，马如龙由于军事上的失利导致力量和地位削弱，岑毓英开始主持地方的军政大局，成为清政府在云南统治的代理人。直到此时期，军队的粮饷仍是由将帅各自筹办，比如说当时各省拨给云南的协饷，经过曲靖时就被留在后方的云贵总督刘岳昭的部队拿去绝大部分，而在昆明前线作战的岑毓英所部兵勇却所获无几，引起岑毓英的强烈不满，遂向清廷告状说："滇省饷项支绌，各省协饷数月解到一次，而经过曲靖必由督臣先行分用，到省饷银无几，兵勇每月应领之项皆属悬欠。总由督臣未亲到省，不知省中艰难。惟有仰恳天恩严饬督臣速带所部兵勇进省，与臣和衷商办，俾免隔阂。"[③]可知当时云南省内的军费开支虽有清政府拨给的协饷，但仍是将帅们各自负责筹办。此外还有前面在云南盐业生产相关章节中提及过，当马如龙的武装控制住滇中的盐井时，当地的盐厘遂由其取用，也是同样性质的问题。此后随着云南省内的形势发展，刘岳昭的部队大部分遣散，马如龙的武装势力日渐衰微，至咸同军兴后期已沦落到"所部兵勇无几"的

① （清）岑毓英撰，黄振南、白耀天标点：《岑毓英集》，广西民族出版社2005年版，第160页。

② （清）赵藩编：《岑襄勤公年谱》卷2，光绪己亥（1899）年刻本，第9页。

③ （清）奕䜣等修：《平定云南回匪方略》卷37，光绪二十二年（1896年）印本，第38页。

地步，后岑毓英又奏请清廷将拨给马如龙军队的专饷停止，马如龙遂陷入人饷两缺的困境。而岑毓英本人领导的队伍却日益发展壮大，成为云南省内一支独大的武装力量，并成为日后滇军的基干力量。

这段史实清楚地表明，岑毓英所统辖的这支武装，最初主要是靠自行招募而得，这支武装力量效忠于清政府，但与清政府的正规部队八旗和绿营性质并不相同。比如说清代的绿营，绿营兵皆为世业，本身登于名册，家口则入兵籍，将弁则由兵部选任调补，此制度意在防止兵将间的关系过于密切，但也造成“将不知兵，兵不识将”的不利影响。至于军饷则由户部拨给。这样全国的绿营兵权全握于兵部，而归于中央。绿营兵力量被摧毁后，“湘军既兴，兵必自招，将必亲选，饷由帅筹，其制恰恰与绿营制度相反，故兵随将转，兵为将所有。”[①]曾国藩说湘军的“勇营之制，营官由统领挑选，哨弁由营官挑选，什长由哨弁挑选，勇丁由什长挑选。譬之木焉，统领如根，由根而生干、生枝、生叶，皆一气所贯通。是以口粮虽出自公款，而勇丁感营官挑选之恩，皆若受其私惠，平日既有恩谊相孚，临阵自能患难相顾”[②]。岑毓英所组建的滇军，也是同样性质的武装，由于将弁都是由自己挑选招募，粮饷也多由自己筹措，所以岑毓英对这支队伍的指挥得心应手，将士用命，在战斗中自然所向披靡，战斗力远胜晚清时期云南的绿营兵。岑毓英说他在滇军中，“以诸将为指臂，诸将又以弁勇为爪牙”[③]，与曾国藩形容其在湘军中与将弁的关系犹如树的根本与枝叶，正是一样的道理。通过对比我们可以看到，岑毓英所组建的这支队伍，与湘军的性质相似。

二、整编训练与军队正规化

太平天国运动后期，晚清政府在全国局势趋于稳定的形势下，进行了恢复绿营兵旧制的努力。岑毓英本人也是易勇为兵的积极推动者，他就任云南巡抚后，于同治七年（1868年）底上《通筹滇事酌拟八条请旨遵办

① 罗尔纲：《湘军兵志》，中华书局1984年版，第3页。

② （清）李瀚章、李鸿章编纂：《曾国藩全集》奏稿（3），中国华侨出版社2003年版，第1224页。

③ （清）岑毓英撰，黄振南、白耀天标点：《岑毓英集》，广西民族出版社2005年版，第319页。

折》，提出在云南易勇为兵的建议，主张恢复云南绿营兵制。据岑毓英奏称，云南为解省城昆明之围，调集兵勇乡团兵力多达8万余人，其中2000余人为粤勇，其余的基本上是本地的滇勇，他准备在省城解围之后“认真裁汰，选足精锐”，留下6万人，并拟从中挑选出“尤为奋勇者”约3.6万人补为绿营兵，其余的练勇也编队随营征战，饷银由政府统一筹发。[①]除了这支武装，咸同军兴以来，地方上的士绅为求自保，也纷纷组织团练乡勇，练勇的饷银由各地自行筹措，其实质是带有一定割据性质的地方武装，政府调派难免不灵，如临安练首参将梁士美不肯与岑毓英合作，岑毓英多次以清云南地方政府的名义调其率部征战，士美皆应付了事，引起了岑毓英不满，以至上奏清廷告他的状[②]；江川绅士头目张中孚也是类似情况，后经岑毓英多次邀请，张中孚及江川地方团练才肯出力襄助[③]。岑毓英计划通过易勇为兵，将各地方武装吸收国家编制军队中，按地方州县之大小确定征调人数，并规定地方应承担的部队粮饷数额，不准地方再任意加派，通过此举一方面将地方的财权军权收归政府，同时也使滇军的力量得以壮大。

同治九年（1870年）前后，岑毓英开始易勇为兵的工作，他按原来为自己的军队所定之章程，每营练勇614人，经过认真挑选精壮，“共留粤勇十营，滇勇六十营，共约四万二千余人”，滇勇每营按月支饷银420两、米184石5斗的标准发放月饷，粤勇系隔省征战，饷加一倍[④]，这支武装一般被称为“勇营”，士兵被称为“营勇”或“官勇”，与地方衿绅团首招募并筹捐饷银而组建的乡勇不同。从总数上来看，易勇为兵后的滇军，总数比预计的6万人少了1.2万人，接近云南原设的绿营兵额，为军兴时期窘迫的云南财政减轻了不少负担，其中粤勇10营约6140人，较易勇为兵前岑毓英所奏称的2000余人翻了3倍，滇军粤勇与滇勇的人数比例达到

① （清）岑毓英撰，黄振南、白耀天标点：《岑毓英集》，广西民族出版社2005年版，第160页。

② （清）岑毓英撰，黄振南、白耀天标点：《岑毓英集》，广西民族出版社2005年版，第84页。

③ 白寿彝编：《回民起义》第2册，神州国光社1952年版，第475页。

④ （清）岑毓英撰，黄振南、白耀天标点：《岑毓英集》，广西民族出版社2005年版，第160页。

1∶6，可知此一时期岑毓英主导下的易勇为兵，使滇军中粤勇的人数大为增加。

岑毓英对易勇为兵的工作非常重视，至同治十二年（1873年）七月云南全省局势逐渐稳定的情况下，他向清廷建言："整顿吏治，必先停捐，欲停捐，必先足用，欲足用，必先易勇为兵。按楚勇章程，各省如裁勇十万，每岁所省饷银，即足抵补京外捐项，各省多以勇营留防，则绿营未能整顿可知，应将现在勇丁挑选精壮，充补绿营兵额，痛除积习，易弓箭为枪炮，勤加操练，请自滇始。"①

为提高战斗力，改变绿营积弊，光绪元年（1875年）四月二十日，岑毓英又奏《仿照直隶等省设立练军片》，提出将云南提标三营、抚标二营、云南城守营、楚雄协、曲寻协、武定营、澄江营、元新营额设守兵全数留守城池、汛地，而额设马、步战兵则抽调九成，共4180名，集中到省城昆明，由他监督操练。云南提标三营、大理城守营、鹤丽镇、永昌协、维西协、永北营、景蒙营额设守兵，全数留守城池、汛地，额设马、步战兵则抽调2600名，交署提督杨玉科统带，驻扎腾越，集中操练防边。另外，又从广南营、广西营、寻沾营抽调马、步战兵600名，集中到开化镇，由开化镇总兵张保和统带操练。其余的腾越镇、开化镇、临安镇、顺云协、龙陵营、剑川营等处营兵，因地处极边，边防任务重要，都一概留营，分布防守。当年云南从绿营兵中抽调出来的马、步战兵，分别集中到昆明、腾越和开化进行操练，是为云南练军之始。然而练军工作开展不久，尚未收到明显的实效，滇西边境就发生震惊中外的马嘉理事件，岑毓英被迫去职，他对滇军的编练整训工作也因此中断。

三、滇军的兵为将所有

岑毓英东山再起任贵州巡抚后，对境内官兵的腐朽无能非常不满，他说"下游本省防营共有七千一百五十名，湖南协防毅安、诚字两军尚有三千四百二十名，加以绿营制兵，文员差役，防捕者何止万人。而真正余匪不过百十名，以万数之兵勇，捕百十之余匪，百姓仍不能安居，实所

① 王钟翰点校：《清史列传》，中华书局1987年版，第4621页。

未解！”[①]遂奏请将他在滇军旧部中的弁勇调往贵州，将领有记名提督何秀林、蔡标、杨国发、刘兴、吴永安等，提督衔记名总兵雷应山，补松桃协副将杨国宝，记名总兵请补黎平营参将丁槐，记名总兵云南楚雄协中军都司张继声，总兵用留黔补用副将何秀峰、王家彬等，此外还有滇军旧部兵勇约3000余人，这些弁兵编入黔军各部，随岑毓英在贵州省及周边地区征讨，先后平定了贵州梵净山、桐梓及湖南凤凰厅等处的“匪患”，确保地方百姓生活的安定，为岑毓英在贵州巡抚任上赢得较好的政绩。光绪七年（1881年）五月岑毓英调任福建巡抚，这支人马又随他一同前往福建，在台湾岛上分守布防，协助岑毓英在台湾进行开山抚番、通路修桥、建设国防、发展民生等工作。至光绪八年（1882年）五月再署云贵总督时，岑毓英又奏请将这支队伍带回云南，并向清廷说明这支军队“虽系黔军，而实则滇人，类皆百战余生，拟带往滇中，以为防边之用”[②]。这些史实表明，岑毓英与滇军之间，在一定程度上确实存在“兵随将转，兵为将所有”之关系。

中法战争爆发前，这支队伍在滇越边境的开化、广南一带驻防，后来岑毓英又以这支队伍为核心，组建了入越抗法的滇军，这支队伍在越南战场上充分发挥了核心骨干作用，“此次关外之役，凡新招各勇，较臣由闽带回黔军，远不相及”[③]，最终在越南战场上力挫法国强敌，扬威域外，开创了滇军抗击西方殖民侵略者的光辉篇章，并通过这场战争开始了滇军的近代化历程。滇军将领岑毓英及在镇南关壮烈殉国的杨玉科，都在中法战争中达到各自人生事业的辉煌顶点，同时在战争中还培养起来以丁槐为代表的一代滇军将领，在中法战争中为国家民族利益而战的滇军，已经成长为一支有着光荣传统的军队。

光绪十一年（1885年）战争结束后，参战的滇军返回云南，岑毓英奏请将关边营勇及常年练军、绿营战兵一概考验裁并，挑留精壮，补足绿

① （清）岑毓英撰，黄振南、白耀天标点：《岑毓英集》，广西民族出版社2005年版，第204—205页。

② （清）岑毓英撰，黄振南、白耀天标点：《岑毓英集》，广西民族出版社2005年版，第256页。

③ （清）岑毓英撰，黄振南、白耀天标点：《岑毓英集》，广西民族出版社2005年版，第350页。

营十成战兵19351名，悉食战兵之额饷。其中以五成战兵分布边关，另交统领管带，编营操练，以五成留防内地，交各标营操练，每岁春秋两季与关边各营轮班换调。至绿营守兵，仍设五成，马兵暂缺[①]。这一奏请获准后，岑毓英即将关边勇营、内地练军择其年力强壮、久经战阵者共挑得9669名，称之为“新添五成战兵”，以区别于留防内地之“旧设五成战兵”。后发现旧设五成战兵由于散处各营汛，操练不易且调遣困难，在实际战斗中能力远逊于新设五成战兵，于是从中再调出三成，照练兵章程另设统带营哨官弁，简练督操，以专责成，至此集中操练驻防的战兵共有八成15479名[②]，操练的方式则是“免操弓箭藤牌，专操枪炮打靶连环”。“此八成战兵有时虽仍有绿营之名，但从其集中防守、使用新式枪炮、以营、哨、队递相编制等方面情况看，已非昔日绿营兵，故《清史稿》卷一百零七《兵志三》已将其归入防军范畴”[③]。在笔者看来，云南在咸同军兴之后虽推行过易勇为兵的政策，但随即组建练军，中法战争后又改设防军，部队“易弓箭为枪炮”，集中进行操练，这种把部队集中起来并用新式武器进行训练的方法，与绿营兵原来的“存城驻守和分驻汛塘”从形式到内容都有所不同，可知咸同军兴之后，云南地方政府虽进行过努力，但绿营兵旧制没有并且也不可能得到恢复。至中法战争后，滇军更是成长为一支具有近代化装备和作战理念的军队，为晚清云南编练新军奠定了坚实的基础，并最终发展成为民国时期的劲旅滇军。可见作为中国近代重要军事力量的滇军，从晚清创建之日起，其发展进步的历程一直未断，其中的线索十分清晰。

中法战争后，随着以英法为代表的西方殖民势力在东南亚不断扩张，中国传统的藩属国家越南和缅甸先后沦为法国和英国的殖民地，“越南遂亡，而滇之南防危……缅甸遂亡，而滇之西防危”[④]，西南边疆的地缘政

① （清）岑毓英撰，黄振南、白耀天标点：《岑毓英集》，广西民族出版社2005年版，第351页。

② （清）岑毓英撰，黄振南、白耀天标点：《岑毓英集》，广西民族出版社2005年版，第408—409页。

③ 秦树才：《清代云南绿营兵研究——以汛塘为中心》，云南教育出版社2004年版，第72页。

④ 赵式铭:《光复起源篇》，载周钟岳总纂、蔡锷审订：《云南光复纪要》，云南文史研究馆、云南省社会科学院文献研究室，1991年印，第6—7页。

治环境发生了深刻变化，云南成为近代中国重要的国防前沿。边疆危机的空前加剧，使得云南人民的忧患意识不断增强，而维护边疆地区稳定和捍卫国家民族权益的滇军，便成为人们不断歌颂的对象，云南近代音乐家李开一（燮羲）曾化名剑虹，在光绪三十三年（1907年）出版的《云南》杂志第4期上发表《云南大纪念》（又名《安南役》），歌词如下：

快哉安南役，快哉安南役，歼孤拔滇军奏奇绩。滇军真勇绝，宣光围四十日，城破在旦夕。班师诏。真痛惜，到而今，金马碧鸡已非昔。我滇人，我滇人，大纪念，快哉安南役！

壮哉武愍公，壮哉武愍公，镇南关，为国血流红。名誉战死雄，招国魂，谁作主，法路已修通。铁血外，无主义，竞生存，人人当学武愍公。我滇人，我滇人，大纪念，壮哉武愍公。[①]

后“这些歌曲播于全国军队、学校中”[②]，对中国人民追求国家独立民族自由起到积大的鼓舞作用，此时的滇军，已成为近代中国人民心目中爱国主义和民族主义的精神象征。

目前学界对岑毓英创建滇军的这一段历史关注不够，尚未进行过深入的探讨。民国时期的滇军源于晚清云南省政府所编练之新军，这是大家都了解的史实，但新军的前身为晚清云南的防军，而防军为岑毓英率领入越参战的云南练军整编而成，练军的前身又是咸同军兴时期云南省内的勇营，这段历史则很少有人清楚了解。晚清政府在全国范围编练新军，各镇的成绩不一，云南所编练的新军质量较高，号称劲旅，研究者认为主要原因是云南陆军讲武堂课程完备及训练严格，为滇军培养出一大批军事骨干，此外还有革命党人的努力经营，灌输民主革命的精神，这些都是历史事实，但是我们也应当看到，进入云南陆军讲武堂学习的还有一大批来自滇军的基层指挥官，20多年前滇军在中法战争中那种不惧强敌，为维护国家和民族利益不惜流血牺牲的精神，一直在他们身上延续，这种精神事实上已内化为滇军的军魂。任何一支优秀的部队，必有其光荣的历史和优良

① 《云南》杂志第四号（1907年），转引自中国人民政治协商会议怒江傈僳族自治州委员会兰坪白族普米族自治县委员会编：《怒江文史资料选辑》第19辑《杨玉科将军史料专辑》，1992年，第205页。

② 方树梅辑纂，宋文熙等校补：《续滇南碑传集校补》，云南民族出版社1993年版，第510页。

的传统，清末民初滇军之所以战斗力强大，就是因为有岑毓英在中法战争中奠定的思想和物质基础。

第二节　中法战争中滇军的近代化建设

一、中法战争前滇军的武器装备情况

火药为中国四大发明之一，火器在战争中的使用也有悠久的历史，但在此后漫长的历史时期内，相关技术的革新非常缓慢。在第一次鸦片战争以前，除一些老式的前膛枪炮外，中国军队在战斗中冲锋陷阵仍主要依赖刀矛弓矢等冷兵器。云南练勇对近代新式枪炮的接触和使用，始于咸同军兴时期。较早的记录见于《清史稿》中的《马如龙传》，同治二年（1863年），马如龙与临安练首梁士美相争，后因云贵总督潘铎在省城昆明被杀，岑毓英密招马如龙救援，如龙乃致书梁士美，“约共释私仇，雪公愤。……如龙贻士美洋枪，士美亦选劲勇助如龙”①。以洋枪作为礼物，可知其在当时的云南应为稀有之物，自不可能在战斗中大规模使用。当时云南省内各武装在战斗中仍主要使用刀矛弓箭，火器为老式的明火枪炮，其缺点是受潮后不能施放。据杨玉科《从军纪略》载，同治六年（1867年）滇军进剿猪拱箐时，“贼素畏我军枪炮，适大雨，贼知枪炮难施，遂倾巢出扑，环攻诸营，悉被贼破”②。可知当时滇军普遍使用这种落后的武器装备。此后滇军开始更新装备，“自同治七年始采买前膛洋枪，间杂使用”③，到同治朝后期，滇军开始有机会得到并仿制更为先进的武器。同治朝时期，云南巡抚岑毓英还曾聘请法国人到云南府，设计和铸造开花大炮，所谓的开花是指炮弹中有火药，落地爆炸，威力巨大，岑毓英在奏报清廷时说：“臣前在滇省，仿造开花大炮，料实工坚，屡试军前，从未

① 赵尔巽等撰：《清史稿》，中华书局1977年版，第12646页。

② 中国人民政治协商会议怒江傈僳族自治州委员会兰坪白族普米族自治县委员会编：《怒江文史资料选辑》第19辑《杨玉科将军史料专辑》，1992年，第17页。

③ 张振鹍主编：中国近代史资料丛刊续编《中法战争》第二册，中华书局1995年版，第48—51页。

炸裂。"[1]对仿制武器的质量比较满意。但据另一条史料记载，岑毓英在率部镇压滇南反清武装时，"岑毓英的部队，发射出去的大炮弹多数不曾开花，守军拾获废弹，制造锡炮二门，利用清军的废弹还击清军"[2]。可知当时滇军所仿制的武器弹药质量并不是很好。关于滇军制造武器技术之低下，还有另一件史实可说明："岑毓英答访法国人时，详细询问火药雷管制造方法。因为岑毓英曾由欧洲购获若干枪枝，需要雷管甚多，泊〔舶〕来品价贵，他曾请求两江总督派工人来滇制造雷管及弹药，无如此项工人到滇后，制造雷管无效，因此岑毓英请求法国旅行团，在他面前试验制造雷管一次。所以法国人折回省城去取行李，同时收集制造雷管原料，再赴澄江府去试验给他看。……岑毓英看见法国人试验后心满意足。"[3]由于技术上的差距，滇军所需的先进武器便多由内地的兵工厂拨给或向外国购买，如同治七至八年（1868—1869年）云南省城昆明被围时，岑毓英就购买过一批西方先进武器，还曾聘请法国人到云南教习开花大炮等武器的使用，并到战场一线协助作战，由于效果较好，岑毓英还为其请功说："前因省围未解，派员前往广东采办军火，并募洋人武龄、实一来滇教习开花炮队，议定一年期满，即派员送至湖北交汉口法领事馆。该洋人等随同官军攻克红庙土堆贼垒，颇著微劳，今役满回籍，合无仰恳天恩赏给武龄游击职衔顶戴，实一守备职衔顶戴，以示奖励。"[4]再如法国人罗舍曾于同治十年（1871年）奉清廷之命，由福州兵工厂起程，护送一批军火入滇，装备岑毓英和马如龙的部队。稍后法国军火商堵布益通过红河航道，运送先进的武器进入云南，提供给岑毓英和马如龙的军队使用。当云南地方局势逐渐趋向稳定之时，岑毓英便中止了滇军更新先进武器装备的计划，同治十二年（1873年）三月，岑毓英上奏清廷《滇省采办洋枪请饬途次悉数截留片》，说云南委任官员到广东购买的洋枪、洋炮、洋药、铜帽等物，尚多未解入滇。查洋枪、洋炮，较原制枪炮尤为厉害，请清廷降旨

---

① （清）岑毓英撰，黄振南、白耀天标点：《岑毓英集》，广西民族出版社2005年版，第241页。

② 荆德新编：《云南回民起义史料》，云南民族出版社1986年版，第438页。

③ 荆德新编：《云南回民起义史料》，云南民族出版社1986年版，第432—433页。

④ （清）奕䜣等修：《平定云南回匪方略》，光绪二十二年（1896年）印本，卷41，第16页。

命沿途各省查明，凡滇省由广东采购的武器弹药，无论是云南巡抚岑毓英、云贵总督刘岳昭及云南提督马如龙购买，都请悉数截留，封存各省军火库中，不可再运送入滇。[①]此后直至中法战争前，未见到关于滇军大规模更新武器装备之记录。同治十二年（1873年）十二月，岑毓英虽在易勇为兵的建议中提出，"挑选精壮充补绿营兵额，痛除积习，易弓箭而为枪炮，勤加操演，即可转弱为强"[②]；后又在光绪二年（1876年）贵州巡抚及光绪十一年（1885年）云贵总督任上，都提出免除弓箭藤牌的训练，专门操练枪炮打靶连环的建议，但在滇军的实际操练中，各营仍然是"弓箭与枪炮并重"[③]，考核的科目也仍有马、步弓箭，可知滇军在岑毓英任内，刀矛弓矢等较为原始的冷兵器仍未能完全淘汰。

滇军第一次入越抗法后，岑毓英曾向清廷上《遵旨详细复奏据险设防力保红江上游折》，折后附有一片，奏明滇军的武器装备及信息交通等方面情况，为反映滇军早期综合作战能力的珍贵史料，然而《岑襄勤公奏稿》中漏载此片，今据《中法越南交涉档》抄出：

> 再，兵法知彼知己，百战不殆。今洋人所长者船坚炮利，中国所长者地广兵多，而各省军情，彼此互异。查滇军原用明火枪炮，自同治七年始采买前膛洋枪，间杂使用，迨十二年全省肃清，经臣奏请截止，嗣后亦未添购，合计全省绿营、练管所存前膛洋枪，通共不足万杆。除朽坏及分留各镇标协营操防外，各营带来前敌不过四千余杆。至后膛快枪，仅有上年奉旨由北洋、南洋大臣拨发呍者士得兵枪、马枪共二千杆，及臣由福建带来士乃打后膛枪一千杆。而呍者士得枪每杆只有码子二百颗，士乃打枪每杆只有码子一百颗。此两号洋枪，除分给刘团使用外，仅共有二千数百杆，各项码子只敷数战之用。本年奉旨由北洋、南洋大臣分拨之后膛枪炮暨通政使臣吴大澂协助之快枪码子，均因粤军需用紧急，全数改拨归粤

① （清）岑毓英撰，黄振南、白耀天标点：《岑毓英集》，广西民族出版社2005年版，第111页。

② （清）岑毓英撰，黄振南、白耀天标点：《岑毓英集》，广西民族出版社2005年版，第128页。

③ （清）岑毓英撰，黄振南、白耀天标点：《岑毓英集》，广西民族出版社2005年版，第389页。

军应用。臣前奏请由北洋、南洋大臣拨发各码子，系购自外洋，运解尚需时日。前委候选知府卓维芳赴粤采办，今始陆续解至滇省，而数亦不多。

又查大炮，仅有北洋、南洋大臣发来之格林炮四位，外有滇省仿造开花铜炮数十位，皆不能击远，兼之山路崎岖，挽运不易。

滇省未设电报，沿途台站专用夫马。臣在营拜发六百里奏折夹板，必须五十七、八日始能奉到谕旨；其行文本省各地方，近者往返十数日，远者经月。军情百变如云，每遇征调，往往缓不济急。而法人以电报转达军情，以轮船载运军装、军火，以气球腾空窥探营盘虚实，其利害敏捷皆滇军所不及。现在防务方殷，亟宜通盘筹画，惟军火枪炮，应如何酌盈济虚之处，出自圣恩。①

这是目前我们能看到的关于滇军武器装备较为准确的文献记录，可知在中法战争前，滇军较好的武器主要为前膛洋枪，计有1万余杆，其中有4000余杆带到了越南的抗法战场上，同时还有云南本省仿造的开花炮数十尊，这些武器到中法战争时期，已显得较为陈旧落后。此时期随着西方工业技术的进步，威力更大射程更远的后膛枪炮，已成为法军的标准装备，较滇军领先许多，以至在战争中中法两国军队对垒时，滇军出现“彼族枪炮总远及数十步于我，两军相望既可见，我施枪弹犹未及彼，而彼之枪炮弹已先及我，军心遂惊；加以开花炮从远击来，昼夜无停，我垒立脚不住，不容不退”②的窘状。中法战争前，滇军虽紧急补充了部分较为先进武器，计有呍者士得及士乃打后膛洋枪3000杆，格林炮4尊，这些武器相对较为精利，但数量较少，且由于缺乏弹药，其威力不能有效发挥。当时滇军与法军对垒，双方在武器装备上的差距还是比较明显的，比如说当时法军装备机动灵活的蒸汽机船，船上除火炮外，还配有马克沁机关枪。至于火炮，两者的差距更是巨大，当时法军所用格林炮有开花子，子虽小而力能及远；其大开花炮，子落有开花两次者，每战攻吃紧之会，如数万爆竹

① 郭廷以、王聿均主编：《中法越南交涉档》，（台湾）“中央研究院”近代史研究所1962年版，第1713页。

② 邵循正等编：中国近代史资料丛刊《中法战争》（三），上海人民出版社、上海书店出版社2000年版，第66页。

之声，滇军身藏地营，始能与彼相抗衡，若稍露身首，立被击伤。总兵雷应山运一千二百斤大开花炮三尊，置之高阜，后开地道以通出入，前开炮门仅与炮口相等，连放数十炮，虽将城内洋楼击坏，敌不敢登，然我军每发一炮，敌辄以十数炮应之，炮兵损伤不少，命中在二三百丈之外。其炮子能从炮口打入，没过多久这些大炮都被打坏。滇军不得以将短开花炮运至城边，人伏坑内，就近击进城中，然仅过两天，又被法军的炮弹击坏。

此外滇军在情报传递和后勤运输方面主要依靠人力和畜力，重要情报即使加急传送，顺利的话，在省内往来也要十五天至一个月间，与清廷的联系往来则需要两个月左右的时间，而法军使用蒸汽机船运送人员物资，用电报传递情报，用热气球窥探军情，技术手段更为先进，诚如岑毓英所言，在军情百变如云的战场上，滇军在信息情报获取和传递上，可以说毫无优势可言。

以上列举滇军在武器装备上的劣势的情况并不全面，据历史学家黄振南在《中法战争诸役考》一书中的对比研究，中法两国海陆军的差距，武器方面除前面提到的枪炮外，法军还拥有更为先进的军舰和水雷，由于红河的水位较浅，给滇军造成较大威胁的是法军的小型炮艇；在参战人员的素质上，两国军队从士兵受教育的程度、下层军官的文化素养、高级指挥员的专业知识与经历及官兵的思想观念都有较大差距；此外法军在医药、测绘、气象及军务管理方面都有较大的优势①。通过对比，我们除了慨叹战争双方的技术装备是如此的不对等外，也不由得对在这种危难形势下英勇战斗的滇军将士肃然起敬。

二、中法战争中滇军的近代化建设

滇军进入越南作战，对手为经过第一次工业革命之洗礼的法国军队，在战场上的两军对垒之中，岑毓英充分了解到滇军与法军的巨大差距。在中法战争中，中国政府竭尽所能，用当时较为先进的后膛枪、开花炮及钉子雷装备滇军，使滇军的作战方式发生很大改变，传统“用戈矛弓矢，不虑其穷；今用枪炮药铅，每兵夹带二斤，只敷一两战之用。”从武器到战

① 黄振南：《中法战争诸役考》，广西师范大学出版社1998年版，第33—64页。

术都有较大的改进。通过参加中法战争，滇军初步演变为一支近代化的军队，成为晚清至民国活跃于中国西南地区的一支重要的军事和政治力量。目前学者研究滇军发展的历史，多从晚清政府编练新军开始，对中法战争中滇军近代化的发展历程关注不够，对此问题进行探讨，对我们认识近代云南的边防建设的历史有帮助。本文拟从军事装备、作战理念及部队的锻炼等几方面，对滇军在中法战争中的近代化发展历程进行初步的探讨。

第一，武器装备的更新。中法战争爆发后，为使滇军在武器装备上能与法军抗衡，清政府开始为滇军配备大量新式枪械，“光绪九年，中法衅起，岑毓英出关督师，乃由外国购办各种毛瑟快枪及克虏伯炮、瓦瓦士炮，以济军用”①。滇军更换武器装备见诸记录的有：光绪九年（1883年）十二月，“大学士署直隶督臣李鸿章、大学士两江督臣左宗棠由津、沪两局接济滇省格林炮四尊，十三响、十七响快枪二千杆，码子四十万颗，业经解到，正济急需。惟码子尚少，每枪仅分得二百颗。又，臣毓英前由福建带来士乃打快枪一千杆，码子所存无多”②；除这些新式的后膛洋枪外，光绪十年（1884年）五月，岑毓英又奏称“臣现拟咨请两广督臣张树声代购士乃打后膛枪三千杆、马的力后膛枪二千杆，共配码子二百五十万颗。又买来福兵枪五千杆、大铜帽五百万颗、洋药五万磅，由广西梧州府转运南宁府收支局，臣派委员领解回滇，以备军用”③；光绪十年（1884年）八月，滇军使用的“各项洋枪内，有呍者士得快枪及士乃打后膛枪笔码，尚可敷用。大学士、两江督臣左宗棠及署两江督臣曾国荃发来林明敦后膛枪二千杆，最为精利，惟码子仅有四十万颗，每杆只能分配二百颗。臣前委候选知府卓维芳由上海买得另样林明敦后膛枪一千二百二十杆，只共有码子十九万六千颗，每杆只能分配一百数十颗。若与法人鏖战数昼夜，难免缺乏之虞。臣拟仍咨请署两江督臣曾国荃照前次解来林明敦码子式样，再代买一百万颗；并饬知府卓维芳将另样林明敦码子再买五十万颗解来添用，所需价银，核明应给若干，均由江苏协滇

① 李春龙、王珏点校：《新纂云南通志》六，云南人民出版社2007年版，第458页。

② （清）岑毓英撰，黄振南、白耀天标点：《岑毓英集》，广西民族出版社2005年版，第288页。

③ （清）岑毓英撰，黄振南、白耀天标点：《岑毓英集》，广西民族出版社2005年版，第300页。

军饷项下就近拨发；臣前奏明咨请两广督臣张树声代办军火，先准咨解前膛洋枪一千杆、铜帽一百万颗，后由广东机器局道员温子绍两次代订买获马的力后膛枪二千杆、码子一百万颗，士乃打后膛枪三千杆、码子一百五十万颗、来福兵枪五千杆、大铜帽五百万颗、洋药五万磅”①。此外还购有钉子雷、水雷等武器装备。这些当时较为先进的武器装备滇军后，使滇军战力得到一定提升，虽然仍有差距，但通过修筑地营等手段，滇军已能够同法军在战场上抗衡。中法战争之后，岑毓英继续推进滇军的武器装备更新工作，“滇省绿营，向来操练，概用火绳枪，远逊洋枪便利，不足制敌，应一律改用洋枪”②。在岑毓英及继任者的努力下，滇军初步演变成为一支近代化的军队，成为晚清至民国活跃于中国西南地区的一支重要的军事和政治力量。

第二，作战理念的更新。在越南战场上与法军对垒，滇军能够以弱敌强，是做到了在战术上的扬长避短。比如通过修筑地营与法军对峙，“泰西枪炮精利，毓英饬诸军创为地营，开挖明槽，架以松梨各木，洞开枪眼，延袤十余里，曲折而入，声息灵通。法兵大股由谅山来援宣光，毓英饬覃修纲迎剿，以道员岑毓宝居中策应，敌至，枪发如雨，加以巨炮，迄不能入地营”③。最后滇军反击，取得临洮大捷。再比如地雷在战斗中的有效应用，也是滇军与法军抗衡的一种新战术，滇军装备了新制钉子火地雷后，如安置方法得当，威力是巨大的，岑毓英命刘永福的黑旗军按规定分两层安放，法军进攻时引发地雷，毙敌甚多，又乘势掩杀，将法军击退。而驻河对岸的黑旗军黄守忠守部，因不按规定安放地雷，遂被法军攻破。可见对地雷等先进武器的有效应用，对于武器装备处于劣势的滇军来说，的确是抗击法军的有力武器。岑毓英率领的滇军，善于学习和总结，通过巧妙战术，弥补了武器装备的不足，积累了宝贵的战斗经验。

第三，战斗中滇军的成长。近代化的标志，当然不仅仅是武器装备或者战略战术的改进，还要有部队指战员素质的提高。光绪十一年（1885

① （清）岑毓英撰，黄振南、白耀天标点：《岑毓英集》，广西民族出版社2005年版，第309页。

② （清）岑毓英撰，黄振南、白耀天标点：《岑毓英集》，广西民族出版社2005年版，第371页。

③ 王钟翰点校：《清史列传》，中华书局1987年版，第4623页。

年）三月宣光包围战中，滇军丁槐部与刘永福的黑旗军精诚团结，与法国调集大批增援部队大战于宣光城下，大破侵略军。丁激励将士同仇敌忾，奋勇冲击，给法军以重创。据《丁衡三将军武功记》载，这次战役，击毙法军2000余人，伤者尤多。后丁槐又奉令围攻宣光，他督促滇军将士昼夜开挖地道，以火炮火药轰倒宣光城墙数十丈，给守城法军以沉重打击。丁槐及其所部之滇军经过战争的淬炼，在战术上多用飞驰穿插，急进急退，使敌猝不及防。经过36个昼夜的搏斗，法军被迫投降。因此被人们誉为“飞将军”。法军惊叹丁为“中国之拿破仑”“滇军中之第一劲旅”。① 当时滇军对法国军队的打击，可从西方的媒体报道看出：“《译东京法人新闻纸》以今日之华军较二十五年前大相悬绝。此次中法交战，华兵勇敢异常，又有兵官善于管带。围宣光城之法，甚合欧洲军政书院所教习者，放枪炮均有准的，且储备子弹甚多，法军毙命不少，其死伤实数尚未知确。正月十六、十七两日，法军死伤者约三百人，内兵官二十五人。另镇守宣光之法兵六百人，已有三分之一在阵死伤，中国交战时，法国浅水小轮船亦燃炮助击，惟河水太浅，炮船不能驶进。”②从这报道可以看出，当时的滇军已能熟练使用西方新式武器，他们的作战技能和英勇善战的精神，丝毫不逊于法国军队，在战场上给敌人以沉重的打击。

第四，先进技术的应用。正如岑毓英自己所说，战争中军情百变如云，与装备先进的法军在战场上进行较量，信息的掌握格外重要。中法战争前，清政府就已经在各省架设电线以传送电报，然而至中法战争爆发时，云南省境内尚未开始架设电报线，战争期间在越南战场上的岑毓英及滇军与清政府的联系，主要通过广西南宁或龙州的电报线传输信息，中间有一段路程仍需人力传递，十余日才能送达，较以前仍快捷许多。在中法战争中，岑毓英及滇军通过有线电报与清廷和各省督抚便捷地联系，接受清廷的命令，交换各省抗法斗争的情报，各省督抚大臣间交流对战争形势的判断，掌握法军在战场上的动向，关注国际形势的新变化，这与此前云

① 大理州地方志编纂委员会编纂：《大理白族自治州志》卷9，云南人民出版2001年版，第249页。

② （清）王彦威、王亮纂辑：《清季外交史料》卷57，书目文献出版社1987年版，第37页。

南滇军主要通过驿传获取命令和情报的方式来说，已有本质的不同。

认识到新科技的优势，架设电线以速文报已成为清廷与云南地方政府的共识，光绪十年（1884年）岑毓英再次率领滇军进入越南战场时，架设电报线一事遂正式提上日程，但在具体架设线路上岑毓英却与清廷产生分歧，清廷的意见是由广西龙州向云南的马关方向架设线路，岑毓英却主张由广西或广东延伸至越南北圻的宣光，认为此方向架设更为便捷，此主张也还与岑毓英当时的战略意图有关，就是要力保越南北圻不失，坚决抵抗法国侵略势力在此区域的扩张。中法战后，云南的电报线路改由四川架设入云南，后又接通了贵州、广西等省，并逐步向迤南、迤西等边境地区延伸，军情信息的方便获取，大大改善了滇军的作战条件，为云南近代国防事业建设奠定坚实基础的同时，也为促进云南地方经济、文化发展创造了条件。

第五，引进新式军队操练方法。岑毓英在越南战场上充分了解到新式洋枪的威力，意识到对这些武器的娴熟使用，可大幅提升部队的战斗力，因此在中法战争之后继续推进滇军的近代化建设时，把引进新式军队操练方法作为滇军近代化建设的一个重点，对滇军传统的操练方式进行大刀阔斧的改革。“各营军器，以枪炮为得力，刀矛次之。应仿照长江水师及练军章程，邀免操弓箭藤牌，专操枪炮打靶连环，总期操演精熟，以收实效。”①至光绪十二年（1886年），岑毓英进一步严格军队的操练制度，还把枪法列为军队的一项重要考核成绩，“查营制，弓箭与枪炮并重，今边防日亟，造就人材，枪炮尤为制胜之具。……其枪炮所打之靶，制为横直一尺，以三百步为准。自副将以下至外委以上，无论候补、实缺，凡在省各员弁，由臣每月亲校一次，外标亦应轮流调考”②。并规定枪法好坏，直接关系到官员在部队中的升黜。

通过上述史实我们清楚了解到，滇军实际上源于岑毓英在平滇过程中建立起来的个人武装，在组建过程中借鉴了曾国藩创办湘军的经验，

---

① （清）岑毓英撰，黄振南、白耀天标点：《岑毓英集》，广西民族出版社2005年版，第352页。

② （清）岑毓英撰，黄振南、白耀天标点：《岑毓英集》，广西民族出版社2005年版，第389页。

主要特征为“兵为将有，饷由帅筹”，这支武装在岑毓英平滇过程中不断成长，并通过收编林自清、马如龙、梁士美等武装的力量后进一步壮大，滇军在中法战争中经受住考验，开始了近代化的转变历程，在武器装备、战略战术及部队培养等方面发生根本性变化，迅速成长为一支在中国西南及东南亚国家地区有重要影响的武装力量。从滇军发展的历史来看，其创办过程中借鉴了湘军的经验，与李鸿章创办淮军的背景相似，但滇军后来的发展历程却与上述两支武装不一样，这支武装力量逐步壮大后，经过中法战争的锤炼，已转变成为一支具有爱国主义光荣传统的队伍。岑毓英去世以后，滇军继续发展，在清政府编练新军过程中继续其现代化的发展历程；后来由于受到革命进步思想的影响，滇军成为反对帝制复辟的一支重要力量，在护国运动中崭露头角；抗日战争期间，滇军远赴前线，在台儿庄等重大战役中与日本侵略者殊死搏斗，继续显示其在中法战争中形成的为国家民族利益不惧流血牺牲的爱国主义传统；1945年抗日战争胜利后，滇军又以胜利之师的身份入越受降；在解放战争中，1948年10月滇军主力60军由军长曾泽生率领在东北长春起义，1949年底滇军第74和93军在卢汉的率领下宣布起义，云南省和平解放。回顾滇军的发展历程，其创办于岑毓英统一云南地方政局过程中，此后在中法战争和中国西南国防建设中，滇军成长为一支具有爱国主义传统的军队，在解放战争中，进一步发展成为支持革命的进步力量。通过对滇军发展历程的回顾，可知大家所熟知的“民国劲旅，滇军风云”，并没有完全概括滇军的发展脉络和辉煌历史，遗憾的是至今学术界对滇军早期的发展历史关注不够，成为近代云南历史研究的一个薄弱环节，从目前的学术研究情况来看，对岑毓英创建滇军的历史仍有进一步深入探讨之必要。

第三节　开云南近代化之先声

发生于19世纪末的中法战争，对近代云南社会发展有深远影响，如果我们对这段历史进行深入考察，便会发现中法战争前后云南地方社会的发展形态有很大不同，从这个意义上来说，中法战争对近代云南最大的影响是开启了云南社会近代化发展的历程。除战争过程中促进滇军向近代化军队的转变外，中法战争之后，云南地方较为显著的变化体现在民众的思想态度的转变及工商业的发展，可分别说明。

云南民众的思想态度的变化，可以中法战争作为时期划分的标志，这其中有一个逐步发展变化的过程。本文前面已有论述，在马嘉理事件发生之前，云南人民对于周边世界形势的发展变化较少关注，马嘉理事件的发生，源于英国探路队在滇缅边境的大规模探查，此活动引起清政府地方官员和边境地区民众的疑惧，他们才开始起来齐团自卫，最终因马嘉理死亡而引发中英两国间的政治外交冲突。从马嘉理事件到中法战争爆发的10年间，随着列强殖民势力的入侵不断深入，云南地方民众的危机意识也不断增强。在中法战争爆发前，云南人民对于法国殖民势力的扩张有一定的警惕，对侵略者的行径也较为痛恨，但对于反帝斗争还缺乏较为自觉的意识。如此时期对刘永福率领黑旗军在越南河内城边痛击法国侵略者的行动，地方民众都拍手叫好，“云南省河口县流传着很多刘义（即刘永福）打番鬼的传说：‘刘义打番鬼，越打越好睇，死人也翻身，吓死老番鬼’、‘火车怕红旗，老番怕黑旗’……等一类生动的故事，在民间广为传颂”[①]。当法国殖民者的侵略活动还局限于红河中下游地区时，云南民众对于刘永福抗击法国侵略者的行动，多少有点旁观者鼓励喝彩的意味，“越打越好睇”的说法，表明此时期云南民众对于反抗列强殖民势力扩张的斗争，其态度主要是旁观而不是参与。当独力奋战的刘永福和黑旗军难以阻挡法帝国主义侵略的步伐，滇南边疆危机日益严峻时，云南地方军民为了保家卫国，纷纷加入到抵抗法国侵略者的斗争当中，他们跟随岑毓英“三次出关，历四寒暑，瘴疠炎毒，侵烁肌肤。而滇省奇穷，饷需军械，皆赖他省接济，筹拨转运，缓不济急。岑毓英与将士枕戈待旦，并日而食，将不偷安，士皆用命”[②]。云南军民与优势装备的法国侵略者在越南

① 中国人民政治协商会议云南省红河哈尼族彝族自治州委员会学习文史委员会：《红河州文史资料选辑》第13辑，2001年，第6页。

② （清）岑毓英撰，黄振南、白耀天标点：《岑毓英集》，广西民族出版社2005年版，第8页。

北圻展开殊死搏斗，体现出高度的爱国热情，最终为维护国家民族利益贡献出自己的力量。

通过中法战争，云南民众对帝国列强的侵略本质有了更为深刻的认识。中法战争后两国签订不平等条约，法国殖民者取得在云南的种种特权，使云南民众对于国家、民族及自身的命运更为关注，尤其是越南沦为法国殖民地的历史对云南民众产生了极大的刺激："吾滇留学安南学生张君君平，自安南卒业东来。……历述安南亡国惨状。凄怆呜咽，毛骨皆悚。"[①]越南人民沦为亡国奴的遭遇使不少云南人开始警觉，并起来大声疾呼："云南之将为他人之云南，非他人能使为己有也。惟我不能自有其所有，斯他人得乘虚攻敝，以有我所有。……然则捧云南以与他人者，罪不在政府，不在官吏，实我栖息于云南之云南人也，实我栖息于云南之云南人也。云南人之罪，诚难辞矣。"[②]此时期云南在日本东京的爱国留学生创办了《云南》杂志，大量刊登此类观点的文章，号召云南民众起来为国家和自身的前途命运抗争。《云南》杂志在云南省内广为流传，有力地促进了云南民众的觉醒。就连英、法人士都注意到《云南》杂志的影响，甚至用本国文字逐期译出，以至巴黎、伦敦的报纸纷纷感叹："云南人醒矣，云南人醒矣!"[③]这个所说的"云南人"的觉醒，是指云南民众国民意识的觉醒，使他们意识到自己不能再作为王朝统治下的顺民，而应该成为为国家和自身前途命运起来抗争的国民。正是有了这样一种觉悟，在近代历史发展中，云南人民开始显现出一种自强不息和勇于担当的精神，为国家和自身的前途命运不断进行抗争。如英法列强曾组建隆兴公司并攫取云南省七府的矿产开采权，遭到云南人民的强烈反对，纷纷起来抗议示威，其中有学生赵永昌砍断手指、杨越割破手臂以鲜血书写请愿书，表示愿为争回七府矿产而献身，[④]最终迫使英法列强放弃此主张。再如法国殖民

① 中国社会科学院近代史研究所，近代史资料编译室主编：《云南杂志选辑》，知识产权出版社2013年版，第10页。

② 中国社会科学院近代史研究所，近代史资料编译室主编：《云南杂志选辑》，知识产权出版社2013年版，第2页。

③ 中国社会科学院近代史研究所，近代史资料编译室主编：《云南杂志选辑》，知识产权出版社2013年版，第10页。

④ 中国社会科学院近代史研究所，近代史资料编译室主编：《云南杂志选辑》，知识产权出版社2013年版，第547页。

者为扩大势力范围，迫使清政府同意其在云南省内修筑铁路，宣统二年（1910年）滇越铁路建成，通车之日，包括朱德在内的云南讲武堂的全体人员前往观看，当第一列火车驶入车站时，人人痛哭。[①]这些史实反映出云南人民在近代反帝爱国斗争中，已具有较高的自觉性，正是有了这样的思想觉悟，云南人民才能够在辛亥革命中积极响应，并创造了护国首义再造共和的光荣历史。

纵观云南近代历史发展，从马嘉理事件到中法战争，英法列强通过战争及签订不平等条约取得各种特权，妄图将云南省纳入其殖民势力范围，却激起了云南人民强烈的斗志，成为近代中国人民反帝爱国运动中的重要组成力量，从中法战争到抗日战争，云南省也成为近现代中国人民反对帝国主义侵略最为坚固的阵地之一。云南近代历史的发展，与岑毓英主政云南时期在边疆治理和边防建设上的贡献有关，还与岑毓英在马嘉理事件和中法战争中率领云南军民坚决斗争的历史有关，应引起研究者的高度重视。

其次来看近代云南工商业的发展。在云南军兴时期，为得到性能更先进、威力更巨大的武器，岑毓英于同治朝后期聘请法国人到云南府设计和铸造开花大炮（炮弹中有火药，落地爆炸，威力巨大）。这种引进西方技术、仿制西方先进武器的行动，在事实上揭开了云南近代化的序幕。

同治年间曾到云南游历的英国人莫里逊（G. R. Morrison），在其著作《中国纪游》中记述到：咸同军兴时期，清军“曾使用法国人在云南机器局制造的大炮，并由法国人施放，得力颇多”[②]。可知当时法国人不单帮助岑毓英铸造过大炮，还直接协助其在战争中使用。只是云南机器局的成立为光绪年间之事，莫里逊记为同治年间，在时间上不尽准确。光绪初年审理马嘉理案时，英国领事馆职员倍柏尔（E. C. Baber）在云南也曾了解到：“法国人在云南府所铸的这些炮”在战斗中发挥了巨大的作用。[③]岑毓英本人也声称：臣前在滇省仿造开花大炮，料实工坚，屡试军前，从

① ［美］史沫特莱：《史沫特莱文集》第3卷《伟大的道路——朱德的生平和时代》，梅念译，新华出版社1985年版，第108页。

② 转引自孙毓棠编：《中国近代工业史资料》第一辑（1840—1895），上册，科学出版社1957年版，第449页。

③ 转引自孙毓棠编：《中国近代工业史资料》第一辑（1840—1895），上册，科学出版社1957年版，第449页。

未炸裂。对云南仿制西方武器的工作表示满意，但从中法战争中的表现来看，这些仿制的武器与法军装备的先进武器在技术上还有很大差距，所以清政府不得不从海外购买更先进武器装备滇军。

由于条件的限制，岑毓英早期在云南的经营，对西方科技的发展情况了解不多。到中法战争时，他才对法国科技的先进以及中西方存在的巨大差距有清楚的认识：“查洋人用兵，恃有电线，数万里军情，瞬息可达；又有轮船载运粮饷军装，数十万斤之重，数日可至。故其军火充裕，每战辄数昼夜不停。官军文报既多迟滞，挽运更属艰难，以滇、粤比较，则滇军尤难。”[①]而在战场上的两军对峙，则更为艰难：“各营带伤将士送回后路调养，臣眼见医生敷治伤痕，见其受伤之重，与往年打仗内地者不同：有一身而被数枪子，有一枪子炸得筋肉皆飞者。又所用格林炮有开花子，子虽小而力能及远；其大开花炮，子落有开花两次者，每战攻吃紧之会，如数万爆竹之声。官军身藏地营，始能与彼相持，若稍露身首，立被击伤。……我军每发一炮，敌辄以十数炮应之，炮兵损伤不少。……各将领因敌人枪炮厉害，乘夜色昏黑之时，选勇士挟利刃由缺口冲入，而敌闻犬吠，即由高处张电气灯一照，通城一之内秋毫毕见，往往因此多伤精锐。”[②]我们除了对在如此不利条件下英勇战斗的滇军将士肃然起敬外，也不由慨叹近代以来中国与西方世界的巨大差距。

中法两国军队在越南战场上的鏖战，使岑毓英对“彼族长技皆得周悉”，清楚了解到以武器装备为代表的先进科技对战争胜负的重要影响，也意识到云南社会的进步和发展需要先进科技的推动，并开始在云南的军事和经济建设中部分引进西方的先进技术和设备。

早在光绪八年（1882年），中法因越南问题关系紧张，云南的边防形势日趋严峻，“因滇僻在边隅，军营所需枪炮、子弹均购自粤东，遇有边警，缓不济急。光绪九年，前总督岑毓英檄委候选知府卓维芳，由广东、上海、福州等处雇募工匠来滇，试制铜帽、笔码等件，以十年三月开

① （清）岑毓英撰，黄振南、白耀天标点：《岑毓英集》，广西民族出版社2005年版，第289页。

② （清）岑毓英撰，黄振南、白耀天标点：《岑毓英集》，广西民族出版社2005年版，第325页。

办。诸事创始，屡试屡更。至十二年（1886年）稍具规模，乃于省城承华圃后，就宝云钱局隙地，起盖一房数间，局乃有定所。然所谓机器者，不过制造铜帽，修理笔码之零件器具。而整部机器尚阙如也”[①]。这个官办的军用工业初期曾聘法国人为技师，工人不足百人，前期曾仿制过火炮，但技术相对落后。在中法战争期间，这个机器局主要负责为滇军修理枪炮和制造子弹，在战争进行过程中，“通计滇军后膛枪不过六七千杆，而被敌枪击断及打仗用坏者，约计数百杆。每枪千杆，打仗一次，须发笔码十万，前由广东雇得匠人数十名，略置机器，以便修理枪炮，添制笔码，而费绌人少，难资接济。”[②]可知由于技术落后且规模不大，主要功能是维修滇军损坏的武器装备，机器局对滇军在战争中的帮助是非常有限的。中法战争之后，岑毓英继续推进机器局的建设，“仿制洋械以资御侮，”[③]仿制的西洋新式快枪和子弹，主要装备滇军。云南机器局自岑毓英创立后，虽然起点较低，但一直发展良好，为加强云南地方的边防武装力量做出了贡献。云南机器局的开办，是云南近代机器工业的发端，实开云南洋务运动之先声。

中法战争中，岑毓英已了解到电报这一新技术对情报信息传递的重要性，战后鉴于英法觊觎滇省，且云南已开关通商，防务与商务日趋繁忙，而云南山高水深，交通不便，常导致文报稽迟，贻误时机。岑毓英经过请示，于光绪十二年（1886年）底到十三年（1887年），安设了由蒙自经昆明到四川的电线；同年底又与两广总督张之洞会商，架设了由蒙自经开化、广南、剥隘到广西百色、南宁的电线；十四年（1888年）又架设了昆明到腾越的电线，“以通英缅声息”[④]。关于当时云南省内的电报建设情况，云南的方志中有较详细介绍：“电政创办于清光绪十二年三月，电政总局设于二区五段迎恩街，各县设有分电局四十处，东路为曲靖、宣威、东川、昭通、老鸦滩六处，南路为通海、青龙厂、他郎、普洱、思茅、临

① 李春龙、王珏点校：《新纂云南通志》六，云南人民出版社2007年版，第461页。

② （清）岑毓英撰，黄振南、白耀天标点：《岑毓英集》，广西民族出版社2005年版，第325页。

③ 王钟翰点校：《清史列传》，中华书局1987年版，第4626页。

④ （清）岑毓英撰，黄振南、白耀天标点：《岑毓英集》，广西民族出版社2005年版，第404页。

安、蒙自、个旧、碧色寨、阿迷、开化、安平、河口、麻栗坡、广南、富州、剥隘、邱北、泸西、罗平、婆兮、宜良二十二处，西路为楚雄、下关、大理、鹤庆、丽江、中甸、永昌、云龙、永平、顺宁、腾越、小辛街十二处，北路为元谋一处。……至全电线共长一〇〇〇九里，有局三七所，电杆四万余棵。至于通外省及外国之线路，可大致为四：一经嵩明、曲靖等县至贵州毕节；一经通海、墨江、思茅等县至缅甸；一经蒙自、文山、广南等县至广西邕宁、番禺；一经蒙自、蛮耗等处至河口。"[①]电线的架设，对加强云南同内地、云南省城同滇西南边疆的通信联络，以及对巩固边防起了重要的作用；电报局设立后，除保证官用外，还允许民间使用，由于电报的快捷可靠，民间尤其是商业人士使用颇多，无疑对促进云南地方经济发展和社会进步有积极作用。

云南素产五金，乃天地自然之利。为了增加财政收入，岑毓英在云南积极发展采矿事业，把这一措施当作是"裕国筹边至计"。光绪九年（1883年），岑毓英"因开办铜务，添设招商一局"[②]，并主持过云南的铜业开采工作。再任云贵总督后，因专心边防建设，委托云南巡抚唐炯负责云南的矿业开采工作，"唐鄂帅经营矿厂，参求西法，可谓不遗余力"[③]尝试引进机器设备，在云南采矿业实行手工业与机器生产相结合，后又于光绪十四年（1888）在东川巧家专设一厂，进行机器开采和冶炼。为云南在矿业上进行机器生产的最初尝试，可知晚清云南地方政府是近代云南矿业机器生产的推动者。

在岑毓英的主持和带动下，清末的云南除了官办军用工业和矿业外，民营企业也得到了一定的发展。粗略统计这时期的民营企业大约有20余家。其中采矿业1家，玻璃业1家，火柴业8家，帽鞋业1家，制革业1家，纺织业1家，卷烟业2家，食品业3家，公用业1家，制茶业1家，机具业1家。这些企业分布在云南省各地，资本在5万元以上的很少，大都在1万元或2万元以下。[④]虽然这些企业规模较小，但它们毕竟促进了云南乃至西

① 张维翰，童振藻纂修：《昆明市志》，1924年铅印本，第305页。

② （清）岑毓英撰，黄振南、白耀天标点：《岑毓英集》，广西民族出版社2005年版，第343页。

③ 虞和平主编：《岑毓英档》第一卷，大象出版社2011年版，第7页。

④ 云南近代史编写组：《云南近代史》，云南人民出版社1993年版，第158页。

南地区的经济发展，为云南地区以后的发展进步奠定了坚实的基础。

岑毓英对推动云南早期工商业近代化建设可谓不遗余力，但由于在起步阶段他就去世，未竟之事业只能依靠后来者完成，所以他对云南地方近代化的建设，主要是具有开创之功。

第四节　应对滇西边疆危机

一、未雨绸缪筑长城

光绪十一年（1885年）十月初八，英帝国主义借口“柚木案”发动第三次英缅战争，战争仅持续14天，缅甸的最后一个王朝——雍籍牙王朝的统治便宣告结束，缅甸被英国完全吞并，沦为英属印度政府统治下的一个省。现有的资料和研究表明，英国为吞并缅甸蓄谋已久，所谓的“柚木案”不过是掩人耳目的一个借口，昧于南亚、东南亚形势发展的清政府却信以为真，以为“尚非不可解释之事”[①]，遂以宗主国的身份就缅甸问题与英国外交部进行交涉。英方秉着“取得实利，让出虚名”[②]的原则，同意在上缅甸设一宗教领袖，管教不管政，十年一贡，与中国继续保持形式上的宗藩关系，以此来稳住中方，但在完全吞并缅甸后，清政府连这一形式上的东西也没能得到。曾纪泽曾与英方达成关于中缅边界节略“三端”：“界务一端，则愿稍让中国展拓边界，盖指普洱边外之南掌、掸人诸土司听中国收为属地也。商务二端，则以大金沙江为公用之江，在八幕近处勘明一地，允中国立埠设关，八幕即中国之所谓新街也。”[③]按照中英两国之协议，怒江下游以东之地主权属于中国；以大金沙江为双方“公用之江”；在八幕近处勘明一地，允许中国立埠，设关收税等。然而到薛福成与英国外交部交涉滇缅界务时，此三条也被英方以未写入条约，不符

① 《德宗实录》，光绪十一年九月戊午条。

② 中国近代经济史资料丛刊编辑委员会：《中国海关与缅藏问题》，科学出版社1958年版，第36页。

③ （清）王彦威、王亮纂辑：《清季外交史料》卷88，书目文献出版社1987年版，第9页。

合“公法”为由，全然推翻。[①]在清政府看来，属国的缅甸如果被英国侵占，不仅传统的藩属朝贡体制不能存续，有损帝国的体面，而且西南边疆将失去屏障，直接暴露在西方列强面前，与传统“守在四裔”的国防观念不符，可见上缅甸的存亡不仅关系到清王朝的国体威望，而且与中国的边疆安危直接关联，所以清政府在缅甸问题交涉中始终坚持“存缅祀”，要求“开谈须以勿阻朝贡为第一义”[②]。在这一问题得到解决以前，不能与英国就边界问题单独达成协议，因为“定界务、商务，是示以不复争存祀也”[③]。在19世纪末的亚洲殖民浪潮中，国势已衰的清王朝不设法巩固边疆和建设国防，却寄希望于通过维护传统的宗藩体系来与列强对抗，这种愿望显然是不切实际的，“从近代国家利益的角度看，清政府在这场关于缅甸问题的外交交涉中，可以说没有任何外交目标可言，争无所争”[④]，丧失了经营西南边疆的最好时机。

对于清廷处理缅甸问题的政策，岑毓英持有不同意见，光绪十二年（1886年）二月十二日清廷曾“电寄岑毓英：……现饬曾纪泽坚持存缅祀之意，与之力争。俟有成说，再行谕知”[⑤]，岑毓英在回复朝廷的奏折中却认为“英人曾否定议，缅祀是否获存？无从遥度”[⑥]，对清中央政府政策的可行性表示怀疑，在传统的中央集权社会里，地方大员这样公开地表达与朝廷的不同看法，除对自己全面调查后得出的结论自信外，还体现了岑毓英作为边疆能吏勇于任事的精神。正是由于这种不同的思想态度，使得岑毓英在滇西的边疆经营和国防建设中，采取了和清廷不一样的政策和措施，并取得了一定的成效，对中国西南边疆近代历史的发展产生深远影响。

在吞并缅甸后的一段时期内，英国殖民者因应付上缅甸各部族人民

① 赵尔巽等撰：《清史稿》，中华书局1977年版，第14688页。

② （清）王彦威、王亮纂辑：《清季外交史料》卷62，书目文献出版社1987年版，第27页。

③ （清）李鸿章撰，顾廷龙、戴逸主编：《李鸿章全集 》电报二，安徽教育出版社2008年版，第32页。

④ 朱昭华：《中缅边界问题研究》，黑龙江教育出版社2007年版，第67页。

⑤ 《德宗实录》，光绪十二年二月丙子条。

⑥ （清）岑毓英撰，黄振南、白耀天标点：《岑毓英集》，广西民族出版社2005年版，第36页。

的反抗，并未将滇缅边界问题提上议程。但以岑毓英为领导的云南地方政府预见到滇西边疆隐含着巨大的危机，认为“现值缅国杌陧，尤当绸缪未雨，用固藩篱”[①]。领导军民积极应对，在滇缅边境地区采取了一系列主动有效的预防措施，对此后的中英滇缅勘界产生积极而深远的影响，与当时主要依靠外交途径，为“存缅祀”而与英国政府进行斡旋的清廷，在态度和措施上都有所区别，可分别列举如下：

1. 展开搜集情报工作。在得到英缅爆发军事冲突的消息后，岑毓英与云南巡抚张凯嵩于光绪十一年（1885年）十月十日，派副将袁善、李文秀前往缅地打探情报，同时密令腾越、龙陵两厅就近搜集信息，随时上报，并做好防范工作。此时距第三次英缅战争爆发仅过去10天，就当时的交通状况和情报传递手段而言，反应可谓迅捷。稍后，又委派家在缅甸阿瓦设店，熟习缅地情况的腾越举人张成濂深入缅地搜集情报。还通过腾越同知陈宗海的调查，探明新街即八幕的别名，两名实为一地，将此情报上报给颟顸的清廷。

2. 组织当地人民守土卫边。岑毓英与云南巡抚张凯嵩命令腾越政府挑选地方精壮，得团丁1500名，利用农闲齐集操练，以备不虞。同时传令沿边地方文武齐集兵团，相为守望。他们相信民心可用，“沿边团练尚称勇悍，该民人事关切己，意能奋力捍卫乡闾”[②]。

3. 充实边防军事力量。岑毓英檄令总兵丁槐，率领刚从越南撤回的中法战争中参战的滇军2000余人，人不卸甲，马不停蹄，迅速开赴腾越厅，与署腾越镇总兵朱洪章共同筹划边防，将军队沿滇缅边界择要驻扎。同时联络各乡团暨土司防守，以资警备。此时丁槐已被清廷委任为贵州省古州镇总兵，因其为云南鹤庆人，咸同年间镇压云南各族人民反清斗争中又曾在腾越一带征战过，对滇西山川地势和风土人情较为熟悉，在腾越办理防务自是得心应手。岑毓英与贵州巡抚潘霨往来函商，决定将丁槐与腾越镇总兵张松林对调，以重边防。丁槐“胸有谋略，屡立战功，时人又

---

① （清）岑毓英撰，黄振南、白耀天标点：《岑毓英集》，广西民族出版社2005年版，第403页。

② （清）张凯嵩：《抚滇奏议》卷3，光绪十九年（1893年）刊本，第33页。

赞之为‘九边杰出之才’”[①]。在中法战争中的宣光之役中与法军对垒，因战术灵活和战斗顽强而声名鹊起，岑毓英对其极为看重，对他的评价是：“平日好读文史，究知古名将兵略，任事勇往劳险，生死不足以动其心。臣所部诸将，以该员为冠。”[②]岑毓英将自己最为器重的将领派到滇西，表明他对滇西防务的重视。丁槐的到来，对稳定滇西局势起到很好的作用。

4. 招抚边地夷民。永昌籍游击衔都司杜秉阳、腾越籍监生刘开信素为边境地区各少数民族信任，岑毓英与云南巡抚张凯嵩密饬二人前往招抚。经过努力，二人在南甸一带招抚123夷寨，共集700余人，犒以牛酒钱物，授以土都司、守备、千总、把总之职，令各自部勒其众，坚守边圉。后又到干崖一带抚谕。通过这些措施把边疆各族人民组织起来，既可为祖国边防出力，又不至于为境外势力所利用。

5. 筹集国防经费。云南由于经济发展相对落后，长期依靠中央和各省“协饷”来维持地方军政，咸同军兴使社会经济遭到严重破坏，随后滇军又入越参加中法战争，财政紧张时只能靠向各商号借款维持。然而中法战事刚停，滇越勘界尚未开始，滇缅边界又现危机，“其危苦奇贫之状，各省实所未有”[③]。面对此窘状，岑毓英也只能向清廷请示，希望能得到中央和邻省的经济支持，以拯边患。

6. 发展滇西经济。面对来自外部的威胁，岑毓英的思路是明确的：只有内部的安定和发展，才能杜绝外来者的觊觎之心，云南省政府把滇西经济发展的重点放在大理矿冶业的恢复上。清代云南的矿冶业在全国占有重要地位，清中期后逐渐衰落，咸同军兴时期完全荒废，后来地方政府曾招商开采，由于地方经济残破等原因，收效甚微。值此滇西边疆危机日益严重之际，岑毓英与张凯嵩设法召集商贾，并筹储资本，悉心开办，以免外人垂涎。

---

① 云南省鹤庆县志编纂委员会编纂：《鹤庆县志》，云南人民出版社1991年版，第766页。

② （清）岑毓英撰，黄振南、白耀天标点：《岑毓英集》，广西民族出版社2005年版，第323页。

③ （清）岑毓英撰，黄振南、白耀天标点：《岑毓英集》，广西民族出版社2005年版，第356页。

7. 戡乱靖边。光绪十二年（1886年）底，腾越厅辖境内盏达土司所属的户弄寨夷人赛哏思（又名小胖），聚众2000余人起事，自称七司大王，先后攻破盏达、南甸、干崖所属村寨10余处。时逢边境多事之秋，盏达土司界西连缅甸，东邻南甸、干崖，地势紧要，云南地方政府高度重视，派总兵丁槐率军戡乱，收复贺那、弄满、户弄等寨，赛哏思率众退守放板寨，清军随后大举围攻，反抗最终被镇压。次年底，又将由越南窜入并盘踞于普洱府属木戛寨的陈定邦武装消灭，保证了边境局势稳定。

8. 建设现代通信系统。光绪十三年（1887年）底，岑毓英认为英国控制缅甸后，云南"西界缅甸，边防、商务，在在均关紧要，迥非往昔可比"，使用现代的电报技术传送信息，成为有效经营滇缅边防的一个关键因素，因此"将省城至腾越之路一体安设电线以通英、缅声息"[①]。

9. 驻军护边稳定民心。光绪十四年（1888年），因上年九月缅甸方面投书，称英军将进占中国的孟连、车里（今云南景洪）一带，消息传出后，边地百姓大为恐慌，局势动荡不安，岑毓英针锋相对，派普洱镇官兵深入车里一带驻扎，稳定边疆局势。

通过这一系列措施，岑毓英率领的云南军民在滇西筑起一道牢靠的边防长城。

二、御敌于国门之外

岑毓英建设滇西国防最突出之特点，是采取积极主动的防御政策，力争御敌于国门之外，主要包括入缅抗英、助缅抗英及抚民拓边等措施。

第三次英缅战争爆发后，岑将麾下的两员副将李文秀和袁善同时派往缅甸，虽然他向朝廷奏称此举是为了搜集情报，但派遣两名从二品这样高级别的军官带兵前往，显然还有助缅抗英和经营国防等意图。[②]然而缅甸形势急转直下，战争仅持续半个月，雍籍牙王朝的统治便宣告结束，再加

① （清）岑毓英撰，黄振南、白耀天标点：《岑毓英集》，广西民族出版社2005年版，第404页。

② 岑毓英在上给清廷的奏折中声称派二人前往缅甸仅为搜集情报，然而云南地方史志中记载二人的使命为募勇入缅抗英。相关内容参见诸祖耿撰《腾越两都司传》（载《永昌府文徵》）、《袁善关庙铜炉》（载《新纂云南通志》）、杨琼撰《滇中琐记》（载《云南史料丛刊》第十一卷）、李根源《滇西兵要界务图注》、《雪生年录》等书。

上清廷决心通过外交途径解决缅甸问题，岑毓英被迫改变原定计划，“会石屏举人张思敬亦上书请援缅，毓英命招乡兵为二人后继。文秀行最先，已入缅甸境，善甫至腾越，思敬甫至大理、下关，而毓英奉朝命令弃缅，乃电腾越镇朱洪章，令阻三人行。洪章乃置酒招善，示以总督电。善愤甚，詈毓英并及朝廷，洪章怒其违令，即席斩之，并杀其随弁朱小七等二人，陈尸辕门外。腾志士见之，皆为太息，有泣者，其部下五千人皆被解散。思敬闻之，叹息旋师。文秀至猛拱，与英兵苦战月余，以孤军无援，寡不敌众，遂战死”[①]。最终李、袁二人死难，张氏壮志未酬，岑毓英派员入缅抗英的计划以悲剧收场。

在派员入缅抗英的同时，岑毓英还实施了助缅抗英的方案，光绪十二年（1886年）三月，英军进攻位于滇缅边界的捧干，云南巡抚张凯嵩“查捧干与腾越、猛卯土司接壤……则两路防务尤为吃紧……英既败衄，必复增兵，野人军火缺乏，已密饬腾越镇厅酌察情形，阴助其急”[②]。驻防腾越的滇军丁槐所部也对木邦等土司采取相应的援助措施，“洋人得缅国之年，土司曾去内地丁军门（笔者注：当指丁槐）前请兵救援，丁军门许之，即赐土司洋枪二百余节，土司欣喜而回”[③]。清廷却认为“英与中华，并无衅隙，所称密饬镇厅，助野夷军火，非但于事无益，且恐别启衅端。……慎勿轻易从事，致滋后患”[④]，担心云南地方政府的援缅抗英之举会引起中英两国冲突，因而紧急叫停，阻止了云南地方政府积极建设祖国西南边防的行动。

岑毓英通过呈递边地土司请求救援和内附的文书，向清廷婉转表达自己经营边疆的意图，希望清中央政府能够转变态度，支持自己抚民拓边、御敌于国门之外的战略。其中于光绪十二年（1886）正月上《缅人函称备贡求援译单缮呈折》，清廷置之不理，五月又上《缅甸土司禀恳救援抄呈禀函折》，朝廷言明以后此类请求“勿庸渎诉”，但毓英仍坚持，六月再上《探闻缅甸军情并关外土司恳乞内附折》，呈述木邦土司请求内附

① 李春龙、江燕点校：《新纂云南通志》二，云南人民出版社2007年版，第89—90页。

② （清）张凯嵩：《抚滇奏议》卷4，光绪十九年（1893年）刊本，第17页。

③ 李根源辑，杨文虎等校注：《〈永昌府文征〉校注》第4册，云南美术出版社2001年版，第3664页。

④ 《德宗实录》，光绪十二年五月癸巳条。

情形，并称："木邦为缅甸东路咽喉，与滇境遮放土司连界……当饬该总兵丁槐、道员吴其桢就近查明实在情形，相机设法维系其心，暂使不至外向。至应否准其内附，俾固藩篱之处，相应请旨敕遵办理。"[①] 实际上是向清廷公开自己要重建藩篱及御敌于国门外的战略主张，但再次遭到清廷的坚决拒绝："再有吁请如上项情事，该督当惟有凛遵前旨……勿得渎陈"，并进一步警告说："该督等务当通筹全局，随时体会此意，勿使办法自相矛盾，致滋口实。"[②]在多次努力无果的情况下，岑毓英只好放弃其主动防御的战略思想。

当英军进逼中国的西南边疆时，原准备抗击入侵者的木邦诸土司，由于得不到中方承诺的武装支援，最终为英军征服。据载："洋人初至息恩，闻谣传汉兵已到木邦，只俟兵来打仗等语。洋人惧，使人探得实情，并无其事，始放心进兵。"[③]可见当时英方起初也在揣测中方的战略意图，并无将其势力直接延伸至中国西南边境地区的决心。此问题在英方资料中也可得到证实："如果中国政府迅速利用1884年、1885年中国人对八莫半强盗式的占领，[④]毫无疑问，他们将完全有理由对瑞丽江与伊洛瓦底江上游左岸之间的那片土地享有权力，其中包括八莫在内。因为安德生（Adamson）少将得到的命令是，如果他发现八莫已被中国军队占据，就不要再去占领。"[⑤]这些资料都表明，当时中国方面的确错失了建设滇西边防的良机。

此后岑毓英由于在滇西实行积极主动的防御策略得不到清廷的支持，只好转而在滇西边境地区建设稳固的边疆，包括经营裸黑山及设置镇边直隶厅等举措，以应对英帝国主义殖民势力在我滇西边境地区的扩张。

① （清）岑毓英撰，黄振南、白耀天标点：《岑毓英集》，广西民族出版社2005年版，第370页。

② 《德宗实录》，光绪十二年七月甲午条。

③ 李根源辑，杨文虎等校注：《〈永昌府文征〉校注》第4册，云南美术出版社2001年版，第3664页。

④ 当指金帼（国）玉于光绪十年（1884）十月占据新街，中方派李珍国等带勇助缅甸戡定一事。相关内容参见张凯嵩《抚滇奏疏》卷二之《筹防缅匪折片》及《奏缅匪滋事折》，又见《新纂云南通志》卷二百三十《武功传·李珍国》。

⑤ Extract from Report on the Sino-Burmese Frontier, British Documents on Foreign Affaires, Part 1, Series E, Volume23. 转引自朱昭华：《中缅边界问题研究》，第65页。

第五节　经营裸黑山及设置镇边直隶厅

岑毓英经营中国西南边疆的诸多举措当中，尤以镇边直隶厅的设置影响深远。以往学者对岑毓英国防思想及边疆建设的研究，多集中于中法战争及滇越划界，对镇边直隶厅的设置在我国西南边疆国防建设上的重要意义，及此项措施对后来中英滇缅边界交涉产生的深远影响，缺乏深入的研究；而学界对滇缅边界问题的研究，又多关注中英两国政府的外交斡旋，以及边境地区各族人民为抵抗外来侵略势力所作之斗争，对以岑毓英为首的云南地方政府在滇缅边界危机中的积极应对，在保疆固圉方面所做出的贡献也关注不够，对此问题深入探讨，有利于推进关于近代中国西南边疆的形成发展等问题的研究。

一、裸黑山问题由来

裸黑山位于今云南省西南部，“今之澜沧县属，除孟连、猛允诸平原外，山居多裸黑，在此一带，边民以裸黑山呼之。其地原归孟连土司统辖，孟连所属有十八土司之目，大都为裸黑区域”[①]。此区域在西汉为益州刺史部哀牢地；东汉属益州刺史部永昌郡；三国蜀汉时期属益州永昌郡；两晋、十六国、南北朝时期，属宁州永昌郡；隋代称濮部；初唐时期属剑南道茫部，南诏时期为银生节度使统治范围；宋代大理时期属永昌府；元属木连路；明属孟琏司；清为顺宁府地。[②]自古为中国领土不可分割的一部分。“裸黑山地方延袤一千数百里，外连缅甸北境葫芦山等处，内与缅宁、威远、思茅各厅属犬牙相错。”[③]在国防军事上的地位极为重要。

从清中期起，裸黑山一带各族人民为反抗阶级压迫和民族奴役，掀起

① 方国瑜：《滇西边区考察记》，云南人民出版社2008年版，第92页。

② 谭其骧主编：《中国历史地图集》1—8册，中国地图出版社1982年。

③ （清）岑毓英撰，黄振南、白耀天标点：《岑毓英集》，广西民族出版社2005年版，第390页。

过十多次反抗斗争。[①]其中尤以张辅国（铜金和尚）祖孙三代领导的抗清活动影响深远。嘉庆四年（1799年），顺宁府属的裸黑（拉祜族）、佧佤（佤族）、蒲蛮（布朗族）等各族人民由于勐勐土司的暴虐统治，在裸黑首领李文明的带领下起来反抗，将土司罕朝鼎驱逐后占领了勐勐（今云南省双江县城），后又邀铜金和尚来助阵，在坝卡（今云南省双江县大文乡境内）建立佛房（寺庙），利用宗教组织各族百姓与官府对抗，复扰至孟连土司境内。云贵总督富纲命提督乌大经往剿。嘉庆五年（1780年）初，书麟接任云贵总督，继续调集大军对李文明部进行围攻，并亲赴黄草坝坐镇指挥，督兵分路进剿，于三月攻陷坝卡，李文明等人被俘杀害。在镇压的同时，书麟还积极招抚当地各族群众，对放下武器的百姓的妥善安置，清查田亩，收缴器械，并“以土司苛派扰夷，立牌申禁”[②]，后又将土司罕朝鼎黜革。由于措施处置得当，极大缓和了当地社会矛盾，使祖国的西南边疆迅速恢复稳定，得到清廷的肯定，对书麟特优诏褒奖，加太子太保衔。

铜金和尚接受招抚后，被清政府安置到孟连土司辖境内的南兴，目的是利用当地土司的力量对其进行牵制。铜金和尚在南兴通过宗教的传播，继续积聚力量，力图恢复。经过几年的经营，他赢得了孟连土司境内三勐五圈拉祜族的拥护。这一时期当地拉祜族因不堪孟连土司的苛派，要求脱离其统治，拒绝交纳山水钱粮，并多次发生“争界”纠纷。孟连土司呈报云南省，当局命由云南巡抚永保查办此事。嘉庆八年（1803年）八月，铜金和尚率拉祜族头人到勐戛会见清政府官员，呈说孟连土司的种种苛派情形，孟连土司刀派功不敢前来对质。后铜金和尚请求还俗，更名张辅国，并请给以土目名义，以便约束当地拉祜族群众。永保等官员在得到清廷的同意后，任命张辅国为南兴土目，发给戳记（木质印信），归孟连土司管辖。张辅国有了合法身份后，继续积极地培植属于自己的地方势力，并扩张其势力范围，不断侵扰孟连、耿马、勐勐三土司辖地内的村寨，引起周边土司、头人及百姓的不满；他同时还在其控制下的村寨修筑栅栏等工

① 云南省澜沧拉祜族自治县志编纂委员会编纂：《澜沧拉祜族自治县志》，云南人民出版社1996年版，第2页。

② 赵尔巽等撰：《清史稿》，中华书局1977年版，第11126页。

事，也引起云南地方政府的不安。此时的张辅国及其势力，已演变成为清王朝在西南边疆统治中的不稳定因素。嘉庆十八年（1813年）初，清政府再次进剿张辅国势力，云贵总督伯麟坐镇缅宁督战，军事行动得到孟连、耿马、勐勐三土司积极响应，很快攻破其据点，张辅国等被俘杀害，但此次行动并没有彻底肃清张氏的地方势力，使得张辅国子张秉权和孙张登发得以继续割据地方。清政府的姑息，还成了张氏称雄自夸的本钱，至光绪七年（1881年）“张秉权构乱，犹以嘉庆年间督臣伯麟亲往剿办未能深入其境为言，藉以煽惑夷民。”[①]他们先后攻占勐勐土巡检所属圈控地方30余寨，扰及周边的各土司所属的村寨。光绪十年（1884年）底，清政府派署顺云协副将岑有富率军征讨，张氏父子自恃地险人众，对小股的清军进行军事打击，但当官军大举进剿时，他们又请求招安，实则固守不出，反复无常；另一方面岑有富指挥的军事行动迟缓，且与负责粮草的署缅宁厅通判张恩鸿不和，致使征讨劳而无功。此时正值中法战争进行，岑毓英率滇军入越参战，一时也难以兼顾，张氏割据势力得以继续发展。

实际上裸黑山一带的地方割据势力远不止盘踞上改心（今云南省双江县）的张氏一家，“威远人石姓者，亦迁居此地，为小头目。数传石朝龙、朝凤兄弟，与其侄石廷子等，势力渐盛，分据蛮海、大山、间官，为之长雄，而威远李芝隆、普洱李朝龙，亦各据蛮蚌、圈糯为土目，成为群雄割据之势。此清光绪四五年至十一二年事也。”[②]他们彼此争夺势力范围的斗争，导致此地长年战乱不休，严重影响到祖国西南边疆地区的稳定。英国殖民主义者吞并缅甸后，裸黑山地区内忧未平，外患已至，一时风雨飘摇。

二、经营裸黑山地区

在英国吞并缅甸之时，岑毓英为应对滇缅边界危机采取的一系列措施当中，最重要的一项就是经营裸黑山和设置镇边厅。他一针见血地指

---

① （清）岑毓英撰，黄振南、白耀天标点：《岑毓英集》，广西民族出版社2005年版，第403页。

② 牛鸿斌、文明元、李春龙、刘景毛点校：《新纂云南通志》七，云南人民出版社2007年版，第730页。

出云南边疆问题的根源是："历代均以土司世守其地，表华夷之限制，为中国之屏藩，虽数百年来相沿不改，而弱肉强食、互相侵夺之祸，几于无时无之，边患多由于此。"值此内忧外患之际，他下决心花大力气解决裸黑山的问题。鉴于张氏父子在裸黑山上改心有深厚的根基及态度顽固，岑毓英于光绪十二年（1886年）八月先行派遣补用知府王德浩、参将尉迟东晓先到下改心（今云南省澜沧县）一带进行招抚，光绪十三年（1887年）四月，下改心的李芝隆等八家土目接受招抚，岑毓英奏请朝廷授予李芝隆土都司职衔，石朝凤、石光玉土守备职衔，李齐芳土千总职衔，张文科、石廷子土把总职衔，李大昌、萧修武土外委职衔。这样一来，既加强了清政府在边疆的统治力量，又消除了地方势力联合对抗中央政府的可能性，进一步孤立了张氏割据势力，为顺利解决裸黑山问题打下良好的基础。此时因春夏之交，裸黑山地区"烟瘴甚大"，不利于展开大规模军事行动，岑毓英命参将侯应贤率领顺云协操兵，参将禹光廷等挑招顺宁、云州、缅宁土勇五营，游击李春阳募景东厅土勇两营，千总刀焕彩募镇沅厅土勇两营，参将尉迟东晓募威远厅属猛烘、猛班、猛戛各地方土勇700名，分扎各个要隘，围堵张氏割据势力，为入秋后的大规模军事行动做准备。此时张秉权已死①，其子张登发更为骁勇，纠众数千人，以上改心圈控为根据地，分扎于今澜沧县的三台坡、大蚌江、蛮糯、滚岗、坝卡、大箐各处，兵多粮足，声势浩大，屡次攻占勐勐，还主动向缅宁厅（治所在今云南省临沧市临翔区）方向出击，一直深入到缅宁界内的打雀山、腊东、昔木、上下宁安一带。李芝隆等土目因接受清政府的招抚，也遭到张登发的忌恨，不断攻击其属下村寨。张登发势力的扩张致使边地纷扰不堪，顺宁府及缅宁厅地方文武官员不断向省政府告急，勐勐土官罕华封亦禀请发兵剿办。九月，岑毓英派大理提督蔡标率大军镇压，事实上蔡标还未到达裸黑山地区，清军的军事行动已经展开，顺宁协副将陆春率西路军从天生桥进攻上改心，为此次军事行动的主战场，尉迟东晓率领南路军由景谷向大蚌

① 关于张秉权的死因和时间，文献记录说法不一。当时的官方记录为"于上年（笔者注：光绪十二年）八月间被雷击死"（见《岑襄勤公遗集》卷二十八），而地方史志则说："光绪十三年(1887)……九月，云贵总督岑毓英，派出大兵镇压。张秉权时已年迈，闻讯后服毒自杀。"（参见双江拉祜族佤族布朗族傣族自治县志编纂委员会编纂：《双江拉祜族佤族布朗族傣族自治县志》，云南民族出版社1995年版，第857页。）

江进发，两路大军人数超过了6000人。战斗首先在西路的缅宁、勐勐交界处爆发，三台坡为西山总口，地势险要，易守难攻，张登发亲自率领数千人在此驻守，共扎大营3座和20多座小营，并依地势修筑了不少工事，西路清军由陆春亲自督战，分3路进攻，激战一整天后将大营攻破，随后又经过两天的鏖战，张登发武装伤亡3000余人，被迫放弃三台坡阵地。此后双方又经过多次争夺战，清军都取得胜利，陆续占领南亢、上下忙蚌、大小富王（户完）等据点。南路的清军由勐戛进至大蚌江边，遭到张登发武装的大炮连环轰击，无法渡江。清军派代表过江，招抚了圈糯头人李先春及其属下千余家，瓦解了守江部队力量，西路军禹光延攻占南元后，乘胜直趋大蚌江边，接应南路清军渡江。两路清军会合后共同进军至忙糯河，张登发武装抢先拆毁忙糯河大桥，在河岸设大炮轰击清军，尉迟东晓一面在河岸架设大炮对打，一面派兵乘夜色从上游乘木筏渡河，抄守军的后路，忙糯旋即失守，清军进逼到圈控（今双江县大文乡）。圈控为张氏割据势力多年经营的老巢，地势险要，防守严密，物资充足，张登发集中数千战士，分守大箐和圈控两路，岑毓英命令陆春兼程奋进，并嘱咐将部队随带之克虏伯后膛炮赶送军前，用以攻坚。在军事斗争的过程中，岑毓英强调部队不一味地征讨杀伐，要注意团结当地各族民众，努力分化瓦解地方割据势力，每到一地则“刊发简明告示，交各营文武员弁觅识字及通习夷语之人持往各寨，逢人讲解，故能望风披靡”①，取得了很好的效果。十月十五日，清军用开花炮猛轰圈控城外大营，张登发守军伤亡数百人，不得不放弃阵地，退入城中，清军又用大炮轰塌城墙，攻入城中，两军在城内激战一天，彼此伤亡惨重。次日张登发放火焚城，将老弱妇孺抛弃，率领精壮突围后退入大箐。在军事行动开始之时，岑毓英就已预见到张登发势力如不能坚守，必然要退入山中打游击，导致战事旷日持久，劳师靡饷，最终甚至可能归于失败，所以命令军中文武各员务必在张登发溃败后广为招抚，申明不论甘心还是胁从，但肯逃出的汉夷人等，愿归本寨耕种者，即是良民，既往不咎。此政策颇切合裸黑山边疆民族地区的实际状况，陆春和尉迟东晓等将领很好地执行了这一政策，先后从山箐中招出

① （清）岑毓英撰，黄振南、白耀天标点：《岑毓英集》，广西民族出版社2005年版，第401页。

汉、夷百姓一万数千人，原先逃避战乱的百姓见状也安心归寨，大箐中只剩张登发及其死党数百人，势单力薄，自然难成气候。清军入山搜捕，将张登发及其叔父张秉意弟张征良子张十（石）保军师杨定国等捕获，在缅宁杀害，最终将裸黑山地方割据势力荡平。

三、设置镇边厅及其影响

岑毓英上给清廷奏折中，数次回顾过裸黑山问题演变的源流，他认为裸黑山地方割据势力的坐大及叛服靡常，关键在于缺乏直接有力的管辖，嘉庆年间清政府镇压了李文明、张辅国等领导的起义后，把降服的张辅国安插到孟连土司辖境内的南兴做土目，原本是希望通过当地土司的约束，以保地方安宁，但后来孟连及周边的耿马、勐勐等土司的统治日渐衰落，张辅国的力量却不断壮大，此消彼长，面对张氏割据势力的日益侵逼，各土司自保不能，遑论有效管辖？所以嘉庆年间的3次勘定，都“不旋踵而乱又作”，严重影响到祖国西南边疆地区的稳定。“况现值缅国杌陧，尤当绸缪未雨，用固藩篱。”因此建议“拟将裸黑地方请设同知、参将等官，扼要管辖，以期一劳永逸”①。岑毓英在讨论裸黑山设流官及成立军政管理机构时，与以往中央王朝处理边疆问题的模式不同，他在给朝廷的建议中重点提到缅甸问题，实际上已考虑到西方殖民主义者在东南亚扩张势力的影响，表明其已开始积极应对滇缅传统边界潜在的危机。岑毓英的主张得到清廷的支持，光绪十三年（1887年）十二月二十一日朝廷降旨：“裸黑地方应如何添设文武员弁扼要管辖之处，著该督、抚酌度情形，妥议具奏该部知道，钦此！”②这一决策就当时的国内国际形势而言，无疑是正确的。经过筹备，“光绪十四年（1888年）二月，清政府核准，在倮黑山圈糯地方（今澜沧谦六）设镇边直隶厅，隶迤南道，委王德诰为同知。同时设镇边营，隶普洱镇，委尉迟东晓为参将”③。同知王德

---

① （清）岑毓英撰，黄振南、白耀天标点：《岑毓英集》，广西民族出版社2005年版，第403页。

② 中国第一历史档案馆编：《光绪朝上谕档》第13册（光绪十三年），广西师范大学出版社1996年版，第495页。《岑襄勤公奏稿》中所载内容相同，惟日期记录为二十二日。

③ 思茅地区地方志编纂委员会编：《思茅地区志·大事记》（上册），云南民族出版社1996年版，第12页。

诰负责管理“地方钱粮、讼狱及新附各土职”[①]。下设同知知事一员，同驻厅城管理监狱。设巡检二员：一驻下改心，分防蛮引、大山、蛮蚌、大丫口各地方；一驻上改心，分防白竹林、坝卡、圈控、滚冈、细些、东弄各地方，以资分治。参将尉迟东晓统率镇边参将营官兵，额设十成战兵506名，由顺云协内抽拨406名、威远营内抽拨100名充抵。又于顺云协、威远营中先行拨守兵304名，以抵镇边营五成守兵之额。这支部队负责在镇边厅辖境内存城防守和分设汛塘，至光绪“十六年，造圈糯土城为厅治所”[②]。

岑毓英之所以在裸黑山地区设置镇边直隶厅而非其他类型的行政机构，有其深入的考虑，既要照顾到西南边疆民族地区社会发展的实际状况，又必须能有效应对南亚、东南亚国际形势的变化，可谓意义重大。第一，是明确了此地的行政区划，在筹备成立镇边厅的过程中，岑毓英“檄饬云南藩司会同迤南道派员查明该山道里、经界、户口、田地共有若干，每年共可征粮若干”[③]。为清政府首次在此区域有明确的行政区划，“行政区划的实质是中央对地方实行有效的分层级行政管理。中央通过行政区划把行政权力深入到地方，掌土治民”[④]。从此清政府在此地建立起直接行政管辖；第二，将镇边厅定为直隶，较高的行政级别除凸显出其在滇西南国防地位的重要性，同时也给予了当地政府官员更大的行政权力，直隶厅的官员同知（通判）“不再是知府的佐贰官，而是与知府、知州、知县一样，是自己辖区内的行政长官—正印官……其行政层级与府、直隶州并列，是为直隶厅。”[⑤]有利于政府加强管理；第三，云南政府设置厅这一区划时，还充分考虑到边疆民族地区的复杂性及其社会发展的阶段性，厅是一种“由土司制度或当地民族自行管理模式向全国政区的一体化演进的

---

① （清）岑毓英撰，黄振南、白耀天标点：《岑毓英集》，广西民族出版社2005年版，第412页。

② 牛鸿斌、文明元、李春龙、刘景毛点校：《新纂云南通志》七，云南人民出版社2007年版，第730页。

③ （清）岑毓英撰，黄振南、白耀天标点：《岑毓英集》，广西民族出版社2005年版，第403页。

④ 陆韧:《清代直隶厅解构》，载《中国历史地理论丛》2010年7月第25卷第3辑。

⑤ 傅林祥：《清代抚民厅制度形成过程初探》，载《中国历史地理论丛》2007年第1期。

过渡型政区”。此制度我们可以称之为“存土置流”，它既保留当地的传统管理体系，又设置流官，强化国家的行政管辖，“被改流的拉祜族地区的政权组织，同全国政区趋于划一，这有利于加强内地与边疆的联系、各民族间的交往和国家的统一”①。因而具有时代之进步性；第四，厅的设置有利于我国防建设，“‘厅’可以认为原来是一种管辖边境地区的特殊机构……厅的军事（维持治安）的机能还是浓厚”②。镇边厅的设置恰好就突出了这方面的特点，美国史学家G.W.施坚雅在对中国不同区域的行政建置进行对比研究后认为：“厅这种特殊的行政区划似乎最适宜于防御安全，这点在区域边缘地带内尤为明显。”③由此我们可以了解岑毓英在滇缅边境地区设置镇边直隶厅，有其合理性和必要性；第五，有效的军事管控与防御，直隶厅的行政长官同知与其他流官不同的一点是具有军事管控权，这与厅的军事防御功能相一致，但就镇边厅承担的国防功能而言是不够的，所以岑毓英决定在镇边厅境内再设镇边营，建立起更强有力的军事控制，镇边营设立后，“则顺、威前面既有屏蔽，后路自可腾挪”④，实际上是增加了滇西军事防御的纵深。

岑毓英将新设之厅命名为“‘镇边’，乃镇慑边境之意”⑤，从中可知其在滇缅边境地区经营的重点为巩固边疆和加强国防建设。镇边厅的设置对后来中缅边界南段的划定影响深远。英国人在掌控缅甸局势后，在中缅边境地区积极展开实地考察，光绪十六年（1890年）冬，英印政府派出专门的考察队伍分南北两线调查滇缅边界情况，在勐海与中国官员刀丕文会面时，英方公开声明此行目的是为“明年两国要作分界事，是以先来遍

① 晓根:《拉祜族地区土司制度与改土归流》，载《云南民族学院学报》（哲学社会科学版）1998年第4期。

② 真水康树：《清代“直隶厅”与“散厅”的“定制”化及其明代起源》，载《北京大学学报》（哲学社会科学版）1996年第3期。

③ [美]施坚雅著，王旭等译：《中国封建社会晚期城市研究——施坚雅模式》，吉林教育出版社1991年版，第187页。

④ （清）岑毓英撰，黄振南、白耀天标点：《岑毓英集》，广西民族出版社2005年版，第412页。

⑤ 澜沧县地方志编纂委员会编纂：《澜沧县志》，云南人民出版社1996年版，第35页。

观情形，以备将来得以现成耳”[1]，他们沿途搜集情报，笼络当地土司头人，考察过程中曾深入至中国境内的孟连、车里等地，事实上已严重侵犯我国主权，然而并未受到中国方面的抗议。考察队除偶因当地土司阻拦而改变行程外，基本上一路通行无阻，但在光绪十七年（1891年）正月初八英人行至孟连城，“离镇边厅五日。镇边武官姓迟名东晓，又姓余（笔者注：应为镇边营参将尉迟东晓），洋人闻迟大人要来，又闻有重兵相随，遂不肯多留，辞而他适。又东和、大仓二处有李、刘二大人扎住。云即迟大人的部下将官，兵有千人把守”[2]。中国方面在镇边厅的政治和军事力量存在，对于英人企图进一步深入中国领土刺探情报的行为起到有效吓阻的作用。“经此次探察，描绘地图，后来中英交涉滇缅界务，即根据此图提出分界线也。”[3]由此可知此次考察与稍后的中英滇缅划界关系重大，由于镇边厅的设置，使英国殖民主义者不能深入探查中国边境地区的虚实，其无餍之望被阻遏。

光绪十八年至二十年（1892—1894年），薛福成与英国外交部就滇缅边界问题展开交涉，双方争执的一个重要问题就是：“车里、孟连土司辖境甚广，向隶云南版图，近有新设镇边一厅，系从孟连属境分出，英人以两土司昔尝入贡于缅，并此一厅争为两属。”[4]在稍后两国达成的《续议滇缅界务商务条款》中规定：“现因中国不再索问永昌、腾越边界处之隙地，英国大君主于北丹尼（即木邦）地及科干，照以上所划边界，让与中国之外，又允将从前属于中国兼属缅甸之孟连、江洪所有缅甸上邦之权，均归中国大皇帝永远管理。”[5]英国政府之所以会在此问题上让步，固然是中国方面据理力争的结果，但笔者认为中国方面在镇边厅政治与军事力量的存在，是英国人不容忽视的关键因素。如果没有岑毓英领导下的云南省政府在此区域的积极经营，建立起直接而强有力的行政和军事管控，则

① 李根源辑，杨文虎等校注：《〈永昌府文征〉校注》第4册，云南美术出版社2001年版，第3661页。

② 李根源辑，杨文虎等校注：《〈永昌府文征〉校注》第4册，云南美术出版社2001年版，第3659页。

③ 方国瑜：《云南史料目录概说》，中华书局1984年版，第564页。

④ （清）王彦威、王亮纂辑：《清季外交史料》卷88，书目文献出版社1987年版，第11页。

⑤ 王铁崖编：《中外旧约章汇编》第1册，三联书店1959年版，第577—578 页。

难以杜绝英国殖民主义者的觊觎之心。

反观潞江下游东岸之蟒冷地，原为清政府所辖，后因经营者不力，而最终被划入缅地，从中可以看出岑毓英经营滇缅边境地区之重要性。据《续云南通志稿》卷七十三边防顺宁府载："莽冷，亦作孟仑……乾隆间曾内附，后以距内地远，官弁畏瘴罕至，遂负其险阻倔强自雄。既不属华，亦不属缅，聚其族类介居两国边境。"①又"据孟连傣文载记：孟连与莽冷时有争夺，亦相亲善，互为婚姻。经济关系甚密切，当拉祜族头人三佛主强盛时，莽冷头人至西盟投诚，给班阳印信，缴年例，有政治联系。"②按三佛主势力兴盛，为清同治、光绪年间事③，可知一直到清晚期，蟒冷仍与中国保持密切联系，镇边厅设置时，其为厅西部之辖境。④在经营裸黑山地区及设置镇边厅的过程中，以镇边营参将尉迟东晓最为得力，在"设置镇边厅后，逐渐稳定，孟连、猛允、猛猛、猛危、猛董、班洪、班老、岩帅、西盟等处，建立政权，犹待继续安边设施"。尉迟东晓在裸黑山地区的经营卓有成效，然而在"光绪十七年（1891）四月，镇边厅同知王绩威会同署参将尉迟东晓履勘边界，行至石门坎（笔者注：今澜沧竹塘乡）遭千余名拉祜族袭击，把总孙汉祥、杨应光被杀，尉迟东晓中箭身亡，随行者死50余人"⑤，此事件对云南地方政府在滇缅边界的经营来说是一个沉重的打击，"尉迟东晓死难，镇边厅设施规划尚未完成。后任者王伯成，未能继续施展，而中英两国在伦敦议定滇缅界务条款，任英人摆布。乃于萨尔温江以东，卡瓦山地区，划一条分界线，规定'镇边厅归中国，孟仑归英国'之明文。孟仑即满冷，自来非缅地。初设镇边厅时，为厅西部之辖境也。"⑥从此段史实中我们可以看到，镇边厅的设置，使英人欲图孟连、车里而不得；然而尉迟东晓死难后，清政府在此地

① （清）王文韶等修，唐炯等纂：《续云南通志稿》卷73，光绪二十七年(1901)四川岳池刻本。

② 方国瑜：《方国瑜文集》第三辑，云南教育出版社2003年版，第478页。

③ 董菊芬：《西盟"三佛祖"溯源》，载《今日民族》2007年第9期。

④ 方国瑜：《中国西南历史地理考释》，中华书局1987年版，第1253、1254、1258页。又见方国瑜：《云南史料目录概说》，中华书局1984年版，第563—565页。

⑤ 思茅地区地方志编纂委员会编：《思茅地区志·大事记》上册，云南民族出版社1996年版，第12—13页。

⑥ 方国瑜：《云南史料目录概说》第二册，中华书局1984年版，第565页。

不能继续经营，则使厅西所辖之蟒冷地丧失。尉迟东晓死难固然对清政府在此地区的经营造成打击，然而笔者认为滇西边疆经营者岑毓英去世才是问题的关键，尉迟东晓只是岑毓英策划方案的实施者，岑毓英去世之后，继任云贵总督王文韶庸碌无能，对英法殖民势力的扩张妥协退让，才最终让下蟒冷地沦入英国殖民者之手。

后人评述晚清政府在中国西南边疆的经营，多持否定态度，认为其失地赔款，丧权辱国，情形大体如此，但也不可一概而论。具体就滇缅边境地区而言，有研究者认为："1885年英国取得殖民战争胜利后，就派出4万多人的军队，整整用了5年的时间来镇压上缅甸、中缅边境、掸邦各地和印缅边境的起义暴动，到1895年，才把缅甸国内的秩序安定下来，并逐步控制了缅甸边境地区。与此同时，清政府也没有加紧中缅边境的勘察、治理工作。"[①]就本文论及的史实而言，此论断实际上抹杀了以岑毓英为首的云南地方政府领导各族军民经营中缅边界上做出的巨大贡献。岑毓英于光绪十五年（1889年）去世，其经营中缅边境的努力不能继续，与其同时代的云南人罗养儒评论其经营裸黑山和设置镇边厅的功劳时说："岑毓英死后，谥法上则得到一襄字，以有此开疆辟土之劳也。"[②]按唐张守节在《史记正义》中论及古人谥号之法时谓："辟地有德曰襄。"[③]这里我们需要强调的是，岑毓英一生在云南的经营并不是所谓的"辟地"，而是在西方殖民列强在中国西南周边扩张势力的危急时刻，努力建设稳固的西南边疆，以抵御英法等列强掀起的殖民浪潮，力图改变近代以来我国被西方列强侵略过程中不断丧地的屈辱历史。面对英国殖民势力的不断入侵，岑毓英通过经营裸黑山地区和设置镇边直隶厅，在滇西边疆树立起一道坚固的防线，从这个意义上来说，岑毓英谥号"襄勤"，无疑是一个极为中肯的评价。

① 朱昭华：《中缅边界问题研究》，黑龙江教育出版社2007年版，第68页。
② 罗养儒撰：《纪我所知集（云南掌故全本）》，云南人民出版社2015年版，第382页。
③ （汉）司马迁：《史记》，中华书局2005年版，第2521、2525页。

本章结论

岑毓英创建及建设滇军，使之不断发展壮大，成为近代中国西南地区一支重要的军事力量，其对近代云南边疆的巩固发展所起到的重要作用，尚未得到充分的认识。经过中法战争考验并继续发展壮大的滇军，对一直企图将殖民势力延伸至云南的英法列强来说，无疑有巨大的震慑作用。中法战争之后，中国周边的领土继续遭到帝国列强的鲸吞，不断丧权失地，最终沦入半殖民地的深渊，而云南虽有英法列强野心勃勃环伺左右，但直到滇西抗战爆发前，半个多世纪间未遭到列强大规模的武装入侵，与强大的滇军存在有很大关系。

当缅甸沦为英国殖民地以后，南亚、东南亚的国际形势发生变化，滇西边疆出现严重危机。面对挑战，岑毓英积极主动应对，通过充实滇西边防、经营裸黑山区及设置镇边直隶厅，初步稳定了滇西边疆的形势。后由于岑毓英去世，继任者未能将此项事业完成，岑毓英滇西边疆的经营方案未能完全达成，但这些经营对于建设滇西稳固的边防，仍起到积极的作用。岑毓英国防思想和治边政策有其高明之处，他能觉察近代以来东南亚形势的新变化，并预见到中国西南边疆的潜在危机，采取积极主动的防御措施，将危机消弭于无形之中，而不是等到事件发生才去应对和补救，使得这段经营边疆和捍卫国权的历史显得多少有点“波澜不惊”，但保证了边疆的稳定和人民的安宁，这固然是其个人才干的体现，更是经营西南边疆数十年历练的结果。镇边直隶厅的设置在中国西南近代历史发展中的重要性，至今人们认识不足，岑毓英的国防思想，还有待系统深入地研究，只有实事求是地探讨这段历史，汲取经验并总结教训，才能为今天建设繁荣稳定的边疆提供有益借鉴。

结论

第一节　从“命运同轨”看清王朝在近代云南边疆经营

民国时期，历史学家孟森批评时人对清代历史的研究态度说：“近日浅学之士，承革命时期之态度，对清或作仇敌之词。既认为仇敌，自无代为修史之任务。若已认为应代修史，即认为现代所继承之前代，尊重现代，必并不厌薄于所继承之代，而后觉承统之有自。清一代武功文治，幅员人材，皆有可观。明初代元，以胡俗为厌，天下既定，即表章元世祖之治，惜其子孙不能遵守。后代于前代，评量政治之得失，以为法戒，乃所以为史学。故史学上之清史，自当占中国累朝史中较盛之一朝，不应故为贬抑，自失学者态度。”①孟森认为清代在中华民族的发展史上有巨大贡献，②以孙中山为领导的革命党人在辛亥革命中推翻清王朝统治之后，建立起共和政体，视清代的专制帝制为反动，此态度影响到学者，对清代的历史研究不免产生厌薄之情。

此态度对国内史学界有深远影响，20世纪50年代之后，大陆史学界由于“左”倾思潮等因素的影响，对清代尤其是晚清历史的研究更呈现出一种简单化和片面化的倾向，当清王朝的统治被贴上“腐朽”“反动”“卖国”等标签时，对于清代一些重要的历史问题如清王朝在近代云南边疆经营的研究，便很难做到实事求是和客观公允。改革开放近40年来，本着解放思想和实事求是的原则，学术界关于清代历史的研究取得长足进步，获得不少重要成果，为我们今天研究近代云南边疆治理问题打下了良好基础。

自咸同军兴起，云南的边疆问题日益突出，对此我们不应孤立看待。

---

① 孟森：《明清史讲义》，中华书局1981年版，第364页。

② 有学者认为以清代康雍乾盛世为代表，在中华民族的发展史上大致有六大贡献可以彪炳青史，垂范千秋：一、基本奠定今天中国的疆域；二、形成一套从中央到地方成熟、完备、前近代型的行政管理体制；三、推动以农业为中心的社会经济全面高涨；四、促进人口巨大发展；五、疆土广袤，人口众多，国势雄强；六、作为东方最为强大富庶的帝国，大清帝国经略“华夷秩序”，维系了东亚国际格局的稳定与安全。参阅何芳川：《世界历史上的大清帝国》，《史学理论研究》2004年第1期。

19世纪中期以来云南地方的动乱，是各种因素共同作用的结果：首先就云南省的情况而言，清中期以来人口增加，农业发展相对滞后，矿业生产日渐衰落，导致社会矛盾日渐尖锐，而清王朝自嘉道以后吏治逐渐败坏，不能有效管控社会风险，是导致咸同军兴发生的重要原因。咸同军兴虽在一定程度上包含有族群矛盾冲突，但并非这段历史发展的主流。从云南各民族共同发展的历史来看，民族友好团结始终是主流，这是今天云南成为民族团结进步示范区的坚实基础，至于将云南咸同年间各族人民反清斗争与其他地区的反清斗争联系在一起（事实上目前能见到的材料当中，能证明这种联系存在的极少），认为其是“全国反清斗争的一个方面军”，或干脆将其“当作近代农民战争的一个组成部分来看待”，基于此理论的“研究在一定程度上脱离了历史的实际，变成了一个先入为主的概念出发，可以任意去比附、解释和评说的对象”，目前这类研究在学术界中已逐渐归于沉寂。[①]其次就当时国内的形势而言，当清帝国统治日渐衰落之时，西方殖民列强正处在上升发展期，自道光二十年（1840年）第一次鸦片战争起，清王朝与殖民列强的斗争始终处于下风，随着列强对中国的侵略持续深入，清王朝统治内外交困，国内矛盾尖锐，太平天国运动便是在这样一个历史背景下发生。受此影响，维持云南地方军政运转的协饷无法按时拨发，发展地方经济的铜本更是从此中断，使云南地方社会矛盾更加激化，是云南咸同军兴发生的一个大的时代背景。随着英法列强在东南亚不断扩张殖民势力，缅甸越南先后沦为其殖民地，中国西南地区藩篱尽失，边疆危机空前加剧。就当时中国的内外形势而言，云南的边疆问题是当时中国边疆问题的核心之一，面对英法等列强殖民势力不断扩张，云南边疆经营是否得当关系到国家的安危，因此对晚清政府在云南边疆经营历史的研究，应考虑到当时中国西南周边的国际形势。对这段历史深入探讨，无论是学术上关于中国西南边疆治理的研究，还是今天对云南边疆社会现实问题的认识，都有重要的意义。

一切事物都有其历史发展过程。今天云南边疆的现状，固然是长期历史发展的结果，与清政府在近代西方列强掀起的殖民浪潮中的经营关系

① 杨永福、张克非：《国内五十年来的回民起义研究述评》，《云南社会科学》2001年第5期。

尤为密切。清代云南边疆治理涉及多方面工作，重点则是维护地方政局统一、形势稳定及应对殖民列强势力的扩张。我们对清政府在近代云南边疆经营的史实认真梳理，大致可得到以下几点认识。

第一，依靠岑毓英统一云南地方政局。云南咸同军兴，各族人民反抗晚清腐朽统治是此历史时期发展的主线，割据一方的团练武装及匪患则使地方局势更加动荡。云南咸同军兴期间，也正是太平天国等运动进行得如火如荼之时，清王朝评论此时期对云南的经营说："正中原之云扰，鞭长莫及。"[①]虽然力有不逮，但清王朝还是在努力维持其在云南的统治，在岑毓英就任云南巡抚之前，清廷多次委派文武大员到云南省经营，但这些官员要么避而远之，如刘源灏、贾洪诏等，要么因无法控制地方局势而在忧患中死去，如恒春、潘铎等，清政府不得不依仗本不信任的徐之铭、马如龙和岑毓英维持其在云南的统治。最终岑毓英通过自己的实际行动赢得清廷的信任，成为清政府在中国西南边疆统治的代理人之一。在清王朝的支持下，岑毓英得以实现自己的理想抱负，他一方面严厉镇压各族人民的反清斗争，另一方面清除了地方割据动乱势力，最终统一了云南地方政局。云南地方政局重新统一，使清政府在云南边疆的地方治理和边防建设工作得以顺利进行。19世纪下半期英法列强在中国西南周边积极扩张殖民势力范围，我国西南边疆危机日益严峻，在这样一个历史背景之下，云南地方政局的重新统一具有重大历史意义。

第二，维持云南地方财政。云南由于社会经济发展相对落后，地方财政收入不能维持本省政治军事等方面所需经费，需要中央及各省拨发经费来维持，称为协饷。云南咸同军兴时期，因受到太平天国运动的影响，中国许多地方也处于动乱之中，清政府在国家财政极度紧张的情况下，积极督促各省拨发协饷到云南。据岑毓英的奏报，咸同军兴之前云南每年所需协饷为银40余万两，军兴时期清政府不断加大对云南地方财政的支持力度，同治八年（1869年）更规定每月各省拨发协饷数量为银12万余两，然而各省都有自身的困难，平均每月拨到云南的协饷仅有2万余两，让岑毓英在云南苦撑经营。事后岑毓英声称云南"军兴十有八年，所用外饷大约

① （清）岑毓英撰，黄振南、白耀天标点：《岑毓英集》，广西民族出版社2005年版，第2页。

不过四百万两”[①]，虽然协饷不足导致云南地方财政捉襟见肘，但这是岑毓英能够在云南地方经营的关键因素。

第三，支持地方恢复发展文化教育事业。清王朝非常重视对地方社会的教化，将其视为正风俗、治国家的重要手段，主要形式则是读四书五经等圣贤之书及参加科举考试。一个地方的文化教育发展如何，与当地乡试取中的名额及地方府、州、县学每届考试录取入学的名额有直接关系，这些名额由政府预先规定好，大体以一地文风高下及钱粮丁口多寡以为依据。云南咸同军兴时期，全国许多地方爆发反清斗争及割据叛乱，清政府因无力镇压，下令各地组织团练来维持其统治，并以民间捐输的形式承担各项经费，咸丰三年（1853年）规定可根据捐输数额永久增加各地乡试录取名额及官学生人数以示鼓励，后于同治九年（1870年）改革，增加录取名额为一次性。由于长达18年的社会战乱，云南的文化教育事业受到很大破坏，清政府出于维护其统治的需要，支持岑毓英努力恢复云南文化教育的各项举措，同治九年，在云南地方社会仍然动荡不安的情况下，清政府委派主考官绕道四川进入云南，将云南自咸丰五年（1855年）至同治九年15年间耽误的两届恩科和四届正科乡试，与当年的庚午科乡试一并举行，并足额录取，对云南地方文化教育事业的恢复发展促进很大。光绪元年（1875年），清政府在全国已停止因捐输增加乡试录取名额的情况下，又特别为“云南文武乡试各加永远中额十名，以示嘉惠士林之意”，亦为促进云南地方教育发展的一大重要举措。此后清政府继续推动云南地方的文化教育发展，在云南安平等16厅、县添设官学并委派负责地方教育的官员，进一步促进云南的文化教育发展。

第四，支持云南发展地方经济。咸同军兴之后，清政府大力减免云南省积欠的赋税，以促进地方经济的复苏。云南省境内多高山深谷，江流湍急，受此自然环境的影响，滇越铁路通车以前的云南交通运输困难，农业和商业发展较为落后，省内重要的经济产业为采矿业，其中又以铜矿的采冶为主。随着云南及国内其他省份的局势逐步稳定，清政府在国家财政非常紧张的情况下，从各省调拨铜本也就是恢复矿业生产的资金进入云南。

① （清）岑毓英撰，黄振南、白耀天标点：《岑毓英集》，广西民族出版社2005年版，第134页。

铜在清代是国家重要的战略物资，岑毓英则将恢复铜业生产视为云南保障稳定和发展经济的重要措施，他召集大批青壮劳力从事矿业生产，由于措施得当，同治十三年（1874年）至光绪元年（1875年）间，云南省共上交京铜100万斤，民间仍有余铜，云南以铜为代表的矿业生产得到较好恢复。后岑毓英因马嘉理事件去职，继任者贪腐无能，云南铜业开采再度衰落，但清政府仍继续努力，在云南采矿业中引进机器以推动生产进步。此外清政府还大力扶持云南的盐业和锡业生产，这些努力对云南近代工商业的发展有促进作用。由于英法列强垂涎于云南丰富的矿藏资源，清中央及云南地方政府积极恢复及发展矿业生产，除促进地方经济恢复发展外，还有一个重要目的是杜绝殖民列强的觊觎之心，可知清政府在近代云南的经营，除建设边疆外，还有应对殖民列强在中国西南周边扩张势力的因素。

第五，维护边疆地区稳定。清代云南沿边多为土司辖地，“抚绥土司，用固藩篱”一直是清政府边疆治理政策中的重点，随着英法等殖民列强在东南亚不断扩张势力范围，中国西南边疆的危机日益显现，清政府采取各项措施加强对边疆土司地区的管控，除镇压地方分裂割据势力外，还在土司地区强化国家民族和领土主权等观念，以应对西方侵略势力的挑战。总的来说，此时期清政府在云南边疆土司地区的经营策略得当，效果较好，当英法列强吞并缅甸和越南以后，其侵略势力进逼至我滇西和滇南边境地区，云南军民面对威胁奋起抵抗，边疆土司地区的民众更是战斗在第一线，在云南边境地区筑起一道稳固的边防长城。

第六，维系中国与越南缅甸传统的宗藩关系。随着法英列强不断扩张其势力范围，中国在东南亚一带长期经营的宗藩体系逐步解体，随着中国的传统藩属国越南和缅甸逐步沦为其殖民地，中国西南边疆“藩篱尽失，堂奥洞开”。清政府出于国家安全战略的考虑，与法英扩张殖民势力的行动展开斗争，力图维系中国与越南、缅甸传统的宗藩关系，其中在越南问题上与法国兵戎相见，在缅甸问题上则与英国展开了外交斡旋，虽然形式不同，但清政府力保越南、缅甸不沦为法英的殖民地，以达到保藩固圉和“守在四夷”的目的则是一致的。对于清政府此时期在中国西南周边国家地区的经营，研究者多持否定态度，认为资本主义推出的条约体系已经破坏并蚕食东方古老的宗藩体系时，清政府不能及时调整策略，其维系中国与越南、缅甸传统的宗藩关系的努力，只能是一种盲目的碌碌无为，可谓争无所争。

第七，初步接受西方列强主导的条约体系并努力维护国家主权利益。中法战争结束后，按中法两国签订条约之规定，两国开始勘分中越边界。清王朝针对过去中国与越南在传统宗藩体系下边界模糊之情况，指示勘界大臣和地方政府说："中外之限，自此而分。凡我旧疆，固应剖析详明，不得略涉迁就。"本着此精神，中国政府代表在勘界过程中与法方据理力争，中越边界的划分在一定程度上体现了中国政府的边界领土主张。中越边界勘定以后，清政府还督促云南和广西地方政府认真履行条约规定，在中国西南边疆地区开埠通商。以上史实表明，在法英已吞并越南、缅甸成为事实的情况下，面对中国西南周边国家地区的新形势，清政府开始调整策略，初步接受西方列强主导的条约体系，并试图通过这一体系的规则维护国家的主权利益。

第八，建设云南边防。近代以来云南的边疆危机，使清政府认识到建设云南边防的重要性，中法战争期间的滇军近代化建设，以清政府为滇军装备大量的新式武器最为关键。战后滇军力量的继续发展壮大，也与此时期清政府在全国推行的军事制度改革的大环境分不开。

如何评价晚清政府在近代云南经营的历史？历史学家何芳川的"命运同轨"论颇有启发性，关于清政府在近代中国内忧外患困境中力图振作的历史，他精辟地指出：当在帝国列强用坚船利炮强行打开中国的国门后，"大清帝国虽然颟顸，却仍然扮演着中华民族捍卫者的角色……大清帝国的抗争，就是中华民族的抗争；大清帝国的屈辱，就是中华民族的屈辱。大清帝国，对外代表着中华民族的利益。两者的命运，大致是同轨的"[①]。"命运同轨"论无疑为我们今天认识清代云南边疆治理的历史提供了有益的借鉴，当英法殖民列强试图将云南开辟为其进入中国内地的通道时，统治已日趋衰落的晚清政府则在中国西南边疆努力经营，通过统一政局、维护稳定、恢复文教、发展经济、边境划界和建设边防等措施，努

① 何芳川：《世界历史上的大清帝国》，载《史学理论研究》2004年第1期。

力在中国西南地区建立起一道抵御英法列强殖民势力入侵的防线。清政府在云南边疆的各种经营举措，其主观目的固然是为了维持自身专制集权统治，但在客观上有利于维护国家的领土主权，这点与中华民族的根本利益是符合的，这也就是何芳川所说的大清帝国与中华民族“命运同轨”的结果，因此对清政府在近代云南边疆经营的历史，我们应当辩证分析和客观评价。

第二节 滇边长城岑毓英

光绪十五年（1889年）五月初八，晚清重臣云贵总督岑毓英溘然病逝于任内，清廷谕赐祭文哀悼，其中有这样两句话：

> 炎徼提戈，历大小之数百战；
>
> 长城卧鼓，绥边陲者二十年。[①]

这是清政府对岑毓英一生在云南经营事迹的高度概括和评价，这两句话包含了两层意思：第一层意思主要述及岑毓英的平滇事迹，说他在云南依靠武功起家，历大小战阵数百，最终统一地方政局，恢复了清王朝在云南的统治；第二层意思则是高度肯定岑毓英在云南边疆的经营功劳，认为他一生致力于地方治理和边防建设，为祖国建设巩固的西南边疆做出巨大贡献，面对英法等列强在南亚东南亚掀起的殖民浪潮，沉着而坚定地维护了国家和民族的利益。因此认为岑毓英在近代中国西南地区的地位和作用，可以用长城来比喻。

对岑毓英治滇的历史，我们同样不能孤立看待。岑毓英治滇的历史，是清代边疆治理工作的重要组成部分，也是清王朝边疆治理工作的具体体现。岑毓英是近代云南边疆发展史上的重要历史人物，在咸同军兴时期，清政府忙于镇压太平天国运动，“时亟心腹，未遑边务”[②]，岑毓英本着

① （清）岑毓英撰，黄振南、白耀天标点：《岑毓英集》，广西民族出版社2005年版，第1页。

② （清）岑毓英撰，黄振南、白耀天标点：《岑毓英集》，广西民族出版社2005年版，第17页。

忠君爱国的思想，将经营云南边疆视为己任，他提孤军介嫌疑之间，通过实际行动证明自己对清王朝的忠诚，最终赢得清廷的信任，成为清政府在云南统治的代理人。咸同军兴之后，云南一方面因战乱人口大量减少，另一方面在统一地方政局过程中清政府的统治重新得到加强，此前云南地方社会存在的人口与经济的矛盾及清政府基层统治涣散等问题，都已发生很大的变化。此时期云南地方社会面临的重大问题，一是地方经济在长期的战乱中遭到严重破坏，二是英法列强吞并缅甸、越南后其侵略势力开始进逼云南，所以岑毓英此时期在云南的经营，一是恢复发展地方经济及文化教育，二是建设稳固的边防。此时期清政府对云南边疆的经营，具体工作由岑毓英负责，因此云南的地方治理和边防建设，许多方面体现出的是岑毓英个人的思想主张，这些思想主张有些方面与清王朝的边疆经营策略不相一致，甚至有相互抵触的地方。这些思想主张在云南近代社会历史发展中有深远影响，使云南近代社会历史留下了岑毓英很深的个人印记。下面就对岑毓英在近代云南经营的主要史实及其影响进行梳理。

第一，重新统一地方政局。当岑毓英被清政府选为云南地方统治的代理人后，他得以在中国西南地区施展自己的政治抱负。对于咸同时期云南的社会问题，林则徐有清醒的认识，他提出“不问汉回，但分良莠”的处理原则，算是看清了问题的实质，抓住了治理社会动乱的关键，很快控制住云南省内的局势。然而林则徐没有也不可能解决晚清云南人口增加、发展滞后、经济衰落及统治涣散等深层次的社会矛盾问题，因此地方社会危机依然存在，最终导致咸同军兴的发生。岑毓英在云南早期的经营，继承了林则徐治滇的政策主张，他以对清王朝的顺逆为区分标准，以恢复清政府在云南的统治为经营原则，其镇压的对象有云南各族人民反清武装，也有梁士美等地方割据势力，还有云南各地啸聚山林的土匪武装，最终重新统一了云南政局，恢复了地方社会的秩序。对于岑毓英早期在云南经营的历史，我们应该辩证分析：云南各族人民反抗清王朝的腐朽统治，无疑是正义的行动，而岑毓英对其进行严厉镇压，则有不能推卸的历史罪责；但岑毓英统一云南政局，恢复地方社会秩序，有符合人民安居乐业愿望的一面；在英法列强吞并缅甸、越南后，其侵略势力进逼至我西南边疆，岑毓英统一地方政局和维护边疆形势稳定的行动，有抵制列强殖民势力入侵中国西南边疆的重大历史意义。

第二，恢复发展地方文化教育事业。重视文化教育是岑毓英治滇工作中的一大特点，他在恢复地方文化教育方面所做的第一件事，就是恢复在云南中断长达15年的科举考试，为保障此项工作顺利进行，岑毓英在云南省内局势还未完全稳定的情况下，从澄江前线赶回到昆明督办，可以说云南恢复科举考试，岑毓英起到关键性作用。举行科举考试除宣示岑毓英是代表清王朝正统统治的政治意图外，还顺应了云南地方士子希望通过参加科举以实现理想抱负的呼声，使岑毓英赢得云南地方人士尤其是社会精英阶层的好感。咸同军兴之后，岑毓英又呼吁以战乱时期地方的捐输增加云南乡试永久录取名额，在清政府已取消此项政策情况下，岑毓英据理力争，为云南争取到此项发展地方文化教育的重要政策。此后岑毓英还在云南恢复文庙、学宫、书院、义学，完善助学机制，为发展地方教育而不遗余力。此时期岑毓英还大力振兴云南地方文化，努力修复各种寺、观、塔、坊，最典型的莫过于昆明一塔三坊（东寺塔及金马、碧鸡、忠爱三牌坊）的修复，保存至今的《重建东寺文笔塔暨忠爱金碧三坊碑记》记录下了当时的盛况：岑毓英带头捐款并亲自主持修复工作，云南主要是昆明地区各民族、各阶层、各行业及各宗教文化团体人士都积极参与，随着云南各地的宗教文化建筑得以重新修复，岑毓英也将长期战乱后离散的人心重新聚拢到一起，达到重振士气的目的，使云南地方社会再次出现安定团结的社会景象。时人评价岑毓英在振兴文化方面的作为说："从来名区胜迹，创兴难，举废尤难。废兴之际，虽关地运，实赖人为焉。如襄勤岑公之修复吾滇一切是已。"[①]肯定了岑毓英在振兴地方文化教育事业方面的努力。

第三，恢复经济保障民生。多年战乱使云南地方经济残破，岑毓英主政云南时期为恢复经济保障民生做了大量工作，他始终坚持"与民休息，培植元气"的原则，通过蠲免钱粮、重建社会保障救助体系、以工代赈安抚游民、裁撤练勇、恢复盐业及铜业生产等措施，使云南地方社会经济逐

① （清）金汉青撰文、张向宸书丹：《重建东寺文笔塔暨忠爱金碧三坊碑记》，该碑现存于今云南省昆明市书林街63号东寺塔茶花园内。

步复苏。在此过程中岑毓英最突出的特点是为民请命，在他主政云南期间，不顾个人的仕途前程，多次违抗清廷的成命，一直坚持不足额征收云南地方的田赋、盐课，还按市价办理铜务，以保障云南民众的利益，其中裁革夫马弊政，使云南底层民众受益颇多，是时人称道的治滇善政。

第四，建设边疆。当英法在东南亚积极扩张势力范围，缅甸、越南逐步沦为其殖民地，岑毓英加强对边疆土司地区的管控，他认真解决土司内部存在的问题，如滇南纳楼土司及滇西耿马土司的职位承袭案，保障地方稳定。岑毓英在边地民众当中强化国家主权的观念，他相信民心可用，积极组织地方民众起来保家卫国。以岑毓英为领导的云南地方政府在边疆治理中措施得当，极大激发了边地民众的爱国热情，在中法战争及滇越划界过程中，边地民众自发组织起来为维护国家领土主权而坚决斗争，开化府的苗民领袖项从周及临安府纳楼土司普国泰便是其中的代表，岑毓英通过努力，和云南军民在边境线上共同筑起了一道抵御殖民列强的边防长城。当云南边疆危机日益严峻之时，岑毓英在王朝抚绥土司政策中强化宣示国家主权的内容，进一步丰富了我国边疆治理政策的内容，是我们今天应该认真总结的宝贵历史经验。

第五，应对挑战化解危机。岑毓英在云南边疆的经营，还面临殖民列强扩张势力在中国西南边疆形成的危机和挑战，能否成功应对，关系到岑毓英地方治理及边防建设工作的成败。此方面的重要历史事件有马嘉理案和浪穹教案。在马嘉理事件中，由于岑毓英没按国际法则及惯例处理好，被英帝国主义者抓住把柄大肆要挟，岑毓英被迫去职，但没有动摇他坚决抵抗殖民列强势力入侵云南的决心。当中法因越南问题关系紧张，岑毓英再次主政云南，此时发生的浪穹教案，对岑毓英经营云南边疆造成很大挑战，岑毓英对教案妥善处理，让法国殖民政府无机可乘，同时还保护了反对法国侵略势力的地方民众，岑毓英得以继续其在云南边疆的地方治理及边防建设工作，为领导云南军民在中法战争中抗击侵略者奠定坚实的基础。关于岑毓英与马嘉理事件之关系，我们应将其放到当时中国西南边疆形势下考察，英法列强殖民势力进逼至中国西南边疆，影响到云南的稳定和统一，便与岑毓英在云南边疆的经营产生不可调和的矛盾，对于岑毓英坚决维护国家主权利益的行动，我们应给予充分肯定。

第六，入越抗法保疆固圉。中法战争期间，岑毓英率领滇军进入越南与法国侵略军展开军事斗争，成为维护国家主权和民族利益的民族英雄。此时期清政府一直主张保全越南以维持中越宗藩关系，就当时东南亚的形势而言，这样的想法可谓不切实际。岑毓英在中法战争中主张保留越南北圻以存越祀，同时达到阻止法国殖民势力进逼滇南边疆的目的，到滇越划界时又力争滇边战略要地，始终立足于维护中国西南边疆战略安全，对近代云南边疆的形成发展有深远影响。当英国帝国主义吞并缅甸后，其侵略势力进逼我滇西边境地区，岑毓英下决心经营裸黑山区，消除地方割据势力，并设立镇边直隶厅和镇边营，加强了我国政府对此区域的行政管辖和军事控制，对抵制英国殖民势力侵入我滇西边境地区有积极作用。后来中英两国勘分滇缅边界南段时，岑毓英的此项经营举措还对维护我国领土主权有贡献。

第七，创建滇军保卫西南。创建滇军亦是岑毓英治滇的一大贡献，滇军在岑毓英治滇过程中逐步发展壮大，成为中法战争中在越南战争抗击法国侵略者的主力，滇军在中法战争中经受住考验，并发展成为一支拥有新式武器及战法的近代化军队，在滇越划界及设置镇边直隶厅中发挥重要作用。战后岑毓英开始着手改革滇军，引入新式操练和考核制度，使滇军继续发展壮大，不仅有力保障了中国西南边疆的安全，还成为活跃于中国近现代历史舞台上的一支重要军事和政治力量，对中国近现代历史发展产生重要影响。

岑毓英在云南边疆经营中做了许多工作，以上所举为其中较为重要者，从中可以看出，在云南地方治理和边防建设中，岑毓英个人的思想主张起到很大作用。地方主政者对云南边疆发展的影响，我们还可以从另外两件史事看出：滇越划界过程中，岑毓英和周德润与法国代表达成协议，放弃十洲三猛部分区域以换取都竜战略要地，其中十洲三猛一带只是在地图上粗略划了一条分界线。岑毓英去世后，继任云贵总督的王文韶在云南边疆经营不力，对法国殖民者在十洲三猛一带扩张势力的行动妥协退让，后中法两国划分此段边界时，法方代表以当地土司所献地图为准，将原中法双方约定的界线北移，占领了此区域的大片领土；再如岑毓英主持设立镇边直隶厅后，还是由于王文韶经营不力，致使直隶厅西所辖之蟒冷地大片领土丧失。从正反两方面的事例我们可以看出，除国家政策的影响外，边疆经营者在云南边疆形成发展中亦起到关键性作用，其中的经验得失，值得后人认真研究总结。

古人云："天时不如地利，地利不如人和。"岑毓英在云南边疆的经营，充分利用了这三方面的条件：从天时上来讲，在中国东南部的太平天国运动及西南部的咸同军兴先后结束后，国内形势趋于稳定，在此过程中涌现出一批包括岑毓英在内的"中兴名臣"，一时"国家威棱，西惮葱岭，南极滇池，将才之威，方之汉卫、霍，唐郭、李，殆远过之矣！"[①]此时期清政府开始了求富求强的洋务运动，引进西方技术、资金并培养人才，编练新式海陆军，创办近代军工、民用企业以及新式学堂，这是日薄西山的大清帝国最后的振作，被称之为"同光中兴"，岑毓英正是抓住了这一有利时机在云南边疆励精图治；地利方面，在滇越划界及镇边直隶厅设置过程中，岑毓英充分利用了云南边境地区有利地形条件，努力构建滇边军事防御优势，不仅巩固了云南的边防，对近代以来云南边疆的形成发展有重要影响；而经过中法战争洗礼并不断发展壮大起来的强大滇军，以及坚决反对殖民列强入侵的云南民众，便是建设云南稳固边疆中最为关键的人和因素。岑毓英充分利用了天时、地利和人和的因素，在云南沿边建立起一道稳固的边防长城。此后半个多世纪里，云南虽有英法列强环伺左右，野心勃勃，但直到滇西抗战爆发前，列强始终未敢对云南发动武装入侵，其中虽有多方面的因素，但与岑毓英在近代云南边疆的苦心经营分不开。岑毓英在云南边疆的经营能取得这样的成绩，有其时代背景，更是其个人才能的展现。

总而言之，岑毓英一生在中国西南地区积极经营，可谓鞠躬尽瘁，死而后已，直至其临终前一个月，"法兰西领事弥乐石由保胜至蒙自，请照约开关通商，并遗方物。毓英申明约章，却其馈。弥乐石向关道索给游历各厂护照，毓英以矿务为滇人性命，不可听他族窥利源、夺生计，致开边衅，密电达总理各国事务衙门，累数百言以阻之"[②]。可知其在治滇过程中，始终把国家主权和民族利益当成头等大事来抓，至死不渝。从岑毓英一生的事迹来看，当中国西南边疆形势日趋严峻时，他不仅维护了云南地方社会的稳定，

---

① （清）朱孔彰撰，向新阳、朱英士标点：《中兴将帅别传》，岳麓书社1989年版，第1页。

② 王钟翰点校：《清史列传》，中华书局1987年版，第4624页。

还建设了巩固的西南边防，并在此基础上坚定地维护国家主权和民族利益不受侵犯，他本人的存在，事实上就是一道稳固的滇边长城。

“命运同轨”的观点，同样可以用来研究岑毓英治滇的历史：通过统一地方政局，岑毓英成为云南的主政者；马嘉理事件后，中英签订不平等条约，云南人民抵制英国殖民势力进入云南的斗争遭到挫折，岑毓英被迫辞去云南巡抚一职，回籍守孝；中法战争爆发前，中国西南边疆危机日益严峻，岑毓英得以东山再起重督云贵；浪穹教案的妥善处理，中法危机暂时缓解，岑毓英边疆治理事业得以继续进行；中法战争中岑毓英率领云南军民进入越南抗击法国侵略者，最终力挫强敌，扬威域外，岑毓英成为维护国家主权民族利益的英雄，达到其个人事业的辉煌顶点；通过滇越划界、设置镇边直隶厅和临安开广道，岑毓英在中国西南边疆建立起一条稳固的国防线，最终奠定他滇边长城的历史地位。这些史实让我们清楚地看到，岑毓英在云南边疆经营的历史，其个人的命运沉浮，与中国近代历史的发展大致同轨。当19世纪下半期英法列强的殖民势力不断向我西南边疆入侵时，岑毓英率领云南军民奋起抵抗，对外而言一定程度上代表了中华民族的利益。正是这种“命运同轨”，使岑毓英个人历史始终处于中国近代历史发展的主流当中，成为我们今天研究中国近代史、西南边疆史不能绕开的历史人物，这也是我们今天继续深入研究岑毓英治滇历史的意义所在。

就今天中国的周边形势而言，陆疆方面我国与14个国家相邻，陆地边界线全长约2.2万公里，是世界上陆地边界线最长、邻国最多的国家，也是边疆问题最为复杂的国家之一；海疆方面当前我国南海问题形势错综复杂，一些矛盾正日趋尖锐。今天我国边疆存在的问题，与中国近代历史的发展关系尤为密切，对岑毓英经营云南边疆的历史深入研究，总结其中的经验得失，对今天我国认识和处理边疆的问题仍具有较强的现实意义。目前我国发展形势总体良好，40年来改革开放成就巨大，但在边疆治理方面，外部有敌对势力的挑战，内部还存在一些不稳定因素，形势并不乐观，我们一定要居安思危，学习岑毓英在云南边疆经营中励精图治的精神。

参考文献

B

[1] 白寿彝：《回民起义》（第1册），神州国光社1952年版。

[2] 周远廉、龚书铎：《中国通史》（第十一卷上册），上海人民出版社2015年版。

[3] 白族简史编写组：《白族简史》，云南人民出版社1988年版。

[4] 卞孝萱、唐文权：《民国人物碑传集》，凤凰出版社2011年版。

C

[5] 岑春荣等：《襄勤显考岑府君行状》，云南大学图书馆藏稿本。

[6] 岑毓英:《岑襄勤公年谱》，光绪己亥年（1899年）刻本。

[7] 岑毓英等修，陈灿等纂：光绪《云南通志》，光绪二十年（1894年）刊本。

[8] 岑毓英撰，黄振南、白耀天标点：《岑毓英集》，广西民族出版社2005年版。

[9] 车辚：《地缘政治格局与清末滇军实力的变迁》，《云南民族大学学报》（哲学社会科学版）2009年第26卷第2期。

[10] 陈度：《昆明近世社会变迁志略》，云南省图书馆馆藏稿本。

[11] 陈宏谋：《培远堂文檄》，广西乡贤遗著编印委员会1943年编印。

[12] 陈维养：《陈可冀医学选集——七十初度》，北京大学医学出版社2002年版。

[13] 陈元惠：《岑毓英督滇土司治理之策略》，中共西林县委县人民政府、广西文物考古研究所、广西历史学会编《句町国与西林特色文化》，广西人民出版社2009年版。

[14] 陈垣：《史讳举例》，励耘书屋锓板1933年版。

[15] 陈振汉等：《清实录经济史资料（顺治—嘉庆朝）农业编》（第三分册下），北京大学出版社1989年版。

D

[16] 大理州地方志编纂委员会：《大理白族自治州志》卷9，云南人民出版2001年版。

[17] 戴维斯著，李安泰等译：《云南：联结印度和扬子江的链环·19世纪一个英国人眼中的云南社会状况及民族风情》，云南教育出版社2001年版。

[18] 党丁文：《近代广西名人名胜录》，广西民族出版社1991年版。

[19] 董菊芬：《西盟“三佛祖”溯源》，《今日民族》2007年第9期。

F

[20] 方福祺：《方国瑜传》，云南大学出版社2001年版。

[21] 方国瑜：《云南史料目录概说》，中华书局1984年版。

[22] 方国瑜：《中国西南历史地理考释》，中华书局1987年版。

[23] 方国瑜：《云南史料丛刊》全十三卷，云南大学出版1998—2001年版。

[24] 方国瑜、林超民编:《方国瑜文集》全五辑，云南教育出版社2001年版。

[25] 方国瑜：《滇西边区考察记》，云南人民出版社2008年版。

[26] 方树梅辑纂，宋文熙等校补：《续滇南碑传集校补》，云南民族出版社1993年版。

[27] 方树梅纂辑，李春龙等点校：《滇南碑传集》，云南民族出版社2003年版。

[28] 方铁：《边疆民族史新探》，知识产权出版社2013年版。

[29] 方铁：《方略与施治：历朝对西南边疆的经营》，社会科学文献出版社2015年版。

[30] 费行简：《近代名人小传》，收录于沈云龙主编《近代中国史料丛刊》第八辑，（台湾）文海出版社。

[31] 费正清、刘广京：《剑桥中国晚清史（1800—1911）》，社会科学出版社1993年版。

[32] 冯尔康：《雍正传》，人民出版社1985年版。

[33] 傅林祥：《清代抚民厅制度形成过程初探》，《中国历史地理论丛》2007年第1期。

G

[34] 高拜石著：《新编古春风楼琐记》第14集，作家出版社2005年版。

[35] 个旧市图书馆馆藏：民国《金镶玉个旧县志稿》。

[36] 个旧市卫生防疫站:《个旧市鼠疫流行史及流行因素调查报告》，内部印行本，1957年。

[37] 耿马傣族佤族自治县地方志编纂委员会：《耿马傣族佤族自治县志》，云南民族出版社1995年版。

[38] 中共西林县委县人民政府、广西文物考古研究所、广西历史学会：《句町国与西林特色文化》，广西人民出版社2009年版。

[39] 故宫博物院：《清光绪朝中法交涉史料》，1936年排印本。

[40] 《官箴书集成》编纂委员会：《官箴书集成》，黄山书社1997年版。

[41] 广西岑氏族谱编纂理事会：《岑氏族谱》，1997年8月印。

[42] 广西壮族自治区通志馆编，广西壮族自治区博物馆修订：《中法战争调查资料实录》，广西人民出版社1982年版。

[43] 广西壮族自治区图书馆、广西壮族自治区桂林图书馆：《广西文献名录》，广西人民出版社2009年版。

[44] 桂馥撰：《札朴》，商务印书馆1958年版。

[45] 郭大松：《滇案议》，《山东社会科学》（双月刊）1994年第3期。

[46] 郭嵩焘著，杨坚校补：《郭嵩焘奏稿》，岳麓书社1983年版。

[47] 郭廷以、王聿均：《中法越南交涉档》，（台湾）“中央研究院”近代史研究所1962年版。

[48] 国家民委《民族问题五种丛书》编委会：《中国民族问题资料·档案集成》第2辑，中央民族大学出版社2005年版。

H

[49] 何芳川：《世界历史上的大清帝国》，《史学理论研究》2004年第1期。

[50] 河口瑶族自治县地方志编纂委员会：《河口县志》，生活·读书·新知三联书店出版社1996年版。

[51] 贺长龄、贺熙龄撰：《贺长龄集　贺熙龄集》，岳麓书社2010年版。

[52] 贺宗章：《幻景谈》，方国瑜主编《云南史料丛刊》第十二卷，云南大学出版2001年版。

[53] 红河州文化局：《红河州文物志》，云南人民出版社2007年版。

[54] 侯冲：《白族心史：〈白古通记〉研究》，云南人民出版社2011年版。

[55] 胡嵩修、饶燮乾等：民国《镇宁县志》，1947年石印本。

[56] 湖南省地方志编纂委员会：《湖南省志》，湖南出版社1992年版。

[57] 黄诚源：《滇南界务陈牍》，方国瑜主编《云南史料丛刊》第十卷，云南大学出版2001年版。

[58] 黄家信：《从被怀疑到受重用——云南回民起义时期的岑毓英》，《蒙自师范高等专科学校学报》2000年第1期。

[59] 黄家信：《论岑毓英》，硕士论文，广西师范大学社会文化与旅游学院，1993年。

[60] 黄嘉谟：《滇西回民政权的联英外交（一八六八至一八七四）》，（台湾）“中央研究院”近代史研究所1976年版。

[61] 黄盛陆等标点：《岑毓英奏稿》，广西人民出版社1989年版。

[62] 黄振南：《北宁之役中清军将领之劣迹》，《安徽史学》2004年第6期。

[63] 黄振南：《山西之役起因与败因初探》，《军事历史研究》1999年第4期。

[64] 黄振南：《中法战争史热点问题聚焦》，广西人民出版社1994年版。

[65] 黄振南：《中法战争诸役考》，广西师范大学出版社1998年版。

J

[66] 季南：《英国对华外交（1880—1885）》，商务印书馆1984年版。

[67] 建水县卫生防疫站:《建水县鼠疫流行史及流行因素调查报告》，内部印行本，1957年。

[68] 建水县政协文史资料委员会：《建水文史资料选辑》第2辑，1991年。

[69] 金汉青撰文，张向宸书丹：《重建东寺文笔塔暨忠爱金碧三坊碑记》。

[70] 金梁辑录：《近世人物志》，1934年铅印本。

[71] 荆德新：《云南回民起义史料》，云南民族出版社1986年版。

K

[72] 康有为撰，姜义华、吴根毛编校：《康有为全集》，上海古籍出版社1990年版。

L

[73] 来新夏：《近三百年人物年谱知见录》（增订本），中华书局2010年版。

[74] 澜沧县地方志编纂委员会：《澜沧县志》，云南人民出版社1996年版。

[75] 雷英章：《岑毓英爱国之二义举》，《广西右江民族师专学报》2003年第2期。

[76] 黎瑛：《经略西南：岑毓英的思想及实践（1865—1885）》，《贵州民族研究》2006年第1期。

[77] 黎瑛：《内忧外患下的创榛辟莽——岑毓英晚年边疆建设思想研究》，硕士论文，广西师范大学中国近现代史专业，2005年。

[78] 黎瑛：《审时度势未雨绸缪——论中法战争前岑毓英的边防思想》，《中国边疆史地研究》2008年第3期。

[79] 李根源辑，杨文虎等校注：《〈永昌府文征〉校注》全4册，云南美术出版社2001年版。

[80] 李珪：《云南近代经济史》，云南民族出版社1995年版。

[81] 李瀚章、李鸿章：《曾国藩全集》，中国华侨出版社2003年版。

[82] 李鸿章：《李鸿章全集》，时代文艺出版社1998年版。

[83] 李鸿章撰，顾廷龙、戴逸主编：《李鸿章全集 》，安徽教育出版社2008年版。

[84] 李景泰：《嵩明县志》，1935年。

[85] 李焜培、周氏谟编撰：乾隆《蒙自县志》，乾隆五十六年（1791年）刊本。

[86] 李群杰等修，彭嘉霖撰：民国《昆阳县志·大事记》卷2（稿本）。

[87] 李星沅：《李文恭公遗集》，同治三年(1864)刊本。

[88] 李友仁：《历代宦滇督抚生平概略》，云南美术出版社2006年版。

[89] 李玉尚、曹树基：《咸同年间的鼠疫流行与云南人口的死亡》，《清史研究》2001第2期。

[90] 李玉尚：《近代中国的鼠疫应对机制——以云南、广东和福建为例》，《历史研究》2002年第1期。

[91] 李正有：《红河探奇·红河州文物古迹图录》，云南人民出版社2007年版。

[92] 李中清著，林文勋、秦树才译：《中国西南边疆的社会经济：1250—1850》，人民出版社2012年版。

[93] 梁初阳：《〈岑襄勤公奏稿〉入越抗法史实补证（1883.9—1884.10）》，《西南古籍研究》，云南大学出版社2010年版。

[94] 梁初阳：《岑毓英国防思想在中缅边界危机中的实践》，《云南民族大学学报》（哲学社会科学版）2014年第3期。

[95] 廖宗麟：《岑毓英云南抗英史实一则》，《学术论坛》1985年第9期。

[96] 廖宗麟：《抗法名将刘永福》，广西人民出版社1991年版。

[97] 林超民:《“民族实质”问题论谈》，《云南民族大学学报》（哲学社会科学版）2008年第25卷第1期。

[98] 《林则徐全集》编辑委员会：《林则徐全集》，海峡文艺出版社2002年版。

[99] 刘茝等撰，丁红校：《狩缅纪事（外三种）》，浙江古籍出版社1986年版。

[100] 刘贯文等：《三晋历史人物》，书目文献出版社1995年版。

[101] 刘启强：《岑毓英研究概况浅述》，《红河学院学报》2006年第1期。

[102] 刘启强：《岑毓英与中法滇越界务交涉（1885—1887）》，硕士论文，广西师范大学中国近现代史专业，2005年。

[103] 刘启强：《浅析岑毓英与滇越界务交涉的历史背景》，《红河学院学报》2005年第2期。

[104] 刘启强：《试论岑毓英在中法界务交涉前的行动准备》，《红河学院学报》2007年第1期。

[105] 刘启强：《中法滇越界务交涉前岑毓英的策略探微》，《红河学院学报》2008年第4期。

[106] 刘伟：《晚清督抚政治——中央与地方关系研究》，湖北教育出版社2003年版。

[107] 刘文征撰，古永继校点：《滇志》，云南教育出版社1991年版。

[108] 刘长佑：《刘武慎公遗书》，光绪十七年（1891年）刊本。

[109] 龙永行：《评中法战争后期和战后的岑毓英》，《云南社会科学》1988年第3期。

[110] 龙永行：《纵论历史风云》，云南民族出版社2006年版。

[111] 龙云、卢汉等修，周钟岳、赵式铭等纂，李春龙、刘景毛等点校：《新纂云南通志》全十册，云南人民出版社2007年版。

[112] 陆韧：《近代以来西方对中国西南边疆的认识和研究》，《思想战线》2014年第3期。

[113] 陆韧:《清代直隶厅解构》，《中国历史地理论丛》2010年第25卷第3辑。

[114] 陆韧：《云南对外交通史》，云南民族出版社1997年版。

[115] 罗尔纲：《困学记》，中华书局1986年版。

[116] 罗尔纲：《湘军兵志》，中华书局1984年版。

[117] 罗开玉、李兆成：《“攻心”联与赵藩》，四川科学技术出版社2005年版。

[118] 罗香林：《刘永福历史草》，正中书局1943年版。

[119] 罗养儒：《纪我所知集（云南掌故全本）》，云南人民出版社2015年版。

[120] 《绿春县志》编纂委员会：《绿春县志》，云南人民出版社1992年版。

M

[121] 马诚：《晚清云南剧变：杜文秀起义与大理政权的兴亡（1856—

1873）》，四川大学出版社2012年版。

[122] 马健雄：《“边防三老”——清末民初南段滇缅边疆上的国家代理人》，《历史人类学学刊》2012年第10卷第1期。

[123] 玛丽亚娜·巴斯蒂——布吕吉尔：《十九世纪八十年代法国的经济政治概况》，《广西社会科学》1986年增刊号。

[124] 茅海建：《天朝的崩溃——鸦片战争再研究》，生活·读书·新知三联书店2005年版。

[125] 孟森：《明清史讲义》，中华书局1981年版。

[126] 缪荃孙：《续碑传集》，江楚编译书局宣统二年刊本。

[127] 莫文军：《少数民族人物志》，广西民族出版社1998年版。

N

[128] 倪蜕辑，李埏校点：《滇云历年传》，云南大学出版社1992年版。

P

[129] 彭崧毓：《云南风土纪事诗》，骆小所编《西南民俗文献》第5卷，兰州大学出版社2003年版。

[130] 彭玉麟著，梁绍辉等整理：《彭玉麟集》，岳麓书社2003年版。

[131] 彭玉麟：《彭玉麟集》，岳麓书社2008年版。

Q

[132] 《清实录》，日本东京大藏出版株式会社，1936年影印本。

[133] 秦国经：《清代官员履历档案全编》

[134] 秦树才：《清代云南绿营兵研究——以汛塘为中心》，云南教育出版社2004年版。

[135] 屈春海、倪晓一：《马嘉理被杀案件的审理》，《历史档案》2007年第4期。

R

[136] 阮元、伊里布等修，王崧、李诚等纂：道光《云南通志稿》，道光十五年刊本。

S

[137] 商衍流著，商志辞校注：《清代科举考试述录及有关著作》，百花文艺出版社2004年版。

[138] 邵镜人：《同光风云录》，沈云龙主编《近代中国史料丛刊》续编第九十五辑，文海出版社1983年版。

[139] 邵循正：《中法越南关系始末》，河北教育出版社2000年版。

[140] 邵循正等：中国近代史资料丛刊《中法战争》全七册，上海人民出版社、上海书店出版社2000年版。

[141] 施坚雅著，王旭等译：《中国封建社会晚期城市研究——施坚雅模式》，吉林教育出版社1991年版。

[142] 施铁靖：《岑毓英对西南民族地区文化教育贡献初探——岑毓英研究之三》，《广西民族研究》2010年第1期。

[143] 施铁靖：《论岑毓英》，《广西民族研究》2009 年第2期。

[144] 史沫特莱著，梅念译：《史沫特莱文集》第3卷《伟大的道路——朱德的生平和时代》，新华出版社1985年版。

[145] 司马迁：《史记》，中华书局2005年版。

[146] 思茅地区地方志编纂委员会：《思茅地区志》，云南民族出版社1996年版。

[147] 四川省地方志编纂委员会：《四川省志·大事纪述》（上），四川科学技术出版社1999年版。

[148] 孙代兴：《马嘉理事件之历史考察》，《云南社会科学》1987年第3期。

[149] 孙毓棠：《中国近代工业史资料》第一辑（1840—1895）上册，科学出版社1957年版。

T

[150] 太医院：《太医院秘藏膏丹丸散方剂》，中国中医药出版社2008年版。

[151] 谭其骧：《中国历史地图集》1—8册，中国地图出版社1982年版。

[152] 檀萃辑，宋文熙、李东平校注：《滇海虞衡志校注》，云南人民出版社1990年版。

[153] 唐景崧：《请缨日记》，光绪癸巳年刊于台湾布政使署。

[154] 唐炯：《成山老人自撰年谱》，宣统二年（1910年）京师刻本。

[155] 陶湘：《昭代名人尺牍续集小传》，宣统辛亥年（1911年）印本。

[156] 屠述濂修，文明元、马勇点校：《云南腾越州志点校》，云南美术出版社2006年版。

[157] 屠述濂修，张志芳点校：《腾越州志点校本》，云南美术出版社2007年版。

W

[158] 汪叔子：《文廷式集》下，中华书局1993年版。

[159] 王定安：《湘军记》，光绪十五年(1889年)江南书局刻本。

[160] 王开林：《雪拥蓝关》，《书屋》2003年第12期。

[161] 王闿运：《湘绮楼日记》，岳麓书社1997年版。

[162] 王日根：《乡土之链——明清会馆与社会变迁》，天津人民出版社1996年版。

[163] 王叔武：《十九世纪英、法侵略云南史述略》，《思想战线》1980年第6期。

[164] 王树槐：《咸同云南回民事变》，（台湾）“中央研究院”近代史研究所1980年版。

[165] 王崧撰、杜允中注，刘景毛点校：《道光云南志钞》，云南省社会科学院文献研究所，1995年。

[166] 王铁崖：《中外旧约章汇编》第1册，生活·读书·新知三联书店1959年版。

[167] 王文韶等修，唐炯等纂：《续云南通志稿》，光绪二十七年（1901年）四川岳池刻本。

[168] 王先谦：《虚受堂文集》，光绪二十六年（1900年）刻本。

[169] 王彦威、王亮：《清季外交史料》，书目文献出版社1987年版。

[170] 王钟翰：《清史列传》，中华书局1987年版。

[171] 魏源：《魏源全集》，岳麓书社2005年版。

[172] 翁同龢：《翁同龢日记》，中华书局1993年版。

X

[173] 西林县地方志编纂委员会：《西林县志》，广西人民出版社2006年版。

[174] 夏瑚：《怒俅边隘详情》，方国瑜主编《云南史料丛刊》第十二卷，云南大学出版社2001年版。

[175] 萧德浩、黄铮:《中越边界历史资料选编》，社会科学文献出版社1993年版。

[176] 晓根:《拉祜族地区土司制度与改土归流》，《云南民族学院学报》（哲学社会科学版）1998年第4期。

[177] 谢本书：《清代云南稿本史料》（全二册），上海世纪出版股份有限公司、上海辞书出版社2011年版。

[178] 谢本书：《民国劲旅　滇军风云》，云南人民出版社2004年版。

[179] 谢世诚：《论中法战争中的岑毓英》，《江苏社会科学》2009年第6期。

[180] 熊月之:《论郭嵩焘》，《近代史研究》1981年第4期。

[181] 徐嘉瑞：《大理古代文化史稿》，中华书局1963年版。

[182] 徐杰舜问、王明珂答：《在历史学与人类学之间——人类学学者访谈之二十八》，《广西民族学报》2004年第4期。

[183] 徐一士：《近代笔记过眼录》，山西古籍出版社1996年版。

[184] 《续修四库全书》编纂委员会：《续修四库全书》，上海古籍出版社1996年版。

Y

[185] 严中平等：《中国近代经济史统计资料选辑》，科学出版社1955年版。

[186] 严仲平：《清代云南铜政考》，中华书局1948年版。

[187] 杨成志：《杨成志人类学民族学文集》，民族出版社2003年版。

[188] 杨琼：《滇中琐记》，方国瑜《云南史料丛刊》第11卷，云南大

学出版社2001年版。

[189] 杨应选绘图，赵藩撰文：《岑襄勤公勋德介福图》，光绪十七年（1891年）上海石印本。

[190] 杨永福、张克非：《国内五十年来的回民起义研究述评》，《云南社会科学》2001年第5期。

[191] 杨永福：《再论晚清云南、甘肃回民起义的社会历史背景》，《宁夏大学学报》（人文社会科学版）2005年第4期。

[192] 杨玉科：《从军纪略》，《怒江文史资料选辑》第19辑《杨玉科将军史料专辑》，中国人民政治协商会议怒江傈僳族自治州委员会兰坪白族普米族自治县委员会文史资料委员会编印，1992年。

[193] 杨煜达：《清代云南季风气候与天气灾害研究》，复旦大学出版社2006年版。

[194] 佚名：宣统《续修蒙自县志》宣统年间稿本。

[195] 奕䜣等：《平定云南回匪方略》，光绪二十二年（1896年）印本。

[196] 尹小红：《从“滇案”的处理看晚清外交》，《贵州师范大学学报》（社会科学版）2002年第4期。

[197] 尤中：《尤中文集》，云南大学出版社2009年版。

[198] 尤中：《中国西南边疆变迁史》，云南教育出版社1987年版。

[199] 于乃仁、于希谦编著、德宏自治州史志办公室编：《马嘉理事件始末》，德宏民族出版社1992年版。

[200] 虞和平：《岑毓英档》全三卷，大象出版社2011年版。

[201] 袁少芬：《岑毓英》，莫乃群《广西历史人物传》，中国人民政治协商会议广西壮族自治区委员会、广西地方志研究室组编印，1984年。

[202] 《云南近代史》编写组：《云南近代史》，云南人民出版社1993年版。

[203] 云南省编辑组、《中国少数民族社会历史调查资料丛刊》修订编辑委员会：《云南少数民族社会历史调查资料汇编》五，民族出版社2009年版。

[204] 云南省地方志编纂委员会：《云南省志》，云南人民出版社1998年版。

[205] 云南省洱源县志编纂委员会：《洱源县志》，云南人民出版社1996年版。

[206] 云南省广南县志办公室：《广南县志》，中华书局2001年版。

[207] 云南省鹤庆县志编纂委员会：《鹤庆县志》，云南人民出版社1991年版。

[208] 云南省剑川县志编纂委员会：《剑川县志》，云南民族出版社1999年版。

[209] 云南省澜沧拉祜族自治县志编纂委员会：《澜沧拉祜族自治县志》，云南人民出版社1996年版。

[210] 云南省历史研究所：《〈清实录〉有关云南史料汇编》全四卷，云南人民出版社1984—1985年版。

[211] 云南省历史研究所：《〈清实录〉越南缅甸泰国老挝史料摘抄》，云南人民出版社1985年版。

[212] 云南省立昆华民众教育馆：《云南边地问题研究》，1933年。

[213] 云南省麻栗坡县地方志编纂委员会：《麻栗坡县志》，云南民族出版社2000年版。

[214] 云南省社会科学院历史研究所：《云南现代史料丛刊》第七辑，1986年版。

[215] 云南省水利水电勘测设计研究院：《云南省历史洪旱灾害史料实录（1911年〈清宣统三年〉以前）》，云南科技出版社2008年版。

[216] 恽敬：《大云山房文稿》（初集），四部丛刊初编。

Z

[217] 张纯德、李崑：《彝学探微》，云南大学出版社2007年版。

[218] 张方玉：《楚雄历代碑刻》，云南民族出版社2005年版。

[219] 张静：《刍议郭嵩焘与滇案和〈烟台条约〉交涉》，《绥化师专学报》2001年第3期。

[220] 张凯嵩：《抚滇奏议》，光绪十九年（1893年）刊本。

[221] 张维翰、童振藻纂修：《昆明市志》，1924年铅印本。

[222] 张有隽：《岑毓英》，《壮族历史人物传》，广西人民出版社1982年版。

[223] 张增祺：《云南冶金史》，云南美术出版社2000年版。

[224] 张振鹍：中国近代史资料丛刊续编《中法战争》（共五册），中华书局1996—2006年版。

[225] 张振利、杨莉：《岑毓英与“一塔三坊”的重建》，《云南档案》2014年第2期。

[226] 张中孚：《碌云纪事稿》，白寿彝编《回民起义》第2册，神州国光社1952年版。

[227] 赵尔巽等：《清史稿》，中华书局1977年版。

[228] 赵藩：《岑襄勤公年谱》，光绪己亥年（1899年）刻本。

[229] 赵启重：《“马嘉理案”述评》，《松辽学刊》1988年第2期。

[230] 赵式铭:《光复起源篇》，周钟岳总纂、蔡锷审订：《云南光复纪要》，云南文史研究馆、云南省社会科学院文献研究室，1991年印。

[231] 赵至敏：《岑毓英的西南边防建设思想及其启示》，《兰台世界》2013年第3期。

[232] 真水康树：《清代“直隶厅”与“散厅”的“定制”化及其明代起源》，《北京大学学报》（哲学社会科学版）1996年第3期。

[233] 中国第一历史档案馆：《清政府镇压太平天国档案史料》第8册，社会科学文献出版社1993年版。

[234] 中国第一历史档案馆：《康熙起居注》，中华书局1984年版。

[235] 中国第一历史栅案馆：《光绪朝上谕档》，广西师范大学出版社1996年版。

[236] 《中国近代金融史》编写组：《中国近代金融史》，中国金融出版社1985年版。

[237] 中国近代经济史资料丛刊编辑委员会：《中国海关与缅藏问题》，科学出版社1958年版。

[238] 中国科学院历史研究所第三所：《云南杂志选辑》，科学出版社1958年版。

[239] 中国科学院民族研究所云南民族调查组、云南民族研究所：《云南佤族历史调查材料》（佤族调查材料之六），1962年。

[240] 中国科学院民族研究所云南民族调查组、云南省民族研究所：《傈僳族简史简志合编》，1962年。

[241] 中国科学院民族研究所云南少数民族社会历史调查组：《傈僳族简史简志合编》，中国科学院民族研究所1963年。

[242] 《中国历史大辞典·史学史卷》编纂委员会：《中国历史大辞典·史学史卷》，上海辞书出版社1983年版。

[243] 中国人民政治协商会议大理白族自治州委员会文史资料研究委员会：《大理州文史资料》第4辑，1987年。

[244] 中国人民政治协商会议景洪市委员会文史资料委员会：《景洪文史资料选辑》第2辑，1990年编印。

[245] 中国人民政治协商会议昆明市五华区委员会文史资料委员会：《五华文史资料》第13辑《百年回眸》，内部资料，2001年。

[246] 中国人民政治协商会议田林县委员会：《田林文史资料》第1辑，1987年。

[247] 中国人民政治协商会议云南省红河哈尼族彝族自治州委员会学习文史委员会：《红河州文史资料选辑》第13辑，2001年。

[248] 中国人民政治协商会议云南省剑川县委员会文史资料委员会：《剑川文史资料选集》第1辑，1988年。

[249] 中国人民政治协商会议云南省弥渡县委员会文史资料组：《永胜文史资料选辑》第3辑，1991年。

[250] 中国社会科学院近代史研究所、近代史资料编译室：《太平军北伐资料选编》，知识产权出版社2013年版。

[251] 中国社会科学院近代史研究所、近代史资料编译室：《云南杂志选辑》，知识产权出版社2013年版。

[252] 周琼：《清代云南瘴气与生态变迁研究》，社会科学文献出版社2007年版。

[253] 朱孔彰：《中兴将帅别传》，光绪二十三年（1897年）刻本。

[254] 朱孔彰撰，向新阳、朱英士标点：《中兴将帅别传》，岳麓书社1989年版。

[255] 朱昭华：《中缅边界问题研究》，黑龙江教育出版社2007年版。

[256] 诸家：《道咸同光四朝奏议选辑》，台湾大通书局1984年版。

[257] David G. Atwill, The Chinese Sultanate: Islam, Ethnicity, and the Panthay Rebellion in Southwest China, 1856 ~ 1873, Stanford, California: Stanford University Press, 2005.

[258] Yang Bin, Between Wind and Clouds: The Making of Yunnan (Second Century BCE - Twentieth Century CE) , New York: Columbia University, 2009.

跋

读完初阳的《岑毓英治滇研究》，一个久被淹没，多被歪曲的封疆大吏的真实面貌呈现在眼前。

岑毓英是晚清八大封疆总督之一， 也是“同治中兴”的名臣。

作为云贵总督，岑毓英受命统辖的云贵两省，山高水险，交通不便，族类众多，宗教不一，时有动乱。云南省地处西南边疆，英帝国主义占领缅甸进而东犯云南，法帝国主义殖民越南不断北上侵蚀滇省。天灾与人祸并存，内乱与外患交织。岑毓英在风雨飘摇中励精图治，独立支撑，勇挽狂澜，在稳定云南社会、发展经济、抗击英法帝国主义、巩固边防诸方面建立了超迈前人的功业。

纵观初阳这本独出机杼的新作，有如下几个特点。

资料翔实。有关岑毓英的资料搜罗殆尽，几乎没有遗漏。在撰写本书之前，初阳认真做过《岑襄勤公年谱》订正。按年逐日梳理过岑毓英的生平史料，遗漏者补充，讹误者校正，异见者考订。同时，对《岑襄勤公奏稿》《岑毓英档》《岑襄勤公勋德介福图》《襄勤显考岑府君行状》等史料做了深入分析考辨，对《岑襄勤公奏稿》中的删改之处也做了认真透析。至于《清实录》《中法战争》《中法越南交涉档》等基本文献的研究与利用就不必一一列举。可以说，这是有关岑毓英研究资料最充分、史实较完备、考订颇精审的学术专著，体现了作者实事求是、严谨不苟的学术态度。

见解独到。岑毓英作为主政云南的封疆大吏，史学界并非没有注意到他在云南历史中的地位和作用，但由于各种因素使研究者多取回避态度，更有甚者，不仅抹杀岑毓英的历史功勋，反而刻意歪曲历史，将其作为反动人物，大张挞伐。初阳跳出以往的窠臼，不囿陈说，以真实可靠的史料为依据，指出19世纪晚期，随着英法等西方列强在南亚、东南亚不断扩张势力范围，云南由传统的中国与西南周边国家地区政治、经济和文化往来的重要通道，变成维护国家主权和民族利益的西南国防门户，岑毓英统一云南地方政局，是关系近代中国全局安危的大事。岑毓英在云南地方的经营，包括地方治理和国防建设，这两部分内容有机结合，成为云南近代历史发展的一个显著特点。面对日益严重的边疆危机，岑毓英励精图治，维护了边疆地方社会的稳定；为抵抗列强殖民势力不断扩张，岑毓英率领滇军入越抗法，成为维护国家主权和民族利益的英雄。战争中滇军通过更新武器装备、采用新战略战术、应用新手段如电报获取情报及锻炼大批将士，初步完成军队近代化转变。英国吞并缅甸后，其侵略势力直逼滇西边境，岑毓英在裸黑山地区积极经营，进行设土设流，通过镇边直隶厅的设置，强化了中国在此地区军事和政治力量的存在，使英国殖民者借口此地曾经两属而企图出兵侵占的阴谋破灭。在中法勘分滇越边界过程中，岑毓英抢占先机赢得主动，迫使法国方面按图定界，部分实现其构筑滇南国防优势的目的。岑毓英不惟在云南历史上贡献卓著，而且在中国的社会稳定、经济发展、边防巩固、国家统一上也建立了不容低估的功勋。

立论允当。全书将云南社会历史放在中国社会历史的整体发展中考察。从汉武帝在元封二年（前109年）在西南夷地区建立益州郡以来，云南就是中国整体发展的有机组成部分。益州郡的建立扩大巩固了大一统的汉王朝，泰始六年（270年）晋朝在云南设置宁州，成为全国十九州之一。唐代初期建立南宁州、姚州进一步加强对西南的统治。贞元十年（794年）唐朝在云南建立云南安抚司，宋朝设置云南节度使，元朝至元十一年（1274年）建立云南行省，明清两代沿袭不变。作为清朝的封疆大吏，岑毓英自觉地维护国家统一，他施政的出发点和落脚点都是维护国家发展的整体性。面对内乱与外患，他坚定不移地内求稳定，外抗侵略，保家卫国，守土不让。初阳正是在维护国家统一这一点上肯定岑毓英的历史功勋。坚持统一，反对分裂；坚持稳定，反对动乱；坚持发展，反对破坏；坚持卫国，反对侵略；这是时代赋予云南人民、云南官员的历史责任。岑毓英不辱使命，不屈不挠，坚定不移，尽职尽责，在云南历史上书写了可歌可泣、惊天动地的历史篇章。初阳对岑毓英治滇业绩的评价真正做到实事求是，不虚夸，不溢美，公允得当。

并非说，初阳的这部著作十全十美，毋庸讳言，书中还是有不少需要补充、需要提高、需要完善的地方。这些都不容忽视，认识到这些问题，有助于在治学的道路上精益求精，不断进步。我想，初阳对此有清醒的认识和自觉的省察。

初阳对岑毓英的研究始于10年前他师从秦树才教授做文献学的硕士研究生时。他在树才教授的指导下研究赵藩编撰的《岑襄公年谱》。他认识到岑毓英在中国西南边疆苦心经营近三十载，“与滇事相终始”,是研究近代中国西南边疆历史至关重要的人物。岑毓英在云南任职期间，经历了咸同军兴、马嘉理事件、中法战争、滇越划界等重大历史事件，这些事件对近代云南乃至近代中国的历史进程有重要影响。初阳于是萌生了深入研究岑毓英的念头，从研究《岑襄公年谱》开始，深入研究岑毓英治滇事迹，岑毓英与中国西南边疆社会等问题，最终完成《岑毓英治滇研究》一书，重新改写了晚清云南历史。

初阳的研究一开始是有风险的。所谓风险有诸多方面。最大的风险就是这个选题出自他个人的爱好、个人的旨趣：他要通过“同治中兴”的名臣岑毓英，拂去历史的尘埃，书写云南历史的真实面貌，把过去不被人注意，被人故意淹没；不被人了解，被人刻意歪曲的历史真相用客观、求实、存真的书写展现在新时代。不为功名，不求闻达，只为求真。在当今有些人看来是不走正路的“野狐禅”。

其实，做研究不是命题作文，不是奉旨解释，不是追赶时髦，而是在读书求学中发现问题：历史上的问题、现实中的问题、学理上的问题。这些问题引发学者的好奇心，激起学者的兴趣。问题、好奇、兴趣就是研究的缘由和动力，也是学者的志向所在。

问题、好奇、兴趣、志向，让学者魂牵梦萦，苦苦追求，在迷蒙混沌中筚路蓝缕，闯出一条前人没有走过的新路，取得前人没有做过的创新成就。

为了自己的兴趣与志向独辟蹊径，比起随波逐流有诸多风险，更有无数艰难。但是，随波逐流最终是浪费生命。顺风顺水，轻松安逸，但是终究做不出创造性的成果。

读书做学问是创造性的艰苦劳作，是追求真理、追求完美、追求至善的崇高事业，需要具有独立的人格、独立的思考、独到的见解、独辟蹊径的勇气，独树一帜的胆识。也需要开阔的视野，开放的胸襟，开明的头脑，开朗的心灵，开拓的精神。

初阳，从做硕士研究生开始，就和树才教授一样，牢记方国瑜先生“不淹没前人，要胜过前人”的教导，以忠实的态度，为自己的兴趣与志向，孜孜不倦，矻矻不懈，在追求真实历史的道路上，一往无前，做出了创造性的业绩。

这本著作，是一个可喜的开头，相信初阳会有更多的创造性业绩献给我们日新月异的新时代！

林超民　2017岁杪